桂始馨　校補

宋會要方域類校補

下

鳳凰出版社

殿

【題解】本門見方域三之三至六，大典卷一六五五五、一六五六四「殿」字韻殿名事目收録。整理者於方域三之三天頭楷書批「殿」字。本門所記乃諸殿建置沿革，姑以「殿」爲門名。本門輯稿依次有「東京」、「西京」、「北京」、「臨安」四處眉批，然正文諸殿名排列甚爲淆亂，非眉批所能統轄。清本不僅將眉批添入正文，且據此對條文重加編排，欲使名實相符。又按輯稿諸條文首有諸殿名作標題，當大典事目名，且內容大多抄自京都雜録及北京雜録，或會要原本并無此門。今次整理，除四處眉批附入校記外，餘皆依舊。

講武殿。京都雜録：西京大內保寧門西有隔門，門內面南有講武殿〔一〕，唐曰文思毬場，梁以行從殿爲興安殿毬場〔二〕，後改今名。

〔一〕門內面南有講武殿　「殿」字原缺，據方域一之一〇補。

〔二〕梁以行從殿爲興安殿毬場　按五代會要卷五大內、舊五代史卷五梁太祖紀五及河南志卷四宋城闕古蹟皆作

「行從殿爲興安殿，毬場爲興安毬場」。輯稿疑有脱誤。

廣政殿。〔一〕建隆三年，三佛齊遣使來貢〔二〕，對廣政殿。

〔一〕按原眉批「東京」。

〔二〕三佛齊遣使來貢　「三」下原旁批「月」字。按三佛齊乃東南亞古國名，玉海卷一六〇廣政殿亦作「三佛齊」。故不取。

含光殿。祥符二年八月，西南夷來貢，令赴含光殿宴。

集英殿。集英殿舊曰元德，亦曰廣政，晉天福二年改元德爲廣政〔一〕，開寶二年改大明〔二〕，淳化元年二月己酉改含光，祥符八年六月十五日甲子改會慶，明道元年十月甲辰改元和，尋改今名。春秋、誕聖節錫宴此殿。熙寧以後，親策進士於此殿。殿後有需雲殿，舊曰玉華，後改瓊英，熙寧初改今名。東有紫雲樓，宫中觀宴之所也。熙寧三年三月八日，上御集英殿試進士。仁宗大宴集英殿者三十八。

〔一〕晉天福二年改元德爲廣政　按此句玉海卷一六〇明道集英殿作小字注，上古本據改，當是。

〔二〕開寶二年改大明　「二年」，玉海卷一六〇明道集英殿同，長編卷一一開寶三年五月戊辰條、宋史卷八五地理志均作「三年」。

太極殿。太平興國三年二月，詔改西京新修諸殿名，今太極、天興等名是也。

武德殿。〔一〕京都雜録：西京大内延春殿，其次面北曰武德殿，後唐曰解卸〔二〕，又曰端明，太平興國三年改今名。

〔一〕按原眉批「西京」。

〔二〕後唐曰解卸　「卸」原作「御」，據舊五代史卷三一唐莊宗紀五、資治通鑑卷二七五明宗天成元年五月甲戌條注引五代會要改。

散甲殿。京都雜録：西京大内東宮後東池門内有飛龍院，西有散甲殿，梁改弓箭庫殿爲宣威〔一〕，後改今名。

〔一〕梁改弓箭庫殿爲宣威　「改」字原缺，據方域一之一〇補。

景福殿。京都雜録：東京大内崇政殿後有柱廊、倒座殿〔一〕，次北景福殿，前有水閣，舊試貢舉人，考官設次於兩廊。

〔一〕倒座殿　「倒」原作「側」，據方域一之六改。

垂拱殿。京都雜録：西京大内次曰垂拱殿，唐曰延英，太平興國三年改今名。

長春殿。京都雜録：西京大内後苑南有長春殿，後唐建名。

天福殿〔一〕。京都雜録：唐曰崇勳，後唐曰中興，晋改今名。

〔一〕天福殿 「天福」原作「明福」，據方域一之九及舊五代史卷七六晋高祖紀二改。

太清殿。京都雜録：西京大内寢殿曰太清，第二殿曰思政，第三殿曰延春。

廣壽殿。京都雜録：西京大内建禮門之西曰廣壽殿，唐曰嘉慶，後唐改今名。

明德殿。京都雜録：西京大内内東門道，其北明德殿，太平興國三年改廣壽第二殿曰明德，第三殿曰天和，第四殿曰崇徽。

天興殿。西京大内太極殿前有左、右龍尾道〔一〕，日樓、月樓，東、西横門曰日華、月華，殿後有柱廊。次天興殿，舊曰太極後殿，太平興國三年改今名。

〔一〕西京大内太極殿前有左右龍尾道 「左右」原倒，據方域一之八乙正。

嘉慶殿。京都雜録：東京大内禁中殿閣有嘉慶殿，咸平初明德太后居此殿〔一〕，後徙居萬安宫。

〔一〕咸平初明德太后居此殿 「咸」字原缺，據方域一之四補。

延和殿。京都雜録：東京大内延和殿北向，俗呼倒座殿〔一〕。仁宗於延和殿試宗室子弟書〔二〕，令宗正第其高下，宗望爲第一。

〔一〕俗呼倒座殿 「呼」原作「嗚」，據方域一之七改。

〔二〕仁宗於延和殿試宗室子弟書 「和」字原缺，據上文補。按本條此句以下不見於東京門。

觀稼殿〔一〕。京都雜録：東京有清輝殿〔二〕、觀稼殿。

〔一〕觀稼殿 「觀稼」原作「親稼」，據長編卷一一六景祐二年五月癸巳條、玉海卷七七景祐觀稼殿觀稻麥、宋史卷八五地理志一改。下同。

〔二〕東京有清輝殿 「清輝」原作「清華」，據方域一之七及輯稿禮四五之三八、長編卷一〇九天聖八年三月壬申條、玉海卷一六〇天聖清輝殿改。

萬歲殿。萬歲殿在垂拱殿後，祥符七年十月戊午改名延慶殿。一本作延福殿。祥符五年十月二十六日庚申，以聖祖降臨〔一〕，宴宗室於萬歲殿。七年九月庚寅，詔輔臣、宗室觀萬歲殿上梁。

〔一〕以聖祖降臨　「聖祖」原作「祖祖」，據玉海卷一六〇明道福寧殿改。

延慶殿。即萬歲殿，祥符七年改今名，明道元年十月甲辰改名福寧殿〔一〕。

〔一〕明道元年十月甲辰改名福寧殿　「福寧」原作「延福」，據方域一之四、長編卷一一一明道元年十月甲辰條、玉海卷一六〇明道福寧殿、宋史卷八五地理志一改。

寶慈殿。京都雜録：京都大内福寧殿西寶慈宫，寶慈、姒徽二殿，皇太后所居。

柔儀殿。東京大内福寧殿次後柔儀殿，國初但名萬歲後殿，章獻明肅皇太后居之，乃名崇徽。明道元年十月改寶慈，景祐二年改今名〔一〕。

〔一〕景祐二年改今名　「景祐」原作「景佑」，據方域一之四改。

坤寧殿。京都雜録：東京大内福寧殿後坤寧殿，皇后所居。

慶雲殿。京都雜録：東京大内慶雲殿〔一〕、玉京殿、清景殿。

〔一〕東京大内慶雲殿　「慶雲」原倒，據方域一之五乙正。

西凉殿。景祐二年重修〔一〕，在天章閣東。

〔一〕景祐二年重修　「修」字原缺，據方域一之五補。

慈德殿。京都雜録：東京大内慈德殿，章惠太后居〔一〕。初名保慶殿〔二〕，景祐四年改今名。慈德後苑又有觀稼殿。

〔一〕章惠太后居　按「居」前後當脱一字，方域一之五作「所居」，玉海卷一六〇景祐慈德殿作「居之」。

〔二〕初名保慶殿　「保慶」原作「寶慶」，據輯稿后妃一之二、禮三二之二三、玉海卷一六〇景祐慈德殿、宋史卷二四二楊淑妃傳改。

班瑞殿。〔一〕北京雜録：仁宗慶曆二年五月，升大名府爲北京〔二〕，先朝駐蹕行宫正殿以班瑞爲名。其修葺行宫屋宇，並給官錢，毋得科率。

〔一〕按眉批「北京」。

〔二〕升大名府爲北京　「京」字原缺，據方域二之二補。

鏺麥殿。元豐四年八月，籍田司言，奉詔種水陸田於鏺麥殿前。

打麥殿。〔一〕紹興二年四月二十四日〔二〕，上謂輔臣曰：「朕聞祖宗時，禁中有打麥殿。今朕於後圃令人引水灌畦種稻〔三〕，不惟務農重穀，示王政所先，亦欲知稼穡之艱難也。」

〔一〕按眉批「臨安」。

〔二〕紹興二年四月二十四日　按玉海卷七七皇祐寶歧殿觀麥同，通考卷八七郊社考二〇作「紹興二年四月」。而繫年要録卷一一〇繫於紹興七年四月二日癸巳，或誤。

〔三〕今朕於後圃令人引水灌畦種稻　「種」前原衍「種」字，據玉海卷七七皇祐寶歧殿觀麥、通考卷八七郊社考二〇删。

閣

【題解】本門見方域三之七至九，大典卷二一八四一「閣」字韻閣名事目收録。整理者於方域三之七天頭楷書批「閣」字，姑以爲門名。按輯稿諸閣排列無序，清本據時間先後重加編排。又按本門諸「宋會要」下所批「某某閣」之標目，當大典事目名，且部分内容抄自京都雜録，或會要原本并無此門。今次整理，一因輯稿之舊，不作改動。

天章閣

紹熙五年閏十月九日，天章等閣狀：「將來安奉今上皇帝藩邸旌節，兩浙轉運司合行雅飾，修换物件。并合用朱漆青地金字牌二面，一面上題寫『太上皇帝藩邸旌節』，一面上題寫『今上皇帝藩邸旌節』。所有牌樣製大小，乞令兩浙轉運司委官赴閣計會，合行换造物件，候畢日同時安掛。」從之。

十日，天章等閣狀：「勘會已降指揮，安穆皇后謚號改成穆皇后，安恭皇后謚號改成恭皇后，所有内中見崇奉安穆皇后、安恭皇后位牌各一座，并朱紅漆卓子二隻，乞行下兩浙轉運司依様制造。」

降真閣

東都大内次北廣聖宮，天聖二年建長寧宮以奉三清、玉皇道像，後安真宗御容於宮之降真閣。景祐二年改廣聖宮。

延春閣

京都雜録：延春閣在東京大内走馬樓。

邇英閣　延義閣

二閣在崇政殿東、西，侍臣講讀之所。景祐二年正月二十八日癸丑，置寫無逸篇於屏。

三年正月乙巳，賈昌朝請輯經筵事爲一書，詔以邇英延義二閣記注爲名。九月辛卯，詔輔臣至邇英閣觀講書。慶曆四年，邇英閣出御書十三軸，凡三十五事。丁度等上答邇英聖問一卷。

敕閣

熙寧元年二月十六日，大理寺言：「敕閣以詳斷法官兼監，欲專差檢法官二員監之〔一〕。」

〔一〕欲專差檢法官二員監之　「二員」，方域三之八複文作「一員」。

焕章閣

淳熙十五年十一月九日，給事中兼直學士院、兼實録院同修撰、兼侍讀李巘等言：「已降指揮，編修高宗皇帝御集，依典故合建立閣名，令議定申尚書省取旨。巘等恭議，以『焕章』爲名。」詔恭依，令學士院降詔。詔曰：「朕仰惟高宗皇帝恢廣運之德，懋中興之功。者定群方，鼎新百度。制禮作樂，治具畢張；寢兵措刑，仁風大播。蓋自緝熙之學，見乎經緯之文。擴斯道於精微之傳，觀眾妙於尊明之養。凡敷言之是訓，暨肆筆之成書，焆有洪輝〔一〕，卓爲丕憲。方始裒輯〔二〕，將謹寶藏。載稽帝世之隆，無越堯章之焕，因揭名於層宇，仍列職於清厢。庶克奉承，用貽永久。其閣恭以『焕章』爲名，置學士、直學士、待制、直閣。式循故實，以待賢才，其俾攸司，具著於令。」

〔一〕焆有洪輝　「焆」，咸淳臨安志卷二行在所録作「焆」。
〔二〕方始裒輯　「始」，咸淳臨安志卷二行在所録作「加」。

華文閣

慶元二年八月十三日，中書門下省言：「孝宗皇帝閣以『華文』爲名，乞於見今閣牌『焕章』字下添入二字，以『龍圖天章寶文顯謨徽猷敷文焕章華文之閣』一十八字爲文。本閣應行移文字，並合添入。」詔依。

寶謨閣

嘉泰元年十一月十二日，詔曰：「朕惟昔在光宗皇帝，天亶神明〔一〕，日新聖學。發於號令，雷風彰鼓舞之神；焕乎文章，雲漢麗昭回之飾。鉤畫凛鸞龍之飛動，光芒燦珠璧以陸離。宜有襲藏，式嚴安奉。龜書闡瑞，交輝東壁之珍；虹彩凝祥，寅上西清之御。寶列羲圖之秘，謨新禹命之承。冠以美名，揭於層宇。肅萬靈之擁護，揜群玉之菁華。其閣恭以『寶謨』爲名，置學士、直學士、待制、直閣，以待鴻儒，以昭燕翼。著於甲令，副在有司。」以吏部尚書兼實録院修撰兼侍講袁説友等言〔二〕：「已降指揮，令學士院、後省同實録院官議定光宗皇帝御集閣名，今恭議定，以『寶謨』爲名。」故有是詔。

〔一〕朕惟昔在光宗皇帝天亶神明　「皇帝天亶神明」原缺，據四庫本咸淳臨安志卷二行在所録補。按振綺堂本缺「天亶神明」四字。

〔二〕以吏部尚書兼實録院修撰兼侍講袁説友等言　「袁説友」原作「表説友」，據宋史卷三八寧宗紀二改。

顯謨閣〔一〕

學士，建中靖國元年置，詔如三閣故事，序位在寶文閣學士之下；直學士，建中靖國元年置〔二〕，詔序位在寶文閣直學士之下；待制，建中靖國元年置〔三〕，詔序位在寶文閣待制之下；直閣，政和六年置。

〔一〕按本條前原有一條，無標題，眉批「敕閣複，後校銷」，所指即方域三之七「敕閣」條，文字同。故删。
〔二〕建中靖國元年置　此句原缺，據古今合璧事類備要后集卷五七閣學門引續會要補。
〔三〕建中靖國元年置　此句原缺，據古今合璧事類備要后集卷五七閣學門引續會要補。

儀鳳閣

京都雜録：東京大內儀鳳、翔鸞二閣，景祐中有瑞竹生閣首。

亭

【題解】本門見方域三之一四至一六，大典卷七九〇二、七九五六「亭」字韻亭名事目收録。整理者於方域三之一四天頭楷書批「亭」字，姑以爲門名。按會要原本當無此門，乃大典摘自他門。又按本門部分條目無標題，僅眉批亭名，爲統一體例，眉批均作標題録入正文。

垂雲亭。有垂雲亭，在汴。

達觀亭。宋亭名，在汴。

泛羽亭。在汴梁。〔一〕

〔一〕按此條下旁批：「此二條俟查」。又眉批「緑漪亭，移此」。

婆羅亭。京都雜録：西京大内長春殿有柱廊，後殿以西即十字池亭，其南砌臺、冰井。婆羅亭〔二〕，貯奇石處，世傳是李德裕醒酒石，以水沃之，有林木自然之狀，謂之婆羅石，故以名亭。

〔一〕婆羅亭　「婆」，宋史卷八五地理志一、河南志卷四宋城闕古蹟作「娑」。按輯稿崇儒七之四〇及方域一之一〇皆作「婆」，又下文有「婆羅石」。當從會要。

緑漪亭〔一〕。有亭名緑漪。〔二〕

〔一〕緑漪亭　此題原無，據眉批補。

〔二〕按原眉批「緑漪亭，移前」。又此條前原有一條，云：「泰定四年，同李漢傑新創亭於州之鼓角樓城門外，扁曰『源清』，以壯觀州治。」且上有眉批「源清亭」。泰定爲元代年號，疑『嘉定』之誤」。按道光肇慶府志卷六學校有「泰定四年，同知李漢傑」云云，又卷八古跡記源清亭言「宋紹定四年」，未知孰是，清本徑删，今附入校記。

瑶津亭〔一〕。京都雜録：東京大内有瑶津亭、象瀛山池〔二〕。

〔一〕瑶津亭　此題原無，據眉批補。

〔二〕象瀛山池　「象」原作「像」，據方域一之七及長編卷八六大中祥符九年二月癸卯條、玉海卷一七〇祥符象瀛山池改。

宫門都城門

【題解】本門見方域三之三一至四〇、四二至四七，大典卷三五二一「門」字韻「宋宫門」事目、卷三五二三「門」字韻「宋都城門」事目、卷五四八七「郊」字韻「壇殿」事目收録。整理者於方域三之三一「宋會要」下行書批「東京大内」，天頭楷書批一「門」字，清本、上古本均作「門」，清本并案：「前諸京及宫殿等建置，於諸門記載已詳，此則專記『門』一類，其中雖多互見，而益羅羅清疏，可備參稽互考。」按本門所記乃宫門與都城門，且大典事目名亦作「宋宫門」、「宋都城門」，解開宋會要之謎頁一八四作「宫門都城門」，今從之。本門條文大多摘編自東京門、西京門及東京雜録門、北京雜録門、南京雜録門，會要原本并無此門。又按清本先後以東京舊城、東京新城、東京大内、東京諸門、西京皇城、西京大内、西京諸門、南京、北京爲標題，重加編排，且將條文出處統一録於標題之下。因大内、新城、皇城等均見於正文，故今次整理，僅以四京爲標題，略作梳理，餘皆依輯稿之舊。另輯稿東京舊城全部及新城局部佚去，幸清本保留完整，今據以增補。

東京〔一〕

京都雜録：東京大内南三門〔二〕，中曰宣德〔三〕，梁初曰建國，後改咸安，晋初曰顯德，又改明德。太平興國三年七月改丹鳳，九年七月改乾元〔三〕，大中祥符八年六月改正陽，景祐元年正月改宣德〔四〕，政和八年十月六日改爲太極之樓，重和元年正月復今名。〔五〕

〔一〕東京　原無，按原旁批「東京大内」，今統一以四京爲題，故補。

〔一〕東京大内南三門　「南」下原衍「中」字，據方域一之二删。

〔二〕中曰宣德　「宣德」，宋史卷八五地理志一作「乾元」。按乾元門，太平興國九年七月改，明道二年十二月改宣德。

〔三〕太平興國三年七月改丹鳳九年七月改乾元　「丹鳳九年七月改」原缺，據方域一之二補。

〔四〕景祐元年正月改宣德　「景祐元年」，長編卷一一三明道二年十二月甲寅條、玉海卷一六〇明道肅儀殿作「明道二年十二月」，宋史卷八五地理志一作「明道二年」，輯稿或誤。

〔五〕按本條「政和八年」前見東京門，其後見東京雜録門。

京都雜録：東京大内文德殿庭東南隅有鼓樓，其下漏室，西南隅鐘樓，殿兩挾有左、右掖門。又云乾德六年正月賜名。〔一〕

〔一〕按本條疑抄録有誤，方域一之九載：「殿兩挾有東上、西上閤門。左、右掖門内正南門曰左、右長慶，乾德六年正月賜名。」

京都雜録：東京大内東一門曰東華，梁曰寬仁，開寶四年改曰東華門〔一〕。

〔一〕開寶四年改曰東華門　「四年」，宋史卷八五地理志一作「三年」。

京都雜録：東京大内西一門曰西華門，梁曰神獸，開寶四年改今名。

京都雜録：東京大内北一門曰拱宸，梁曰厚載，後改玄武，大中祥符五年十一月又改玄武爲拱宸。又云西京宫城北門。

京都雜録：東京大内宣德門内正南門曰大慶，梁曰元化，國朝常隨正殿名改〔一〕。

〔一〕國朝常隨正殿名改　「國朝」原作「宋朝」，據方域一之三改。按本條後原有一條記西京大内乾元門，今移於「西京」西京大内末。

京都雜録：東京大内右昇龍西北偏曰端禮門〔一〕，凡三門，各列戟二十四枝〔二〕，熙寧十年八月賜名。又云熙寧十年改文德殿南門曰端禮門。

〔一〕東京大内右昇龍西北偏曰端禮門　「右昇龍」原作「右飛龍」，據方域一之三改。

〔二〕各列戟二十四枝　「枝」原作「支」，據方域一之三改。

文德門，在端禮門内。

京都雜録：東京大内文德殿次北門曰左、右銀臺。大慶殿後東西道，其北門曰宣祐，舊曰天光，大中祥符八年六月改大寧，明道元年十月改曰宣祐門。

京都雜録：大中祥符七年，賜真遊殿西門曰延真門。

東京昇平樓次西曰安樂門。

京都雜録：東京安樂門，門外西北曰景暉門，天禧五年三月賜名〔一〕。

〔一〕天禧五年三月賜名　「天禧」原作「天喜」，據方域一之五改。

京都雜録：東京昇平樓東曰含和門，熙寧十年八月賜名。又云改安樂門曰含和門〔一〕，在垂訓殿後。

〔一〕又云改安樂門曰含和門。按安樂、含和或非一門，請參見本書東京雜録門校注。

京都雜録：東京講筵所次北引見門，次北通極門，熙寧十年八月賜名。又云改崇政殿北横門曰通極門。

西華門次北有引見門。〔一〕

〔一〕按本條疑有誤，請參見東京門。

京都雜録：東京講筵所次北臨華門，熙寧十年八月賜名。又云改拱宸門裏西横門曰臨華門。

京都雜録：東京講筵所西廊次北内東門，有廊柱與御厨相直，門内有小殿，即召學士之所。又云西京廣壽殿後隔舍即内東門道，其北明德殿。

京都雜録：東京大内西華門内，次西曰右承天門，乾德六年正月賜名。又云西京建禮門北東廊曰内東門。

京都雜録：東京大内大慶殿東、西兩廊門曰左、右太和，梁曰金烏、玉兔，國初改日華、月華，大中祥符八年六月改今名。

左、右日精門，在大慶左右。

京都雜録：東京福寧殿東西門曰左、右昭慶，大中祥符七年賜名。

京都雜録：東京大内文德殿内，正南門曰左、右長慶，乾德六年正月賜名曰左、右長慶門。

京都雜録：東京大内文德殿次北門曰左、右嘉肅，熙寧十年八月賜名。

京都雜録：東京大内文德殿東西兩廊門曰左、右嘉福，舊名左、右勤政，明道元年十月改左、右嘉福門。〔一〕

〔一〕按本條後原有兩條，分别記西京大内左銀臺門、左右永泰門，今移於「西京」西京大内末。

京都雜録：東京文德殿門西紫宸殿門〔一〕，殿門皆兩重，名隨殿易。其中隔門，遇雨雪群臣朝其上。

〔一〕東京文德殿門西紫宸殿門　按方域一之四與玉海卷一六〇明道紫宸殿均言紫宸殿在宣祐門西，此處或誤。

京都雜録：東京紫宸殿次西曰垂拱殿門，門有柱廊接文德殿後，其東北角門子通紫宸殿。每日樞密使以下立班殿庭，候傳宣，不座，即過赴垂拱殿起居。每門内東西廊設一府、親王、三司、開封府、學士至待制、正刺史以上候班幕次。

東京崇政殿門，在大内皇城宣祐門次北。又云在通極門南，東向。

東京垂拱殿次西曰集英殿門。又云在皇儀門西。

大内皇城垂拱殿門次西曰皇儀殿門。

京都雜録：東京大内文德殿庭東南隅有鼓樓，其下漏室，西南隅有鐘樓，殿兩挾有東上、西上閤門。

京都雜録：東京元符觀直北東向有謻門，舊無榜，熙寧十年始標額。又云改東華門曰北謻門。

東京宣和門，在延和殿西北，祥符七年建名宣和，明道元年改開曜，十一月改迎陽。俗號苑東門。〔一〕

〔一〕按本條原在方域三之四〇，今改移於「東京」東京大内末。

東京雜録：神宗元豐六年五月，刑部言：「切聞京城諸門，或不以時啟閉，公私或以廢事。欲新城門並以日初出入時爲准，委開封府檢察。」從之。〔一〕

〔一〕按原眉批「門」。又按此條以下東京舊城、新城部分原在方域三之四二至四五，位於西京大内、皇城諸門之後，今統一改移於此。

京都雜録：東京舊城南三門，西曰崇明門，周曰興禮，太平興國四年九月改曰崇明門。〔一〕

〔一〕按本條以下至於東京新城普濟門不見於輯稿，然清本抄録完整，上古本據以增補，今從之。又按本條清本、上古本均以「東京舊城」爲標題。

京都雜録：東京舊城南三門，東曰保康，大中祥符五年賜名。

京都雜録：東京舊城南三門，中曰朱雀，梁曰高明，晋曰薰風，太平興國四年九月改曰朱雀門。

京都雜録：東京舊城東二門，南曰麗景，梁曰觀化，晋曰仁和，太平興國四年九月改。

京都雜録：東京舊城東二門，北曰望春，梁曰建陽，晋曰迎春〔一〕，國初曰和政，太平興國四年九月改。

〔一〕晋曰迎春　「迎春」原作「迎初」，據五代會要卷一九開封府及舊五代史卷七七晋高祖紀三、北道刊誤志改。

京都雜録：東京舊城西二門，南曰宜秋，梁曰開明，晋曰金義，太平興國四年九月改宜秋門。

京都雜録：東京舊城西二門，北曰閶闔，梁曰乾象，晉曰乾明，國初曰千秋，太平興國四年九月改曰閶闔門。

京都雜録：東京舊城北三門，中曰景龍，梁曰興和，晉曰玄化，太平興國四年改曰景龍門。

京都雜録：東京舊城北三門，東曰安遠，梁曰含耀〔一〕，晉曰宣陽，太平興國四年九月改曰安遠門。

〔一〕梁曰含耀　「耀」原作「輝」，據舊五代史卷三梁太祖紀三、北道刊誤志改。五代會要卷一九開封府作「曜」。

京都雜録：東京舊城北三門，西曰天波，梁曰大安，太平興國四年九月改曰天波門。

京都雜録：東京新城南五門，中曰南薰，周曰景風，太平興國四年九月改曰南薰門。

京都雜録：東京新城南五門，次東曰宣化，周曰朱明，太平興國四年九月改曰宣化門。

京都雜録：東京新城南五門，次西曰安上，周曰畏景，太平興國四年九月改曰安上門。

京都雜録：東京新城南五門，次東曰普濟，惠民河水門，太平興國四年九月賜名曰普濟門。

京都雜録：東京新城南五門，次西曰廣利〔一〕，惠民河水門。太平興國四年九月賜名廣利門。

〔一〕次西曰廣利　「西」字原缺，據方域一之一補。

京都雜録：東京新城東五門，南曰上善，汴河東水門。太平興國四年九月賜名上善門。

京都雜録：東京新城東五門，次北曰善利，廣濟河水門。太平興國四年九月賜名咸通，天聖初改曰善利門。

京都雜録：東京新城東五門，次北曰含輝，周曰含煇〔一〕，太平興國四年九月改寅賓，後復今名曰含輝門〔二〕。

〔一〕周曰含煇　「含煇」，北道刊誤志作「寅賓」。按五代會要卷一九開封府、舊五代史卷一一八周世宗紀五均載，周顯德五年五月賜東京城門名額，其中東二門爲寅賓、延春。輯稿疑誤。

〔二〕太平興國四年九月改寅賓後復今名曰含輝門　宋史卷八五地理志一亦作「太平興國四年改寅賓，後復」。按周顯德五年五月已賜名額曰寅賓，又北道刊誤志載：「含煇，周曰寅賓，已上並太平興國四年改。」

京都雜録：東京新城東五門，次北曰朝陽，周曰延春，太平興國四年九月改曰朝陽門。

京都雜録：東京新城西六門，次北曰金耀，周曰肅政，太平興國四年九月改曰金耀門。

京都雜録：東京新城西六門，南曰順天，周曰迎秋，太平興國四年九月改曰順天門。

京都雜録：東京新城西六門，次北曰宣澤，汴河北水門〔一〕。熙寧十年賜名宣澤門。

〔一〕汴河北水門 「水」字原缺，觀上下文河門均曰某水門，故補。

京都雜録：東京新城西六門，次北曰大通，汴河南水門。太平興國四年九月賜名大通，天聖初改順濟，後復今名。

京都雜録：東京新城西六門，次北曰咸豐，廣濟河西水門。太平興國四年九月賜名咸豐門。

京都雜録：東京新城西六門，次北曰開遠，太平興國四年賜名通遠，天聖初改曰開遠門。

京都雜録：東京新城北五門，中曰通天，周曰玄德，太平興國四年九月改曰通天，天聖初改寧德，後復名通天門。

京都雜録：東京新城北五門，次東曰景陽，周曰長景，太平興國四年九月賜名曰景陽門。

京都雜録：東京新城北五門，次東曰永泰，周曰愛景，太平興國四年九月改曰永泰門。

京都雜録：東京新城北五門，次西曰安肅。國初號衛州門，太平興國四年九月賜名安肅門。

京都雜録：東京新城北五門，次西曰永順，廣濟河南水門。熙寧十年賜名。

西京〔一〕

〔一〕西京　原無，按原眉批「西京大内」，今統一以四京爲題，故補。

京都雜録：西京皇城南面三門，中曰端門，北對五鳳樓，南對定鼎門。

京都雜録：西京大内東面一門曰蒼龍門，隋唐曰重光，後改曰蒼龍門。

京都雜録：西京大内西面一門曰金虎，隋曰寶成，唐曰嘉豫，後改金虎門。

京都雜録：西京大内左安禮門西北曰鑾和〔一〕，太平興國三年，以車輅院門改，今名鑾和門。

〔一〕西京大内左安禮門西北曰鑾和　「左安禮」原缺，據方域一之九補。按方域一之九「左」下原衍「右」字，據方域三之三九、河南志卷四宋城闕古蹟删，請參見本書西京門校注。

京都雜録：西京大内蒼龍門之正西有東隔門〔一〕，次西曰膺福門，唐曰含章，後改膺福門。

〔一〕西京大内蒼龍門之正西有東隔門　「龍」字原缺，據方域一之九補。

京都雜録：西京大内次西接通天門柱廊〔一〕，金虎門之正東有西隔門，次東曰千秋門，唐曰金鑾，後改千秋門。

〔一〕西京大内次西接通天門柱廊　按「次西」前似有脱漏，上古本據方域一之九補「膺福門」，當是。

京都雜録：西京大内天和殿，其次崇徽殿〔一〕。廣壽殿門之西曰明福門，其北廊接通天門。

〔一〕其次崇徽殿　「殿」字原缺，據玉海卷一五八西京大内、河南志卷四宋城闕古蹟補。

京都雜録：西京大内次西横門曰永福門〔一〕，後唐之名。

〔一〕西京大内次西横門曰永福門　按「次西」前似有脱漏，上古本據方域一之九補「右安禮門」，當是。

京都雜録：西京大内垂拱殿後有通天門，復有柱廊〔一〕。

〔一〕復有柱廊　「廊」下原衍「門」字，據方域一之九删。按「復」，河南志卷四宋城闕古蹟作「後」。

京都雜録：西京大内次北曰敷政門〔一〕，唐曰武成、宣政，後改敷政門。

〔一〕西京大内次北曰敷政門　按「次北」前似有脱漏，上古本據方域一之九補「乾元門」，當是。

京都雜録：西京大内太極殿門之西面，南曰應天門，唐曰敷政、光範，後改應天門。

京都雜録：西京大内五鳳樓内正南内太極殿門，隋曰永泰，唐曰通天、乾元，太平興國三年名太極門，景德四年改今名。太極門門東西各有門，唐初曰萬春、千秋，今無榜。

京都雜録：西京皇城東面二門，南曰賓耀，隋曰東太陽，唐曰東明，後改今名。

京都雜録：西京皇城西面二門，南曰金耀，隋曰西太陽，後改今名。又云即唐宣耀。

京都雜録：西京皇城東面二門，北曰啟明，西對宫城之蒼龍門。

京都雜録：西京皇城西面二門〔一〕，北曰乾通，東對宫城之金虎門。〔二〕

〔一〕西京皇城西面二門　「西面」原作「南面」，據方域一之一一改。

〔二〕按原眉批「西京皇城」。

京都雜録：西京皇城西面外夾城又二門〔一〕，南曰麗景，東對金耀門。

〔一〕西京皇城西面外夾城又二門　「面」字原缺，「又」原作「東」，據方域一之一一補改。「夾」原作「挾」，據河南志卷四宋城闕古蹟改。

京都雜録：西京皇城西面外夾城二門〔一〕，北曰開化，東對乾通門。

〔一〕西京皇城西面外夾城二門　「外夾城」原缺，據方域一之一一補。

京都雜録：西京皇城北面一門曰應福〔一〕，五代以來曰甲馬門，蓋諸班直宿其内。

〔一〕西京皇城北面一門曰應福　「皇城」下原衍「外挾城」，據方域一之一一及河南志卷四宋城闕古蹟删。

京都雜録：西京皇城次北右軍一門〔一〕，在光政門之西，門内皆班院及禦園。

〔一〕西京皇城次北右軍一門　「皇城」下原衍「外」字，據方域一之一一删。按「次北」，河南志卷四宋城闕古蹟作「次西」。

京都雜録：西京大内，其南有内園門〔一〕，在含光殿門之西。

〔一〕其南有内園門　「其南」上當有脱漏，上古本據方域一之一〇補「九江池」，或是。

京都雜録：西京大内散甲殿後柱廊有後殿，其北相對有夾道門，在拱宸門内。西京左銀臺門相對，後門在東池門之内。東池門内有飛龍院。〔一〕

〔一〕按本條疑抄録有誤，請見方域一之一〇。

京都雜録：西京大内天興殿後門〔一〕，北對建禮門。

〔一〕西京大内天興殿後門　「天興殿」原缺，據方域一之八補。

西京建禮門，在天興殿後，南對五鳳樓，有隔門〔一〕。

〔一〕有隔門　河南志卷四宋城闕古蹟作「北有隔門」，疑輯稿脱「北」字。

西京天福門，天福殿門也，在明福門内。或作「大福」。

金鑾門，金鑾殿門也，在明福門西〔一〕。

〔一〕在明福門西　「西」原作「内」，據方域一之一〇改。

含光門，含光殿門也，在金鑾門西。

廣壽門，廣壽殿門也，在建禮門西。

京都雜録：西京大内興教門内曰左安禮門，隋唐曰會昌。

西京光政門内西偏右安禮門，隋唐曰景運，後改今名。

京都雜録：西京大内左安禮門北曰左興善門，唐曰左銀臺，梁改左興善門。

京都雜録：西京大内右安禮門北曰右興善門，唐曰右銀臺，梁改右興善門。

京都雜録：西京大内次北曰乾元門，唐曰千福、乾化，後改乾元門。

京都雜録：西京大内，其北左銀臺門〔一〕，唐曰左章善，梁改左銀臺〔二〕。

〔一〕西京大内其北左銀臺門　按方域一之九載：「左安禮門北曰左興善門，唐曰左銀臺，梁改。其北左銀臺門。」故「西京大内」下疑有脱文。

〔二〕梁改左銀臺　「左」下原衍「右」字，據方域一之九删。

京都雜録：太極殿門外東西横門曰左、右永泰門，隋曰東、西華，唐曰左、右延福，後改左、右永泰門。〔一〕

〔一〕按以上三條原在方域三之二一、三四，今改移於此。

京都雜録：西京東城東面一門曰宣仁〔一〕，東對上東門。〔二〕

〔一〕西京東城東面一門曰宣仁　按玉海卷一七〇景德太極門、宋史卷八五地理志一載宣仁爲皇城東門。

〔二〕按本條以下西京東城等内容原在方域三之四五至四六，置於東京新城諸門之後，今統一改移於此。

京都雜録：西京東城南面一門曰承福，今爲洛陽監前門。

京都雜録：西京東城北面一門曰含嘉，今不復有門構。

京都雜録：西京城南三門，中曰定鼎，東曰長夏，西曰厚載。

厚載門，西京城南西門也。

京都雜録：西京城東三門，中曰羅門，南曰建春，北曰上東。

建春門，西京城東南門。

上東門，西京城東北門。

京都雜録：西京城北二門，東曰安喜，西曰徽安。

南京〔一〕

〔一〕南京　原無，按原眉批「南京」，今統一以四京爲題，故補。

南京雜録：真宗大中祥符七年二月，詔名南京門曰崇禮門〔一〕。

〔一〕詔名南京門曰崇禮門　「南京門」，輯稿禮五一之六作「南京南門」，按宋史卷八五地理志一載南京「南一門曰崇禮」。則此「南京」下或脱「南」字。

南京雜録：真宗大中祥符七年三月〔一〕，詔名南京大東門曰昭仁。

南京雜録：真宗大中祥符七年二月，詔名南京外西門曰迴鑾。

南京雜録：真宗大中祥符七年二月，詔名南京雙門曰祥輝。

〔一〕真宗大中祥符七年三月　「三月」原作「二月」，據方域二之一、玉海卷一六宋朝四京改。下同。

南京雜録：真宗大中祥符七年三月，詔名南京小東門曰延和。

南京雜録：真宗大中祥符七年三月，詔名南京小西門曰順成。

南京雜録：真宗大中祥符七年三月，詔名南京北門曰靖安。

南京雜録：真宗大中祥符七年三月，詔名南京新隔門曰承慶。

北京〔一〕

〔一〕北京　原無，按原眉批「北京」，今統一以四京爲題，故補。

北京雜録：仁宗慶曆二年七月，以北京真宗駐蹕行宫中門爲順豫門。〔一〕

〔一〕按本條原在方域三之四〇西京大内右興善門之後，今改移於本門之末。

道路

【題解】本門見方域一〇之一至一〇，大典卷一四七四九「路」字韻事韻收録。整理者於方域一〇之一「宋會要」下草書批「道路」，姑以爲門名。本門起太祖建隆三年正月九日，迄寧宗嘉定十七年二月六日。

太祖建隆三年正月九日，詔西京修古道險隘處，東自洛之鞏，西抵陝之湖城，悉命治之，以爲坦路。

五月十八日，潞州言：「先奉詔集丁夫開太行路，俾通餽運，今已功畢。」

四年四月二十三日，詔重疏鑿三門。

真宗大中祥符二年二月十二日，詔曰：「昨議徙京西驛路出永安縣。且永安，陵邑也，如聞徙之，則秦蜀行旅、戎夷入貢，悉由於此，神道貴静，非所宜也，其亟罷之。」

三年正月九日，詔利州路轉運司，自今命官〔一〕、使臣欲修易棧閣者，具述經久利害待報，無得擅行。先是，川峽多建議修路以邀恩獎〔二〕，或經水潦，即墜石隔礙，舊路又隨而廢。至是，利州以新改閣道，其原規畫使臣、軍校乞加酬獎，帝知其弊，故條約之。

〔一〕自今命官　「今命」原倒，據長編卷七三大中祥符三年正月己未條乙正。

〔二〕川峽多建議修路以邀恩獎　「峽」原作「陜」，據長編卷七三大中祥符三年正月己未條改。

四年三月，詔自武牢關至滎陽、鞏縣，道路兩邊有巖險墊裂處，恐經雨摧塌〔一〕，委逐處相度劃削修治之。

〔一〕恐經雨摧塌　「塌」原作「搨」，形近而訛，今改。

五年七月十七日，詔劍州、利州修棧閣路。

十一月，河北安撫司請沿邊官路左右及時栽種榆柳。從之。

十二月，詔：「近聞開封府以京城居民侵占街道，蓋到棚廈，並令毀拆。方屬嚴凝，可令至春月施行。」

七年八月，荊湖北路轉運使高伸乞開辰、鼎州路，畫圖進呈。帝謂王旦等曰：「恐勞擾軍民，可且令依舊。」

九年六月二十七日，太常博士范應辰言〔一〕：「諸路多闕係官材木，望令馬遞鋪卒夾官道植榆柳，或隨土地所宜種雜木。五七年可致茂盛，供用之外，炎暑之月亦足蔭及路人。」從之。

〔一〕太常博士范應辰言　「辰」字原缺，據長編卷八七大中祥符九年六月辛丑條補。按李燾注云：「范應辰，德化人。」

天禧元年四月，詔川峽轉運完葺橋閣〔一〕，無致因循。

〔一〕詔川峽轉運完葺橋閣　「川峽」原作「州陝」，川峽即益、梓、利、夔四路，宋無「川陝路」。故改。

三年八月，遣使西京至陝府修葺道路，以霖雨壞道故也。

仁宗天聖二年五月二十八日，蘇州言修土石塘路畢，降詔褒諭，賜賚有差。

慶曆二年三月十二日，詔河北比歲積雨壞道塗，其塹官路兩旁闊五尺、深七尺，民田各於封界闊三尺、深五尺，以泄水潦，限半年功畢。

三年七月二十七日，祕書丞、知興元府褒城縣竇充言：「竊見入川大路，自鳳州至利州劍門關，直入益州，路遥遠，橋閣約九萬餘間，每年係鋪分兵士於近山采木修整通行。近年添修所使木植萬數浩瀚，深入山林三二十里外，采斫辛苦。欲乞於入川路沿官道兩旁，令逐鋪兵士每年栽種地土所宜林木，准備向去修葺橋閣。仍委管轄使臣、逐縣令佐提舉栽種，年終栽到數目，批上歷子，理爲勞績，免致緩急阻妨人馬綱運。」詔令陝西及益州路轉運司相度施行。

五年九月二十七日，北作坊使武繼隆言：「竊見河北西山有土門路，自真定府與河東往來相接。景德年已前，勾抽河東軍馬策應河北，出入大路。今歲河北雨水稍多，衝注成澗道，乞令逐處官吏常切修葺，不管阻滯過往客旅車馬。仰本地分縣尉司不住巡覷點檢，仍令每年秋初舉行，萬一緩急勾抽軍馬，過往且免阻滯。」詔令河東都轉運司相度，只作本司意度牒平定軍點檢。

嘉祐二年十二月二十九日，置街道司指揮兵士，以五百人爲額。

神宗熙寧十年二月二十四日，利州路提刑司言：「准朝旨送下李杞奏：『成都府至鳳州大驛路，自金牛入青陽驛至興州，雖興元府界亦有褒斜路，久來使命、客旅任便往來。昨利州路提刑范百祿擘畫，改移興元府路作大驛路，及撥併馬遞、橋閣鋪兵級在彼。今興州一路直通秦州，以至鳳州河池縣界首，甚有橋閣約二萬餘間，兵士數少，難以修葺〔一〕，況今收買川茶，正由此路。乞除秦鳳、利州路係元相度外，別路選差官再行相度新舊路經久利便，令逐路提刑司相度利害，具合措置事狀。』伏睹褒斜新路自金牛驛至褒城縣驛，計三程，悉係平川，别無橋閣。自褒城驛至鳳州武休驛，其間只雞翁嶺一處，雖係山路，目下修葺寬闊，通過無阻，創置驛鋪，費用不少。勘會未移路前，遞年科撥興元府、洋州人户苗税，往興州舊路沿路送納，累路程驛差官受納，監驛支遣，地里遥遠，住滯人户。今新路只有曲灘驛一處差官監程外〔二〕，褒城等縣倚郭程驛，興元府、洋州人户只就縣倉送納〔三〕，别無阻滯。縣司官員兼管勾支遣，亦不妨職事。其褒斜新路於沿路鐵錢界，經久委是穩便。所有銅錢界武休驛至鳳州計三程，係秦鳳等路，本司不見彼處利害。又成都府路提刑司言：『舊路自鳳州入兩當至金牛驛十程，計四百九里，閣道平坦，驛舍馬鋪完備，道店稠密，行旅易得飲食，不爲艱苦。新路自鳳州由白澗至金牛驛，計三百八十五里，雖減兩驛，比舊路只少二十四里，隨山崎嶇，登陟甚難，復少居民，又無食物，人情以此厭勞。如發川綱往秦州〔四〕，只從舊路行至故驛，便可直入成州。如由新路，須過鳳州，五程至鳳翔府，方有路去秦州，緩急應副邊須，亦恐非便。今茶綱見行舊路，商客皆由此出，惟請券驛馬各不獲已，二者較之，利害甚明。若謂新路興功不少，驛鋪已成，未欲遽更，深慮久遠人言不便，必須改復，則舊路閣道已隳，異時修完煩費。』又秦鳳等路提刑司言：『成都府至鳳州大驛路，自金牛驛程入青陽驛至興州，雖興元府界亦有褒斜路，任便往來。去年改移興元府路作大驛路，及併馬遞、橋鋪兵級在彼。今興州一路直通秦州，以至鳳州河池縣界首，橋閣約二萬餘間，兵士數少，難以修葺。況見今官中收買川茶，正由此路經過。』本司相度得舊路道里遠近若不相較，驛程只減一程，如從初不開新路，即省得工費。今既施工修蓋馬鋪、驛舍，用錢不少，如卻行舊路，即虛棄工費。兼新路已修完備，實寬得興元、洋州百姓遠輸。舊路四處溪江或遭泛漲，即阻節過往，及飛石中行人，常有死者，新路并無此患。兼合添置一驛并遞鋪，如允從，即別具合添置去處申奏次。」詔送樞密院施行。

〔一〕難以修葺 「難」原作「雖」，據後文改。
〔二〕今新路只有曲灘驛一處差官監程外 「只」原作「口」，據前後文改。
〔三〕興元府洋州人户只就縣倉送納 「送」原作「逆」，形近而訛，今改。
〔四〕如發川綱往秦州 「綱」原作「網」，據後文改。

八月十一日，入内内侍省都知張茂則言：「今相度到虜使驛路出澶州，西趨黎陽，由白馬縣北側近，可以繫橋通行。」從之。

元豐元年十一月二十一日〔一〕，衛尉寺丞、知三泉縣莊黄裳言：「本縣當益、梓、利、夔四路之衝，昨議者請廢北路，復褒斜故道，以減程驛，寬漢中輸納之勞。今日較之，爲害甚於前日。」詔委劉忱、李稷同比較，既而忱等言：「褒斜新路視興州舊路，雖名減兩程，其鋪兵、遞馬皆增於舊。又卒亡馬死相尋，官吏館券給請亦倍。舊路雖號十程，比新路纔遠八里，且多平慢。新路雖減科發洋州税米四千餘石，乃移撥興元府、鳳州税米二萬餘碩。今若行河池舊路，遷復馬遞鋪，官舍亭驛，略加修整，即自如故〔二〕，兼可減河池、兩當、二里三驛。」詔三驛不減，餘並從之。初，三泉縣之金牛鎮有東、北兩路，北通陝西秦鳳熙河、京西諸州，以至京師，東通梁、洋州。熙寧七年，利州路提點刑獄范百祿建言，廢北路，復褒斜路。至是，黄裳疏其利害，下忱等比較，從黄裳所請也。

〔一〕元豐元年十一月二十一日　按長編卷二九四繫於元豐元年十一月十五日乙酉。

〔二〕即自如故　「自」原作「目」，據長編卷二九四元豐元年十一月乙酉條改。

五年二月二十三日，熙河路都大經制司言：「相度通遠軍去定西城路爲便，乞自女遮谷以西隸通遠軍〔一〕，龕谷寨以北隸蘭州。」從之。

〔一〕乞自女遮谷以西隸通遠軍　「女遮谷」，長編卷三二三元豐五年二月乙亥條作「汝遮堡」。

九月二十五日，滑州言：「刀馬河水泛溢，韋城以南至長垣人馬不通。」詔開封府界并滑州信使所行道，專委通判滑州蘇注主管。

徽宗大觀四年三月十九日，儒林郎、前鎮寧軍節度推官慕宗亮奏：「臣伏覩在京每年開淘渠塹之際，並是近街築坑，以備盛泥。若被風吹，土在坑面上，共地一色，又無物遮欄。

及覩天下當過街路與旅店中，有井無欄木。其上件坑、井，若是陰黑，無眼人或有酒人遺身在內，必害性命。臣今欲乞天下當過往街路有井無欄木，令地主修置。在京泥坑無物遮欄處，令逐處地主每一坑用小柱四條，各高四尺，安在坑邊四角，以一寸圍徑麻繩圍三五遭，可遮欄得，免傷民眾性命。仍令逐處合干人常切照管，如井欄損動，即令修補，常要牢固。」詔依所奏。慮民間出辦頗似科率，並官中修置。在京令尚書工部、將作、都水監疾速施行。

政和三年八月九日，歸州奏：「本州西門蜀江吒灘，俗號『人鮓甕』，大石四五截江道，夏秋舟行者多罹其害。欲候水落，開鑿灘石，以避其險，乞給度牒二十道充費。」從之。

六年四月二十二日，工部奏：「知福州黃裳狀：『契勘本路八州軍，建、汀、南劍州、邵武軍驛路從來未曾種植，并福州尚有方山北鋪，亦未栽種，遂致夏秋之間，往來行旅冒熱而行〔一〕，多成疾疫。遂專牒委自逐處知州軍，指揮所屬知縣、令丞勸諭鄉保，遍於驛路及通州縣官路兩畔栽種杉松、冬青、楊柳等木。續據申，遍於官驛道路兩畔共栽植到杉松等木共三十三萬八千六百株，漸次長茂，已置籍拘管。緣輒采伐官驛道路株木，即未有明文，伏望添補立法。』本部檢承政和令，諸係官山林，所屬州縣籍其長闊四至，不得令人承佃。官司興造須采伐者，報所屬。政和敕，諸係官山林輒采伐者杖八十，許人告。政和格，告獲輒伐係官山林者，錢二十貫。本部看詳，乞依前項條法，諸路作此〔二〕。」從之。

〔一〕往來行旅冒熱而行　「冒」原作「胃」，形近而訛，今改。

〔二〕諸路作此　「作」，上古本徑改作「准」。

宣和元年八月十六日，權發遣京畿提點刑獄公事許偲奏：「州府縣驛舍以待賓客，吏習弗虔，不以時察，或梁桷撓折，或墻壁圮壞。欲望特降睿旨，俾諸路各行修整，嚴責州縣常切覺察。」

高宗建炎四年六月二十九日，詔：「車駕不測巡幸，令浙西、建康府、江東路安撫使司疾速豫行計備經過去處錢糧、舟船、頓遞，即不得開修道路，過爲供帳，卻致搔擾。」

十月四日，提舉兩浙市舶劉無極言：「知宣州李光狀，爲臨安府於潛知縣陸行可將千秋嶺路掘斷事。無極相度，千秋嶺通徹太平、宣州、廣德軍、建康府，正係衝要控扼去處。東西兩山，上闊一千餘丈，萬一賊馬奔衝，直趨本府至越州〔一〕，或取嚴州直趨温、台、明、越州，若不掘斷，臨時措置不及〔二〕。又恐傳送機密文字、綱運往來不便，欲開掘中間，量留三五尺以通傳送文字、綱運、商旅，稍有警急，併工掘斷。」從之。

〔一〕直趨本府至越州　「本」原作「木」，形近而訛，今改。

〔二〕臨時措置不及　「及」原作「久」，形近而訛，今改。

紹興三年十二月九日，知臨安府梁汝嘉言：「被旨委開火巷，今乞用舊陌巷開城，如丈尺不及，即拆及三丈之數。如屋宇稍密，巷陌遥遠，別畫圖申取指揮。」又言：「巷闊者不過一丈，狹者止五尺以下，若一概展作三丈，恐拆去數多。欲將已燒去處只展作一丈五尺，不經火處展作一丈。」詔並依。已降空留三丈指揮更不施行。既而殿中侍御史常同言：「近者有司以遺火延燒之頻，乞於執政侍從之居、倉庫四面各毁民居，開留隙地，計所毁無慮數百千家。連日急迫，與延燒無異，民咨胥怨，有害仁政。乞除倉場庫務四面量留空地外，其執政、侍從傍近居民，特免毁拆。」詔執政府第元降空留丈尺指揮減二丈，只空留三丈；侍從官宅不經燒毁去處，並免毁拆，餘依已降指揮。

孝宗淳熙三年二月二十七日，四川茶馬司言：「興州順政、長舉兩縣棧閣舊置武臣一員充巡轄〔一〕，人兵三百，專一巡視修葺〔二〕。今乞令諸司共措置，務令經久，仍招填人兵，依時修治棧道。」從之。

〔一〕興州順政長舉兩縣棧閣舊置武臣一員充巡轄　「興州」原作「興縣」。按宋史卷八九地理志五載，興州，開禧三年改沔州，轄順政、長舉二縣。故改。又「閣」原作「閲」，形近而訛，今改。

〔二〕專一巡視修葺　「修」字原缺，據後文補。

十二月十一日，詔：「臨安府都亭驛至嘉會門裏一帶，居民舊來侵佔官路，接造浮屋，近緣郊祀大禮拆去，旋復搭蓋。如應日前界至，且聽依舊；其今次侵展及官路大段窄狹去處，日下拆截。其餘似此侵佔去處，令本府相度，開具以聞。」

七年六月二十三日，臨安府言：「奉詔，本府居民添蓋接簷突出，并蘆蓆木簷侵占街道〔一〕，及起造屋宇侵占河岸，如有不伏去拆違戾之人，令追捉於地所斷遣，枷項號令，候犯人替。本府除已盡行去拆，如有居民并百司公吏不伏去拆違戾之人，收録解府，送獄根究斷罪。内有官户追幹人解府斷罪，並道令候犯人替〔二〕。」從之。

〔一〕并蘆蓆木簷侵占街道　「簷」原作「簷」，形近而訛，今改。

〔二〕並道令候犯人替　「道」，據前文當作「號」，上古本徑改，或是。

光宗紹熙二年四月十六日，詔臨安府傳法寺并燒毀居民去處，其寺面南街道爲俯近重華宫，宫墻比舊展退北一丈，經燒居民不許搭蓋。繼而知臨安府潘景珪言：「宫墻外諸處官府毗近居民，除見有樓屋免行毀拆外，日後不得添造。」從之。

寧宗嘉定十六年十一月一日，臣僚言：「臣昨者伏見諫臣有疏，謂八盤嶺迫近帝闕，非車馬憧憧往來之地，乞行下禁止，誠爲至當之論。然臣管見，尚有可言者。自都亭驛至麗正門，係文武百僚趨朝前殿之路，皆是泥塗，窮冬雨雪冰凍，春雨梅霖淖濘，委是難行。欲望聖慈申敕攸司，自候潮門内之南至麗正門，并用石版鋪砌可通車馬之路，所費無幾。或曰大禮年分，恐礙行輅，曾不知逐郊例是一路石版，臨期悉行除拆，禮畢日仍舊鋪砌，初非難事，亦可以壯帝王之居。」從之。

十七年二月六日，臣僚言：「嘗讀月令一書，孟春之月致謹於修封疆、相阪險。及觀成周大司徒布教於始和之月，而令野修道，其職尤拳拳焉。蓋道路封疆之修，阪險原隰之相，誠治地之先務，而順時布政者之所當汲汲也。仰惟國家中興，駐蹕東南且百年矣〔一〕。處浙水之右，據吴會之雄，自臨安至於京口，千里而遠，舟車之輕從〔二〕，郵遞之絡繹，漕運之轉輸，軍期之傳送，未有不由此塗者。去歲雨潦霖霪，水勢衝突，隄岸以之而毁圮，道路因之而嵌陷，橋梁由之而傾摧。州縣之間，務從苟且，視主管運河隄岸之職恬不經意〔三〕，其能推如溺之念，軫若涉之思，因民之病而拯之者，曾未之見也。由是車騎之往來，舟楫之牽挽，顛躋隕墜，類多苦之。所賴邊陲少寧，無羽檄交馳之虞，芻粟蜚輓之迫，脱或緩急告警，事關軍國，星夜疾驅，瞬息少差，利害隨至，固不可不過爲之慮。邊塘畎畝，或值旱澇，隄防瀦蓄，有藉於塘築之固，以施車戽之力者，其所係尤不輕也。今春事方興，土膏潛動，修築之政，所當舉行。苟視爲細故，不蚤正而素備，則舍舟而徒者，何以遂其出於塗之願？異時凱旋，寧無如還濘而止之患？況其他如總牧更戍，驛筒沈淪，其利害又不止是耶。欲望睿慈順月令布政之方，體成周設官之意，行下兩浙轉運使、浙西提舉司，疾速令沿塘一帶所隸州縣，其有道路、隄岸、橋梁摧毁去處，仰日下量給工費，委州縣官及本鄉保正等公共相視，措置修治，毋騷擾。」從之。

〔一〕駐蹕東南且百年矣 「且」原作「具」，形近而訛，今改。

〔二〕舟車之輕從 「輕」，上古本徑改作「經」，清本眉批「『從』疑『便』」。

〔三〕視主管運河隄岸之職恬不經意 「經」原作「輕」，形近而訛，今改。

驛傳

【題解】本門見方域一〇之一三至一七，大典卷二〇五四四「驛」字韻事韻收録。整理者於方域一〇之一三「宋會要」下草書批「驛傳」，下又行書批「雜録」。又本門體例與道路門同，當以「驛傳」名之。本門起太祖開寶四年十月十二日，迄孝宗淳熙十二年五月十五日。

太祖開寶四年十月十二日，知邕州范旻言：「本州至嚴州約三百五十里，是平穩徑直道路，已令起置鋪驛。其嚴州至桂州，請修置鋪驛。」詔令嚴州、桂州據管界道路接續修持，各置鋪驛。

七年六月，以知制誥李穆監懷信驛事。

太宗太平興國二年八月四日〔一〕，詔改懷信驛爲都亭驛。先是，周世宗初平淮甸，江南國主李景稱藩，置是驛以館其來使。至是，以江左平定，故改也。

〔一〕太宗太平興國二年八月四日　「日」字原缺，據玉海卷一七二景德懷遠驛補。

七年七月，京東西路轉運副使石熙古言：「所差制使多分占館驛以爲制院，枉費修葺，有妨使命安下〔二〕。欲望今後止令以空閑廨宇充制院。」從之。

〔二〕有妨使命安下　「妨」原作「方」，按方域一一之二四有「有妨執役傳送」云云，故改。

雍熙四年六月，遣右拾遺王仲華點撿澶州界館驛，殿中丞蔣居中滑州界館驛。備北巡也。

八月十五日，詔：「應除授廣南、西川、漳泉福建州縣官，訪聞久拘選調，多是貧虚，涉此長途，將何以濟？自今並令給券，宿於郵置。」

真宗咸平六年六月二十三日，詔京東西、河北、河東、陝西、淮南諸縣令兼知館驛使，勿得差往他所。

景德二年九月四日，詔興州青泥舊路依舊置館驛，并驛馬、遞鋪等，其新開白水路亦任商旅往來。先是，屢有言新路便近，亦有言青泥路雖遠一驛，然經久難於改移者，故下詔俱存之。

三年十二月，置懷遠驛於汴河北。先是，契丹使館於都亭驛，其諸蕃客使止於公府安泊。至是以爲非便，遂規度侍衛都虞候舊公廨創是驛焉。大中祥符六年，又以驛爲皇姪惟正等南宅。

大中祥符元年五月九日，改鄆州臨鄽驛曰迎鑾，砂溝驛曰翔鑾。六月十四日，改兗州葛石驛曰回鑾，知溝驛曰太平。

三年正月十九日，內侍副都知閻承翰使夏州還，上言：「趙德明於綏、夏州界各建館舍以待王人，望於洛浦峽置驛〔一〕。」帝以其地荒敻，勞於役守，不許。

〔一〕望於洛浦峽置驛　「洛浦」，長編卷七三大中祥符三年正月己巳條作「浦洛」，按靈州東南有浦洛河，或當從長編。

九年四月七日，以京城西舊染院爲夏州蕃驛。

仁宗天聖六年九月，御史中丞晏殊言：「諸處州縣例差鄉户百姓充驛子，甚有勞擾。臣前知南京日，就差剩員兵士，逐季替换，甚以便民。望行下諸州軍，並依此例。」詔開封府界依所奏施行。

景祐三年十一月十日，臣僚上言：「諸州館驛供給無限，主守患之，請給市估之制。」詔可，仍命牓於驛廳事。

慶曆七年三月二十六日，詔：「西人朝貢，沿路館驛須先過一二日掃潔，權止過往官員安下，不得前期張皇事勢。」

嘉祐三年四月十一日〔一〕，詔：「居州縣驛舍亭館者，毋得過一月。有違，所在官吏以違制論。仍令轉運、提點刑獄司每半年一舉行〔二〕。」

〔一〕嘉祐三年四月十一日　按長編卷一八七繫於嘉祐三年四月二十八日戊辰。

〔二〕提點刑獄司每半年一舉行　「一」原作「以」，據長編卷一八七嘉祐三年四月戊辰條改。

四年正月十三日〔一〕，三司使張方平上所編驛券則例，賜名曰嘉祐驛令。初，内外文武官下至吏卒，所給驛券皆未有定例，又或多少不同。遂降樞密院舊例下三司掌券司，會萃名數而纂次之〔二〕，并取宣敕、令文專爲驛券立文者附益删改，爲七十四條，總上、中、下三卷，以頒行天下。

〔一〕四年正月十三日　按長編卷一八九繫於嘉祐四年正月七日壬寅。

〔二〕會萃名數而纂次之　「萃」原作「倅」，據長編卷一八九嘉祐四年正月壬寅條改。

神宗熙寧三年五月二十九日〔一〕，以崇仁坊舊馬軍都虞候公廨增葺爲來遠驛，待蕃客之所。

〔一〕神宗熙寧三年五月二十九日　「二」字原缺，據方域一〇之一一及長編卷二一一熙寧三年五月戊午條補。按熙寧三年五月戊午即二十九日。

元豐二年六月三日，賜兩浙路度僧牒百五十，修高麗使亭驛。

四年六月十八日，提點開封府界諸縣鎮公事葉温叟及祥符長垣韋城知縣、縣丞、主簿、尉、監驛使臣十四人罰銅有差，入内殿頭吴從禮、張稹、史革各展磨勘三年〔一〕，祥符縣主簿王容、韋城縣主簿姜子年各差替〔二〕，並坐失計置遼使路驛亭也〔三〕。

〔一〕入内殿頭吴從禮張稹史革各展磨勘三年　「張稹」、「史革」，長編卷三一三元豐四年六月癸酉條同，輯稿職官六六之一五作「張積」、「史華」。又「三年」，輯稿同，長編作「二年」。

〔二〕韋城縣主簿姜子年各差替　「姜子年」原作「姜永年」，據輯稿職官六六之一五、長編卷三一三元豐四年六月癸酉條改。

〔三〕並坐失計置遼使路驛亭也　「計」原作「許」，據輯稿職官六六之一五、長編卷三一三元豐四年六月癸酉條改。

十二月二十一日，滑州言，新作遼使驛已題爲「武成驛」，詔改爲「通津」。

哲宗元祐元年八月二日，詔河陽創修北使驛亭，温縣宿頓以「至德」、河陽縣中頓以「清流」、汜水縣中頓以「行慶館」爲名。

元符二年七月二十七日，户部、兵部言：「涇原路經略司相度新建城寨，自鎮戎軍至平夏城，次至臨羌寨，次至西安州，爲三程。仍乞以『石門』、『秋葦』、『南牟』爲三驛名。」從之。

九月二十九日，廢延安府招安寨爲招安驛。

徽宗崇寧元年六月十四日，敕鼎州龍陽縣永安驛與陵名相犯，改爲龍潭驛。

九月五日，修都亭驛畢工，詔翰林學士蹇序辰爲之記。凡役自五月甲子迄八月戊寅，爲日十旬有奇；凡治舍自門堂屋廡序，爲屋五百二十有五。

政和四年二月二十五日，詔：「臣僚上言，永興軍館驛年深弊漏，見任官無廨宇，往往指占居住，致經過使命蕃夷只就寺院或邸店安泊。可委本路帥司根檢館驛舊基完葺，并創置什物等。其見任指占作廨宇者，並起遣撥還。仍立法禁止，日後更有指占及借什物出驛者，以違制論。令禮部給降空名度牒一百道，應副修置。」

高宗紹興二年十二月十五日，樞密院言：「高麗使副非晚到闕，欲乞令臨安府就法慧寺充館舍。」從之。

五年十一月十九日，蘄州言：「本州廣濟縣已廢爲廣濟鎮，本鎮有一驛，緣自蘄春縣至本鎮至黄梅縣共一百二十里，計程只止兩日程，今來見置三驛，乞將此驛廢罷。」從之。

二十五年六月九日，禮部言：「安南遣使進奉，其館舍依典故以懷遠驛爲名。」從之。

孝宗乾道二年六月十七日，詔：「都亭驛、班荆館歲於六月上旬檢視修整，限八月終畢工。有違，聽提點官檢察，具事因報國信所審度，申樞密院。自今令兩浙轉運司、臨安府遵守修整，務要如法。」先是，國信所言：「昨有旨，每季檢計添修。今生辰、正旦使並冬季到闕，若每季檢計，於事爲煩。」故有是命。

八月十一日，詔以懷遠驛給臺諫官爲廨舍。

九年十一月一日，詔權以貢院爲懷遠驛，事已依舊。先是，交趾入貢，臨安府乞以馬軍司教場爲公舍，得旨照紹興二十六年懷遠驛修除。即而以狹隘聞，禮、工部請以貢院充。至是，有司以繪圖來上，故有是命。

淳熙十二年五月十五日，詔：「川峽〔一〕、廣西漕臣依元降指揮，兼帶『提舉綱馬驛程公事』繫銜，其提點使臣並改作幹辦稱呼。如有妄作，令提舉官按劾以聞〔二〕。若州縣於綱馬驛程卻有違戾，許幹辦官具申逐路提舉，依公舉劾。如提舉官不職，從朝廷取旨施行。」時臣僚論興元府駐劄提點綱馬驛程秦詡每上下半年出巡，所至貪恣，爲州縣害。詔降兩官放罷。樞臣周必大等因言，提點綱馬驛程多以小使臣爲之，而稱謂太高〔三〕，至以監司自處，故有是詔。

〔一〕川峽　「峽」原作「陝」，宋無「川陝路」，川峽指益、梓、利、夔四路。故改。

〔二〕令提舉官按劾以聞　「按」原作「接」，形近而訛，今改。

〔三〕而稱謂太高　「謂」原作「爲」，按輯稿儀制五之二七有「稱謂不以其實」云，故改。

遞鋪

【題解】本門見方域一〇之一八至一一之三九，大典卷一四五七四、一四五七五「鋪」字韻「急遞鋪」事目收録。整理者於方域一〇之一八「宋會要」下小字楷書批「急遞鋪」。按「急遞鋪」爲大典事目名，非會要原門名，上古本以爲宋代有馬遞鋪、急脚鋪、水遞鋪等，罕稱「急遞鋪」，故删去「急」，作「遞鋪」，今從之。本門起太祖建隆二年五月十七日，迄寧宗嘉定十年四月十五日。

太祖建隆二年五月十七日，詔諸道州府以軍卒代百姓爲遞夫。先是，天下郵傳率役平民，至是，帝知其弊，始盡易之。

三年正月二十三日，詔郡縣起今不得差道路居人充遞運脚力〔一〕。

〔一〕詔郡縣起今不得差道路居人充遞運脚力　「運」原作「軍」，據事物紀原卷一〇遞兵引會要改。

太宗太平興國三年六月三日〔二〕，詔自今乘驛者皆給銀牌，復舊制也。五代以來，凡乘遞馬奉使於外，止樞密院給牒。至是，以李飛雄之詐〔二〕，始復用焉。

〔一〕太宗太平興國三年六月三日　按長編卷一九繫於太平興國三年六月十五日戊辰，又長編紀事本末卷一三有「李飛雄之變」一目。

〔二〕以李飛雄之詐　「雄」字原脱，據長編卷一九太平興國三年六月戊辰條補。

八年十二月六日，詔自京至廣州傳置卒，月別給百錢。

端拱二年二月七日，詔：「先是，馳驛使臣給篆書銀牌，自今宜罷之，復給樞密院牒。」

淳化三年四月二十一日，荆湖北路轉運司張詠請罷峽州至歸州界水遞人夫，從之。

真宗咸平三年八月十四日，詔：「應文武臣僚、三班使臣、内臣、御前忠佐、天章待詔、諸伎術官等，今後差出勾當公事，所請走馬頭子，回日晝時於所轄處送納，赴任即到本任送納，並繳納樞密院。訪聞差往四川、廣南等處知州、通判、都監、監押及勾當事朝臣，有例乘遞馬者，多請走馬頭子，乘騎遞馬，即慢程進發〔一〕。今後除急程赴任及勾當緊切公事即得乞乘遞馬，餘不得更乞置借。如違犯，並勘罪嚴斷。」

〔一〕即慢程進發　「程」原作「乘」，據大典卷一四五七四「鋪」字韻「急遞鋪」事目引會要改。

五年七月十二日，省自京至廣南驛遞軍士及使臣計六千一百餘人。先是，以廣南市泊陸運艱費，議自南安軍路泛舟抵京師，命户部判官淩策與逐路轉運司計度。至是省之，人以爲便。

六年七月，樞密院言：「馬遞宣敕付外，別無文簿拘轄，縱有失墜，無由盡知。欲別置司，以簿發遣。」帝曰：「雖別置司，至逐房宣勅不知到發，恐難照會。可詔諸州軍〔一〕，具逐月承受馬遞宣敕事目及月日實封，於次月五日已前入遞聞奏。候至逐房，以文曆對會。」

〔一〕可詔諸州軍　「詔」原作「照」，形近而訛，今改。

景德元年二月，詔：「川峽路州、軍、監、縣、鎮等吏卒乘馬遞報公事者，自今禁止之。」先是，以川峽州郡多馳騎往來傳送官文書及報公事，人或驚疑，故禁止之。

二年三月，詔：「河北兩路急腳鋪軍士，除遞送鎮定總管司及雄州文書外，他處文書不得承受。」帝以急腳軍士晨夜馳走，甚爲勞止〔一〕，故有是詔。

〔一〕甚爲勞止　「止」原作「苦」，據大典卷一四五七四「鋪」字韻「急遞鋪」事目引會要改。

四年閏五月，詔諸道州府逐處使臣，多以細碎不急事驛遞以聞，自今非機密軍馬事，不得輒遣驛騎馳奏。

七月十日，增置自京至宜州馬遞鋪〔一〕。

〔一〕增置自京至宜州馬遞鋪　「宜州」原作「宣州」，據大典卷一四五七四「鋪」字韻「急遞鋪」事目引會要改。

大中祥符元年十月，詔：「沿路所置急腳遞鋪，蓋令傳送文書，如聞有近上臣僚并往來中使，多令齎持物色〔一〕，負重奔馳，咸不堪命。自今非宣勅，並不得應副〔二〕。」

〔一〕多令齎持物色　「持」原作「特」，形近而訛，今改。

〔二〕並不得應副　「副」原作「付」，據大典卷一四五七四「鋪」字韻「急遞鋪」事目引會要改。

三年三月，河北沿邊安撫司奏：「河北諸州軍馬遞鋪兵士有父母骨肉散在諸鋪者，乞配在一處。」從之。

五年十一月十二日，令諸州遞鋪兵士有子孫同在軍籍者，許同營居。時有言鋪兵子孫皆異居者，帝憫之，特有是命。

九年三月二十二日，置梓州至綿州遞鋪〔一〕。先是命民丁傳送，今革之也。

〔一〕置梓州至綿州遞鋪　「綿州」原作「錦州」，「遞」原作「地」，據大典卷一四五七四「鋪」字韻「急遞鋪」事目引會要改。

天禧元年十月，令樞密院諸房副承旨邵文昭管勾支散遞鋪。舊例驛馬有闕，令群牧司[一]、左右騏驥院配定進呈，又命樞密院承旨張質管勾支散。至是質卒，命文昭代之。

〔一〕令群牧司 「群」原作「郡」，據大典卷一四五七四「鋪」字韻「急遞鋪」事目引會要改。

三年五月，屯田員外郎上官佖言：「諸處巡轄馬遞鋪使臣，多權差勾當職外公事，望自今免廢本職。」從之。

四年七月七日，遣使市小車給鳳翔府至綿州遞鋪[一]。仍爲增葺鋪屋[二]，以道險且遠故也。

〔一〕遣使市小車給鳳翔府至綿州遞鋪 「使市」原倒，據大典卷一四五七四「鋪」字韻「急遞鋪」事目引會要及長編卷九六天禧四年七月丙辰條乙正。

〔二〕仍爲增葺鋪屋 「鋪」原作「補」，據大典卷一四五七四「鋪」字韻「急遞鋪」事目引會要改。

五年十月，淮南江浙荆湖制置發運使司周寔言[一]：「自今轄下如有倉場庫務綱運爲弊及水火損敗，令急速差官點檢，非常程公事，許給遞馬一疋。」從之。

〔一〕淮南江浙荆湖制置發運使司周寔言 「使」字原缺，據大典卷一四五七四「鋪」字韻「急遞鋪」事目引會要補。

乾興元年七月，仁宗即位未改元。都進奏院言：「諸道州府往來遞角内所少諸般文字物色，元降條貫專牒巡轄馬遞鋪使臣驅逐根尋，緣使臣懼遭勘責，互相推注〔一〕。欲望自今巡轄使臣地分内，有人偷拆遞角，根究得實，即更不問罪，或乞理爲勞績。如卻爲他處根逐得實，即取勘批上曆子，得替日遞降差遣。」從之。

〔一〕互相推注　「互」原作「牙」，形近而訛，今改。

仁宗天聖元年五月二十六日，詔：「内臣諸司使副、供奉已下，於諸處投送金龍玉簡及建道場齋醮，不得占使舟舡往來，遞馬不得過三疋。如違，並科違制之罪。」

八月八日，詔：「諸道州軍馬遞鋪兵士如有作過，罪止杖六十已上，情理重及頻犯者，並配隸本城下軍。如無本城兵士，即勒令重役。」

二年三月二十二日，河北沿邊安撫都監張淡成言：「伏見天雄軍地分馬鋪缺馬，長行皆抽差諸般雜役，有妨本鋪祇應〔一〕。乞降條約。」詔自今諸路馬鋪兵士，不得抽赴他處功役。

〔一〕有妨本鋪祇應　「祇」原作「支」，據大典卷一四五七四「鋪」字韻「急遞鋪」事目引會要改。

七年閏二月，詔：「自今應係乘遞馬文武使臣請到頭子〔一〕，勾當了日，晝時於合係去處送納，繳連赴樞密院。仰都進奏院指揮在京諸門馬鋪〔二〕，每起供遞馬，如京朝官使臣三日内非次寔有事故〔三〕，即具緣由於樞密院納换。仍令置簿拘轄，逐旋勾銷。有不納到者，勘會元給月日，計程數催促，及取問住滯因依聞奏。」

〔一〕自今應係乘遞馬文武使臣請到頭子 「乘」原作「承」，據大典卷一四五七四「鋪」字韻「急遞鋪」事目引會要改。

〔二〕仰都進奏院指揮在京諸門馬鋪 「進奏」原倒，據大典卷一四五七四「鋪」字韻「急遞鋪」事目引會要乙正。

〔三〕如京朝官使臣三日内非次寔有事故 「事故」原倒，據大典卷一四五七四「鋪」字韻「急遞鋪」事目引會要乙正。

六月，監察御史王嘉言言：「昨乘遞馬往信州勘鞫公事〔一〕，竊見蘄、黄州界多差配到雜犯軍人充馬遞鋪祗應，别無人員鈐轄〔二〕，多接便爲非〔三〕，剽竊行旅。欲望自今諸路馬遞鋪兵士，並於本城差無過犯軍人充，其配到雜犯軍人，只勒在營有人員部轄役使〔四〕。」詔轉運司相度〔五〕，如無妨礙，即依奏施行。

〔一〕昨乘遞馬往信州勘鞫公事 「乘」原作「承」，據上文改。

〔二〕别無人員鈐轄 「鈐」原作「軨」，據大典卷一四五七四「鋪」字韻「急遞鋪」事目引會要改。

〔三〕多接便爲非 「接」原作「即」，據大典卷一四五七四「鋪」字韻「急遞鋪」事目引會要改。

〔四〕只勒在營有人員部轄役使 「使」下原衍「使」字，據大典卷一四五七四「鋪」字韻「急遞鋪」事目引會要删。

〔五〕詔轉運司相度 「司」原作「使」，據大典卷一四五七四「鋪」字韻「急遞鋪」事目引會要改。

八月，都進奏院言：「自來馬遞鋪轉遞文字物色，逐鋪交割，封頭皮紙角但有損動破污，下鋪使具狀驗認所損去處，令前路據狀照會，交割遞角。既稱封印不全，即沿路任便偷拆，至投下處，或點檢文字物色數少，只是勾追元供狀人根勘，竝不見得偷拆損動去處歸着。欲請轉遞皮紙角物色等，如封頭裹角破損〔一〕、無憑交割者，即本鋪與元轉送軍人，同齎於所到處知州、縣或都監押及地分巡轄使臣處，晝時重添封印，仍別出引批鑿交割。如曾經偷拆，即官員躬親拆開，將内引數目點對，據見在文字物色重封交割前來。其所少名件，即就便根勘行遣，牒報逐處。如止是外引破損，不忓封角者，即令逐鋪人員、曹司具公狀隨遞照會前來〔二〕。或到投下處點檢數少〔三〕，即挨排住滯時辰地分根勘。」從之。

〔一〕如封頭裹角破損　「裹」原作「裏」，據大典卷一四五七四「鋪」字韻「急遞鋪」事目引會要改。

〔二〕曹司具公狀隨遞照會前來　「公」原作「文」，據大典卷一四五七四「鋪」字韻「急遞鋪」事目引會要改。

〔三〕或到投下處點檢數少　「投」原作「役」，據大典卷一四五七四「鋪」字韻「急遞鋪」事目引會要改。

八月十一日，權三司使公事胡則言：「諸州軍馬遞鋪多差本城指揮使或員僚提舉，訪聞所差軍員盡作優饒，於兵士處乞取錢物，是致轉加貧困。況逐鋪有節級部押及使臣巡轄〔一〕，欲望自今更不差軍員提舉。」詔諸路轉運司勘會，有使臣巡轄處，即依奏施行。如無使臣處，仰依舊存留，仍鈐轄不得乞覓錢物〔二〕，違者當行重斷。

〔一〕况逐鋪有節級部押及使臣巡轄　「級」原作「給」，據大典卷一四五七四「鋪」字韻「急遞鋪」事目引會要改。

〔二〕仍鈐轄不得乞覓錢物　「鈐」原作「鈴」，據大典卷一四五七四「鋪」字韻「急遞鋪」事目引會要改。

十二月，詔廣南、福建、江、淮、京〔一〕、浙路巡馬遞鋪使臣，内有兼巡捉私茶鹽勾當去處，自今令三班院選經歷事任人差充。

〔一〕京　當「荆」之誤。

慶曆四年正月十一日，以大雪賜河北、京西、河東遞鋪軍士特支錢。

皇祐元年正月二十一日，詔凡有邊警而敢盜發遞角者斬〔一〕。

〔一〕詔凡有邊警而敢盜發遞角者斬　「遞」原作「地」，據大典卷一四五七四「鋪」字韻「急遞鋪」事目引會要及長編卷一六六皇祐元年正月丁巳條改。

十月二十三日，詔馬鋪每一晝夜行五百里，急腳遞四百里〔一〕。

〔一〕詔馬鋪每一晝夜行五百里急腳遞四百里　按長編卷一六七皇祐元十月壬午條言：「馬鋪以晝夜行四百里，急腳遞五百里。」與輯稿不同。又按長編卷四五七元祐六年四月丁酉條及方域一〇之二五載刑部大理寺言，赦降入馬遞，「日行五百里」，非常盜賊文書入急腳遞，「日行四百里」。當從輯稿。

四年七月九日，詔自京至廣州增置馬遞鋪，仍令内臣一員提舉。

至和元年七月九日〔一〕，詔陝西轉運司，自永興軍至益州遞鋪軍士，方冬苦寒，挽運兵器不息，其各賜緡錢有差。

〔一〕至和元年七月九日　按輯稿禮六二之四〇繫於皇祐五年十一月。

嘉祐八年，英宗已即位未改元。九月二十二日，詔：「遞鋪住滯文字，違一時辰并半時辰，各杖六十；一時半杖七十，兩時辰并兩時辰半杖八十，移配重難遞鋪；三時辰半杖一百〔一〕，移配重難遞鋪；八時辰半徒二年。」

〔一〕三時辰半杖一百　「辰」字原缺，「半」下原衍「半」字，據大典卷一四五七四「鋪」字韻「急遞鋪」事目引會要補删。

神宗熙寧元年正月十八日，樞密院上新定到文武官合乘遞馬條貫，詔可。先是，諸色人給遞馬太濫，所在馬不能充足，以致急遞稽留故也。

二年六月九日，詔：「京朝官差川峽勾當〔一〕，審官院依舊例出給人馬公憑。大使臣差川峽差遣，即仰開封府出給訖奏，更不申樞密院。」

〔一〕京朝官差川峽勾當　「川」原作「出」，據大典卷一四五七四「鋪」字韻「急遞鋪」事目引會要改。

四年三月七日，樞密院吏房言：「勘會所給遞馬頭子内，自京差往外任住城官員，難於頭子内書填，候到日於本處送納，繳連樞密院。其間多有不曾繳到者，竊慮因循，别生奸弊。乞下進奏院，遍牒諸路州府軍監，今後官員到任，仰取索有無遞馬頭子。如有，立便勾抽繳連，於樞密院送納。如有稽違，令所在申舉，乞行朝典。」詔：「令都進奏院遍牒施行。其應短使及諸般差遣内臣、大小使臣等，所給遞馬頭子，令於閤門并在京所轄處送納。令尚書刑部遍牒在京諸處，應係差出官員，所轄人纔候到京朝見或公參日，並取索曾與不曾乘騎遞馬詣寔文狀。如曾請領遞馬頭子，即便具狀繳連，於樞密院送納。如違，當行朝典。」

八月三日，點檢陝西路馬遞鋪趙納之言：「乘遞馬者，如到州縣，未發間止許占一匹，候行日方許差撥。州府公用等物，不許令遞鋪推般。」從之。

七年四月十二日，詔乘遞馬者於水行州縣聽乘舟，官以役錢雇。

八年十二月二十一日，詔自京至廣西邕、桂州已來，沿邊置急遞鋪，仍令入内省差使臣一人點檢。

元豐元年五月二十八日，上批：「日者廣西凡有邊事，五六處交奏，不惟過涉張皇，深恐沿路習爲常事，或真有邊機當速者，反致稽遲〔一〕。可速下轉運〔二〕、提點刑獄、經略邕州安撫都監司，自今非緊切邊事，毋得擅發急遞，及經略司已奏者勿重複。如逐司自有所見及經略司處置未盡，不拘此令。」

〔一〕或真有邊機當速者反致稽遲　「者反致稽遲」原缺，據大典卷一四五七四「鋪」字韻「急遞鋪」事目引會要及長編卷二八九元豐元年五月辛丑條補。

〔二〕可速下轉運　「可速」二字原缺，據大典卷一四五七四「鋪」字韻「急遞鋪」事目引會要補。

二年三月十七日，太原府路走馬承受全惟幾言：「馬遞鋪兵窮困凍餒，乞加寬卹。」上批：「久聞鋪兵艱勤之狀〔一〕，深可傷惻，今因惟幾到闕，面審其實，亟宜拯卹。可委河東都轉運使陳安石速具措置以聞〔二〕。」

〔一〕久聞鋪兵艱勤之狀　「勤」原作「勒」，據長編卷二九七元豐二年三月丙戌條改。

〔二〕可委河東都轉運使陳安石速具措置以聞　「措」原作「摺」，據大典卷一四五七四「鋪」字韻「急遞鋪」事目引會要及長編卷二九七元豐二年三月丙戌條改。

七月三日〔一〕，上批：「陝西馬遞鋪人馬多闕，方軍興，飛書遣使，此最先務。宜令兩路提點刑獄文臣點檢補填數足，申明條約，開封府界委提舉官。」

〔一〕七月三日　按長編卷三一四繫於元豐四年七月三日戊子。以下三條長編皆繫於元豐四年。

八月十二日，詔入内省選差使臣二人〔一〕，自京分詣陝西沿邊麟府等路，於遞鋪内可選充急脚遞鋪兵級，對换不堪走傳文字之人。仍相度鋪分地里遥遠去處，添置腰鋪〔二〕。

〔一〕詔入内省選差使臣二人　「入」字原缺，據大典卷一四五七四「鋪」字韻「急遞鋪」事目引會要及長編卷三一五元豐四年八月丙寅條補。

〔二〕添置腰鋪　「添」字原缺，據長編卷三一五元豐四年八月丙寅條補。

二十九日〔一〕，詔自京至陝西、河東用兵路分馬遞鋪〔二〕，各賜特支錢。

〔一〕二十九日　按長編卷三一六繫於元豐四年九月二十九日壬子。

〔二〕詔自京至陝西河東用兵路分馬遞鋪　「馬」字原缺，據長編卷三一六元豐四年九月壬子條補。

四年十二月二十三日〔一〕，西京左藏庫副使鄧繼宣言〔二〕：「差提舉編排環慶路馬遞〔三〕、急脚鋪等，竊見韋州至清遠軍駐扎將官潘定、劉清日逐搜山〔四〕，道路通活，别無阻節。其南州至韋州駐劄將官劉僅〔五〕、樂進，雖差下未至。即今靈州至韋州向上糧道阻節不通，乞差近上臣僚，多發廂軍〔六〕，自新界柴稜溝，每十里置一鋪，及創堡寨〔七〕，以便運糧、轉送文書。」詔：「令胡宗回詳繼宣所奏，展轉移牒指揮劉僅等，速赴所分地巡綽通道。令宗回具析見權本路帥領兼職在饋運，道路梗澀〔八〕，並不措置因依以聞。」

〔一〕四年十二月二十三日　按長編卷三二〇繫於元豐四年十一月二十三日乙巳。

〔二〕西京左藏庫副使鄧繼宣言　「西京」原倒，「鄧繼宣」原作「鄧斷宣」，據大典卷一四五七四「鋪」字韻「急遞鋪」事目引會要及長編卷三二〇元豐四年十一月乙巳條乙改。

〔三〕差提舉編排環慶路馬遞　「慶」下原衍「府」字，據長編卷三二〇元豐四年十一月乙巳條删。

〔四〕劉清日逐搜山　「日逐」原倒，據大典卷一四五七四「鋪」字韻「急遞鋪」事目引會要及長編卷三二〇元豐四年十一月乙巳條乙正。

〔五〕其南州至韋州駐扎將官劉僅　按「將官」，長編卷三二〇元豐四年十一月乙巳條同，大典卷一四五七四「鋪」字韻「急遞鋪」事目引會要原倒，輯稿徑乙正，是。

〔六〕多發廂軍　「廂軍」，長編卷三二〇元豐四年十一月乙巳條作「禁軍」。

〔七〕及創堡寨　「寨」，長編卷三二〇元豐四年十一月乙巳條同，大典卷一四五七四「鋪」字韻「急遞鋪」事目引會要作「塞」，輯稿徑改，是。

〔八〕道路梗澀　「澀」原作「塞」，據大典卷一四五七四「鋪」字韻「急遞鋪」事目引會要及長編卷三二〇元豐四年十一月乙巳條改。

五年三月二十一日，詔：「陝西五路自大軍入塞之後〔一〕，沿路馬遞鋪甚失編排，有妨轉送文字。專委官整葺，陝西差胡宗回、王欽臣，京西差梁燾。」

〔一〕陝西五路自大軍入塞之後　「塞」原作「寨」，據長編卷三二四元豐五年五月壬寅條改。

五月二十六日，蒲宗閔乞自秦州至熙州〔一〕，量地里遠近險易，置車子鋪二十八，招刺兵士。從之。

〔一〕蒲宗閔乞自秦州至熙州　「蒲宗閔」原作「蒲宗敏」，據大典卷一四五七四「鋪」字韻「急遞鋪」事目引會要及長編卷三二六元豐五年五月丙午條改。

六年九月二十五日，詔鄜延路令毋輒出兵，令樞密院更不送門下省，止用金字牌發下。牌長尺餘，朱漆，刻以金字〔一〕，書『御前文字不得入鋪』，猶速於急遞。

〔一〕刻以金字　「字」字原缺，據長編卷三三九元豐六年九月丁卯條補。

七年八月三日，權河北轉運判官張適言：「已遣第十五副將王文景領兵捕殺澶州界群賊，權令選乘馬舖馬七疋〔一〕。」詔張適不當差馬舖馬給將下，特釋罪。

〔一〕權令選乘馬舖馬七疋　「乘」原作「來」，據長編卷三四八元豐七年八月庚午條改。

哲宗元祐六年四月七日，刑部、大理寺言：「赦降入馬遞，日行五百里；事干外界或軍機，及非常盜賊文書入急腳遞，日行四百里。如無急腳遞，其要速并賊盜文書入馬遞〔一〕，日行三百里。違不滿時者笞五十，一時杖八十，一日杖一百，二日加一等，罪止徒三年。致有廢缺事理重者，奏裁。」從之。

〔一〕其要速并賊盗文書入馬遞　「其」原作「及」，據長編卷四五七元祐六年四月丁酉條改。

徽宗建中靖國元年正月九日，都省劄子：「訪聞諸路馬遞鋪人例皆額闕〔一〕，致見存應辦役使倍有勞苦，往往不能依鋪分交替，因致鋪兵盤纏闕乏，多飢凍僵殍，或逋逃聚爲盗賊。遞馬芻秣失時，枉有死損。」詔：「令兵部行下遂路監司，疾速經畫措置，申嚴條約，裁損泛濫差役。及責立日限，委當職官招填投換闕額人兵，并量增價和買遞馬〔二〕，並早令敷足元額，相兼應副役使。仍每月具招填過人兵及買到馬數，申尚書省。」

〔一〕訪聞諸路馬遞鋪人例皆額闕　「額闕」原倒，據大典卷一四五七四「鋪」字韻「急遞鋪」事目引會要乙正。

〔二〕并量增價和買遞馬　「和買」原作「和價」，據大典卷一四五七四「鋪」字韻「急遞鋪」事目引會要改。

三月二十七日，中書省、尚書省檢會元符職制敕〔一〕，諸巡轄馬遞鋪使臣私役所轄兵級〔二〕、鋪夫，罪輕者徒二年，不以赦降原減。看詳元祐以前編敕，並無遇赦降不與原減之法〔三〕，乞止科徒二年罪。從之。

〔一〕中書省尚書省檢會元符職制敕　按「尚書省」下疑有脱文，上古本徑補「言」字，或是。

〔二〕諸巡轄馬遞鋪使臣私役所轄兵級　「諸巡轄」原缺，據大典卷一四五七四「鋪」字韻「急遞鋪」事目引會要補。

〔三〕并無遇赦降不與原減之法　「之」原作「不」，據大典卷一四五七四「鋪」字韻「急遞鋪」事目引會要改。

崇寧元年六月十四日，敕：「鼎州龍陽縣永安鋪與陵名相犯，改爲龍潭鋪〔一〕。」

〔一〕鼎州龍陽縣永安鋪與陵名相犯改爲龍潭鋪　「永安鋪」、「龍潭鋪」，方域一〇之一五作「永安驛」、「龍潭驛」。

七月十八日，都省批送下成都府路轉運、提舉司奏：「勘會本路諸州軍每年差衙前管押上供及別路年額衣賜，并坊場錢買到物帛綱運不少，多是沿路闕少遞鋪，積壓住滯〔一〕。雖有本條，如遞鋪缺人，許差廂軍及和雇人夫，沿路州軍往往不爲便行應副。蓋是自來未有立定罪名〔二〕，不任其責。今欲乞今後川路諸般綱運，所至州縣缺少鋪兵承受申報〔三〕，不爲依條差那廂軍或和雇人夫貼鋪遞送，以致住滯，許押綱人經本州及逐路監司次第陳訴，或至卸納州軍申陳，移牒所屬根治施行。其干繫官吏並依綱運無故稽留勅條一等科罪，所貴各公共協力應副。」黄貼子稱：「乞縣無廂軍處，如少遞鋪，便行和雇人夫，及逐縣作料次，預先請領封樁缺額遞鋪廂軍請受錢在縣樁管，准備支遣。如無或不足，即於轉運司錢內依此樁撥。伏乞下有司，於元條內修立施行。」兵部、駕部勘當，欲依所乞，仍令逐州量度立定每料錢數應副。及川路諸般綱運，所至州縣缺少鋪兵，依條差那厢軍或和雇人夫貼補。即難將諸般綱運一例差厢軍或和雇外，欲令外縣承受到上供錢物及應付别路額衣賜綱運〔四〕，申報缺少鋪兵，具合差人數申州及差厢軍。如缺，便令本州行下本縣，依舊和雇施行。户部右曹、金部度支看詳，於本部别無違礙〔五〕。從之。

〔一〕積壓住滯　「壓」原作「押」，據大典卷一四五七四「鋪」字韻「急遞鋪」事目引會要改。

〔二〕蓋是自來未有立定罪名　「是」字原缺，「來」下原衍「年」字，據大典卷一四五七四「鋪」字韻「急遞鋪」事目引會要補删。

〔三〕所至州縣缺少鋪兵承受申報　「所」字原缺，據後文補。

〔四〕欲令外縣承受到上供錢物及應付别路額衣賜綱運　「别」原作「荆」，據大典卷一四五七四「鋪」字韻「急遞鋪」事目引會要改。

〔五〕於本部别無違礙　「於」原作「施」，形近而訛，今改。

十二月二十二日，兵部狀：「點檢編排自京至荆湖南北路馬遞急脚鋪所狀：『今點檢得鼎州敖山鋪至辰州門鋪人馬〔一〕，除傳送文字外，其餘人馬多緣應付軍興差出勾當官員、諸色人打過。體訪得上件鋪分〔二〕，蓋是役多人少，自來鋪兵傳送不逮，多作打過名目，影占身役。』見别作擘畫外〔三〕，檢會元符令，諸急脚鋪兵不得令傳送官物。蓋緣上項法意未盡，致官員、諸色人等無所畏憚。欲乞下有司立法，應官員、諸色人合破遞鋪擔擎，輒役急脚鋪兵士或曹司者，以違制論。」詔依兵部所申。

〔一〕今點檢得鼎州敖山鋪至辰州門鋪人馬　按「門」上疑脱一字。

〔二〕體訪得上件鋪分　「件」原作「伴」，形近而訛，今改。

〔三〕見別作擘畫外　「擘」原作「劈」，據大典卷一四五七四「鋪」字韻「急遞鋪」事目引會要改。

二年正月二十日，駕部員外郎陳賜狀：「竊見諸路遞馬，近來兵級養飼不切如法，多是死損，以致闕馬。欲乞令州軍記籍死數，至年終將逐鋪馬數各以三分爲率，無上件致死者，管轄節級優立酬賞；若有及五厘以上，即科重罪；及一分以上，仍移降重難去處。其巡轄使臣至界終降依條比較分數殿降外〔一〕，更與加賞罰。節級自來未有賞罰。」兵部勘當：「欲依本官所乞事理施行。內馬鋪節級每至年終，如無臕減至死者，與支賞錢壹貫伍伯文。若有及五釐，科笞五十；及一分以上，科杖七十。」詔依兵部所申。

〔一〕其巡轄使臣至界終降依條比較分數殿降外　按此句有誤，「界」疑當作「年」，「終」下「降」疑當作「將」。

四年九月十八日，尚書省〔一〕：「奉御筆：『舊條，事干外界或軍機，并支撥、借兑急切備邊錢物，非常盜賊之類文書，方許入急腳遞轉送〔二〕。擅發急腳，自有立定刑名。近來官司申請，許發急遞司局甚多。其間有將私家書簡，並不依條入步遞遣發，卻旋尋閑慢闕移，或以催促應入急腳遞文書爲名，夾帶書簡附急腳遞遣發。致往來轉送急腳遞角繁多，鋪兵疲乏，不得休息。可參酌立定斷罪刑名。』今立下條：諸文書雖應入急遞，而用以爲名，輒附非急文書者，徒一年；附私書之類者，加一等。」從之。

〔一〕尚書省「省」下當有脱文，上古本徑補「言」字，或是。

〔二〕方許入急腳遞轉送「轉」原作「鋪」，據大典卷一四五七四「鋪」字韻「急遞鋪」事目引會要改。

大觀二年三月十四日，詔：「秦鳳路鳳州〔一〕、鳳翔府寶雞諸縣，當川、陝之會，郵傳人卒，月給錢糧。錢輕物貴，而糧多坐倉，收糴食用不足，以故逃逸者衆，招募不行，遂差雇百姓，運致官物。監司恬不措置，而州縣利於差科，配擾良民，不給雇直，阻滯綱運。可令提舉常平官體究事實，具弛慢官吏聞奏。」

〔一〕秦鳳路鳳州「路」字原缺，據大典卷一四五七四「鋪」字韻「急遞鋪」事目引會要補。

三年二月七日，荆湖北路計度轉運副使李偃言：「本路日有朝省急速遞角往來，續承朝旨，如有住滯急速文字，其提舉官一例重行黜責。今日近朝省發來急遞，動經三四十日，馬步遞經及五七十日〔一〕，至三兩月以上，方始遞到，全然違滯。蓋爲遞角自都下經由府界、京西、湖北路界，内積留稽滯，本路文字無緣點檢根催，深慮闕悮。乞令具弛慢不職因依〔二〕，一面申聞朝廷，重行黜責〔三〕。」從之。

〔一〕馬步遞經及五七十日　「及」字原缺，據大典卷一四五七四「鋪」字韻「急遞鋪」事目引會要補。

〔二〕乞令具弛慢不職因依　「具」原作「其」，據大典卷一四五七四「鋪」字韻「急遞鋪」事目引會要改。

〔三〕重行黜責　「黜」原作「點」，據大典卷一四五七四「鋪」字韻「急遞鋪」事目引會要改。

政和三年二月二十九日，尚書省劄子：「勘會急脚及馬遞鋪，昨措置私拆、盜毀、亡失、留滯約束，法令備具。近來所屬官司並不檢舉覺察。近奉聖旨措置，今欲依下項：契勘昨爲巡轄所管地分，内有千里以上地分廣闊去處，例皆檢察不遍。且如江西路虔州等處，使臣一員，見管地分三千八百餘里，顯是不能依限巡遍，致鋪兵作過。今欲每及千里差置一員，舊額多寡處自依舊。仍仰逐處路提舉官，將所添使臣以州軍遠近、道路順便接連去處，重别均定，具合以某處窠名申吏部差注。所有不曾添置去處，如見管地里輕重未均，亦仰重行均定。其使臣廨宇，仍於所管地分中路安置。梓州路七千四百餘里，管轄使臣四員，欲添置三員。夔州路六千五百餘里，管巡轄使臣三員；江西路七千三百里，管巡轄使臣三員，欲添置四員。湖南路除潭衡邵州〔一〕、武岡軍各置巡轄使臣一員外，永全道郴州〔二〕、桂陽監三千八十五里，共管巡轄使臣二員，欲添置一員。河北東路四千八百餘里，管巡轄使臣五員；河北西路四千五百餘里，管巡轄使臣五員。河東路九千六百餘里，管巡轄使臣九員；京畿三千八百餘里，管巡轄使臣六員；熙河蘭湟路四千六百餘里〔三〕，管巡轄使臣八員；廣東路五千一百餘里，管巡轄使臣七員，欲更不添置。廣西海北二十三州，計一萬二千六百餘里，管巡轄使臣六員，欲添置六員。廣西海南瓊州、昌化軍、萬安軍、朱崖軍共四州軍，自來只是巡檢兼管巡鋪，未曾專置巡鋪使臣，欲專置巡轄使臣一員。京東路五千九十餘里〔四〕，管巡轄使臣四員，欲添置一員。利州路四千一百二里〔五〕，管巡轄使臣六員，欲更不添置。勘會遞角稽遲，在法止是縣尉、巡轄使臣有立定賞罰條格，而縣官皆不任責，亦無勸賞，遂使巡轄使臣巡歷未至去處，坐視違滯，並不檢察。欲馬遞鋪並令知縣、縣丞、主簿同共管轄巡察，任滿及歲終，以所管界内急脚、馬遞鋪承送遞角賞罰。内知縣、丞比縣尉各減一等，即無可減降及主簿並同縣尉法。檢會令文，諸急脚、馬遞鋪，州縣鋪寨興廢或道路更移，及官移文書，隨事多寡，而鋪兵、遞馬有餘或不足者，聽巡轄使臣申州，量事那移〔六〕，更不得抽差他役。今諸路並不曾依上條施行，致鋪兵轉送官物文字，勞逸不均。欲令提舉馬遞鋪官委巡轄使臣逐一參詳，若依上條有合行移鋪分及添減人兵去處，仰重行均定訖，申尚書省勘會。巡轄使臣今已立定每及千里一員，然所居地分亦不下三五州軍，雖比舊巡轄稍頻，緣終是不得專一。契勘急脚、馬遞鋪，除依舊每二十人差置節級一名外，並無將校等催促轉送部轄。欲令逐路轉運司除舊人數差置節級外，諸州每及百人置十將一名，每二百人仍置都頭一名，五百人更置將校一名部轄。及往來催趕遞角官物，其合置人數，仰轉運司將逐鋪見管人兵立定合如何排轉，具狀申兵部，類聚措置。合轉階級申尚書省，未轉補間，令先次且於本城内差撥，候有轉補到人，逐旋替換。」詔依擬定。

〔一〕湖南路除潭衡邵州　「湖南」原作「湖北」，「邵州」下原衍「軍」字，據大典卷一四五七四「鋪」字韻「急遞鋪」事目引會要改删。

〔二〕永全道郴州　「郴州」原作「彬州」，據大典卷一四五七四「鋪」字韻「急遞鋪」事目引會要改。

〔三〕熙河蘭湟路四千六百餘里　「熙河」原作「熙州」。按方域六之一、宋史卷二〇徽宗紀二等載，崇寧四年正月，詔改熙河蘭會路爲熙河蘭湟路。故改。

〔四〕京東路五千九十餘里　「九十」原作「九百」，據大典卷一四五七四「鋪」字韻「急遞鋪」事目引會要改。

〔五〕利州路四千一百二里　「二」原作「餘」，據大典卷一四五七四「鋪」字韻「急遞鋪」事目引會要改。按大典疑誤。

〔六〕量事那移　「那」原作「挪」，據大典卷一四五七四「鋪」字韻「急遞鋪」事目引會要改。

四年十一月三日，京西北路提舉常平司奏，欲乞本司應奉西幸事務，往來遞角權入急脚遞轉送。詔應西幸事内急速者，並入急遞。

六年十一月十八日，詔：「訪聞諸路馬遞鋪傳送文字，多有住滯沉失并偷拆等事。昨降指揮，措置差補將校部轄，可檢會申明行下所屬，限十日須管差置了當，申尚書省類聚聞奏。」

七年六月十五日，宣義郎、殿中丞李佖奏：「蒙差自都至陝西點檢急遞，歷陝西六路沿邊州縣，將御前金字牌等處遞角逐一驅磨，盡已了當。并催督綱運津遣，並無遺誤。」詔李佖轉一官。

重和元年十二月十五日，兵部奏：「承權發遣提點淮南西路刑獄公事兼提舉馬遞鋪所俞向狀，准批送下淮南西路兵馬鈐轄司狀，講究得諸軍兵如有逃亡之人，不即申發，隱避詭名，請領衣糧等〔一〕，欲立定刑名、告賞等事。送兵部勘當，申尚書省。本部契勘，巡轄使臣任內逃亡鋪兵責罰，已有條令，任滿比較，自合遵依見行條貫。所乞將兵官歲終以所管鋪兵比較推賞，及乞覺察詭名及冒名承代請受，立定分數推賞事節，乞下本路提舉馬遞鋪官相度。今相度下項：淮西鈐轄司所乞巡轄使臣比較逃亡及二分，展磨勘二年。今相度，欲比附前項勅條，候任滿不及一分，減磨勘二年。」從之，諸路依此。

〔一〕請領衣糧等　「衣」原作「依」，據大典卷一四五七四「鋪」字韻「急遞鋪」事目引會要改。

宣和元年四月十一日，朝奉郎、直祕閣、權知洪州徐愓奏：「檢會近緣去年五月以後頒朔布政詔書并急遞等文字，遞鋪住滯，過期方到。已奉御筆，令轉運司體究，巡轄遞鋪使臣先次衝替〔一〕，與當職官並勘罪奏〔二〕。今來正月頒朔布政詔書係十二月二十一日入遞，沿路住滯，經及三十四日方到，雖在本月内，已是下旬，然當月止有五日。兼契勘逐時都進奏院遣來急遞朝廷文字，亦多是經及四五十日。詔書依御筆指揮日行五百里〔三〕，常程急遞日行四百里〔四〕，其沿路遞馬鋪尚敢仍前違慢。臣今體問得，多是曹級容令鋪兵售雇與往來人擔擎，或肆爲營趁，積聚公角三百件，方差一二名貧乏者負擔承傳。似此抄轉名件既多，擔夯例皆負重，何緣依應條限？巡鋪使臣略不點檢，雖已移文逐路催促，緣係别路，終是催趁不前。兼慮有朝廷急速報應文字，往來有失期會〔五〕。欲望特降睿旨，立法措置，仍下逐路提舉馬遞鋪所，督責巡鋪使臣、當職官鈐束鋪兵〔六〕，依條限傳送，免致違滯。」奉御筆，可措置立法，將上取旨。

〔一〕巡轄遞鋪使臣先次衝替　「轄」原作「轉」，據上文改。

〔二〕與當職官并勘罪奏　「當」字原缺，「職」前原衍「職」字，據大典卷一四五七四「鋪」字韻「急遞鋪」事目引會要補删。

〔三〕詔書依御筆指揮日行五百里　「依」原作「以」，據大典卷一四五七四「鋪」字韻「急遞鋪」事目引會要改。

〔四〕常程急遞日行四百里　「常程急遞」原作「當急程遞」，據大典卷一四五七四「鋪」字韻「急遞鋪」事目引會要

〔五〕往來有失期會 「有」字原缺，「會」下原衍「會」字，據大典卷一四五七四「鋪」字韻「急遞鋪」事目引會要補刪。

〔六〕當職官鈐束鋪兵 「鈐」原作「鈴」，據大典卷一四五七四「鋪」字韻「急遞鋪」事目引會要改。

改乙。

八月十六日，權發遣京畿提點刑獄公事許偲奏：「方今州府縣鎮驛舍亭鋪相望於道〔一〕，以待賓客，其法固已具備。然吏習弗虔，不以時察，梁桷撓折〔二〕，或墻壁圮壞，歲月既久，多致摧塌〔三〕，使道路無所宿息，爲行役者之患。臣職之所領，近在畿甸，目所親見，有若此者，四方萬里之遠，從可知矣。欲望特降睿旨，俾諸路各行修整，嚴責州縣常切檢察，使出於塗者有所依止〔四〕，亦足以俾盛時仁政之萬一。」工部供到政和令：諸營繕廨宇、館驛、馬遞鋪、橋道及什物之類，一就檢計。謂如館驛有損，即一驛之凡有損壞處皆是。三十貫以下，轉運、提舉常平司分認，從所屬支，修訖申逐司。諸營造材料所支錢及百貫，或創造三十間，每間不及四椽者以四椽准一間。申轉運司。創造及三十間者，仍申尚書工部。縣創造三間或繕修十間，并應支轉運司錢者，申所屬相度施行〔五〕。應申者檢計，仍委官覆檢。其創造及百間，具奏聽旨。諸營造材料並官給〔六〕，闕，官差軍工采官山林；又無，以轉運司錢買；若不足，聽於中等以上户稅租內，隨等第依實直科折〔七〕。詔坐條申明行下。

〔一〕方今州府縣鎮驛舍亭鋪相望於道 「鋪」原作「輔」，形近而訛，今改。

〔二〕梁桷撓折　「桷」原作「角」，「折」原作「拆」，據大典卷一四五七四「鋪」字韻「急遞鋪」事目引會要改。

〔三〕多致摧塌　「塌」原作「搨」，形近而訛，今改。

〔四〕使出於塗者有所依止　「止」原作「上」，形近而訛，今改。

〔五〕申所屬相度施行　「施」字原缺，按方域八之三、一〇之二等皆有「相度施行」云云，故補。

〔六〕諸營造材料并官給　「造」字原缺，據大典卷一四五七四「鋪」字韻「急遞鋪」事目引會要補。

〔七〕隨等第依實直科折　「依」原作「以」，據大典卷一四五七四「鋪」字韻「急遞鋪」事目引會要改。

十月五日，中書省、尚書省言：「檢會政和勑，馬遞承傳文書，違一時杖八十，二時加一等，一日徒一年，二日加一等，配五百里，罪止徒三年，配千里並重役處，急腳遞加二等，其法已嚴。近來急腳遞文書尚多住滯，蓋是所至不肯即時交割〔一〕，或行用錢物，使令越過，人力不勝，因致違滯。今參酌事立告賞斷罪，庶可懲革。檢修下條：諸急腳遞承傳文書，所至無故不即時交割，或行用錢物令越過者徒一年，受財而爲越過者減二等，並許人告；諸告獲急腳鋪無故不即交割文書，或行用錢物令越過及受財而爲越過者〔二〕，錢三十貫。」詔從之。

〔一〕蓋是所至不肯即時交割　「至」原作「止」，據大典卷一四五七四「鋪」字韻「急遞鋪」事目引會要改。

〔二〕或行用錢物令越過及受財而爲越過者　「爲」原作「受」，據前文改。

八日〔一〕，利州路轉運司、提舉馬遞鋪所奏：「勘會川峽路之官罷任〔二〕，准條並破鋪兵，各有立定人數。訪聞近來得替赴任官員，有自前路遞鋪曹級取受情囑，增差鋪兵前來。洎至本界〔三〕，若曹級欲取文書看照，多是輒鞭撻，勒令依數差換，動經五七鋪，方令交替。鋪兵緣此逃竄，闕人般發綱運。乞專立法禁。」兵部看詳法禁，修潤下項：諸初供遞馬鋪兵處及所至州界首鋪，曹司、節級取文書驗實，巡檢使臣在鋪者並呈驗。諸馬遞鋪應取文書驗實，而不出文書使照驗，不得供差人馬；諸因差遞馬鋪兵，輒毆縛曹級、鋪兵者，加鬪毆罪一等。詔從之。

〔一〕八日　「日」原作「月」，據大典卷一四五七四「鋪」字韻「急遞鋪」事目引會要改。

〔二〕勘會川峽路之官罷任　「峽」原作「陝」。按宋有川峽路，即益、梓、利、夔四路，無「川陝路」，故改。

〔三〕洎至本界　「洎」原作「泊」，形近而訛，今改。

二年七月十日，河北路轉運使李孝昌奏：「近奉聖旨，差提舉河北東西路馬遞鋪。契勘本路密接虜境，每年國信往還，應辦上供綱運等，遞角浩瀚，全藉有心力巡轄使臣往來巡察，方免稽遲。近來他司卻將不公不職使臣與本路巡轄使臣對移〔一〕，深恐別致悮事。乞今後巡轄馬遞鋪使臣不許他司對移，充別職任，所有本路見對移巡轄使臣，乞許令依舊歸任。元對不公不職使臣，令別行對移施行〔二〕。」詔依，并諸路依此施行。

〔一〕近來他司卻將不公不職使臣與本路巡轄使臣對移　「轄」原作「察」，據大典卷一四五七四「鋪」字韻「急遞鋪」事目引會要改。

〔二〕令別行對移施行　「對移」原倒，據大典卷一四五七四「鋪」字韻「急遞鋪」事目引會要乙正。

九月二十六日，詔：「監司、守臣等許發入內侍省遞角，並仰以千字文號記，如有沉匿，庶可根治檢察。」

三年二月二十八日，勘會近緣捕賊，諸處遞鋪傳送文字顯有勞役，仰巡轄使臣具經由鋪分曹級、兵士姓名申轉運司，特與量行犒設〔一〕。

〔一〕特與量行犒設　「與」原作「予」，據大典卷一四五七四「鋪」字韻「急遞鋪」事目引會要改。

三月十三日，入內內侍省武節大夫、充睿思殿供奉、權殿中省尚輦局司圉典御梁忻奏：「臣奉御筆差自京至淮南往來催促驅刷遞角。臣竊見本路急腳遞所傳文字名色冗并，角數浩瀚，鋪兵唯知承送，難爲區別。訪聞他路類皆似此，於馬遞鋪敕條明有法令，諸急腳遞不應發者徒二年。緣有司奉行滅裂，略無畏忌，雖許巡轄使臣具奏，但人微官卑，莫敢誰何。兼寔封文字不能窺測，積習滋久，寖以成弊。究其本源，往往多是因公及私，欲其速達，更不契勘條令，即入急遞前去。當此軍期之際，遂與奏報交錯〔一〕，是致以一晝夜爲率〔二〕，動輒數百鋪兵曉夕承傳，尚或不前，顯屬未便。雖非軍期路分，亦宜禁止。乞詔有司，申嚴法令，載在本勑，庶幾冗遞減絶，人力易勝〔三〕。」詔：「急脚遞所傳文字有不應發而發者〔四〕，致角數浩瀚，人力不勝，有悞軍期，可申明條禁，遍行諸路。如有犯者，並不以赦原。廉訪使者常切覺察。」

〔一〕遂與奏報交錯　「錯」原作「措」，據大典卷一四五七四「鋪」字韻「急遞鋪」事目引會要改。

〔二〕是致以一晝夜爲率　「晝」原作「畫」，據大典卷一四五七四「鋪」字韻「急遞鋪」事目引會要改。

〔三〕人力易勝　「勝」原作「申」，據大典卷一四五七四「鋪」字韻「急遞鋪」事目引會要改。

〔四〕急脚遞所傳文字有不應發而發者　「脚」字原缺，據大典卷一四五七四「鋪」字韻「急遞鋪」事目引會要補。

四月二十三日，中書省、尚書省言：「檢會下項：政和格，給遞馬人兵數，武功至武翼大夫二匹、一十人，武功至武翼郎二疋、七人，敦武、修武郎二匹、五人，內侍官二疋、三人；政和令，諸朝廷非次差官出外，應納遞馬及鋪兵兩應給者〔一〕，聽從多。」

〔一〕應納遞馬及鋪兵兩應給者　「鋪」原作「補」，形近而訛，今改。

宣和三年二月十四日，敕：「修立到入内内侍省傳宣撫問使臣格，遞馬鋪兵官二疋、三人。」取到駕部狀，稱：「傳宣撫問內侍官差破遞馬鋪兵，如本官係修武郎以上，合依政和令從多給。若有押賜夏藥等官物，差破鋪兵，每人約擔官物六十斤，合隨所押賜物多寡斤重差破〔一〕。」從之。

〔一〕合隨所押賜物多寡斤重差破　「合」原作「各」，據大典卷一四五七四「鋪」字韻「急遞鋪」事目引會要改。

二十五日，秦鳳路經略安撫使郭思奏〔一〕：「遞角曹級盜拆，罪名不輕，卻有大小官員、使臣道逢遞角，或安下處門首以借看爲名，或妄託諸監司及州府差來根刷遞角爲名，直於道中轉遞人處取入安下等處，盜取所遞文書抽看。前後轉到前鋪，或至地頭驗出拆損封頭，去失文字不少。契勘尚書省、樞密院、宣撫使司發與本司遞角及本司發去遞角，莫非御前與朝廷邊防機密文字，今來輒敢拆開觀看，泄漏事節，焉知不是奸細。欲乞於盜拆遞角下，更添入詐欺邀往、偷看在道遞角，并遞鋪兵士擅便依從，將遞角文書與上件人者，重立刑賞，許諸色人告捉，庶幾可以止絶。」從之。

〔一〕秦鳳路經略安撫使郭思奏　「使」原作「司」，據大典卷一四五七四「鋪」字韻「急遞鋪」事目引會要改。

八月十二日，德音：「應自京至軍前急腳、馬遞鋪兵士等，如有因公死於道路者，仰所屬量事優恤其家。又應自京至逐路急腳、馬遞鋪，近因轉送軍期文字違滯避罪逃竄之人，可自今來指揮到，限一季許令首身，並與罪免，依舊收管。勘會捕賊之際，承發文字遞送，訪聞鋪兵人力不勝，間有稽留，仰所屬子細取驗住滯文字，如委非緊速不失機會者，特免推究〔一〕。」

〔一〕特免推究　「特」原作「持」，形近而訛，今改。

五年五月四日，臣僚上言：「契勘遞角文字寔封遣發，其不應入急遞而輒發者，雖有斷罪刑名，除許抽摘拆驗外〔一〕，別無關防覺察。欲乞應承受遞角官司，將所受遞角置簿抄上元發遣去處、月日時辰、係是何事目、元發甚遞，分明籍記。監司、廉訪使者出巡所至，取索點檢，若有違法，按劾施行。契勘馬遞鋪兵請受微薄，蓋是州縣從來不曾依條豫請口食，借給越過鋪兵，既食用不足，必致逃竄〔二〕。欲乞應逐路所管馬遞鋪州縣〔三〕，須管豫支口食、草料付逐鋪節級收管，遇別鋪人馬越過，或雖非越過而地里窵遠，亦斟量即時借給。若州縣不爲應副〔四〕，即乞立定罪名，及委提舉官常切覺察，按劾施行。」詔坐條申明行下。

〔一〕除許抽摘拆驗外　「拆」原作「折」，形近而訛，今改。
〔二〕必致逃竄　「逃」原作「盜」，據大典卷一四五七四「鋪」字韻「急遞鋪」事目引會要改。
〔三〕欲乞應逐路所管馬遞鋪州縣　「所」字原缺，據大典卷一四五七四「鋪」字韻「急遞鋪」事目引會要補。
〔四〕若州縣不爲應副　「副」原作「付」，據大典卷一四五七四「鋪」字韻「急遞鋪」事目引會要改。

七月十四日，知成都府席貢奏：「契勘諸路設置急脚、馬遞鋪兵，承受往來文書，皆有程限，不容違滯，或私拆盜匿，及有損失，官司點檢封印傳發，條法備具。近緣遞角損破，鋪兵經官申陳，多不受理，以次鋪分不肯交承，遂致鋪兵打過，直至本府，往回數千里，沿路並無口食，乞丐前來。本府已一面根究，及別出給鋪兵口食曆並公文遣回外，欲乞自朝廷立法約束。」奉御筆，尚書省勘當立法。本省今參酌增修下條：「諸急脚、馬遞鋪所遞文書，並驗封印及外引牌子交受傳送。如有損失，所至鋪分押赴本轄使臣或所屬州縣究治，即時封印，具公文遞行。亡失文書者，速報元發遞官司，即傳送官物無人管押而裹角封記損動，並准此。以上因封印之類有損失而輒遣越過者，因損失而妄詐闕人越過同〔一〕。聽鋪兵經本轄使臣或隨逐州縣陳告，仍聽所至官司覺察點檢，申本路所屬監司究治犯處〔二〕。非本路者，具事因申尚書兵部。」從之。

〔一〕因損失而妄詐闕人越過同　「人」原作「失」，據大典卷一四五七四「鋪」字韻「急遞鋪」事目引會要改。

〔二〕申本路所屬監司究治犯處　「犯」原作「罪」，據大典卷一四五七四「鋪」字韻「急遞鋪」事目引會要改。

六年五月六日，入内内侍省奏：「勘當本省承受諸路州軍帥司〔一〕、監司、守臣、廉訪等轉發到奏狀遞角，欲乞遇有轉到諸處優下字號奏狀並不全筒角，依例本省聞奏，牒尚書省駕部，一面計程責限，下巡轄馬遞鋪使臣逐一驅刷根逐，送所屬依條施行，庶得遞報機速文字不致稽違失墜。」詔從之，令申尚書省。

〔一〕勘當本省承受諸路州軍帥司　「諸路」原作「諸軍」，據大典卷一四五七四「鋪」字韻「急遞鋪」事目引會要改。

七月十九日〔二〕，詔輒以承受發下遞角爲名，差占鋪兵，以私役禁軍法，發遣者徒一年。

〔二〕七月十九日　「七月」原作「九月」，據大典卷一四五七四「鋪」字韻「急遞鋪」事目引會要改。

七年二月十六日，詔：「置郵以傳命令，近來鋪兵衣糧不給，逃亡不補，遞馬芻豆蔑有存者，違慢至此，巡轄官並罷，別差能吏。仰提刑司分按，支給衣糧、草料，修繕營鋪〔一〕，補足兵馬，廉訪司覈寔以聞。」

〔一〕修繕營鋪　「鋪」原作「補」，據大典卷一四五七四「鋪」字韻「急遞鋪」事目引會要改。

三月二日，京西路轉運判官史徽奏：「昨奉旨兼提舉京西北路馬遞鋪，緣本路西京、河陽、鄭滑州係當三路之衝，最爲浩繁，鋪兵勞苦，理宜存恤。自來差出使臣，一概號爲走馬奉使，不遵大觀條法，往往毆傷人兵，打過遞馬，乞取錢物，州縣觀望，不敢繩治。及當州縣當職官公爲占破，私自役使，或以假人，自來未有法令禁止。」詔逐路提刑司根勘私役去處聞奏。今後大有差破及作名目占使，抑勒出備錢物之類，並計庸坐贓論，令尚書省立法。

四月二日，翊衛大夫、安德軍承宣使，直睿思殿李彦奏：「臣竊見近降處分，京東路提舉馬遞鋪所自後遞馬鋪兵，不得更似日前非理勾集拘留，所有人馬請給、草料，除合坐倉數外，並按月椿備本色支給。倒塌損壞營房，支破官錢，疾速修蓋〔一〕。見逃亡人兵，多方招誘，立限兩月，許令首身。見闕遞馬，疾速依條施行。臣近被奉處分，前去京東路勾當公事，其沿路一帶鋪分營房並未曾修蓋。雖有見管鋪兵去處，往往不過三兩人承轉文字，亦有無人交替鋪分，致積遞角，留滯程限，誠恐有悮邊防機速事務〔二〕。欲將諸路應干急腳、馬遞鋪事務，别委他司官專一提舉措置。」詔依奏，應諸路今後並差廉訪使者兼提舉，漕臣專一應付。

〔一〕疾速修蓋　「蓋」原作「葺」，據大典卷一四五七四「鋪」字韻「急遞鋪」事目引會要改。

〔二〕誠恐有悮邊防機速事務　「恐」字原缺，「有」下原衍「有」字，據大典卷一四五七四「鋪」字韻「急遞鋪」事目引會要補删。

五月四日，尚書省言：「發運副使盧宗原奏：『依奉御筆，拘收九路錢物，措置糴買斛斗，逐時所行文字不少，並是特報供奉御前。近點檢得諸處發來遞角文字，例各在路違滯，動經累月，有悮本司照應行遣。檢承政和敕節文：急腳遞每歲稽違通滿五釐者〔一〕，巡轄使臣、縣尉各笞五十，使臣展磨勘一年，縣尉降一季名次；滿七釐各加一等，使臣展磨勘半年，縣尉降半年名次；一分，各人加一等，使臣差替，縣尉降一年名次。今相度，欲乞據九路州軍報應本司錢物文字，並令入急遞，別置簿曆傳送。每旬本州通判驅磨有無住滯，保明申本司。若有住滯，其遞鋪兵級即送所屬依法斷罪外，巡轄使臣并本縣尉許本司體量，取勘申奏。』又奏：『契勘遞鋪衣糧，往往不依時支給，是致鋪兵逃竄。乞特降睿旨，今後鋪兵衣糧〔二〕，預於諸軍支給，如有逃亡人數，並依條限招差填闕。』」從之。

〔一〕急腳遞每歲稽違通滿五釐者　「違」原作「留」，據大典卷一四五七四「鋪」字韻「急遞鋪」事目引會要改。

〔二〕今後鋪兵衣糧　「今後」原作「今授」，據大典卷一四五七四「鋪」字韻「急遞鋪」事目引會要改。

五月九日，德音：「京東、河北路州縣，應諸郡緣應副邊事官員往來遞馬不足〔一〕，多句鄉村有馬之家充馬戶差使。自今尚敢循習前弊，仰監司、廉訪使者按劾以聞，當議重行黜責。」

〔一〕應諸郡緣應副邊事官員往來遞馬不足　「諸」原作「許」，「副」原作「付」，據大典卷一四五七四「鋪」字韻「急遞鋪」事目引會要改。

七月十一日，尚書省言〔一〕：「諸路馬遞鋪因事措置約束，條法日備。其轉送遞角綱運，留滯轉多，盡緣當職官司偷墮苟且，條令未嘗舉行，馴致奸弊。提舉官名存實廢，漫不檢察，爲害甚大。」詔：「令諸路提舉馬遞鋪官常切提舉按察，巡轄官偷墮不職，并仰依條按劾。仍令逐路廉訪、憲司各行按察，每上下半年，具本路管下馬遞鋪承轉過綱運遞角數目，有無留滯，及應干合行遵守條法事件有無違戾，逐一開具申尚書省類聚，歲終具不盡不寔，並以違制科罪。」

〔一〕尚書省言 「尚書省」前原衍「言」字，「言」原作「奏」，據大典卷一四五七四「鋪」字韻「急遞鋪」事目引會要删改。

十一月十九日，南郊制：「勘會崇寧年後來，并昨因軍興〔一〕，自京起發河北路軍器、銀、紬、絹等綱運，用遞鋪兵士推般，依京西路軍器例，每人日支口食二升五合。訪聞有司將其間不係推綱日分支過口食，於鋪兵月糧内尅納，及干繫人名下均攤，多致逃竄。應上件推綱鋪兵已支口食，如有不該鋪破〔二〕，並與除放。」

〔一〕并昨因軍興 「因」原作「興」，據大典卷一四五七四「鋪」字韻「急遞鋪」事目引會要改。

〔二〕如有不該鋪破 「鋪破」疑當作「支破」。

欽宗靖康元年七月二十三日，臣僚言：「竊見兵革未弭，羽檄交馳，凡有號令及四方供應文書，類多急遞。今聞畿邑如尉氏、鄢陵等處，及京西一帶，遞鋪兵卒類多空缺，而州縣恬視，不以填補，至有東南急遞文書委棄在郵舍廳廡之下，數日無人傳者。且如福建路有經半月、二十日杳無京報，遠方官吏妄意疑懼。及會問兩浙，方知畿甸平定。欲乞嚴戒州縣，遞兵有缺，速行差填。若兵卒差補不足〔一〕，衣糧不支，支而踰期，或容縱人侵削，責在縣令，事干州郡者責在知、通。仍仰監司季輪一員親詣，或委官點檢，若鹵莽容縱者坐罪。并鋪屋破壞處，亦便修葺。」從之。

〔一〕若兵卒差補不足　「若」下原衍「於」字，據大典卷一四五七四「鋪」字韻「急遞鋪」事目引會要刪。

高宗建炎元年五月一日，赦〔二〕：「應急腳、馬遞鋪兵，因金人所致逃散，可專委本路提刑司疾速招置，仍依時支破請給。」

〔二〕赦　原作「敕」，據大典卷一四五七四「鋪」字韻「急遞鋪」事目引會要改。

三日，又詔下諸路提舉茶馬鋪所多方招誘，又將急腳鋪先次剗刷諸色廂軍填補，請給、衣糧令按月支遣。除傳送文字外，其餘應合破遞馬、鋪兵權行住罷，候措置就緒日依舊。

六月一日，又詔令諸路轉運司，先次將差出人拘收歸元來去處，其逃亡缺額，於本處厢軍内撥填，其請給三分中更增一分。舊人依此請給，并與權免諸般差使〔一〕，專一傳送文字。如招到後卻有逃亡出首之人，其所增請給更不支給。

〔一〕并與權免諸般差使　「并」原作「差」，據大典卷一四五七四「鋪」字韻「急遞鋪」事目引會要改。

九月二十一日，臣僚言：「有司失職，郵傳不通。陛下即位以來，詔令多矣，而浙東州軍所被受者，唯兩赦及四五御札，其他片紙不傳。浙東距行在止貳千餘里，而命令阻絶如此，彼川、廣、福建可知矣。契勘諸道進奏官遇有被受文書，畫時遣發〔一〕，或合謄寫播告，各有成法。比緣一切指揮官吏分番，其留行在者一月一易，遂致廢事。竊謂寺監局務官司事屬一體，雖分番次，未爲甚害，唯進奏人吏分掌諸州，一吏下番則一州事廢，雖有兼權之人，孰肯盡心典領他人之事？又馬遞鋪兵緣軍興調發，或因招軍許令刺換，故所在多有出額。乞應進奏院官吏並隨行在，凡文書被受謄寫入遞，並依常法，敢有違滯，重置典憲。其諸州應有進奏官供給及年例應副之物〔二〕，並仰發來行在，俾爲紙札之費。仍乞戒飭諸路提舉馬遞鋪官〔三〕，督責巡轄使臣招填鋪兵，驅磨遞角，毋或違慢。仍令諸司互察，及門下後省點檢，按劾施行。其文字不到，亦許諸路州軍徑申門下後省，庶幾四方萬里，皆得聞朝廷號令，知陛下憂勤愛民之意。」詔進奏院令監官條具申尚書省，餘依。

〔一〕晝時遣發　「遣發」原倒，據大典卷一四五七四「鋪」字韻「急遞鋪」事目引會要乙正。

〔二〕其諸州應有進奏官供給及年例應副之物　「其」下原衍「詣」字，「副」原作「付」，據大典卷一四五七四「鋪」字韻「急遞鋪」事目引會要删改。

〔三〕仍乞戒飭諸路提舉馬遞鋪官　「飭」原作「飾」，形近而訛，今改。

二年正月十六日，詔江南東路轉運副使李謨兼本路提舉馬遞鋪。

五月一日，措置東南馬遞鋪徐公裕言：「乞將逃竄鋪兵自指揮到日，限一月經所在出首，特與免罪，依舊收管。」從之。五日，又言：「昨點檢到淮南急脚、馬遞鋪兵内，有額外收到逃走人數〔一〕，並支破請給，其見闕人兵鋪分却不曾撥填。緣昨請降聖旨，將額外人數令本路提舉馬遞鋪、監司比類撥填見闕去處。若無缺，並申解本州，撥填以次鋪分。如本州管下又無缺，即申解轉運司，差填本路州軍，並不許額外收係。竊慮江、浙等路亦有似此額外收到人數，乞於前項指揮下逐路提舉監司施行，貴免增費請給。」詔依。

〔一〕有額外收到逃走人數　「收」字原缺，「到」下原衍「逃」字，據後文補删。

六日，御營使司奏：「馬擴劄子，諸州縣道路馬遞鋪，緣兵火殘破，未曾復置。訪聞諸處軍馬出入〔一〕，於所經州縣以和雇爲名，科差遞馬人夫，因而搔擾。今來本司應干官屬乞更不差外〔二〕，尚慮諸頭項應援軍馬官屬及奉使監司等官循例差撥，乞將應干過往官員合差遞馬〔三〕、鋪兵權行住罷，候邊事寧息日依舊，所貴杜絶搔擾害民之獘。仍乞下本司遵守，按劾施行。」從之。數内監司奉使官合差遞馬、鋪兵不可闕者，乞許破省馬厢軍。

〔一〕訪聞諸處軍馬出入　「軍」原作「兵」，據大典卷一四五七四「鋪」字韻「急遞鋪」事目引會要改。

〔二〕今來本司應干官屬乞更不差外　「干」原作「于」，據後文改。

〔三〕乞將應干過往官員合差遞馬　「遞馬」原作「遞兵」，據大典卷一四五七四「鋪」字韻「急遞鋪」事目引會要改。

十一月七日，知揚州黄願言，勘得九女澗遞鋪王安擅拆東京留守司遞角事。詔王安特依軍法，今後如有擅拆令開拆窥看之人〔一〕，并依此施行。

〔一〕今後如有擅拆令開拆窥看之人　「看」原作「察」，據大典卷一四五七四「鋪」字韻「急遞鋪」事目引會要改。按「令」前「拆」字疑衍。

二十二日，赦：「今來赦書，慮有闕少鋪兵轉送未到去處，仰諸司、諸州縣鎮被受日時謄録，互相關報鄰接官司，疾速奉行。如有違滯，並科違制之罪。」

三年二月十八日，知杭州康允之措置本路衝要控扼去處擺鋪斥堠：「每十里置一鋪，專一傳遞日逐探報斥堠文字。每鋪五人，新舊弓手内選有心力、無疾病、能行步少壯人充，每日添支食錢三百文省。每鋪並限三刻承傳，置曆批寫時刻。每五鋪選差有材幹〔一〕、年五十以下使臣一員，不以有無拘礙，委逐州於見任得替待缺官内日下抽差，或召募有物力武勇人，借補進義校尉，充往來巡轄。候及一季無違滯，有官人轉一官，召募人與正行收補。州委知、通專切檢點〔二〕，縣委知縣、尉主管，月支食錢三貫文。如無違滯，每一季減二年磨勘。」從之。

〔一〕每五鋪選差有材幹　「五」原作「互」，據繫年要録卷二〇建炎三年二月丁卯條改。

〔二〕州委知通專切檢點　「州委知通」原作「知委州通」，據大典卷一四五七四「鋪」字韻「急遞鋪」事目引會要及方域一〇之四八乙正。

三月十八日，康允之又言：「巡轄官、知、通、知縣、縣尉〔一〕，除鎮江府至常州以北邊近大江，最爲緊切去處〔二〕，欲依已畫降指揮支給食錢及推賞外，所有無錫縣以南係近裏優穩，故比前項支錢、推賞各行減半，餘路亦依此比附施行，所貴輕重均齊。」從之。

〔一〕縣尉　「尉」原作「委」，據大典卷一四五七四「鋪」字韻「急遞鋪」事目引會要改。

〔二〕最爲緊切去處　「去」字原缺，「處」下原衍「處」字，據大典卷一四五七四「鋪」字韻「急遞鋪」事目引會要補删。

五月十三日，樞密院奏：「今來車駕駐蹕江寧府，本所諸處別無盜賊，亦無大段文字傳送，欲將斥堠鋪先次住罷，發還弓手。餘路合罷處依此。」從之。

六月二十日，詔：「沿江州軍及沿江制置使司疾速措置，將本州管下沿江地分，量遠近相度上連下接，支破官錢，計置輕捷小舡子二隻，選募會船水棹梢，每船三人，每人支食錢三百文，專一傳發斥堠軍期機速文字。仍令接界地分依置船傳送，委自逐縣令佐并巡轄官，常切點檢，及置曆抄上名件，出入界日時，本州知、通每旬取索點磨，候軍事定日住罷。」

四年八月一日，詔令沿江諸州守臣依已降指揮，日具探報事宜入遞鋪，及專差人齎申樞密院。以侍御史沈與求言：「道路傳言，賊騎猶在雁汊等處，朝廷雖間遣探報，動涉旬餘，或有事宜，知之已晚。乞更下沿江州軍〔一〕，專委守臣差人探賊馬動息，排日申樞密院，仍令沿路縣尉差弓手速傳遞前來〔二〕。」故有是命。

〔一〕乞更下沿江州軍　「乞更」原倒，據大典卷一四五七四「鋪」字韻「急遞鋪」事目引會要乙正。

〔二〕仍令沿路縣尉差弓手速傳遞前來　「速」字原缺，據大典卷一四五七四「鋪」字韻「急遞鋪」事目引會要補。

十四日，臣僚言：「近日傳報虜騎動息不一，緣諸州緩急多失關報，其鄰州差人探劄〔一〕，止是詢訪道路，或憑私書展轉傳聞，多致悞事。乞令諸州委強幹官一員兼領其事，并差得力吏人三名爲斥堠司，輪差廂軍一十人以備傳報。其沿海州軍舊有烽燧去處，乞申嚴行下，有未遍處，更令增置，候事平日課殿最賞罰〔二〕。其匿不時報者，重行黜責。」詔令兩浙、江南東西路并沿海州軍疾速措置施行。

〔一〕其鄰州差人探劄　「鄰」原作「憐」，形近而訛，今改。

〔二〕候事平日課殿最賞罰　「候」原作「侯」，據大典卷一四五七四「鋪」字韻「急遞鋪」事目引會要改。

二十日，臣僚上言：「竊聞近於海上置水斥堠，朝廷遣仲元在四明辦集。但海道闊遠，可備處非一，萬一有警，欲以小舟犯不測之險，遲速難期。況海濱之民以魚鹽爲業，老幼悉在舟中，今不論舟之大小，皆取之民，既失業，爲變不難，前者定海官吏幾有被害者。乞下樞密院或命明州守臣相度利害，具海道要害之地可以置斥堠處合用幾舟〔一〕，其甚小者不須勾集。或海面闊遠，風濤不測，即乞於海岸高山置卓望以備探報〔二〕。其已勾到舟船，乞放還逐便。」詔令樞密院措置施行。

〔一〕具海道要害之地可以置斥堠處合用幾舟　「害」字原缺，據大典卷一四五七四「鋪」字韻「急遞鋪」事目引會要補。

〔二〕即乞於海岸高山置卓望以備探報　「海」字原缺，據大典卷一四五七四「鋪」字韻「急遞鋪」事目引會要補。

二十六日，樞密院言：「訪聞近日有妄稱軍前差使或監司等處官屬，於經過斥堠鋪強勒保甲擔擎。」詔令江、浙路帥司行下所屬州縣，於諸鋪曉示，如有逼勒鋪分保甲擔擎之人，密具職位、姓名申樞密院，當議重行典憲。

九月二十六日，樞密院言，近來諸路轉運邊防等文字，例各留滯。詔：「令提舉馬遞鋪官嚴行督責巡轄使臣，須管依條躬親遍詣所轄鋪分約束鋪兵，遇有文字，即時傳送，不得違滯。州委通判，縣委令佐，專一檢捉巡轄使臣到鋪分月日及所遞文字〔一〕，如弛慢失職，所屬州軍具因依奏劾施行。及指揮轄下關津把隘去處，如鋪分及往來投下文字之人，辨驗詣寔放行，無致阻節。如違，其提舉馬遞鋪并所委官重行黜責，巡轄使臣當議停降，鋪兵決配。」

〔一〕專一檢捉巡轄使臣到鋪分月日及所遞文字 「月日」原倒，據大典卷一四五七四「鋪」字韻「急遞鋪」事目引會要乙正。

十月五日，詔令江〔一〕、浙州軍日具平安狀與探報到事宜，一處入斥堠鋪，飛申樞密院，其逐路帥司亦仰依此申發。

〔一〕詔令江 「詔」，大典卷一四五七四「鋪」字韻「急遞鋪」事目引會要原作「語」，輯稿徑改，是。

二十日，詔：「令兩浙提刑施坰日下起發前去鎮江〔一〕、江陰以來置司，專一總領諸州縣所置斥堠鋪，措置督責沿江及北探報，應有事宜，火急傳報。若少失機會，必重作行遣。」以樞密院言，金人見在承、楚，未見所向，切慮不測窺伺，宜明立斥堠，故有是命。

〔一〕令兩浙提刑施坰日下起發前去鎮江　「施坰」原作「施峒」，據輯稿選舉二九之二二、繫年要録卷四五紹興元年六月甲戌條改。「下」原作「夜」，據大典卷一四五七四「鋪」字韻「急遞鋪」事目引會要改。

二十四日，建康府路安撫大使兼知池州呂頤浩言：「本司專屬官一員〔一〕，往來督責沿路所置斥堠鋪，轉送應干軍期探報文字。竊見斥堠鋪緣諸官司將尋常閑慢文字一例轉送〔二〕，致軍期緊急因此稽滯。檢照政和勅節文，諸急腳遞不應發者徒二年，馬遞減二等。今來用兵之際，乞立法，應官司非急速軍期及盜賊探報文字輒入斥堠鋪者，官員勒停，吏人決配，仍不分首從。如不應入斥堠鋪文字，所至官司承受，不即申舉者，與同罪。及專責縣尉，每月遍詣斥堠鋪點檢，其提舉馬遞鋪官吏有失覺察〔三〕，與擅發斥堠鋪官吏同罪。及於市曹出牓，道路粉壁曉示。」從之。

〔一〕本司專屬官一員　「專」下疑脱「責」或「委」字。

〔二〕竊見斥堠鋪緣諸官司將尋常閑慢文字一例轉送　「諸」字原缺，據大典卷一四五七四「鋪」字韻「急遞鋪」事目引會要補。

〔三〕其提舉馬遞鋪官吏有失覺察「舉」字原缺，據大典卷一四五七四「鋪」字韻「急遞鋪」事目引會要及方域一〇之四六補。

十一月七日，詔諸路可依舊每五里置一鋪，每鋪輪差保甲五人，貼司一名，傳送抄轉，專委縣尉巡轄〔一〕。

〔一〕專委縣尉巡轄「專」原作「委」，據大典卷一四五七四「鋪」字韻「急遞鋪」事目引會要改。

紹興元年三月十九日，兩浙提刑施坰言〔一〕：「平江府常熟縣探報，通、泰金人已回承〔二〕、楚，欲乞斥堠鋪只留保丁二人，同土軍或弓手一名傳送探報文字，餘人乞行減放。據江陰軍申，水陸斥堠共差募保甲棹梢等一百一十四名，月支錢九百貫，今蕃寇遠遁，乞行住罷。欲將諸處所置斥堠鋪並行住罷，止於管下遞鋪内選差兵士三人，專一承轉探報事宜文字，每人日添支錢七十文。其傳送時刻，約束斷罪，並依斥堠鋪保甲已得指揮，仍依舊專委縣尉巡轄。沿江瀕海所置水斥堠乞並令住罷，專責巡尉差撥弓兵巡船探報〔三〕。」詔鋪兵每鋪差五人，其斥堠差置鋪兵就緒日住罷，餘從之。

〔一〕兩浙提刑施坰言「施坰」原作「施峒」，據輯稿選舉二九之二一、繫年要録卷四五紹興元年六月甲戌條改。

〔二〕泰金人已回承「泰」原作「秦」。據大典卷一四五七四「鋪」字韻「急遞鋪」事目引會要改。

〔三〕專責巡尉差撥弓兵巡船探報　「責」原作「委」，「弓」字原缺，據大典卷一四五七四「鋪」字韻「急遞鋪」事目引會要改補。

四月七日，和州無爲軍鎮撫使趙霖言：「本鎮奏報朝廷文字，經由太平、池、宣、廣德等郡界次入浙路州軍，或由建康府次入浙東，方達行在。近入急遞，尚慮稽遲〔一〕，欲乞下太平等州軍照會，應本司軍期文字許入斥堠，如有稽遲，許霖奏劾。」從之。

〔一〕尚慮稽遲　「遲」原作「滯」，據大典卷一四五七四「鋪」字韻「急遞鋪」事目引會要改。

五月二十四日，詔：「江南東路差王琮，西路差張匯，專一提舉馬遞鋪兵，將轄下見闕鋪遵依建炎元年五月已降指揮，先次劄刷諸色厢軍補填。仍選擇少壯健捷之人均撥諸鋪，專一傳送御前金字牌遞角。如人數闕少，即於閑慢鋪分摘那差使〔一〕，須管每鋪各有少壯專一承傳。並仰依法不以晝夜鳴鈴走遞〔二〕，前鋪聞鈴，預備人出鋪，就道交收，不得時刻住滯。其餘缺額，如厢軍内補填不足，即限一月招填敷額〔三〕。其合用例物錢糧，並預行那融〔四〕，樁辦足備〔五〕，須管按月給散，不得減剋。其見倒塌鋪屋，限十日一切修蓋了當。州委知、通，縣委令、佐，常切檢察。遇發到遞角〔六〕，並具前路元承受及發遣日時申提舉官，即時驅磨點檢，如有住滯，仰將當職官并合干人具狀徑申尚書省，當職官取旨重行停降，合干人決配。」

若蓋庇不申，與當職官一等科罪。仍嚴切約束巡轄使臣，不住往來檢點鋪兵，常令在鋪祇候傳送。若過往奉使監司等官違法差役，並科違制之罪，不以去官、赦降原減。仍許被差兵級徑赴所監司越訴〔七〕，即時備申尚書省。其所差提舉官，限今來指揮到一月内，須管一切措置畢備，仍逐旋具補填、招刺兵級人數及修蓋過鋪屋申尚書省。若朝廷差官前去點檢得，逐路提舉官承受今降處分措置違慢，並行竄責。」十一月十九日，都省言：「已降指揮止爲江南東、西路分，餘路亦有轉送軍機急速〔八〕，理宜一體。」詔餘路並依江南東、西路已得指揮施行，併劄下江南東、西路提舉官，依已降指揮常切檢察。

〔一〕即於閑慢鋪分摘那差使　「閑」原作「憪」，「那」原作「挪」，據大典卷一四五七四「鋪」字韻「急遞鋪」事目引會要改。

〔二〕並仰依法不以晝夜鳴鈴走遞　「以」原作「得」，據大典卷一四五七四「鋪」字韻「急遞鋪」事目引會要改。

〔三〕即限一月招填數額　「限」原作「於」，「招」原作「照」，據大典卷一四五七四「鋪」字韻「急遞鋪」事目引會要改。

〔四〕並預行那融　「那」原作「挪」，據大典卷一四五七四「鋪」字韻「急遞鋪」事目引會要改。

〔五〕椿辦足備　「椿」原作「充」，據大典卷一四五七四「鋪」字韻「急遞鋪」事目引會要改。

〔六〕遇發到遞角　「角」原作「鋪」，據大典卷一四五七四「鋪」字韻「急遞鋪」事目引會要改。

〔七〕仍許被差兵級徑赴所監司越訴　「差」字原缺，據大典卷一四五七四「鋪」字韻「急遞鋪」事目引會要補。

〔八〕餘路亦有轉送軍機急速　「餘路」原缺，據後文補。

七月八日，樞密院言：「防秋在近，所有邊江并衝要州軍尤宜嚴謹，上連下接，文字不致稽違。欲於樞密院選差使臣二十二員，分往臨安平江鎮江建康府、廣德南康興國江陰軍、太平秀常湖嚴宣徽池江洪饒信衢婺州管界，點檢催促，並要足備，鋪兵請受依時給散。如遇闕人，申催差置，如不即施行，具事因申樞密院。」詔並依，其所差使臣，令户部別給驛券，隨處批請，須管往來檢點，仍探報賊馬事宜的寔，候過防秋，別無稽滯〔一〕，特與推恩。如或搔擾，必罰無赦。

〔一〕別無稽滯　「滯」原作「遲」，據大典卷一四五七四「鋪」字韻「急遞鋪」事目引會要改。

九月二十六日，詔：「令江、浙路妄點檢斥堠〔一〕，監司遞下州縣，今後並依已降指揮，將軍期急速及賊盜探報文字分明題寫入斥堠鋪傳送外，其餘常程閑慢文字，不得依前亂行題寫。如點檢得尚有違戾，並依輒入斥堠鋪指揮斷罪。」

〔一〕令江浙路妄點檢斥堠　「江」原作「兩」，據大典卷一四五七四「鋪」字韻「急遞鋪」事目引會要改。按「妄」字疑誤。

三十日，樞密院言，浙西一路皆邊江州軍，防秋是時〔一〕，斥堠正當嚴謹，不可少失措置〔二〕。詔：「本路提點官施垌權於平江府置局〔三〕，躬親往來催督州縣火急差置，務要作備。所傳文字依限傳送，不管稽滯。」

〔一〕防秋是時　「防秋」原倒，據大典卷一四五七四「鋪」字韻「急遞鋪」事目引會要乙正。

〔二〕不可少失措置　「失」原作「夫」，形近而訛，今改。

〔三〕本路提點官施垌權於平江府置局　「施垌」原作「施峒」，據輯稿選舉二九之二二、繫年要録卷四五紹興元年六月甲戌條改。

十月七日，樞密院言：「自鎮江府、江陰軍至行在，并江東西路沿江州軍至行在斥堠，近來轉送文字稍多，理宜犒設。」詔逐州縣斥堠鋪兵每人各特支錢一貫文。

二年閏四月二十九日〔一〕，臣僚上言：「信州鉛山、建州崇安縣舊因福建綱運并錢監般發銅貨，遂於兩縣置擺鋪兵級十營，共一千人。近來福建綱運多由海道，兼錢監銅貨闕少，其擺鋪人兵僅成虚設。傳聞崇安縣擺鋪人兵，建州已刺填闕額厢軍，其鉛山擺鋪兵級，亦恐合行刺填。乞下本州勘會，如委合減罷，或量行存留外，其餘并刺填鄰近州軍缺額厢軍〔二〕。」詔令福建、江南東路轉運司相度，申尚書省。

〔一〕二年閏四月二十九日　「閏」字原缺，據大典卷一四五七四「鋪」字韻「急遞鋪」事目引會要補。

〔二〕其餘并刺填鄰近州軍缺額厢軍　「刺」下原衍「行」字，「填」字原缺，據大典卷一四五七四「鋪」字韻「急遞鋪」事目引會要删補。

九月八日，江南東路安撫大使兼充壽春府、滁濠廬和州、無爲軍宣撫使李光言〔一〕：「措置防秋，淮西州軍與僞境相接，務在明建斥堠。其淮西與江東隔江，逐時邊報雖已擺鋪傳送，竊慮緩急風浪，不能濟度〔二〕，卻致阻滯。本司遂於沿江相對置立烽火臺，舉煙火色號報應，及於緊要津渡差撥人兵防押，遇警急即自遠及於所屯兵馬抽摘調發前去〔三〕，同共防拓。」詔依，令李光相度，隨地勢高阜去處立烽火臺。若土脈不堪築臺〔四〕，即以木爲望樓，無致緩急有失事機。嚴切約束，不得搔擾。和州與太平州、建康府相對置立去處：梁山渡口與太平州褐山對，采石渡口與太平州東采石對，當利河口與太平慈湖對，車家渡口與建康府馬家渡對，石硝口與建康府大城堙對〔五〕。無爲軍與太平、池州相對置立去處：泥汊江口與太平州繁昌荻港對〔六〕，柵江口與太平州蕪湖縣三山對，糝潭口與池州銅陵縣鵲頭山對。每日平安即於發更時舉火一把，每夜平安即於次日平明時舉煙一把。緩急盜賊，不拘時候，日則舉煙，夜則舉火，各三把爲號。

〔一〕無爲軍宣撫使李光言　「宣撫」下原衍「大」字，據大典卷一四五七四「鋪」字韻「急遞鋪」事目引會要删。

〔二〕不能濟度　「度」原作「渡」，據大典卷一四五七四「鋪」字韻「急遞鋪」事目引會要改。

〔三〕遇警急即自遠及於所屯兵馬抽摘調發前去　「抽」原作「押」，據大典卷一四五七四「鋪」字韻「急遞鋪」事目引會要改。

〔四〕若土脈不堪築臺　「堪」原作「勘」，據大典卷一四五七四「鋪」字韻「急遞鋪」事目引會要改。

〔五〕石硝口與建康府大城堽對　「石硝口」原作「石靖口」，據大典卷一四五七四「鋪」字韻「急遞鋪」事目引會要改。又「康」下原衍「康」字，「府」字原缺，據前文刪補。

〔六〕泥汊江口與太平州繁昌荻港對　「繁昌」原在「荻港」之下。按入蜀記卷三及紀勝卷一八太平州「景物上」等均載荻港隸繁昌縣，且「荻港繁昌」與後文體例不合，故乙正。

十九日，詔今後過往命官、將校軍兵，如敢差役斥堠鋪兵級、曹司，依巡轄馬遞鋪使臣私役法一等科罪。

三年五月四日，河南府等州鎮撫司幹辦公事雷震言：「契勘本鎮屯守邊陲〔一〕，日久備戰，不住差人探報番賊動息并東京虛寔，若專差官兵齎赴行在投進，往復經隔月。欲望後有探報賊馬急速文字，用皮筒寔封，專差人齎至鄰鎮交割，轉送近裏州軍，入急遞赴行在投進。如有違滯去處，乞重置典憲。」從之。

〔一〕契勘本鎮屯守邊陲　「陲」原作「郵」，據大典卷一四五七四「鋪」字韻「急遞鋪」事目引會要改。

六日，樞密院奏〔一〕：「日近不住有御前金字牌并朝廷急遞，發下襄陽等州鎮撫使副翟琮〔二〕、董先、權商虢陜州鎮撫使董鎮等軍期機速文字〔三〕，所至條限即刻走傳前去，合經由下項州軍，深慮有無鋪兵去處，别致留滯。」詔：「令逐處遇有金字牌并朝廷發下應干軍期文字，仰即刻走傳，如無鋪兵處，令所至州軍專差得力人三名走傳前去，逐州遞相交割，不得稍有住滯。仍專委通判驅磨根究，依法施行。及每月具本州傳送過名件字號、開排承受、傳送出界月日、時刻有無違滯，申樞密院。」

〔一〕樞密院奏　「奏」原作「言」，據大典卷一四五七四「鋪」字韻「急遞鋪」事目引會要改。

〔二〕發下襄陽等州鎮撫使副翟琮　「翟琮」原作「翟宗」，據繫年要録卷六五紹興三年五月丙辰條、卷六七紹興三年七月乙未條改。按翟宗，繫年要録未見，翟琮，繫年要録卷六五載，紹興三年五月丙辰任河南府孟汝鄭州鎮撫使，而非輯稿所言「襄陽等州鎮撫使」，時襄鄧隨郢等州鎮撫使爲李横。此疑誤。

〔三〕權商虢陜州鎮撫使董鎮等軍期機速文字　按董鎮，繫年要録未見，是書卷六五紹興三年五月丙辰條載董先任河南鎮撫副使，又卷六七紹興三年七月乙未條載其權商虢鎮撫使，未知孰是。

十四日，入内内侍省言：「臨安府浙江遞鋪兵士王明轉到荆南府、歸峽州、荆門公安軍鎮撫使解潛『應』字號奏狀一筒，赴本省投進。今點檢得上件遞角撮繫鬆慢，封頭磨擦破損，竊慮出入得文字。兼前項排發『應』字，即非千字文内字號，除已牒本官，今後遇發奏狀遵依已降指揮以千字文號記發外，其遞角今進納。若内有本省行移公文，卻乞降下。所有磨擦損壞封頭去處，乞下尚書駕部根究，依條施行。」從之。

七月四日，江南東路提刑張滙言：「州縣間奏裁與提刑司審覆案等，有經累月而未下者，蓋是遞角中沉墜，使可貸之囚繫禁而死，深可憐憫。乞下諸路，應奏與申詳覆等，並須專差院虞候或有行止急腳子二名投下。被差人並破口券，仍量添食錢，使令守待，以所斷案依條限責付齎回，日以百里爲限。」大理寺參詳：「張滙所申，内命官贓案，若令依條入遞前來，竊慮沿路計囑轉送之人，衷私收匿不到。及道路千里以上去處申奏，并申提刑司詳覆，諸色人獄案，若令入遞往還，竊慮道路梗澀沉失，理合措置。今欲依本官所乞，應有似此公案，並令本處專差有行止二人，同共齎擎投下，令所差人守待回報。恐所差人在路事故，亦不計囑藏匿，仍令本處寫録一般案狀，依條入遞，務要不致沉失。所有道路千里以下通快去處公案，依法已許入急遞，日行四百里。若刑部承旨斷案，依條亦合别録行下。如遞鋪稽違沉失，緣已有前項條法，乞坐條申嚴行下，委諸路提舉馬遞鋪及驅磨當職官吏常切約束，月具轉送過獄案并朝廷降下斷勅名件，關報本路提刑司，行下所屬州軍，復行點檢。如有稽違沉失去處，其合干遞鋪兵級并巡轄使臣，並令根勘，具案聞奏，乞從朝廷特降指揮，重賜斷遣施行。」詔餘路依此，仍檢會應干見行條法申嚴行下。

十四日，荆湖南路安撫使折彦質言：「修武郎、辟差全永州巡轄馬遞鋪張宗閔申：『永州三十鋪，元額管兵級三百五十六人，宗閔到任交割到二百三十四人，累行招到三十餘人。

近來廣西押戰馬綱官到鋪，不恭奉聖旨權住鋪兵擔擎指揮，亦不容曹級執覆，及不問有無人兵在鋪，須要差破鋪兵擔擎應付。稍緩即撞入房舍，捉縛婦女，或倚勢收拾兵級衣物、動使，抑令鋪兵供送，沿路更用棍棒毆打，過三五鋪或他界，動經旬日不回，是致饑餓逃亡，節次開落。截自五月終，只管一百八十餘人，大路鋪每鋪只管三五人，小路鋪或有一兩人〔一〕。即目大段闕額，急遞文角到鋪，委是闕人走傳。』本司欲勾追犯人根治，竊慮馬綱留滯，乞行下廣西經略司，嚴行約束。」詔令廣西經略司、提舉廣西買馬司詳折彥質所申事理，今後遇差押馬使臣，當官分明戒約，如有違犯之人，具因依申樞密院，重行斷遣。仰兵部遍牒廣西至行在馬綱經由逐路轉運司、提舉馬遞鋪兵官，指揮所屬依此施行。仍令所轄州縣等處〔二〕，於馬綱所過馬遞鋪前，將今降指揮分明粉壁曉示，各具知稟聞奏。

〔一〕小路鋪或有一兩人　「兩」原作「二」，據大典卷一四五七四「鋪」字韻「急遞鋪」事目引會要改。

〔二〕仍令所轄州縣等處　「轄」原作「管」，據大典卷一四五七四「鋪」字韻「急遞鋪」事目引會要改。

紹興四年五月五日，樞密院言：「檢會臣僚上言，乞督責諸路帥臣，參稽所部州縣道里遠近之宜，布斥堠之卒，番休迭往，使不告勞。詔令樞密院措置。今檢會前後所降指揮：

一、欲令淮南、荊湖、江南、兩浙通接沿邊探報軍期急切及平安文字赴行在，經由州軍去處，並取便路接連措置擺鋪，至臨安府界內，並合相連接置擺鋪。其應置擺鋪去處，並依後項事理施行。

一、徽州等擺鋪以三十里一鋪，竊慮地里稍遠，因而遲緩，欲以二十里置一鋪。每鋪差鋪兵五人，先於閑慢鋪分那差，如不足，差厢軍。每日添支食錢一百五十文，每月一替。并差貼書或軍典一名，每日添支食錢一百五十文，並每季一替。

一、每州委守臣專差指使一員〔一〕，往來根刷傳送，每日添支食錢三百文，仍與貼司或軍典一名根刷行遣，每日添支食錢二百文，每季一替。

一、今來擺鋪傳送文字，如有違滯，軍兵依傳送金字牌文書條法科罪，其指使失覺察兩次，杖一百科罪。

一、諸州縣輒將不係探報事宜及非平安狀入便路擺鋪傳送者〔二〕，其當職官吏依不應發急脚遞條法科罪。

一、已降指揮，過往官員於經由地分差撥鋪兵擔擎物色、牽挽舟船之類，並免應付，如不依約束，擅行差撥，具名銜飛申所屬，根究施行。今欲便路擺鋪軍兵輒別差使者，並依私役禁軍法，仍於逐鋪曉示。

一、已降指揮，鋪兵請受並須按月支給，不得留滯打請人數，妨本鋪差使，仰所屬縣分據每日合支錢數，並五日一次，前期預支。今欲依此施行，仍將不按月支給請受及不前期支給食錢官吏，仰往來根刷使臣申州根勘，依諸軍請給過期不支條法斷罪〔三〕。

一、擺鋪所差軍兵遇缺，仰往來根刷使臣即時申所屬，限日下差足。如違，當職官吏並科違制之罪。

一、擺鋪屋令所屬疾速修蓋，如日後倒塌損漏，仰往來根刷使臣申所屬，日下差人前來修整。

一、往來根刷使臣私役鋪兵者，依前項輒別差使私役禁軍法斷罪。

一、自來水路置急遞舡傳送文字州軍，若比擺鋪通快去處〔四〕，並依舊。

一、今來欲專委逐路帥臣〔五〕、逐州軍守臣火急依逐項擺置，更有合行事件，一就措置。及常切督責沿江、沿邊州軍守臣，厚支激賞，專差信寔人體探，具的寔事宜，日下寔封入擺鋪，飛申樞密院。仍先具本路州軍已置鋪分、相去接連著望去處、所差人數一切畢備日時聞奏。

一、今來委逐路提舉馬遞鋪、監司不住點檢，如有違滯去處，即依今來立定斷罪指揮施行。每月具點檢過有無違滯去處，申樞密院。」詔並依〔六〕。

〔一〕每州委守臣專差指使一員　「指使」原作「措使」，據大典卷一四五七四「鋪」字韻「急遞鋪」事目引會要改。

〔二〕諸州縣輒將不係探報事宜及非平安狀入便路擺鋪傳送者　「報」原作「保」，據前文改。

〔三〕依諸軍請給過期不支條法斷罪　「軍」原作「州」，據大典卷一四五七四「鋪」字韻「急遞鋪」事目引會要改。

〔四〕若比擺鋪通快去處 「快」原作「決」，形近而訛，今改。

〔五〕今來欲專委逐路帥臣 「欲」字原缺，「委」下原衍「委」字，據大典卷一四五七四「鋪」字韻「急遞鋪」事目引會要補刪。

〔六〕詔並依 「詔並」原倒，據大典卷一四五七四「鋪」字韻「急遞鋪」事目引會要乙正。

九月十八日，都省言：「權發遣江南東路提點刑獄公事、及專一總領措置傳送斥堠兼提舉馬遞鋪張滙，已降指揮放罷，其專一總領措置傳送斥堠兼提舉馬遞鋪官未曾差人。」詔差轉運判官俞俟。

同日，川陝荆襄都督府言：「勘會今來出使，所有朝廷及本府往來文字，若有違滯，竊慮有悞軍期。欲乞於經由路分，從本府於准備將領或准備差遣、差使使臣内，逐路各選差一員，專一催促往來遞角。其請給、人從等，並依本府畫一指揮内支破，令所至州軍應副。仍乞行下逐路轉運司及提舉馬遞鋪官，關牒經由州縣照會。」從之。先是，樞密院檢會臣僚上言，乞督責諸路帥臣，參稽所部州縣道里遠近之宜，布斥堠之卒，番休迭往，使不告勞，詔令樞密院措置故也。

三十日，兩浙西路提刑向宗厚言：「依先降指揮，添置斥堠鋪，乞添破軍兵食錢，每日給三百文省。」詔從之。

十一月二日，向宗厚言：「本路八州府遞鋪，止有巡轄使臣二員，緣地分闊遠，往來遲緩，催督不前。乞降指揮，許每州各於添差官内選差一員，專一往來點檢斥堠，除依條破驿券外〔一〕，每月别給食錢一十貫文省，仍於本州抽差人吏一名，行遣文字，每日給食錢三百文省〔二〕。」從之。

〔一〕除依條破驿券外　「除」下原衍「外」字，據前後文删。

〔二〕每日給食錢三百文省　「給」字原缺，「食」上原衍「食」字，據大典卷一四五七四「鋪」字韻「急遞鋪」事目引會要補删。

十二月六日，右司諫趙霈言〔一〕：「江南東路、淮南西路宣撫使司，近緣承受御前金字牌遞角，計住滯一日五時辰，樞密院已劄付平江府根究，尚未見施行。乞下三省催督平江府，依法科罪，所有巡轄使臣，乞特行停降〔二〕，别差人承替。仍乞檢會建炎四年及紹興元年内所降指揮，申嚴約束。」詔令平江府疾速根究，仍令兵部檢會條法行下。

〔一〕右司諫趙霈言　「趙霈」原作「趙沛」。按繫年要録卷八〇至九二皆作「右司諫趙霈」，又宋史卷二八高宗紀五亦載紹興五年二月右司諫趙霈云云。故改。

〔二〕乞特行停降　「特」原作「時」，形近而訛，今改。

二十日，樞密院言：「朝廷置立斥堠，專爲傳送探報金賊并盜賊文字，前後立法非不嚴切。比緣臣寮申明，官司非急速軍期及盜賊探報不得輒入斥堠，致將應涉軍期事並作急速，皆入斥堠，略無分別，探報文字一例違滯。欲望劄下諸處官司，今後如有合入斥堠文字〔一〕，並分明題寫係軍期及探報，如不題寫，其斥堠鋪不得傳遞。仍乞檢會元降止得傳送探報金賊并盜賊文字，及官司以不應入文字擅入斥堠鋪並勒停，吏人決配，并官司承受斥堠鋪遞角內非探報文字不即舉覺與同罪指揮〔二〕，鏤版頒降州縣，庶幾有以杜絶。」詔令樞密院檢坐已降指揮，申嚴行下，令逐路州縣常切遵守，無致違戾。

〔一〕今後如有合入斥堠文字　「合」原作「應」，據大典卷一四五七四「鋪」字韻「急遞鋪」事目引會要改。

〔二〕并官司承受斥堠鋪遞角內非探報文字不即舉覺與同罪指揮　「官」下原衍「官」字，「司」字原缺，據大典卷一四五七四「鋪」字韻「急遞鋪」事目引會要删補。

二十七日，詔：「諸色人輒於斥堠鋪兵、書手乞取錢物，不以多少，並決脊刺配嶺表。官員失覺察，以違制論。」

五年正月二十七日，詔：「除建康、鎮江府至行在斥堠鋪依去年十一月四日已降指揮，每鋪用鋪兵一十人外，餘州止依元降指揮，差鋪兵五人。」

二月二十二日，詔：「今後尚書省行下諸路文字，如有事干機速，並入本省急遞發放。

仍責立限日，令本處回報，或專差人齎回申文狀赴省。其外路官司承受，令來朝廷責限回報，並專差人齎發回申指揮〔一〕。如有稽滯，本處人吏决配嶺表，當職官並行竄逐。令刑部遍牒諸路遵守，及令逐路提舉馬遞鋪官督責巡轄使臣，遇承受尚書省遞角，即時轉發，其承受處仰立便批回内引。如有留滯，提舉官按劾施行。」

〔一〕並專差人齎發回申指揮　「發」字原缺，據大典卷一四五七四「鋪」字韻「急遞鋪」事目引會要補。

六年三月六日，成都潼川府夔州利州等路安撫制置大使、兼知成都府席益上言：「四川去朝廷最遠，臣被命入蜀，道由荆南、歸、峽之間，全不見遞鋪傳送文字。間有一二皮筒通行，皆是稽滯累月。欲自荆南以西接夔州界，委知荆南府薛弼專一措置，其荆南府以東即委本路提舉馬遞鋪官措置，所貴遠方奏稟及朝廷行下文字，不致沉失。」從之。

六月十八日，兩浙西路提點刑獄朱縡言：「乞據斥堠遞鋪見缺鋪兵，從朝廷行下諸州知、通，剗刷厢軍或禁軍補足，併一面專委所屬知縣〔一〕，多方招召土著之人，責限足額。如奉行滅裂，乞從提舉官按劾。」詔令諸路州軍依此。

〔一〕并一面專委所屬知縣　「縣」原作「通」，據大典卷一四五七四「鋪」字韻「急遞鋪」事目引會要改。

十月八日，尚書吏部侍郎、充都督行府參議軍事呂祉言：「沿路斥堠鋪遞角纏併，皮筒、竹筒并封角文字，每番多至三五十件，少者亦不下十數件。數目既多〔一〕，類皆積壓，作一番傳送。蓋緣諸處申發文字，利於速到，往往將常行文字或書問之類入斥堠。且如錢糧、軍器，雖係軍期，比之探報事體不同。欲乞朝廷詳酌，除尚書省、樞密院、都督行府〔二〕、諸路宣撫安撫司、沿淮沿海邊面州軍探報文字許入斥堠，外處併常行不係探報文字，不得入斥堠。不應入斥堠而入斥堠者，重寘以法。」從之。

〔一〕數目既多　「數目」原作「日數」，據大典卷一四五七四「鋪」字韻「急遞鋪」事目引會要改。

〔二〕都督行府　「都督」原倒，據大典卷一四五七四「鋪」字韻「急遞鋪」事目引會要乙正。

十二月一日，詔：「應自淮南軍前轉遞至行在鋪兵，晝夜往來，委見不易，各與犒設一次。內淮南鋪分倍與支給。」

二十日，尚書省言：「斥堠鋪差官點檢，蓋防留滯。日來州縣所差到鋪頻數，不無搔擾。及有取索簿曆帶往前鋪照對驅磨，甚者過三四鋪，遂使承得文字無曆書傳上〔一〕，用草單抄上，多有差悞。」詔：「通判遇季點，縣尉遇出巡，因便點檢。巡轄使臣及提舉馬遞鋪所委官自合依舊常切驅考，不得頻併，卻致搔擾〔二〕。其傳送文字簿曆，並依急腳、馬遞鋪條法施行。所有正曆，點檢官不得將帶過前一鋪。如違，重作施行。」

〔一〕遂使承得文字無曆書傳上　「遂」原作「送」，形近而訛，今改。

〔二〕卻致搔擾　「致」原作「置」，據大典卷一四五七四「鋪」字韻「急遞鋪」事目引會要及方域九之一八、一〇之七改。按「擾」，大典引會要原作「優」，輯稿徑改，是。

七年正月十日，樞密院言：「兩浙西路提舉馬遞鋪朱紼申，近檢點得本路傳送急遞斥堠文字，唯有嚴州路、臨安府一帶遞鋪，住滯最多。訪聞臨安府湖嚴州巡轄使臣、修武郎房仲元不躬親往來根刷催督，以致鋪兵將承傳文字積壓留滯。除房仲元送嚴州取勘〔一〕，依條施行外，申聞事。」詔房仲元先次放罷，令提刑司催督，疾速取勘，具案申樞密院。

〔一〕除房仲元送嚴州取勘　「房仲元」原作「房元」，據大典卷一四五七四「鋪」字韻「急遞鋪」事目引會要補。

九月二日〔一〕，明堂大禮赦〔二〕：「訪聞諸路鋪兵多是所屬不爲按月支給衣糧，因致逃竄，却以外來軍兵冒名承傳。緣所持文書内有干邊防事務，竊慮冒名人夾帶奸細，偷藏遞角，漏泄事機。仰逐路提舉、監司嚴責當職官覺察改正，仍許鋪兵冒名人限一月自陳，並與免罪。内鋪兵依舊收管，冒名人兵發歸元來軍分，與免本營問當。仍令州縣今後須管按時支給衣糧，毋至少有失所。如敢違戾，令提舉官按劾以聞。」

〔一〕九月二日　「二」上原衍「十」字，據大典卷一四五七四「鋪」字韻「急遞鋪」事目引會要删。

〔二〕明堂大禮赦 「赦」字原缺。按方域一一之二九有「明堂赦」，故補。

十年閏六月十五日〔一〕，詔順昌府官吏軍民等：「狂虜犯境，王師扼衝，惟爾吏民，協濟軍事，保捍城壘，驅遏寇攘〔二〕。眷乃忠勤，宜加撫惠。管下遞鋪兵級，更與犒設一次〔三〕。」

〔一〕十年閏六月十五日 「十五」原作「十六」，據大典卷一四五七四「鋪」字韻「急遞鋪」事目引會要及輯稿帝系九之二九、食貨六八之一二三改。按會編卷二〇四作「七月十九日庚申」。

〔二〕驅遏寇攘 「遏」原作「過」，據輯稿帝系九之二九、食貨五九之三〇、六八之一二三、會編卷二〇四改。

〔三〕管下遞鋪兵級更與犒設一次 「級」字原缺，「更」上原衍「更」字，據大典卷一四五七四「鋪」字韻「急遞鋪」事目引會要及會編卷二〇四刪補。

紹興十一年三月七日，内降壽春府、廬濠滁和舒州、無爲軍德音：「自行在至軍前金字牌及流星斥堠兵士，並令逐路轉運司等第增倍犒設一次。」

十二年五月二十九日，樞密院言〔一〕：「日近據川陝宣撫司申，路中有盗拆遞角〔二〕，藏匿文字，卻入白紙在内傳送。除已節次行下經由路分根究施行外，訪聞諸路鋪兵緣州縣不時支給錢米，多有逃竄，招填之初，又不審問行止來歷，便行收係。及襄、郢之間，每鋪止有三二人，或婦人傳送去處。是致容奸匿盗，深爲不便。」詔：「逐路提舉官下所屬州軍〔三〕，將所管鋪兵三人結爲一保，據缺額人數，並仰招收土人及鄰近州縣行止來歷分明之人，或刷那見管廂軍充填，依時支給請受。須管措置招填足額，不得依前令婦人傳送。仍委當職官鈐束鋪兵、曹級，子細驗認遞角封頭，分明交轉，如有違戾，重寘典憲。」

〔一〕樞密院言　「院」字原缺，據大典卷一四五七四「鋪」字韻「急遞鋪」事目引會要補。

〔二〕路中有盜拆遞角　「拆」原作「折」，形近而訛，今改。

〔三〕逐路提舉官下所屬州軍　「逐」前原衍「令」字，據大典卷一四五七四「鋪」字韻「急遞鋪」事目引會要刪。

六月三日，臣僚言：「湖北、京西州縣，據上流之勢，與虜爲鄰，訪聞兩路往往並無遞鋪，縱使有之，不過茅椽三四間〔一〕，人兵一兩人〔二〕，亦無請給濟贍。遇有文移，追集鄉夫傳送，皆是前期閉之幽室，無異囚繫。每一鋪差夫十餘人，十日一替，口食各令自備，道途往反，動至逾月，拋廢農務，遠邇騷然。不惟百姓無復歸業之期，而猝有警報〔三〕，責之此屬，豈不違滯悞事？乞委兩路帥、憲修蓋鋪屋，招填兵級，應干請給，悉從近制〔四〕。嚴敕州縣，不得依前差科鄉夫。」詔委田師中、劉錡同逐路提舉馬遞鋪官〔五〕，措置鋪兵請給，須管足備，無令欠闕，具已措置奏聞。

〔一〕不過茅椽三四間　「椽」原作「檐」，據大典卷一四五七四「鋪」字韻「急遞鋪」事目引會要改。

〔二〕人兵一兩人　「兩」原作「二」，據大典卷一四五七四「鋪」字韻「急遞鋪」事目引會要改。

〔三〕而猝有警報　「警」原作「驚」，據大典卷一四五七四「鋪」字韻「急遞鋪」事目引會要改。

〔四〕悉從近制　「近制」原作「州縣」，據大典卷一四五七四「鋪」字韻「急遞鋪」事目引會要改。

〔五〕劉錡同逐路提舉馬遞鋪官　按大典卷一四五七四「鋪」字韻「急遞鋪」事目引會要原缺「舉」字，輯稿徑補，是。

八日，臣寮言：「近因赴闕，所過州縣遞鋪，多者不滿三數人，少者止一兩人，或止一名〔一〕。遞筒委積，擔負而行，倘涉軍期，豈不誤事？蓋緣州縣請給不時，既缺餱糧，不免逃竄。欲望明詔諸路提舉馬遞鋪官，嚴行督責所部州縣，將見今鋪分闕少人數，須管依近降指揮，照元額撥填。仍自今後合得錢糧，逐旬支給，月具所支過單甲姓名，結罪申提舉馬遞鋪官，逐季類申樞密院。如有違慢，當行官吏重寘典憲。」詔依已降指揮〔二〕，委提舉官措置，仍委逐州守臣、逐路漕臣應副請受〔三〕，無令欠缺。樞密院逐時差官點檢，如有缺悞，當職官一等科罪。

〔一〕或止一名　「名」原作「人」，據大典卷一四五七四「鋪」字韻「急遞鋪」事目引會要改。

〔二〕詔依已降指揮　「詔」原作「照」，形近而訛，今改。

〔三〕逐路漕臣應副請受　「副」原作「付」，據大典卷一四五七四「鋪」字韻「急遞鋪」事目引會要改。

十三年八月二十一日，御史中丞羅汝楫言：「祖宗郵傳之制，有步遞，有馬遞，有急腳遞。其文書事干外界或軍機，若朝廷支撥借兑急切備邊錢物或非常盜竊〔一〕，並入急脚遞，日行四百里。近歲修立斥堠法，尤爲嚴密，州縣官吏誠能遵法而行，存恤鋪兵，徐加督責，豈有傳送稽留之患？昨緣多故，乃更置擺鋪，事屬重複。迨兹事定，尚爾因循。且江西一路，每州所差兵級數十人，除本身衣糧外，各借請三箇月，每日添支米二勝、錢一百五十文。兵級既衆，蠹耗不貲。未幾，又復更番，來往紛然，諸郡苦之。乞下本路，將擺鋪廢罷〔二〕，所有兵級發歸元差州郡着役，餘路及諸州縣置擺鋪准此。少減冗費，推此所得贍養舊來鋪兵，以時給其衣糧，使之温飽。且委逐路提舉馬遞鋪常切差人檢察〔三〕，切計傳送之敏，過於擺鋪。」詔令逐路提舉馬遞鋪官開具措置，仍令兵部檢會祖宗舊制申尚書省。

〔一〕若朝廷支撥借兑急切備邊錢物或非常盜竊　「非常」原倒，據大典卷一四五七四「鋪」字韻「急遞鋪」事目引會要乙正。

〔二〕將擺鋪廢罷　「擺」原作「排」，據大典卷一四五七四「鋪」字韻「急遞鋪」事目引會要改。

〔三〕且委逐路提舉馬遞鋪常切差人檢察　「委」原作「具」，據大典卷一四五七四「鋪」字韻「急遞鋪」事目引會要改。

九月七日，右朝請郎鄭資之言：「國家均地里，謹時刻，亭傳相望，分置巡轄，又專委漕臣提舉，其法可謂備矣。緣巡轄使臣有兼三州去處，勢不能遍歷，致多稽滯〔一〕。比來逐州添差指使不下十數員〔二〕，臣欲乞於逐州添置指使内，就添差巡轄使臣一員，地里狹而鋪分少，日可週遍，庶無稽滯〔三〕。銓曹員多缺少，亦可發遣在部久次之人。」從之。

〔一〕致多稽滯 「致多」原倒，「滯」原作「遲」，據大典卷一四五七四「鋪」字韻「急遞鋪」事目引會要乙改。

〔二〕比來逐州添差指使不下十數員 「指」下原衍「揮」字，據後文删。

〔三〕庶無稽滯 「滯」原作「遲」，據大典卷一四五七四「鋪」字韻「急遞鋪」事目引會要改。

十一月八日，南郊赦：「昨發下京西、川、陝等處遞角，經由路分有偷拆藏匿去處。先因根究，將住滯鋪兵，及有封頭不全、事涉疑似者，見今禁勘，尚未結絶，竊恐寃非正犯，徒有淹繫。可令所屬州縣長吏切審寔〔一〕，如勘得委非偷拆正身，並仰日下疎放，押歸元來去處，依舊收管，放行請給。」

〔一〕可令所屬州縣長吏切審寔 「長」下疑脱「吏」或「貳」。

十九年三月二十二日，尚書省言：「諸路來往遞角，多有盜拆藏匿及不到去處，即未見的寔弊病，合行措置。」詔差黄敏行權兵部郎官，詢究措置，内有合躬親前去路分〔一〕，開具申尚書省。

〔一〕内有合躬親前去路分 「分」原作「巡」，據大典卷一四五七四「鋪」字韻「急遞鋪」事目引會要改。

四月十一日，刑部言：「修立下條：諸急腳、馬遞鋪曹司，逃亡事故闕，限一日申州，本州日下差撥。又闕，聽權差厢軍，候招到人替回。右入紹興重修軍令。諸急腳、馬遞鋪曹司缺，不依限申州，及本州差撥無故違限者，干繫官吏各徒一年。十日以上加二等。諸處巡轄使臣以支取糞土錢爲名，於鋪兵名下減尅請給、率斂財物者，以乞取監臨財物論，仍許被減尅率斂鋪兵越訴。通判、令、佐失察，杖六十。右並入紹興重修職制敕。如得允當，即乞申嚴，遍牒諸路施行。」詔依，仍先次施行。初，詔黄敏行權兵部郎官，措置諸路遞角，至是，敏行有請，故立此條。恐新書已有正條，欲删。

九月二十八日，尚書兵部員外郎、措置諸路遞角黄敏行言：「看詳鋪兵傳送遞角之際〔一〕，有奸人用財計囑，盗拆藏匿，其鋪兵如能不與同情，自行告首，或已開拆藏匿，卻能密切告官，遂致敗獲，自來未有聽許及立賞指揮。欲乞今後鋪兵若能如前項告首捉獲〔二〕，乞與轉一資，更依捉獲鋪兵盗拆遞角等第給賞，仍將元行計囑財物不以多寡，並給充賞。其巡轄使臣至兩界鋪分〔三〕，不爲依條取索鄰界一鋪簿曆點檢〔四〕，及鋪兵、曹級避怕點檢，妄稱諸處取索前去，欲乞依輒取索鋪兵簿曆離鋪條法斷罪。仍許兩界提舉司及州縣巡轄檢察使臣等互相覺察。」兵、刑部看詳，欲依本官所請，下刑部遍牒施行。從之。

〔一〕看詳鋪兵傳送遞角之際　「遞角」原倒，據大典卷一四五七四「鋪」字韻「急遞鋪」事目引會要乙正。

〔二〕欲乞今後鋪兵若能如前項告首捉獲 「捉」原作「促」，據大典卷一四五七四「鋪」字韻「急遞鋪」事目引會要改。下同。

〔三〕其巡轄使臣至兩界鋪分 「轄」，大典卷一四五七四「鋪」字韻「急遞鋪」事目引會要原作「轉」，輯稿徑改，是。

〔四〕不爲依條取索鄰界一鋪簿曆點檢 「取索」原倒，據大典卷一四五七四「鋪」字韻「急遞鋪」事目引會要乙正。

十月二十一日，尚書兵部員外郎黄敏行言：「躬親措置遞角，點檢得江南西路安撫司并諸州軍、監司等，間有差使臣以驅磨爲名，輒於諸遞鋪取索，每季一换，騷擾作過，遞角因而沉滯。已將違法去處牒罷外，深慮經過之後，復行差置，乞立法禁止。」大理寺看詳，欲依不得差出之官本州不申輒違法，從杖一百坐罪。若有違戾〔一〕，仰提舉官按劾。從之。

〔一〕若有違戾 「戾」原作「例」，據大典卷一四五七四「鋪」字韻「急遞鋪」事目引宋會要改。

二十二年七月六日，總領四川財賦汪召嗣言〔一〕：「遞角舊用皮筒封印記，因兵部郎中黄敏行請用紙角題印，以蠟固護入筒，更不封記。緣遞鋪交换〔二〕，取出辨驗，多致差互，愈長偷拆藏匿之弊，望詳酌措置。」進奏院看詳，欲以蠟固護入筒，仍腰封擸繫。從之。

〔一〕總領四川財賦汪召嗣言 「總領」原作「總總」，「財」字原缺，據大典卷一四五七四「鋪」字韻「急遞鋪」事目引會要改補。

〔三〕緣遞鋪交换　「遞」下原衍「角」字，據輯稿職官二之四九删。

二十三年十一月十八日，新知潭州陳璹言：「朝廷措置遞角，招足鋪兵，修蓋營舍，私役有禁，衣糧不缺，驅催以知縣，點檢以通判，逐路以監司提舉之，又許巡轄、縣尉出界逐鋪取索驅磨，關防周盡，而稽滯之弊〔一〕，初未嘗革。且以二廣去朝廷遠，槩以急遞期限，不過旬日，而廣西承受尚書省抹緑牌遞，有踰兩月而不到。本路發急遞至進奏院，有踰三月方到者。其間朝廷待報緊急文字與夫諸州刑獄奏案，稽遲日久，豈不誤事？乞檢坐前後指揮，申嚴諸路，仍令諸州逐月開具所發進奏遞角關報本院〔二〕，却令本院開具逐月所發遞角關會諸州，擇其稽遲之甚，上之省部，行下所屬，根究違滯，特行責罰，庶幾上下率職，遞角通流。」詔令兵部檢坐條法行下〔三〕，仍措置申尚書省。

〔一〕而稽滯之弊　「滯」原作「遲」，據大典卷一四五七四「鋪」字韻「急遞鋪」事目引會要改。

〔二〕仍令諸州逐月開具所發進奏遞角關報本院　「開具」原倒，「角」下原衍「角」字，據大典卷一四五七四「鋪」字韻「急遞鋪」事目引會要乙删。

〔三〕詔令兵部檢坐條法行下　「詔」原作「語」，「令」上原衍「及」字，據上下文改删。

二十六年正月二十七日，兵部言：「遞角，在法巡轄使臣往來趕發，令、尉催促〔一〕，監司提舉。近來差委通判等提轄檢察，逐時追呼鋪兵，取索簿曆，搔擾不一，卻致留滯。今乞並依舊法，令縣令、縣尉、巡轄使臣催促轉送，轉運長官一員提舉外，其餘節次所差官並罷。仍仰提舉官常切督責巡轄使臣，如有違慢去處，將鋪兵送所屬斷遣，巡轄使臣等按劾施行。其缺少鋪兵，行下所屬州軍，日下差撥厢軍填缺。合用錢米，按月支散〔二〕，不管拖欠。下刑部遍牒施行。」從之。

〔一〕令尉催促 「尉」原作「委」，據大典卷一四五七四「鋪」字韻「急遞鋪」事目引會要改。
〔二〕按月支散 「散」原作「按」，據大典卷一四五七四「鋪」字韻「急遞鋪」事目引會要改。

二十九年二月二十五日，祕書省校書郎洪邁言：「諸路郵傳〔一〕，舊制每二十五里置鋪一所，列卒十有二人。軍興以來，凡通蜀道者〔二〕，或有斥堠，九里一置，亦列卒十有二人。自黄敏行建請，江浙、荆襄之間舊無斥堠者，一切增創招募〔三〕，一縣多至三四百人〔四〕，而二十五里鋪又復並立，鱗次相望。既有月給米，又有俸麥，又有衣糧〔五〕，又有食錢。以禁軍三人之費不能贍一走卒，窮山陋邑，困於供須，鋪兵猥多，徒以資官吏荷擔輿轎之役。又令諸州通判、縣令皆於銜内帶『驅催遞角』，每月各增俸錢十千，歲費縣官十餘萬緡。又於縣丞、尉逐月迭出點視，吏士符移，繼踵絡驛，鋪兵稟給雖優，往往耗於此曹之手。舊制每兩州置巡轄使臣一員，敏行仍令州選一使臣，謂之添差，班行小使臣，無復雇藉，所務掊取蚕食而已〔六〕。其他利害，不可悉數。欲乞將有斥堠去處應干省遞並行減罷，其常程文字每日類聚，輪差一人傳送。合罷遞卒，並撥入所隸州充厢軍，卻擇厢軍之壯健者刺填禁兵之缺。自餘敏行所請，乞令條具，逐一詳議，釐改施行。」從之。

〔一〕諸路郵傳　「諸」原作「都」，據大典卷一四五七四「鋪」字韻「急遞鋪」事目引會要及繫年要録卷一八一紹興二十九年二月庚戌條改。

〔二〕凡通蜀道者　「通」原作「遇」，據繫年要録卷一八一紹興二十九年二月庚戌條、玉海卷一七二通津驛改。

〔三〕一切增創招募　「募」原作「券」。按方域一〇之二八有「招募不行」云云，故改。

〔四〕一縣多至三四百人　「三四」原倒，據大典卷一四五七四「鋪」字韻「急遞鋪」事目引會要乙正。按繫年要録卷一八一紹興二十九年二月庚戌條作「三百」。

〔五〕又有衣糧　「衣」原作「夜」，據繫年要録卷一八一紹興二十九年二月庚戌條改。

〔六〕所務掊取蚕食而已　「掊」原作「培」，據大典卷一四五七四「鋪」字韻「急遞鋪」事目引會要改。

五月四日，臣寮言：「諸路遞角傳送文字多有住滯，及鋪兵多有出額。日近蒙朝廷措置，各差使臣上曆監發，根刷違滯。緣逐處巡轄遞鋪官多不往來巡轄，及將鋪兵借與過往官員般擔行李及販易物貨，致妨承傳文字。乞委諸路提舉遞鋪漕臣，將本路巡轄使臣體量，如有癃老疾病、無心力、不堪倚杖之人，即行放罷，催促待次人疾速赴上。如新官依前不堪倚仗，即從本司別行選差。月具本路巡轄使臣有無稽違〔一〕、不任職之人，申尚書省〔二〕。」從之。

〔一〕月具本路巡轄使臣有無稽違 「違」原作「遲」，據大典卷一四五七四「鋪」字韻「急遞鋪」事目引會要改。

〔二〕申尚書省 「申」原作「尚」，據大典卷一四五七四「鋪」字韻「急遞鋪」事目引會要改。

二十六日〔一〕，兵部言：「諸路遞鋪，乞令諸州於兩界首鋪各差使臣一員置曆，專在本鋪遇有遞角文字，即時批上，監視本鋪傳發。仍差使臣一員，往來本州界内諸鋪，根刷有無違滯。各一月一替，候差到替人交割，方得回州。諸路轉運司專差使臣二員，分定本路州軍驛程，不住往來根刷違滯，半年一替。每月取逐州違滯狀申本司，並逐日量支食錢。兩浙轉運司除專差使臣二員，分定本路州軍驛程外，更輪差使臣二員〔二〕、同進奏官一員，各置曆，每日於三省、樞密院抄上朝廷所發文字，赴進奏院當官遣行。仍於曆上批鑿遞引字號、時刻、承傳鋪兵姓名，赴三省、樞密院通呈〔三〕，一月一替。鋪兵缺者，限一月招填，請受衣糧，按月支給。如招未足，先於厢軍内揀選壯健人權充，候招到抵替。逐州知、通專一點檢，轉運司按劾違戾。」詔依，仍令諸路提舉漕臣常切提督，如違滯數多，三省取旨，重行黜責。

〔一〕二十六日 「二」上原衍「二」字，據大典卷一四五七四「鋪」字韻「急遞鋪」事目引會要删。

〔二〕更輪差使臣二員 「差」原作「使」，據大典卷一四五七四「鋪」字韻「急遞鋪」事目引會要改。

〔三〕樞密院通呈 「通呈」原倒，據大典卷一四五七四「鋪」字韻「急遞鋪」事目引會要乙正。

閏六月五日，淮南路轉運判官張祁言：「本路廬州、無爲軍巡轄使臣忠翊郎張顯祖，在任不法，減剋鋪兵衣糧、請受錢物入己，致軍兵怨憤，無所畏憚，住滯遞角文字。委專官體究得寔。」詔張顯祖先次放罷〔一〕，送鄰州，疾速取勘〔二〕，具按聞奏。

〔一〕詔張顯祖先次放罷 「張顯祖」原缺「祖」字，「先」上原衍「先」字，據大典卷一四五七四「鋪」字韻「急遞鋪」事目引會要補刪。

〔二〕疾速取勘 「取」原作「助」，形近而訛，今改。

三十年三月二十八日，詔：「每歲合賜諸路安撫并制置使、御前諸軍都統制等夏蠟藥，例差内侍省官、樞密院使臣前去給賜，所至將迎筵犒，不無勞費。可自今令學士院降勑書，并所賜合藥，並責付進奏院附遞給賜。」

八月二十九日，樞密院言：「江南東路安撫司言〔一〕，管下斥堠鋪内，有接傳淮南州軍等處申發至行在遞角文字，比之其他鋪分，利害至重。所有鋪兵，舊日每人日支食錢二百省，昨因本路轉運判官章茇申，謂内緊要鋪兵每人減作一百文省，自餘鋪每人減作七十文省。

續趙伯牛又行申請裁減，内日支一百文作七十文，七十文作五十文，見依此支給〔二〕。緣向去入冬，竊慮鋪兵寅夜傳送勞苦，與平常事體不同。今欲將斥堠鋪兵並依章芟減定錢數支給，仍乞每至十月一日起支，次年四月一日依舊〔三〕，其太平州、池州、宣州、廣德軍管下斥堠鋪，接得淮南遞角通徹至行在徑路鋪分，亦乞依此。」從之。

〔一〕江南東路安撫司言 「司」原作「使」，據大典卷一四五七四「鋪」字韻「急遞鋪」事目引會要改。

〔二〕見依此支給 「依」原作「欽」，據後文改。

〔三〕次年四月一日依舊 「日」下原衍「日」字，據前文刪。

三十一年三月十八日，中書門下省言：「諸路鋪兵承傳遞角，自有立定時刻，近來多有住滯及盜拆去處，理宜約束。」詔：「令諸路提舉馬遞鋪官行下所部州軍，嚴責鋪兵，今後如敢擅拆窺看傳録文字〔一〕，並依建炎二年十一月七日已降指揮，從軍法施行。仍將鋪兵闕額去處，日下於本州廂軍内選差少壯之人撥填，依時支破請受，每日量添錢伍十文、米一升。各於逐州府内選差有心力使臣一員，内州界闊遠去處，許差兩員，每月各添破食錢一十貫〔二〕、廂軍二人、馬一匹，於本界内專一往來點檢機察，即不得因而役使搔擾。如一年内別無盜拆違滯去處，其使臣仰本州保明，與減一年磨勘，若有違戾，提舉官、知、通、巡轄使臣并今來所差使臣，取旨重作施行。」從之〔三〕。

〔一〕今後如敢擅拆窺看傳録文字　「令」上原衍「令」字，「録」原作「緣」，據大典卷一四五七四「鋪」字韻「急遞鋪」事目引會要删改。

〔二〕每月各添破食錢一十貫　「一十」原倒，據大典卷一四五七四「鋪」字韻「急遞鋪」事目引會要乙正。

〔三〕從之　按前既已下詔，此疑衍。

十月二十四日，都省言：「十月分諸路擺鋪兵級日夜往來，傳送文字，委是有勞。」詔令户部并諸路總領所，各隨路分依例犒設一次。

十一月二十日，詔：「近來軍期文字，全藉鋪兵傳送，其合得錢米，累降指揮，令州縣按月支給。訪聞州縣並不遵稟，又多作名色減尅〔一〕，及有三兩月不支去處，雖經監司陳訴，亦不爲施行。是致鋪兵逃竄，有誤傳送。仰諸路提舉斥堠官限指揮到日，即時委清幹官一員，前去所部州縣點檢，如有未給錢米，日下一併支給，不得依前減除。其缺少鋪兵去處，令州軍日下差撥厢軍補填，候招到人，却行抵替。日後依前違戾，許鋪兵經監司陳訴，仰提舉官具違戾去處，取旨將當職官重行黜責，人吏決配。」

〔一〕又多作名色減尅　「減尅」原倒，據大典卷一四五七四「鋪」字韻「急遞鋪」事目引會要乙正。

紹興三十二年十一月三日，孝宗已即位，未改元。兵部言：「諸軍擺鋪兵級傳送軍期急速文字，近更稽遲，緣未立定日行地里并論罪條法，及措置勾考之方。近旨諸軍自興州之行在〔一〕，沿路接連，每十里置鋪，選不入隊少健輕捷軍兵五人，每十鋪添差巡鋪使臣一員，往來機察，季一承代。今欲除金字牌日行五百里外，餘日行三百里，如違滯、盜拆、亡失、棄毀等，並依斥堠鋪第降論罪指揮斷罪〔二〕。本軍帥臣選才力官一員，專一往來提點驅考，有違犯處，具因依自本軍帥臣聞奏取旨。」從之。

〔一〕近旨諸軍自興州之行在　「旨」原作「詣」，據大典卷一四五七四「鋪」字韻「急遞鋪」事目引會要改。

〔二〕并依斥堠鋪第降論罪指揮斷罪　「論罪」原倒，據大典卷一四五七四「鋪」字韻「急遞鋪」事目引會要乙正。

孝宗隆興二年三月十六日，兵部言：「自今諸軍擺鋪，止許承傳尚書省、樞院、都督府、沿邊州軍等所遣發軍期錢糧要切文字，餘閑緩處不許輒入，并依條入斥堠、急、馬、步遞。若拆遞官司點檢非合入擺鋪名色，從本處舉察取旨，官吏並依紹興六年十月制旨斷罪施行。進奏院所發遞筒，除承受金字牌合入擺鋪、斥堠傳送，餘文字合分別要慢，入斥堠、急、馬、步遞遣發。」從之。其後總領四川財賦所言：「近降旨〔一〕，即不該載總領所文字亦許入擺鋪遞明文，緣報軍期平安〔二〕，及諸軍申探報并錢糧要切文字，未嘗虛日，欲望賜許，庶憑遵守。」又從之。

〔一〕近降旨　「旨」，大典卷一四五七四「鋪」字韻「急遞鋪」事目引會要作「指」，輯稿徑改，是。

〔二〕緣報軍期平安　「平安」原倒，據大典卷一四五七四「鋪」字韻「急遞鋪」事目引會要乙正。

九月十九日，權發遣昌化軍李康臣言：「海南瓊州、萬安、吉陽、昌化軍四州軍之地，邈在海外，去朝廷爲至遠，趣静江府亦不啻千餘里〔一〕，朝廷有一命令，帥臣、監司有一行移，動輒經年，少則半載。雖云道遠，亦由遞鋪之弊。欲乞於兩岸海口各委官一員，海北所轄之官專責四州軍巡鋪官檢伺〔二〕，候任滿取會沿海有無稽滯，官吏保明，方與批書。」駕部看詳，下提舉廣南西路馬遞鋪官〔三〕，從長相度經久可行利便取旨。從之。

〔一〕趣静江府亦不啻千餘里　「啻」原作「遞」，大典卷一四五七四「鋪」字韻「急遞鋪」事目引會要作「翅」。按輯稿禮三七之七三有「不啻二十里」云，故改。

〔二〕專責四州軍巡鋪官檢伺　「鋪」原作「捕」，據大典卷一四五七四「鋪」字韻「急遞鋪」事目引會要改。

〔三〕下提舉廣南西路馬遞鋪官　「遞鋪」原倒，據大典卷一四五七四「鋪」字韻「急遞鋪」事目引會要乙正。

十一月二十六日，臣寮言：「軍中斥堠，不可不明，軍期奏報，不可不速，今之擺鋪專主之。方冬盛寒〔一〕，比之戰士雖不親犯矢石〔二〕，然於兵事所係非輕〔三〕。會計人數，况亦不多，宜略加犒賞。若以事定之日，與甲軍一例推賞，以免其奔走之勞，亦今急務。」從之。

〔一〕方冬盛寒　「盛」原作「甚」，據大典卷一四五七四「鋪」字韻「急遞鋪」事目引會要改。

〔二〕比之戰士雖不親犯矢石　「比」，大典卷一四五七四「鋪」字韻「急遞鋪」事目引會要作「此」，輯稿徑改，是。

〔三〕然於兵事所係非輕　「事」原作「士」，據大典卷一四五七四「鋪」字韻「急遞鋪」事目引會要改。

乾道元年三月三日，臣僚言：「昨緣軍興，斥堠鋪承傳遞角滯遲，諸軍置立擺鋪，專一傳送軍期。今邊事寧息，伏望將擺鋪軍兵先次放遣，一半歸軍，餘半權併入斥堠鋪，混同承傳。依擺鋪遞日行地里，行下逐路提舉斥堠鋪官，將見缺鋪兵以兩月爲限，募填數足。請給須以時給，内舊置擺鋪之所，斥堠鋪兵每名日增支食錢五十，積漸抵替擺鋪軍兵。其全闕斥堠鋪兵之所，且令擺鋪依舊。」從之。

七月二十七日，三省、樞密院言：「近所在申發文字，并朝廷發下遞角，鋪兵傳送，例皆稽滯違程。」詔諸路提舉斥堠鋪官嚴切約束〔一〕，須依條限傳送。時差摘點巡轄使臣有失職名具以聞，仍月具無違滯申三省、樞密院。

〔一〕詔諸路提舉斥堠鋪官嚴切約束　「官」原作「兵」，據上文改。

九月二十四日，詔三衙諸將帥依舊例置立擺鋪。其後主管殿前司公事王琪等乞免差，上初難之。知樞密院事汪澈等奏，自遣使之還，邊報消息，若復置擺鋪，恐人情不能無疑，乃從其請。

二年六月二十一日，詔：「三衙諸帥依舊例認定地分、人數，自七月一日置立擺鋪，仍差得力使臣專一部轄，點檢承傳，毋稍住滯。所差人來春卻令歸軍。」是日，宰臣魏杞等奏曰：「頃者用兵，用軍人爲擺鋪，廢罷已久。近有自荆襄來者，言道中鋪兵皆遊手，往往沉失。」上曰：「近文字亦遲。」杞等言：「蓋緣不用軍中人之故，今防秋在近，乞暫復置。」故有是命。

三年二月二十九日，臣僚言：「諸路諸軍等處申奏文字，並不依限走傳，軍期一例沉滯。欲乞詳酌，將諸路舊置擺鋪之處斥堠鋪兵内，揀摘少壯健步、謹審鋪兵三名，改充擺鋪，專一傳送軍期不入鋪要急文字。所揀兵每日增支食錢五十。如斥堠鋪兵闕，即於諸州軍依數選差廂軍傳送，亦增支食錢五十，更日增支米一升半。如元擺屋疎漏拆毀，所屬州軍期十日添修。仍令諸州軍於添差使臣内，每三鋪選一員，專一部轄，機察催促〔一〕。如無添差使臣，於指使或應管使臣内差撥〔二〕，並半年一替。先委諸路提舉斥堠馬遞鋪官勤切點檢，如諸州軍奉行違戾苟且，鋪兵走傳稽滯，及不依時支給錢米，並按劾施行。」從之。鋪兵仍限十日差撥。

〔一〕機察催促　「機」原作「稽」，據大典卷一四五七四「鋪」字韻「急遞鋪」事目引會要改。

〔二〕於指使或應管使臣内差撥　「管」下原衍「官」字，據大典卷一四五七四「鋪」字韻「急遞鋪」事目引會要删。

三月五日，臣寮言：「近指，諸路州軍斥堠鋪兵選揀健步〔一〕、謹審鋪兵撥充擺鋪，走傳軍期要急文字。尚慮無以區别，欲乞將沿邊州軍并諸軍統制司各給降黑漆白粉牌〔二〕。内建康鎮江府、池州駐劄御前都統制，盱眙軍、光濠州、壽春府各給牌五；鄂州、荆南、金州、興元府駐劄御前都統制，襄陽府、四川制置司，各給牌十。專一申奏軍期切務〔三〕、尋常不許輒用申發文字，並填寔日，遞鋪走傳，日行三百五十里。到行在，令進奏院具承受日時發回。朝廷降付諸處要急文字〔四〕，亦乞置雌黄漆青字牌五十，以備給發。候到，却將牌即時繳回。若住滯時刻，使臣、鋪兵並重作施行。」從之。

〔一〕諸路州軍斥堠鋪兵選揀健步　「步」原作「卒」，據大典卷一四五七四「鋪」字韻「急遞鋪」事目引會要改。

〔二〕欲乞將沿邊州軍并諸軍統制司各給降黑漆白粉牌　「漆」原作「膝」，據大典卷一四五七四「鋪」字韻「急遞鋪」事目引會要改。下同。

〔三〕專一申奏軍期切務　「務」原作「緊」，據大典卷一四五七四「鋪」字韻「急遞鋪」事目引會要改。

〔四〕朝廷降付諸處要急文字　「要急」原作「乞切」，據大典卷一四五七四「鋪」字韻「急遞鋪」事目引會要改。

二十七日，權發遣臨安府王炎言：「獲旨於斥堠鋪兵内，每鋪摘三名充擺鋪，三鋪差使臣一員，部轄機察〔一〕。本府所置擺鋪，地里遠闊，竊慮創置之初，各鋪使臣生疎，承傳之際，或至留滯。兼巡轄官不令通行點檢驅催，卻致託避。今欲委自巡轄馬遞鋪使臣往來驅磨催促，如傳送稽滯，巡轄同所差使臣並取旨責罰。仍乞每鋪差曹司一名，抄上簿曆。」詔諸路倣此。

〔一〕部轄機察 「機」原作「稽」，據大典卷一四五七四「鋪」字韻「急遞鋪」事目引會要改。

四年正月二十四日，兵部侍郎王炎言：「郵傳之乖違，無甚於近時。至若去年十一月二日，郊祀肆赦，行在至襄陽府三千一百里，合行六日二時，稽十日方至。荆南二千六百四十里，合行五日三時，稽九日方至。餘類此不可悉陳。竊慮循習，或悞機要，切害有不可勝言者。昨降旨再置擺鋪，止於斥堠鋪兵揀摘三名，未免積滯〔一〕。欲乞令逐州每擺鋪兵士添作五人，曹司在外。訪聞州縣陳謁恩賞、附達家書之類，悉入擺鋪，期於速達〔二〕，未嘗有舉罰者，致殊無忌憚。今欲從本部下諸路將帥、州軍及進奏院，每月各保明，即無附帶閑緩文字及家書之類，以憑稽考舉按。仍諸路將帥、監司、守臣有所申發到進奏院，月具名數申白。日後因事發覺，重加罪罰。斥堠及馬步遞期限非緩，止緣置立擺鋪後〔三〕，官司漫不留意，因依散失盜拆，無所不至。諸處冒法盡入擺鋪，并有此患。今措置，從本部下諸路提舉遞鋪官〔四〕，將斥堠鋪兵期一月募填盡足，及都督州軍葺理鋪舍，以時稟給。有奉行不虔，逐路提舉馬遞官按治施行。遞鋪日弊，利害非小，提舉馬遞官與州縣往往避罰，上下容庇，致莫稽考。今欲本部臨時選州縣官，或指差見任得力使臣，不測驅磨，邊遠處下帥司選官，候得其寔，從本部具名取旨。」從之。

〔一〕未免積滯　「積」原作「責」，按輯稿食貨四之二六有「或有積滯」云，故改。

〔二〕期於速達　「速」原作「遠」，據大典卷一四五七四「鋪」字韻「急遞鋪」事目引會要改。

〔三〕止緣置立擺鋪後　「擺」原作「罷」，據大典卷一四五七四「鋪」字韻「急遞鋪」事目引會要改。

〔四〕從本部下諸路提舉遞鋪官　「提舉」下原衍「官」字，據大典卷一四五七四「鋪」字韻「急遞鋪」事目引會要删。

五年四月八日，兵部言：「諸路州軍斥堠遞鋪并擺鋪軍兵〔一〕，傳送遞角前去，法令詳備，緣奉行不虔，違滯日甚。欲乞下諸路提舉馬遞鋪官〔二〕，以缺報所部，將見缺鋪兵須亟依元額招填，按月稟給，不得尅削私役。仍督巡轄使臣，内進奏院，令本院監官每季以外路所發遞角，并本院發出批回内引，保明有無違礙等申部，以憑檢察。近旨，候潮門中棚、北廓斥堠等鋪，置曆承受外路發進奏院遞角，過投取批爲驗，月赴部覆，用印給下抄轉，歲終繳磨。見今置立省北東、西路并中棚擺鋪，亦係投進奏院遞角，其取批、收發、置文曆，亦合一體。」從之。

〔一〕諸路州軍斥堠遞鋪并擺鋪軍兵　「兵」原作「卒」，據大典卷一四五七四「鋪」字韻「急遞鋪」事目引會要改。

〔二〕欲乞下諸路提舉馬遞鋪官　「舉」原作「諸」，據大典卷一四五七四「鋪」字韻「急遞鋪」事目引會要改。

六年六月二十日，權江南東路提點刑獄公事、兼權提舉常平茶鹽公事翟紱言〔一〕：「近省部及諸處官司遞角多滯，蓋以鋪兵月糧、衣賜，州縣類先支在州軍兵，至遞鋪例不以時，遂使飢寒困厄。又過往士大夫、差出軍士公人玩法，擅於逐鋪逼差擔負。一若不從，必致威脅。近巡歷至池州建德縣，鋪兵陳狀，積月糧四箇月，及鋪兵稱，前後逼往強使擔擎，不容辭。」詔鋪兵糧米不以時給，具守臣姓名取旨，強役鋪兵，令翟紱契勘并聞奏。

〔一〕兼權提舉常平茶鹽公事翟紱言　「茶」原作「公」，據大典卷一四五七四「鋪」字韻「急遞鋪」事目引會要改。「翟紱」原作「翟祓」，據下文及大典引會要、宋史卷三四孝宗紀二、輯稿食貨二一之八改。下同。

九月八日，詔：「州縣傳送文字，遞鋪兵級合得月糧、料錢，仰州縣按月放行，不得非理役使。如或違戾，監司按治施行。」

十七日，詔武經大夫、池州太平州都巡檢使馮世時降兩官，以翟紱契勘世時曾私役鋪兵也〔一〕。

〔一〕以翟紱契勘世時曾私役鋪兵也　「時」字原缺，據前文補。

十一月六日，詔江州馬遞鋪兵汪立杖脊刺面，配流三千里外州軍，巡轄官趙不退追兩官勒停，巡檢使臣武安追三官除名勒停。檢坐見行條旨，并令責罰，下諸路提舉馬遞鋪官，於逐鋪牓諭。以汪立盜折四川宣撫司「力」、「忠」、「則」字號遞角，當從軍法，緣該赦宥及自首，巡轄官驅磨失寔也。先是，上問盜折遞角當得何罪，宰臣虞允文奏曰：「在法當死，汪立乃自行陳首〔一〕。」上曰：「須從流。」梁克家曰：「巡轄使臣失於鈐束〔二〕，漕司所差官根究失寔，二者皆有罪。」上曰然，故有是也〔三〕。

〔一〕汪立乃自行陳首　「自行陳首」原作「自首陳行」，按輯稿食貨三五之一七、六一之一等皆有「自行陳首」，故乙正。

〔二〕巡轄使臣失於鈐束　「鈐」原作「鈐」，據大典卷一四五七四「鋪」字韻「急遞鋪」事目引會要改。

〔三〕故有是也　「也」原作「命」，據大典卷一四五七四「鋪」字韻「急遞鋪」事目引會要改。

八年四月九日，詔珍州置巡轄馬遞官一員〔一〕。以本路諸司言，巡尉兼遞鋪，職事不得專一，乞創置一缺故也。

〔一〕詔珍州置巡轄馬遞官一員　「官」，大典卷一四五七四「鋪」字韻「急遞鋪」事目引會要作「言」，緝稿徑改，是。

令月三日〔一〕，權發遣江南東路轉運副使兼提舉馬遞鋪〔二〕、點檢斥堠程大昌言：「遞鋪兵傳承四川宣撫行府遞角，纔有破損，所至鋪更不經官根究〔三〕，卻令元傳鋪兵越界千里，直至行在等投送，緣此文字稽滯。如本司覺察稍有違戾，巡轄使臣送所屬根罪，依條施行。乞下諸路照應約束。」從之。

〔一〕令月三日　「令月」顯誤，按清本空缺，并眉批：「『令』疑□□，稿原作『令月』，案上係四月，下係八月，『令』字當係五、六、七之誤。」上古本亦持此説，當是。

〔二〕權發遣江南東路轉運副使兼提舉馬遞鋪　「權」、「運」字原缺，「副」上原衍「副」字，據大典卷一四五七四「鋪」字韻「急遞鋪」事目引會要補刪。

〔三〕所至鋪更不經官根究　「根」原作「更」，據大典卷一四五七四「鋪」字韻「急遞鋪」事目引會要改。

十日，四川宣撫司言：「近諸處文字及承朝省發下遞角，多爲沿路盜拆，不知其數。」詔如告獲〔一〕，賞錢三百貫，有官職人轉一官資。

〔一〕詔如告獲　「如」下原衍「或」字，據大典卷一四五七四「鋪」字韻「急遞鋪」事目引會要刪。

二十五日，中書門下省言：「諸路遞角，往來傳送，多有盜拆、留滯及藏匿不至去處，弊端不一。」詔差大理寺丞邵説躬親前去，詢究措置。

八月十八日，荆湖北路安撫、提刑、轉運、提舉常平茶鹽司言：「荆南澧州巡轄并岳州巡轄一員並缺正官，承前止所屬州府差攝，慮不專一，有妨催驗。欲望下吏部正行差官。」從之。仍以「荆南澧州巡轄馬遞鋪」、「岳州巡轄馬遞鋪」爲稱。

二十九日，權發遣江南東路計度轉運副使兼提舉馬遞鋪〔一〕、點檢斥堠程大昌言：「准根究沿路盗拆都統秦琪『俠』字號遞筒，專委屬官趙彦駿究驗，並無蹤跡。其遞筒四月十二日卯時四刻入本路，至四月十七日未時五刻出界，通計五日四時一刻。准條合以二日三時三刻，計滯三日六刻。參照並在巡轄曹景賢内，即景賢恬坐廨宇，以致住滯可知。欲望將景賢罷逐，以爲墮職之戒。」從之。

〔一〕權發遣江南東路計度轉運副使兼提舉馬遞鋪　「副」原作「付」，據大典卷一四五七四「鋪」字韻「急遞鋪」事目引會要改。

十月十七日，詔：「激賞庫依昨置黑漆白字牌式樣，更行製造。四川宣撫司給牌十，建康、鎮江、江池鄂州、荆南都統制、御前水軍、沿海制置司、金州、興元府、武絳軍都統制、襄陽府、光濠楚州、盱眙安豐軍，各給牌五，申奏朝廷要切文字。餘照乾道三年三月前旨施行。」

十八日，輔臣梁克家等言：「將點審到兩浙東西路强壯廂軍第一、第二等人分留遣發〔一〕，内遞鋪一千九百七十三人，却於揀中第三等内選强壯人，抵替第一、第二等揀中强壯遞鋪，竊慮有妨執役傳送。」上以鋪兵亦須强壯，詔免抵替。

〔一〕第二等人分留遣發　「人」原似「分」而缺末筆，據大典卷一四五七四「鋪」字韻「急遞鋪」事目引會要改。

二十一日，兵部侍郎黄均言：「遞角稽違之弊，蓋莫甚於近日〔一〕。荆南都統制司所發御前文字猶達空函，四川宣撫司來往遞角盗拆尤多，不惟鋪兵作弊，其間曲折，可慮非一。欲望立賞募告，或給緡錢，或與轉資，凡有盗拆遞角之人，並許收捕告官，即與推賞，犯人依建炎年軍法處斷。將賞格鏤牓，逐鋪揭示〔二〕，使之通知，庶幾傳驛不失期會，亦足以陰消奸計。伏乞即詳酌施行〔三〕。」既而下勑令所修立盗拆賞格兩條，從之。

〔一〕蓋莫甚於近日　「近」原作「今」，據大典卷一四五七四「鋪」字韻「急遞鋪」事目引會要改。

〔二〕逐鋪揭示　「揭」原作「給」，據大典卷一四五七四「鋪」字韻「急遞鋪」事目引會要改。

〔三〕伏乞即詳酌施行　「伏」字原缺，據大典卷一四五七四「鋪」字韻「急遞鋪」事目引會要補。

十一月七日，詔樞密院給黑漆粉字牌五，下湖北安撫司，遣要切軍期文字。從帥臣葉衡之請也。

十二月三日，大理寺丞、措置諸路遞角邵説言〔一〕：「沿路州縣擺鋪例皆缺額，其間止三兩名，多單身逃軍代名。諸州縣斥堠鋪兵，每月合支本身食錢，州縣吝惜財賦，往往不支，或支以半。鋪屋損漏及少缺間架，沿路橋梁道路，並不修整，諸州上下兩界首鋪合差使臣置曆抄遞，及縣尉出巡所至遞鋪，合索傳送文書大小曆點檢，逐州並未見遵依累降制旨。巡轄使臣私役兵級，過往命官、將校軍兵擅役鋪兵，諸路監司、州縣等處發遞不別要慢，一例題寫，仰鋪兵火急傳送。鋪兵類不識字，一槩以入擺鋪，致文字擁併積壓。」兵部勘當，前後條指〔二〕，非不嚴備，伏乞關牒諸路提舉馬遞鋪官〔三〕，如依前違戾之處，從本部官按治施行。從之。

〔一〕措置諸路遞角邵説言　「言」原作「沿」，據大典卷一四五七四「鋪」字韻「急遞鋪」事目引會要改。

〔二〕前後條指　「指」原作「旨」，據大典卷一四五七四「鋪」字韻「急遞鋪」事目引會要改。

〔三〕伏乞關牒諸路提舉馬遞鋪官　「官」原作「兵」，據大典卷一四五七四「鋪」字韻「急遞鋪」事目引會要改。

二十七日，詔知平江府吴江縣邵鯢降一官放罷，坐不支遞鋪請受及冬衣綿絹。仍令本府於係省錢内按月支給。

九年二月三日，詔舒蘄州巡轄使臣李光輔放罷，以桐城縣界銅山鋪兵收匿遞角〔一〕，光輔不覺察〔二〕，差使臣刷出，劾罪以聞也。

〔一〕以桐城縣界銅山鋪兵收匿遞角　「界」字原缺，「鋪」上原衍「驛」字，據大典卷一四五七四「鋪」字韻「急遞鋪」事目引會要補删。

〔二〕光輔不覺察　「光輔」原作「光鋪」，「覺」字原缺，據大典卷一四五七四「鋪」字韻「急遞鋪」事目引會要改補。

十四日，忠翊郎、閤門舍人熊飛言：「竊見兩浙、荆襄切於敵境，明遠斥堠，正爲急務。其間州縣招置鋪兵，多是逃軍作過〔一〕，及老弱之人，詭名冒役，朝集暮散，更無定籍，所遞文字，或潛開拆，先泄事機，或藏匿失墜，互相托避，利害非小。欲望申明祖宗條制，應州縣招刺鋪兵，須確寔土居之人，負犯逃卒〔二〕，並發歸元處，餘老幼盡汰。仍令知縣、縣尉兼帶驅催往來遞角〔三〕，專一檢察，庶幾緩急不致疎虞，亦防奸之至術。」從之。

〔一〕多是逃軍作過　「軍」原作「兵」，據大典卷一四五七四「鋪」字韻「急遞鋪」事目引會要改。

〔二〕負犯逃卒　「逃」原作「盜」，據大典卷一四五七四「鋪」字韻「急遞鋪」事目引會要改。

〔三〕縣尉兼帶驅催往來遞角　「縣」字原缺，據大典卷一四五七四「鋪」字韻「急遞鋪」事目引會要補。

八月二十五日，大理寺丞邵説言：「比年以來，遞角多有盜拆藏匿之獘，蓋由巡轄使臣與曹級相連，每一遞入界，界首曹司以片紙揭於牌筒，書寫某日某時某刻入界〔一〕，轉示以次鋪，謂之由遣。以次鋪得之，各計合破程限，次第挨排，虛轉簿曆，以相符合。異時官司驅磨，秖見本界並無稽滯，殊不知越界一鋪，乃有大繆不然者。謂如荆南都統秦琪所發『狹』字號奏筒，江西浩港鋪則云三月二十五日申時六刻傳過，江東竹嶺鋪卻云四月十二日卯時一刻於浩港鋪得之。兩鋪相去纔十里〔二〕，凡差十六日六時四刻，其獘蓋出於此。今措置，欲於見置擺鋪處兩路界首〔三〕，通差識字使臣一員，就彼置立直舍，專一置簿抄往來遞角寔過界月日時刻、傳送鋪兵姓名，以備官司取索。所差使臣，自浙西至四川界首不過五員而已。伏乞特降睿旨，令吏部使缺差注，庶幾遞角來往之際，有以機察〔四〕。」從之。

〔一〕書寫某日某時某刻入界　「日」原作「月」，據大典卷一四五七四「鋪」字韻「急遞鋪」事目引會要改。

〔二〕兩鋪相去纔十里　「相」字原缺，「去纔」原倒，據大典卷一四五七四「鋪」字韻「急遞鋪」事目引會要補乙。

〔三〕欲於見置擺鋪處兩路界首　「鋪」字原缺，據大典卷一四五七四「鋪」字韻「急遞鋪」事目引會要補。

〔四〕有以機察　「機」原作「稽」，據大典卷一四五七四「鋪」字韻「急遞鋪」事目引會要改。

十月十九日，樞密言：「諸路州軍應申奏朝廷機密要切文字〔一〕，其文引内既有排定字號，又於文引内開説事目入遞，致承受開拆之處，多傳播漏露，深屬不便。」詔兵部遍牒諸路州軍，將申奏入遞機密要切文字並實封，於皮筒内外及文引止排字號，不得顯露事目。如有違戾，取旨重作施行。

〔一〕諸路州軍應申奏朝廷機密要切文字　「要切」原倒，據大典卷一四五七四「鋪」字韻「急遞鋪」事目引會要乙正。

淳熙二年四月九日，提舉荆湖北路馬遞鋪王全福言：「信陽軍五鋪，往來巡轄所迂迴二百餘里，乞將信陽軍鋪分一就委復州巡轄使臣通管。」從之。〔一〕

〔一〕按本條前有書手原題「續宋會要」，其下整理者楷書批「急遞鋪」。

六月十三日，兵部言：「遞角違滯，乞劄下諸路提舉官，委所部州軍通判、簽判遍詣管内點檢，仍將缺額鋪兵日下招填。其未支請給，一併支給，或有鋪屋疎漏，牒所屬日下修整。及令所屬州軍，自今不得差巡轄使臣兼管他職，仍不許私差借鋪兵般擎。如有違戾，委提舉官覺察按劾〔一〕。」從之。

〔一〕委提舉官覺察按劾　「按劾」原作「劾奏」，據大典卷一四五七五「鋪」字韻「急遞鋪」事目引會要改。

三年四月十六日，兵部言：「昨降指揮，於見擺鋪兩路界首通差識字使臣一員〔一〕，抄上往來遞角名件、的寔過界月日時刻〔二〕、傳送鋪兵姓名，以備官司取索驅磨。其所差使臣，自浙西至四川界首不過五員〔三〕，人數不多，責任亦重，難以廢罷。其逐闕並作『點檢稽察遞角官』稱呼〔四〕，候任滿，令接界路分轉運兼提舉馬遞鋪官，取索抄轉過兩路界首擺鋪簿曆驅磨〔五〕。如稽違不滿三釐，令兩路轉運兼提舉官同銜保奏，與減三年磨勘。若稽違五釐以上，即降一資〔六〕。及令逐路提舉官不時取索驅磨〔七〕，如有違滯緊切軍期機會文字，即不候任滿紐計分厘，具事因、職位、姓名申朝廷，重作施行。若提舉官失點檢，從本部按劾。」從之。

〔一〕於見擺鋪兩路界首通差識字使臣一員 「界」字原缺，據方域一一之二六補。

〔二〕的寔過界月日時刻 「刻」原作「劾」，據大典卷一四五七五「鋪」字韻「急遞鋪」事目引會要改。

〔三〕自浙西至四川界首不過五員 「員」原作「人」，據大典卷一四五七五「鋪」字韻「急遞鋪」事目引會要改。

〔四〕其逐闕并作點檢稽察遞角官稱呼 「察」原作「滯」，據大典卷一四五七五「鋪」字韻「急遞鋪」事目引會要改。

〔五〕取索抄轉過兩路界首擺鋪簿曆驅磨 「路界」原倒，據方域一一之二六乙正。

〔六〕即降一資 「資」原作「員」，據方域一一之三〇改。

〔七〕及令逐路提舉官不時取索驅磨 「及」字原缺，據大典卷一四五七五「鋪」字韻「急遞鋪」事目引會要補。

二年十月八日〔一〕，執政進呈前知金州陳文中言：「諸路州軍措置遞角，前後差官不一，即成騷擾，鋪兵幾無以自存。乞責付州縣巡尉，而以賞罰勸懲之。」上曰：「此事久弊，文中所陳有理，可令兵部長貳從長措置以聞。」

〔一〕二年十月八日 「八」上原衍「十」字，據大典卷一四五七五「鋪」字韻「急遞鋪」事目引會要刪。按「二年」與前後年次不合，疑有誤。

十一月七日，臣寮言：「近來入遞給發緊急文字，遞鋪走傳往往留滯。」詔激賞庫製造雌黃漆青字牌子六十六面赴尚書省〔一〕，專一遣發緊切不可待時文字，日行三百五十里。其承受去處候到，將牌子即時繳回〔二〕。若住遲時刻，巡轄使臣、鋪兵並重作施行。

〔一〕詔激賞庫製造雌黃漆青字牌子六十六面赴尚書省　「激」原作「給」，「製」原作「置」，據大典卷一四五七五「鋪」字韻「急遞鋪」事目引會要改。

〔二〕將牌子即時繳回　「回」原作「還」，據大典卷一四五七五「鋪」字韻「急遞鋪」事目引會要改。

五年二月九日，詔筠州、臨江軍置巡轄馬遞鋪使臣一員，從吏部差注，以江西諸司言，兩州只差小使臣權管，事不專一，故有是命。

四月二十二日，四川安撫制置使胡元質言：「夔路山谷重複，最爲峻嶮，虎狼之跡，交於中途，遞兵勞苦。乞令夔路轉運司常切趣辦覺察，不容復有缺額、缺糧去處。」從之。

六年四月二日，詔江西、福建、湖南、二廣知通，並以提轄本州界分諸鋪遞角入銜。每歲終，進奏院從寔根刷遞角留滯路分州軍申尚書省，及關駕部取旨〔一〕。

〔一〕及關駕部取旨　「關」原作「闕」，形近而訛，今改。

七年二月二十一日，知隆興府張子顏言：「南康軍先隸江西路，其巡轄使臣一員係管洪州、南康軍界鋪兵職事。續緣南康軍撥隸江東路，所有三縣巡轄，却令本軍於見任指使內，選差廉謹識字使臣一員充。自後本軍不曾差置，止令星子縣尉兼管。今乞於使臣內差注，專充南康軍管界星子、建昌、都昌縣巡轄斥堠馬遞鋪。所有請給，依監當例，照應官序幫給。若遇出巡，許依法别給進武副尉驛券。」從之。

八年三月八日，詔諸路州軍，遇有申發獄案，即時開具入遞定日申本路提刑司照會，並申提舉馬遞鋪官，依條限催促驅考。如有違滯，將巡轄使臣及所屬遞鋪兵級重作施行，提舉馬遞鋪官失於按察，令刑部稽考開具，申取朝廷指揮，當議責罰。如未回報，令諸州軍依條限申催。

七月四日，刑部侍郎賈選言：「乞自今刑寺駁勘取會獄案文字，令進奏院置緑匣排列字號、月日、地里，當官發放，所至鋪分即時抽摘單傳。承受官司亦令遵依條限，具所會并施行因依，實書到發日時，用元發匣回報。」從之。

二十三日，四川茶馬王渥言：「本司至行在六千餘里，常程遞角大段稽違，自出本部界，即難督責〔一〕。望下所屬給降黑漆白字牌二十面付本司〔二〕，入擺鋪至進奏院往來使用。仍乞行下沿路提舉馬遞鋪官常切驅磨，如有違慢，重作施行。」詔所屬降黑漆白字牌十面。

八月二十一日，詔：「知寧國府南陵縣葉鋪拖欠鋪兵食錢，半年不支，特降一官。自今

〔一〕即難督責　「督」原作「稽」，據大典卷一四五七五「鋪」字韻「急遞鋪」事目引會要改。

〔二〕望下所屬給降黑漆白字牌二十面付本司　「白」字原缺，據大典卷一四五七五「鋪」字韻「急遞鋪」事目引會要補。

諸路州軍鋪兵請受，並令就州支給，如有拖欠，知、通並行責罰。」

九年九月十三日，明堂赦：「諸路往來遞角，全藉鋪兵依限傳送，若有違限〔一〕，自合依條斷遣。訪聞近來諸州軍將鋪兵合得錢米，並不按月支散，因而逃竄避罪，不肯陳首〔二〕，是致缺人承傳。赦到，限百日許令首身，與免罪，依舊鋪分收管。仍令逐路州軍依時支散錢米、衣糧，日後如敢違戾，及巡轄使臣輒行私役，令本路提舉官覺察按劾施行〔三〕。」自後郊赦同。

〔一〕若有違限　「若」原作「如」，據大典卷一四五七五「鋪」字韻「急遞鋪」事目引會要改。

〔二〕不肯陳首　「陳」原作「承」，據大典卷一四五七五「鋪」字韻「急遞鋪」事目引會要改。

〔三〕令本路提舉官覺察按劾施行　「按劾」原作「劾奏」，據大典卷一四五七五「鋪」字韻「急遞鋪」事目引會要改。

十一月七日，知成都府留正言：「乞下所屬，給降黑漆白字牌二十面，付本司發遞進奏院，許入擺鋪往來使用。」從之。

十二日，臣寮言：「已降指揮，諸路州軍鋪兵日請並令就州支給，此誠足以革諸縣違欠之弊。然諸鋪或有距州三四百里者〔一〕，往復非旬日不能至，有妨傳送。或下有司復舊，各從本縣支給。」從之。

〔一〕然諸鋪或有距州三四百里者　「鋪」字原缺，據大典卷一四五七五「鋪」字韻「急遞鋪」事目引會要補。

十年六月十五日，臣寮言：「諸路州軍申發朝省文字，出違期限，不惟州郡申發遲緩，亦緣遞角間有浮沉。欲乞自今申發章奏，並要書填寔日，庶幾進奏院可計程驅磨，巡鋪官得以從寔根究。」從之。

十一月十五日，詔：「自今發付四川制置司遞角，經襄陽府、金房漢州上路傳送〔一〕，經由州縣，常切遵守。」從制置司請也。

〔一〕金房漢州上路傳送　「漢州」原倒，據宋史卷八九地理志五乙正。

十一年九月八日，樞密院言：「諸路鋪兵間有州郡拖欠衣糧，及巡轄使臣、合干人等科需減尅，或官司私役荷擔挽舟之類，致令竄逸，卻容逃軍遊手承填名闕。前後條法指揮，非不嚴備，緣提舉馬遞鋪官全不覺察，致有違戾，理宜申敕。」詔令提舉官日下嚴行措置，革去舊弊，尚或違戾，舉劾以聞。如本司失於覺察，取旨責罰。於是知嚴州壽昌縣趙善登特降一資，以兩浙運判錢沖之言其不支鋪兵月分錢米故也。

十二年五月二十五日，樞密院言：「諸路傳送遞角，自有程限，昨發『文』字號省札至江陵副都統，依條合破十日，卻四十六日方到。其他往來文書，多有盜拆違滯。雖令逐路提舉馬遞鋪委官根究，至今未見著寔。兼累降指揮，令諸路州軍以時支給鋪兵衣糧，訪聞尚有拖欠，緣此弊端不一，理宜措置。」詔差都進奏院王厚之躬親前去詢究，措置施行。

十三年二月二十三日，軍器監主簿〔一〕、措置諸路遞角王厚之言〔二〕：「諸路鋪兵，請給爲急，凡是州支去處，往往齊整，其就縣支者，多是拖欠，或高價折支。今乞申明州支指揮，仍立支給次序，先禁軍，次鋪兵、厢軍，卻責通判檢察有無拖欠，繳鋪兵領狀，每月結罪保明，申轉運司。如有僞妄，坐以報上不寔之罪。其去州太遠，水路不通，鋪兵願便就便者，州郡繳願狀申轉運司。正名錢米内易於催理者借撥，專委縣丞支給，檢察有無拖欠，繳領狀於通判廳，類申轉運司，并同通判法。

一、遞鋪舊法三等，曰急脚，曰馬遞，曰步遞，並十八里或二十里一鋪。今總謂之省鋪。建炎三年初立斥堠，紹興三十年又創擺鋪，立九里或十里一鋪，止許承傳軍期緊切文字。近來擺鋪〔三〕、斥堠、省遞混而爲一，共分食錢，通同遞傳，所以多有違限。今乞行下諸路轉運司，日下分别諸鋪名額，就擇少壯有行止人充擺鋪，依元來指揮，内外軍期急速文字專入擺鋪，常行文字並入斥堠。其元無擺鋪處，軍期亦入斥堠，常行並入省遞。庶幾諸鋪不致混殽，且免濡滯。

一、鋪兵作弊，皆是界首時日不接，無處契勘。近年創立稽察使臣，請給分在交界二州，欲乞委令逐日取責兩抵界鋪傳過文字單狀，稽查時刻，須令相接。每旬類申兩路所請俸處通判廳，庶可究寔。

一、自來界首積弊，前鋪往來不將腳曆與後鋪批鑿，後鋪一例不肯還，以至傳到日時無所稽考。乞將前界不批腳曆、後界不肯批還者，其曹司、巡轄並從徒罪立法。仍許監司、州縣越界拘轄交界一鋪。其交界處曹司、巡轄批鑿情弊，兩界皆可按劾科斷。庶幾文書有所稽考。」從之。

六月二十九日，樞密院進呈王厚之申，浙西、江東界首點檢稽察遞角官周綑，過數差鋪兵當直販糴，及根刷交界簿曆並皆不在，乞指揮根究施行。上曰：「遞鋪近日稽滯甚多，而稽察官更復作弊，可送大理寺追人根勘。」

十三年二月四日，臣寮言：「乞倣范仲淹措置陝西民兵刺手之法，凡鋪兵並與刺臂，稍大其字，明著某州某縣斥堠鋪兵某人。凡逃在他州他縣者，並不得招收。遇支衣糧，除番次留鋪傳送遞角外，其當請者驗臂支給，冒請逃竄之弊可以革絶。」從之。

〔一〕軍器監主簿 「軍器監」原作「軍器兼」，據大典卷一四五七五「鋪」字韻「急遞鋪」事目引會要改。

〔二〕措置諸路遞角王厚之言 「路」字原缺，據上文補。

〔三〕近來擺鋪 「鋪」字原缺，據大典卷一四五七五「鋪」字韻「急遞鋪」事目引會要補。

五月二十九日，詔今後遞角稍有欺弊，究見的寔界分，將提轄等官次第責罰〔一〕。

〔一〕將提轄等官次第責罰　「第」，大典卷一四五七五「鋪」字韻「急遞鋪」事目引會要作「等」，輯稿徑改，是。

淳熙十六年閏五月四日，樞密院言：「諸路鋪兵人數，間有闕少，州郡因循〔一〕，更不招填，是致遞角違滯。」詔諸路提舉馬遞鋪官行下逐州軍，點檢鋪兵缺少去處，日下招補，今後傳送，不管違滯。

〔一〕州郡因循　「因」字原缺，據大典卷一四五七五「鋪」字韻「急遞鋪」事目引會要補。

紹熙二年五月十二日，臣寮言：「今之遞兵不遵法意，况有事切於邊境，所繫甚重，豈容愆期？然諸路遞角雖有提督官，官司視以爲常，疎於糾舉。乞令樞密院行下諸路運司〔一〕，不時差官根刷驅磨遞曆，應朝廷文字有違滯者，聞奏，重寘於法。每季具有無違滯保明申樞密院，庶幾知所畏憚，不敢慢令。」從之。

〔一〕乞令樞密院行下諸路運司　「樞」，大典卷一四五七五「鋪」字韻「急遞鋪」事目引會要原缺，輯稿徑補，是。

十月四日，江東轉運、提刑司言：「臣僚奏，諸寨土兵，疲弱無用，容奸害民，有損無益，若使州縣保伍聯結，禁軍、弓手，教閱嚴肅，安用養此？可以蠲減。并鋪兵傳送文字稀疎，不過坐食，脱有警急，諸軍必置遞馬。乞下諸州郡覈寔道路緩急之處與人煙疎密〔一〕、地里遠近，見管鋪分人數多寡，付之揀選，取其所省衣糧，以蠲逐州重賦之額。」得旨令逐司相度以聞。既而諸司下逐州相度到，除建康府、太平州、寧國府、廣德軍、徽州、信州六處土兵皆不可減外，南康軍三縣減鋪兵四十三名，池州六縣逐寨有病患土兵減三十三名，鋪兵減四十三名，饒州減鋪兵一百八十九名。詔依逐司相度到事理，合減放人權行存留，遇缺更不招塡。

〔一〕乞下諸州郡覈寔道路緩急之處與人煙疎密　「之」下原衍「之」字，據大典卷一四五七五「鋪」字韻「急遞鋪」事目引會要删。

十一月二十七日，南郊赦：「諸路往來遞角，全藉鋪兵依限傳送。訪聞州軍將鋪兵合得錢米並不按月支散，致其逃竄。赦到，限一百日許令首身免罪，依舊鋪分收管。仰逐路州軍依時支散衣糧，日後如敢違戾，及巡轄使臣輒行私役，並委逐路提舉官覺察按劾。」

四年十月二日，樞密院言：「檢會乾道八年十月十三日專降指揮，令樞密院置給發軍期急速文字牌子，係雌黄青字，日行三百五十里。如違時刻，使臣、鋪兵並重作施行〔二〕。近年以來，多是滯留程限，蓋緣歲月浸久，逐州通判並不點檢，使臣、鋪兵玩習爲常，將雌黄軍期文字牌子與常遞混爲一等，展轉積壓在鋪，更不摘出先行，事繫軍期利害，深屬不便。令先次約束州郡，將鋪兵請受並要按月支給。牌子樣制改換用黑漆牌子〔二〕，上鐫刻『樞密院軍期急速文字牌』，減作限日行三百里，務要必行，立其字號，朱紅填字。仍將牌子樣制并今來所降指揮，下逐路提舉官鏤板，遍牒逐州，於經由鋪分明曉諭。鋪兵遇承受到樞密院上件牌筒，即仰摘出單遞，依限走轉。通判常切點檢，遇牌子經過，即具入界、出界日時文狀〔三〕，先次申樞密院。仍委自逐路提舉官別置印曆一道，分下逐鋪，專一承受傳送。如有稽滯，差官根刷，比較遲速最甚去處，以議賞罰。鋪兵、曹級亦從此施行。」從之。

〔一〕使臣鋪兵并重作施行　「使臣」原在「鋪兵」下，據大典卷一四五七五「鋪」字韻「急遞鋪」事目引會要乙正。

〔二〕牌子樣制改換用黑漆牌子　「制」原作「置」，據大典卷一四五七五「鋪」字韻「急遞鋪」事目引會要改。

〔三〕即具入界出界日時文狀　「入界」原在「出界」之下，據大典卷一四五七五「鋪」字韻「急遞鋪」事目引會要乙正。

五年二月十二日，都大提舉茶馬司言：「本司先於淳熙八年七月二十三日，指揮給降尚書省粉字牌一十面〔一〕，如遇緊急機速文字附遞申發，責鋪兵日行三百五十里。如違時刻，使臣、鋪兵重作施行。今經多年，其牌字畫磨滅，由是承傳鋪兵視爲常程一體，因而稽慢。乞別給粉牌一十面，沿路傳送，有以警畏。」從之。

〔一〕指揮給降尚書省粉字牌一十面　「一十」原倒，據大典卷一四五七五「鋪」字韻「急遞鋪」事目引會要乙正。下同。

慶元二年十一月二十九日，臣僚言：「乞行下逐路轉運司戒飭州縣，應鋪兵須作額，務存優恤，整葺住舍，衣糧以時支散，不得差撥他用。或有羸老之人，即行揀替。每漕臣巡歷，必躬親檢察〔一〕，如有違戾，按劾以聞。」從之。

〔一〕必躬親檢察 「檢察」原作「點檢」，據大典卷一四五七五「鋪」字韻「急遞鋪」事目引會要改。

嘉泰元年五月十八日，樞密院言，諸路州軍遞鋪兵級間有拖欠請給去處〔一〕。詔令諸路提舉馬遞鋪官，自今降指揮到日，依時支給，如有違戾去處，將當職官劾按以聞〔二〕。

〔一〕諸路州軍遞鋪兵級間有拖欠請給去處 「級」原作「給」，據大典卷一四五七五「鋪」字韻「急遞鋪」事目引會要改。

〔二〕將當職官劾按以聞 「劾」原作「刻」，據大典卷一四五七五「鋪」字韻「急遞鋪」事目引會要改。

二年五月十五日，詔罷洋州指使一員，改作洋州興元府東界巡檢馬遞鋪，令轉運司定差使缺。從本路諸司請也。

三年五月二十一日，權知閤門事張時修言：「池州係江淮、蜀漢等路遞角聚會去處，疆界闊遠，盜拆奸弊，多在本州管下。竊見本州城止分四廂，卻有兵官五員，今除四員各管廂事外，乞差一員兼機察本州界内三方遞角〔一〕，無妨兵官職事。」從之。

〔一〕乞差一員兼機察本州界内三方遞角　「機」原作「稽」，據大典卷一四五七五「鋪」字韻「急遞鋪」事目引會要改。

八月十四日，浙西提刑曾㮚言：「置郵傳命〔一〕，古人重之，今之遞鋪，反爲虚設。衣糧不時支，缺員不時補，甚至屋宇破壞，不芘風雨，衣食窘迫，私役於人〔二〕。遂使僻州遠縣，有號令而不知；文書往來，雖遺失而不問。平居且然，緩急何賴？倘非嚴行約束，州郡安肯奉行？乞下諸路常切檢察，無得視爲閑慢。監司巡歷，並宜按行，其巡檢官不職者，即行奏劾。」從之。

〔一〕置郵傳命　「命」原作「令」，據大典卷一四五七五「鋪」字韻「急遞鋪」事目引會要改。

〔二〕私役於人　「於」原作「之」，據大典卷一四五七五「鋪」字韻「急遞鋪」事目引會要改。

十一月十一日，南郊赦文：「諸路往來遞角，全藉鋪兵依限傳送。訪聞州縣將鋪兵合得錢米並不按月支散，致其逃竄〔一〕。赦到，限百日許令首身免罪，依舊鋪分收管〔二〕。仍仰逐路州軍依時支散衣糧，日後如敢違戾，及巡轄使臣輒敢私役，並委逐路提舉官覺察按劾。」自後郊祀、明堂赦亦如之。

〔一〕致其逃竄　「致其」原倒，據大典卷一四五七五「鋪」字韻「急遞鋪」事目引會要乙正。

〔二〕依舊鋪分收管　「收」原作「守」，據大典卷一四五七五「鋪」字韻「急遞鋪」事目引會要改。

二十三日，知宜州顏必先言〔一〕：「沿邊州郡鋪兵缺額，其見管者亦多老弱，文書經由，易至沉匿。緣鋪兵月給，州郡積欠不支，或支折他物，衣食不贍〔二〕，逃竄無疑。萬一有警，必至悮事。乞將沿邊諸路逐鋪招置強壯之人〔三〕，無令缺額，按月支給糧食，不得以他物折估。如此則鋪兵無逃竄之患，而朝廷文書舉無散失矣。」詔依。先次開具見管並缺額人數申樞密院，以憑比較。

〔一〕知宜州顏必先言　「宜州」原作「宣州」，據大典卷一四五七五「鋪」字韻「急遞鋪」事目引會要改。

〔二〕衣食不贍　「衣食」原倒，據大典卷一四五七五「鋪」字韻「急遞鋪」事目引會要乙正。

〔三〕乞將沿邊諸路逐鋪招置強壯之人　「強壯」原作「壯健」，據大典卷一四五七五「鋪」字韻「急遞鋪」事目引會要改。

四年五月二日，京西安撫司言：「襄陽去行在約三千里〔一〕，郵傳不容分毫漏泄、頃刻濡滯。今省遞承傳文字，朝廷加旗批鑿緊急，而考之程限，動經三十餘日，不問緊慢，例皆稽遲，開拆作過，委無忌憚。竊詳鋪兵多係烏合遊手、不守行止之人，是致作弊。乞自襄陽屯戍軍馬去處，擺急遞鋪官兵至鄂州，鄂州都統制司接連擺至江州，江州接連擺至池州，池州接連擺至行在。各司遇有急速文字，專令傳送，嚴立罪賞，不得夾帶閑慢文字。每四十里一鋪〔二〕，差次等少壯槍排手官兵二人，并訓練官一員，往來督視，三月一次差替。」從之。

〔一〕襄陽去行在約三千里　「在」字原缺，據大典卷一四五七五「鋪」字韻「急遞鋪」事目引會要補。

〔二〕每四十里一鋪　按方域一一之三一載，淳熙十三年二月二十三日王厚之言，「紹興三十年又創擺鋪，立九里或十里一鋪，止許承傳軍期緊切文字」。故「四」字疑衍。

開禧二年二月五日，臣僚言〔一〕：「置郵傳命於四方，稽留漏泄皆有誅，又以巡轄之官使時察之，可謂甚嚴矣。近者遞鋪所傳官文書，如上司取會州縣爭訟案牘，奸人往往中路伏截，拆換要害節目，官司無由覺知，善人坐以受弊。乞下諸路監司、守臣，自今每月稽考月内傳到文字，稍滯常程，必隨輕重行遣。巡轄任滿，並須逐州保明有無違犯申轉運司，方與批書，則無稽留漏泄之患矣。」從之。

〔一〕臣僚言　「言」字原缺，據大典卷一四五七五「鋪」字韻「急遞鋪」事目引會要補。

四月二十七日，詔江州通判丘傳、趙希純各特展二年磨勘〔一〕，興國軍通判蔡載特降一官〔一〕，江州、興國軍巡轄朱潤特降一官放罷。以江州、興國軍兩界傳送角遞違滯，傳等不能鈐束故也〔三〕。

〔一〕趙希純各特展二年磨勘 「展」原作「轉」，據大典卷一四五七五「鋪」字韻「急遞鋪」事目引會要改。
〔二〕興國軍通判蔡載特降一官 「興國」原作「興五」，據大典卷一四五七五「鋪」字韻「急遞鋪」事目引會要改。
〔三〕傳等不能鈐束故也 「鈐」原作「軨」，據大典卷一四五七五「鋪」字韻「急遞鋪」事目引會要改。

八月二十四日，詔：「諸路遞角傳送違限，未欲根治，令諸路轉運司各督責所部州軍，常切鈐束管下遞鋪〔一〕，須管遵依條限傳送，不得稍有稽遲。如違，先將漕臣及當職官重寘典憲。」

〔一〕常切鈐束管下遞鋪 「鈐」原作「軨」，據大典卷一四五七五「鋪」字韻「急遞鋪」事目引會要改。

三年五月七日，樞密院言：「諸路鋪兵衣糧，多不如時支給〔一〕，致有拖欠。近差官分往諸郡逐一點檢，州縣一時奉行。訪聞所差官既歸，則拖壓如故，或反甚於前，理宜措置。」詔令諸路轉運司行下所部州軍，今後鋪兵衣糧，並與廂〔二〕、禁軍同日支散，不得輒有先後。仍遍榜逐鋪曉諭〔三〕。

〔一〕多不如時支給 「支」原作「之」，據後文改。

〔二〕並與廂 「廂」下原衍「軍」字，據大典卷一四五七五「鋪」字韻「急遞鋪」事目引會要刪。

〔三〕仍遍榜逐鋪曉諭 「諭」原作「示」，據大典卷一四五七五「鋪」字韻「急遞鋪」事目引會要改。

十月十九日，知峽州翟畯言〔一〕：「本州地分巡轄兼管江陵府〔二〕、荆門軍三州境内遞角，置司江陵〔三〕。今來邊警戒嚴〔四〕，荆門與襄陽接境，正在江陵、峽州兩路之要衝〔五〕，即與閑暇之時不同。乞權將巡轄司移置荆門軍，庶幾可知緩急。」從之。

〔一〕知峽州翟畯言 「翟畯」原作「翟俊」，據大典卷一四五七五「鋪」字韻「急遞鋪」事目引會要改。

〔二〕本州地分巡轄兼管江陵府 「地」原作「田」，據大典卷一四五七五「鋪」字韻「急遞鋪」事目引會要改。

〔三〕置司江陵 「置」上原衍「制」，「司」字原缺，據大典卷一四五七五「鋪」字韻「急遞鋪」事目引會要刪補。

〔四〕今來邊警戒嚴 「警」原作「驚」，據大典卷一四五七五「鋪」字韻「急遞鋪」事目引會要改。

〔五〕正在江陵峽州兩路之要衝 「峽州」原作「陜州」。據大典卷一四五七五「鋪」字韻「急遞鋪」事目引會要改。

嘉定元年五月三日，兵部言：「遞鋪兵級，傳送文字，寅夜勞役，州縣合行按月支給錢糧。訪聞多有拖欠不支〔一〕，其在縣支請者，尤不顧恤，至有累月拖欠。乞行下諸州軍，照應累降指揮，按月支給。其在縣者，專委縣丞，如無縣丞，專委主簿，逐月監散。尚有違戾，許監司覺察按治。」從之。

〔一〕訪聞多有拖欠不支　「聞」字原缺，據大典卷一四五七五「鋪」字韻「急遞鋪」事目引會要補。

六年五月一日，監登聞鼓院張鎬言：「一路有一路之遞鋪，事有所屬，自可誰何。惟其有兩路相鄰之州〔一〕，各不相關，遞角之沉匿，無從稽考。昨守潮州，目擊此弊。潮州屬廣東，若取本路遞角，則自江西之廣州而後達潮，其路爲迂，故多由福建路轉達，取其便速也。惟是福建路遞鋪官兵與潮州不相統屬，故每每有沉匿之患。乞朝廷詳酌，以福建路漳、泉州巡轄遞鋪官到任滿罷，並令從潮州保明批書；廣東路潮、梅州巡轄遞鋪官到任滿罷，亦從漳州保明批書〔二〕。異時赴部注擬，得以點對遞角有無違滯〔三〕，以爲陞黜〔四〕，庶幾兩路互有統攝，可革此弊。然不獨廣東、福建兩路而然〔五〕，舉天下之大，凡接壤之處，往往此弊所不能免。乞下所屬，應兩路相鄰之州〔六〕，巡轄遞鋪官悉推此以施行。」詔令吏部將尚右、侍右開具到巡轄馬遞鋪使臣窠缺内，應交涉兩路兩州去處，今後批書，須管經由各州更互保明，方許理爲考任。仰行下諸路所屬官司照應遵守施行，毋致違戾。

〔一〕惟其有兩路相鄰之州　「兩路」原倒，據大典卷一四五七五「鋪」字韻「急遞鋪」事目引會要乙正。

〔二〕亦從漳州保明批書　「亦」原作「即」，據大典卷一四五七五「鋪」字韻「急遞鋪」事目引會要改。

〔三〕得以點對遞角有無違滯　「違」原作「通」，據下文改。

〔四〕以爲陞黜　「陞」原作「降」，據大典卷一四五七五「鋪」字韻「急遞鋪」事目引會要改。

〔五〕然不獨廣東福建兩路而然 「東」字原缺，「福」上原衍「福」字，據大典卷一四五七五「鋪」字韻「急遞鋪」事目引會要補刪。

〔六〕應兩路相鄰之州 「路」字原缺，據大典卷一四五七五「鋪」字韻「急遞鋪」事目引會要補。

七月二十七日，詔：「令諸州軍守臣各提督本州遞角，其鋪兵錢糧、衣賜，今後須管按時盡數支散，不得稍有減剋拖欠。或自來係自就縣支請，亦仰照應行下，嚴切約束施行。如當職官吏尚敢仍前違戾，密切覺察，具申朝廷，重行責罰。或有缺額去處，即行招刺補填。所是提舉、提轄職事，並令仍舊。各先具知稟，仍契勘各州鋪兵元額、見管人數申樞密院〔一〕。」

因知臨江軍盧子文有請，故有是命。

〔一〕見管人數申樞密院 「管」原作「皆」，據大典卷一四五七五「鋪」字韻「急遞鋪」事目引會要改。

十年四月十五日，樞密院言：「日來邊事未寧〔一〕，軍期機速事件往來報應，務在捷急〔二〕，所是遞角文字〔三〕，若止用州縣擺遞傳送，竊慮抵牾違滯，委是利害。」詔：「令內外諸軍帥，各於本司照舊例人數差置擺鋪軍兵〔四〕，專一往來接運傳送樞密院發下軍期紅字黑牌遞匣，并軍中申發緊要文字，務要並依程限傳送〔五〕，不管稍有住滯。仰各軍常切差官提督，並不許附帶他處官司遞角。所有逐鋪軍兵，依例添支錢米。自餘次緊文書，仍舊入州縣擺鋪。各具知稟申樞密院。」

〔一〕日來邊事未寧　「邊」字原缺，據大典卷一四五七五「鋪」字韻「急遞鋪」事目引會要補。

〔二〕務在捷急　「捷」原作「疾」，據大典卷一四五七五「鋪」字韻「急遞鋪」事目引會要改。

〔三〕所是遞角文字　「是」原作「有」，據大典卷一四五七五「鋪」字韻「急遞鋪」事目引會要改。

〔四〕各於本司照舊例人數差置擺鋪軍兵　「各」原作「合」，據大典卷一四五七五「鋪」字韻「急遞鋪」事目引會要改。

〔五〕務要並依程限傳送　「程」下原衍「走」字，按輯稿選舉二五之一七有「依程限赴闕」，食貨四四之一八有「依程限到庫」，故刪。

關

【題解】本門見方域一二之一至二，大典卷四一八一、四一八四「關」字韻關名事目收録。整理者於方域一二之一「宋會要」下楷書批「關」字，方域一三之六小注有「詳見關門」，故以「關」爲門名。按本門每條皆眉批關名，當爲大典事目名，清本一律録入正文，上古本則附入校記，今從上古本，且以市鎮門與州縣升降廢置門諸路州軍之序重加編排。又按玉海卷二四咸平平安關有會要佚文，今附於門末。

京西房州房陵縣有平安關，咸平五年置。〔一〕

〔一〕按原眉批「平安關」。

〔京西〕河陽汜水縣舊關曰虎牢，祥符四年三月戊戌，真宗西巡至虎牢關，改行慶關。

慶曆四年五月己丑〔二〕，省汜水縣爲行慶關，隸河南府。〔三〕

〔一〕慶曆四年五月己丑　「慶曆四年」，玉海卷一八慶曆省縣邑、卷二五祥符行慶關同，方域五之二三作「熙寧三年」。

〔二〕按原眉批「行慶關」。

［涇原路］京玉關〔一〕，在會州，元符三年置。〔二〕

〔一〕京玉關　「京玉」原倒，據玉海卷二四咸平平安關、宋史卷八七地理志三乙正。按宋史載其隸蘭州。

〔二〕按原眉批「玉京關」。

綏遠關〔一〕，在會州，崇寧三年以省章峽改。〔二〕

〔一〕綏遠關　按宋史卷八七地理志三載樂州有綏遠關，「舊名灑金平，崇寧三年進築，賜今名」。

〔二〕按原眉批「綏遠關」。

安鄉關，在會州，元符三年置。〔一〕

〔一〕按原眉批「安鄉關」。

［秦鳳路］慶曆二年正月二十七日，秦州築東西關成。初，守臣韓琦以州之東西民居、軍

營皆附城，因請築外城，凡二十里，自元年十月起，至是成，計工三百萬。〔一〕

〔一〕按原眉批「東西關」。

［熙河路］鞏哥關，在蘭州，元豐四年置，六年改東關堡。〔一〕

〔一〕按原眉批「鞏哥關」。

京西有關二，房州平安關、行慶關；河北有關一，瀛州高陽關；陝西有關十，環慶龍平關、涇原渭州制勝關、熙州南北關、河州通會關、蘭州鞏哥關、金城關、會州會寧關、京玉關、安鄉關、經遠關；成都路有關一，茂州雞宗關。〔一〕

〔一〕按本條輯自玉海卷二四咸平平安關。

關雜録

【題解】本門見方域一二之三至一一，大典卷四一八五「關」字韻事韻收録。整理者於方域一二之三「宋會要」下楷書批「關雜録」，姑以爲門名。按本門「神宗熙寧七年正月一日」條亦見方域一三之六，其下小注云「詳見關門」。似乎會要只有關門，無關雜録門。本門起太宗太平興國八年二月十日，迄寧宗嘉定十五年九月十二日。

太宗太平興國八年二月十日，詔曰：「近戎人歲貢馬，所過州縣多私市女口出邊關。自今謹捕之，敢以女口私市與賊人者棄市，吏知而不以聞者論如法。」

真宗咸平五年三月，涇原路總管郭自明言：「請儀州制勝關戍兵，命使臣一人充寨主。」從之。

大中祥符九年正月，詔：「在京新城門每軍員赴起居日，委監門使臣躬親監轄開閉。未明前不得搭關龍鎖，恣縱開閉，透漏姦詐及商税物色。違者並科違制之罪。」舊制，新城門至曉方開，開封府言：「近日新城門每五鼓請到鑰匙開鎖訖，惟搭關俟曉，竊慮透漏姦詐〔一〕。」故降是詔焉。

〔一〕竊慮透漏姦詐　「漏」原作「滿」，據前文改。

仁宗天聖四年四月，詔許在京諸色人取便般載諸般斛斗出城門，如將來京中要用斛斗，即令本府旋具條約申奏。先是，淳化四年三月，詔不許客人販賣斛斗出門，至是從開封府言也。

六年九月，上封者言：「西川往來商旅，有公憑者則由劍門經過〔一〕，無者並自閬州往來。蓋自利州入閬州由葭萌寨，並有私路入川。乞令葭萌寨依劍州置關，委本寨使臣驗認公憑，放令往來。」從之。

〔一〕有公憑者則由劍門經過　「憑」原作「平」，據後文改。

七年閏二月，詔劍門駐泊司：「自今後文武官使臣、幕職州縣官等將帶人口器械出入川峽，並仰取索元給樞密院公憑照驗，如無夾帶異同，仰於公憑内書鑿經過年月日時，即付本人，方許放過，不得因此邀難住滯〔一〕。如有冒名夾帶者，具職位、姓名以聞。」

〔一〕不得因此邀難住滯　「住」原作「注」，形近而訛，今改。

十一月，詔：「在京新城諸門，今後每日請到鑰匙，並仰監門使臣收掌，候至平明開訖，方得送納。其軍員赴朝、兵士工役當早開處依舊。」

慶曆元年八月十九日，詔毀潼關樓櫓。先是，參知政事宋庠建議以備西賊，至是王堯臣使陝西還，言潼關設備則關中人心不安，請毀之。

二年正月二十七日，秦州言築東西關成，賜總役官吏金帛有差〔一〕。初，知州韓琦以爲州之東西民居及軍營僅萬餘家〔二〕，皆附城而居，無所捍蔽〔三〕，因請築外城，凡一十里，計工三百萬。自十月起，至是成之。〔四〕

〔一〕賜總役官吏金帛有差　「金」字原缺，據長編卷一三五慶曆二年正月辛未條補。

〔二〕知州韓琦以爲州之東西民居及軍營僅萬餘家　「爲」下「州」字原缺，據方域一二之二、長編卷一三五慶曆二年正月辛未條、玉海卷二四慶曆秦州東西關補。

〔三〕無所捍蔽　「蔽」原作「敝」，據長編卷一三五慶曆二年正月辛未條改。

〔四〕按清本眉批：「案此節前文已見，而此加詳，故兼載之。」此「前文」即指關門。

六年十月二十三日〔一〕，詔：「三司比舉選人監在京新城門〔二〕，如聞所舉多權富干請之人，無益於事，其罷之。」

〔一〕六年十月二十三日　按長編卷一五九繫於慶曆六年十月十八日甲子。

〔二〕三司比舉選人監在京新城門　「比」原作「北」，據長編卷一五九慶曆六年十月甲子條改。

神宗熙寧七年正月一日，詔定諸關門并黄河橋渡，常切辨察奸詐及禁物。軍人、公人經過，取索公文券曆驗認，即官員涉疑慮者，亦許取索文字看驗〔一〕。其夜過州縣鎮寨并關門、橋渡者，如已鎖門，唯軍期及事干急速，即隨處那官審問，聽開。

〔一〕亦許取索文字看驗　「看」字原缺，據方域一二之六補。

九年六月十六日，詔在京舊城諸門并汴河岸角門，並令三更一點閉，五更一點開。

元豐七年正月二十五日，成都府、利州路鈐轄司言〔一〕：「臣僚所乞移蕃驛於玉壘關，本司相度，欲移永康軍牛溪關，依舊於蠶崖關置城寨，不須移置蕃驛。」詔移牛溪關事送尚書省。

〔一〕利州路鈐轄司言　「鈐」原作「鈐」，據長編卷三四二元豐七年正月乙丑條改。

哲宗元祐六年八月二十三日〔一〕，詔以隰州爲次邊。以本州言，所隸上平、永寧兩關俯逼西界，經久備禦不可緩故也。

〔一〕哲宗元祐六年八月二十三日　按長編卷四七〇繫於元祐七年二月二十三日丙子。

紹聖四年四月十一日，樞密院言，熙河進築金城關畢工。詔：「王文郁除正任觀察使〔一〕，賜銀絹各五百疋兩；鍾傳轉兩官，除直龍圖閣，充熙河蘭岷路經略安撫判官；張詢除直秘閣，權陝府西路都轉運使，仍比修安西城加一倍支賜〔二〕；王贍轉遥郡防禦使，更減四年磨勘，回授子有官者；康謂轉一官。各陞一等差遣，賜銀絹一百疋兩。將佐等令經略司具功狀以聞。」詔金城關名仍舊〔三〕，及差王亨爲關使，置監押二員，以鍾傳有請也。

〔一〕王文郁除正任觀察使　「王文郁」原作「王友郁」，據輯稿兵二八之四一至四三及長編卷四八五紹聖四年四月甲午條等改。

〔二〕仍比修安西城加一倍支賜　「倍」原作「陪」，據長編卷四八五紹聖四年四月甲午條改。

〔三〕詔金城關名仍舊　「金城關」原作「京城關」，據前文及長編卷四八五紹聖四年四月甲午條改。

六月七日，詔賜蘭州增展金城關入役廂禁軍、弓箭手、蕃漢兵民特支有差〔一〕。

〔一〕蕃漢兵民特支有差　「漢」字原缺，據長編卷四八九紹聖四年六月己丑條補。

九月四日，熙河蘭岷路經略司言，苗履展築金城關畢工。詔賜履等銀絹有差。

徽宗建中靖國元年九月五日，京東路轉運副使曾孝序奏：「汜水行慶關，元豐中弛去關禁，昨因臣僚申請，復禁如初。契勘行慶關在兩京心腹之間，左臨咨堤〔一〕，右挾大道，非如潼關、劍門之險。今軍人遇有出入，若未從私越度關徒刑科罪〔二〕，顯於用法未安。欲乞復元豐舊法，弛去關禁。」從之。

〔一〕左臨咨堤　「咨」疑「河」之誤。

〔二〕若未從私越度關徒刑科罪　「若未」下疑有脱文。

政和元年四月二十一日，臣僚上言：「關防之禁，昔年經由汜水、潼關，機察甚嚴，既抄録官員職位，又取券牒逐一檢認軍兵。今緣幹關陜，所至關津未有過而問者，昔者以關禁之嚴，戍兵無逃竄之路，今則相攜而去，略無留礙，故諸兵卒皆動歸心。伏望申嚴關防之禁，汜水、潼關兩處關津，咸陽、河中、陜府三處浮橋，檢察之法，並遵元豐舊制。仍責委提刑司及知、通點檢，違慢之人按劾，庶幾不生戍卒逃竄之心，又可斷絶姦細度越之弊。」尚書省檢會熙寧、元符敕令〔一〕：諸關門并黄河橋渡常切辨察姦詐及禁物，軍人、公人經過，取索公文券曆驗認，即官員涉疑慮者〔二〕，亦許取索文字看驗。其夜過州縣鎮寨并關門、橋渡者，如已鎖門，唯軍期及事干急速，即隨處那官審問，聽開。元豐令：諸黄河橋渡常辨察姦詐及禁物，若諸軍或公人經過，並取公文券曆驗認。官員或疑慮者，亦取隨身文書審驗。仰京西、陝西提刑司嚴切約束。詔從之。

〔一〕尚書省檢會熙寧元符敕令 「尚書省」下疑脱「言」字。

〔二〕即官員涉疑慮者 「即」原作「印」，據方域一二之四改。

高宗建炎元年七月二十三日，詔：「訪聞沿汴關津等處，有妄稱官中拘截私船之人，邀阻往來客船，乞覓錢物，多致遲留，趕趁宿程不及，因而遇盜。仰合屬官司嚴切覺察，緝捕赴獄，申取朝廷指揮。」

紹興元年六月十二日，臣僚言：「邇者潰兵數百，不知所從，直入禹跡寺安泊，闔城震駭。關禁不嚴，未有如此，變生不測，何難之有！乞戒飭越州，及選差使臣、甲士，於諸門嚴行機察。」詔：「令越州相度，將緊要門關添差兵級作二十人，閑慢處十五人。仍選精強使臣總轄機察姦細，軍人驗認券引，官員親書職位、姓名、出入緣故，即不許乘時沮遏商旅。應赴行在軍馬，令城外屯泊，監官申取朝廷指揮，放入諸門。其禹跡寺軍兵經由門關使臣，並特衝替。」

八年三月十三日，新權發遣夔州馮康國奏：「夔路係川蜀後門，大寧、開、達一帶路接京西，止仰關寨險隘。緣關外寧静，隘寨頽壞，久不修整，遂爲商賈負販之路。乞添差路分都監一員，同見在兵官專一提點修治關隘，簡練義兵，將厢禁軍揀閲彊壯事藝之人，結入帥司將分，准備防秋使唤。」從之。

淳熙元年正月九日，淮南運判吴淵言：「淮西路地名昭關、陟峴關、石湖關、東西關、冷水嶺，北峡關，自和州、無爲軍、廬州至舒州一帶，共有關隘六處，中連焦湖，皆是捍蔽形勢之地。今相度，每置關隘去處，左右各以十里爲界，并關之外並禁采伐，關之内只禁二里。若有民户己産，權免合納税物〔一〕。如此，可以待其茂盛，障蔽險阨。」從之。

〔一〕權免合納税物　「納」原作「給」，形近而訛，今改。

十年四月七日，鄂州都統岳建壽言：「信陽之間有三關，曰九里關、大寨嶺、行者坡。自三關北距信陽一百三十餘里，別無限隔。欲措置關修築二百餘步，關門樓櫓色色具備。乞下德安府明立罪賞，將三關一帶林木禁止采斫。」上曰：「三關不必修築，若一帶林木，可禁無得采斫。」

十二年四月九日，江州駐扎御前諸軍副都統制趙永寧言：「乞蓋蘄、黄州白沙嶺關一座，合用竹木，乞下光、黄二州，委官於附近處踏逐摽拔和買。合用諸雜物料，本司自行應辦，所有工役人，乞日支添破錢米。乞賜指揮。」詔依，其錢米令尚書省科降。

嘉泰四年四月二十二日，知永康軍李埴言：「備邊之要，莫踰於設險。秦漢植榆爲塞〔一〕，限隔匈奴，本朝作塘淀於河北，實扞戎馬侵軼。塘淀所不及處，即禁近邊斬伐林箐，使溪隧斷絶，無從入寇。祥符末，真宗嘗出北面榆柳圖以示輔臣，數踰三百萬，曰：『此可以代鹿角也。』韓琦帥定州，昔所以待戎狄者，亦不專恃城池兵甲之勝也。至於西南徼外蠻夷，部族繁夥，故尤嚴禁止條約。景德四年，有詔戒並邊居民不得擅斮木開道，與人交争，蓋其地形必與夷種相錯，廣袤綿延，動數千里，築城戍兵，豈能盡防？獨有養其林木，使之增長蕃茂，幽晦杳冥，隔離天日，毒蛇猛獸，窟宅其間，彼雖非人，詎敢抵冒送死？此誠守邊之要策。照會臣所領軍治西出玉壘，至蠶崖關即係威、茂州境，其戍城草子寨、廣濟鄉一帶，尤緊接夷界，周回縱廣，控制甚遠。其間皆層巒復嶺，長林大壑，草木薈鬱，磴坂深阻。治平初，吕大防知青城縣日，尤用意檢察，凡管下岡嶺，特置簿抄上四至，仍卓立封堠，鑿石爲界，嚴戢官私樵采，用以限隔蕃蠻，扞蔽川蜀。亦嘗申獲聖旨行下，自後都鈐轄司每歲春秋兩季，必委本軍通判巡視點檢，并責附近官山人户結爲保甲，更相覺察，重立罪賞，具載令甲。故百年之間，氈毳醜類弭耳厥角，各安巢穴，不敢萌窺伺之意。惟近年以來，此禁浸弛，無知之民惟利是趨，侵尋翦伐，略無忌憚。竊緣禁山之下，即是阜江，可以直至成都，其勢甚順，獲利爲多。是致官司指爲出産所在，公私並緣肆行采斮，夏秋漲水之際，結爲簰栰，蔽江而下，經過津岸，殆無虛月。向之茂密，今已呈露，向之險阻，今可通行。又有工徒之斤斧，商賈之負販，樵牧之薪蒭，往往蹊徑於其間。狼子野心，豈可長保，若不嚴行禁戢，誠恐以致藩籬淺薄，無所限制，異時必爲西南大憂。臣竊謂四蜀沿邊州郡，隨處皆有禁山，惟永康禁山利害尤〔二〕。且如瀘敘州、嘉定府、雅州諸處，去成都差遠，脱有透漏，緩急尚可枝梧〔三〕。惟永康至成都止一日之程，坦途方軌，別無險要防限去處。是故管下禁山封禁遮障，比他處尤宜嚴密。臣竊思之，山以禁名而終莫能禁者，一江實爲之累也。若於上流特置聯鎖以杜絶津載，則彌亘連衺之木，不容順流而下，故禁江尤切於禁山。欲望聖慈特下有司，申嚴條約，必行賞罰。仍許令本軍於牛谿、蠶崖關兩處江步，隨宜創置鐵鏁，闌截水衝，使津載路絶，人無覬覦，則斧斤之聲不禁自止，庶幾邊關永遠可保寧謐，不致上貽陛下顧憂，全蜀幸甚。」從之。

〔一〕秦漢植榆爲塞　「塞」原作「寨」，上古本據漢書卷五二韓安國傳改，是。

〔二〕惟永康禁山利害尤　按「尤」下疑脱「甚」或「巨」等。

〔三〕緩急尚可枝梧　「尚」原作「向」，形近而訛，今改。

嘉定元年八月六日，權發遣茂州楊思成言：「本州雞宗關、鎮羌寨，本因鷿箂溪蕃部最爲彊捍，而雞宗之險不可不據，遂夾溪對築關寨以據勝勢。然溪無尋丈之廣，而關寨呼應相聞，乃聚五兵官於其間。寨有知寨，又有都監，關有知關，又有同知關，不幾於冗長而無名乎？關禁雖職在防遏，其實不過機察往來而已，一官辦之有餘，何至於用兩員？且州有教授、司户各一員，因制司經畫威、茂兩州歲計，遂省罷教授員闕。見今在州文吏，止有司户一員，倉庫獄訟叢於厥身，雖有精力，亦恐不逮。乞併省同知關而添置推判官一員〔一〕，與司户分領職事。兩員之中，若有出身或曾發解，或素有文學者，即令攝教授之職。如此，則武臣無冗濫之患，州郡得寮佐之助，士子有教養之益，是一舉而三得也。」從之。

〔一〕乞并省同知關而添置推判官一員　「關」原作「闕」，據前文改。

十五年九月十二日，樞密院言：「京湖制置司申，勘會本司昨申請以棗陽地當衝要，陞建軍名爲郡，而割德安之應山縣以益隨州，此皆事理所宜，實爲允當。然自應山之隸於隨也，而三關之險莫有專其責者。比雖令應山、羅山兩邑分認經理，而縣令事權至輕，隨與信陽又以利害不切於己，往往未嘗過問。蓋隨在三關之西三百里，信陽在三關之外亦不下百餘里，關屬隨州而地屬信陽，緩急實不相關。眩職護風寒，昕夕繫念，竊謂三關爲德安府後門，所以障蔽安、沔，考之地形，揆之事勢，當隸德安始爲順。今應山之爲邑，横截乎德安、信陽之間，遂使三關隔在應山之外，而德安無由干預。況信陽見屬湖北，亦爲應山所隔。契勘三關地形，寔在應山之北〔一〕，而南接安陸、云梦之境。今只乞以應山東偏直抵三關，并大、小送過嶺大送過嶺今改爲南富關。之地隸於安陸，而以安陸之西偏直抵隨州之地以與應山。其疆域之廣狹、民户之衆寡，略視其舊而互居焉〔二〕。縣無徙治，官無增員〔三〕，而三關屬於安陸，則三關責在德安，脈絡貫通，亦得不至隔絶。又契勘三關曩屬應山，然其間如黄峴一關去城一百二十里〔四〕，武陽關亦九十里，已覺地理迢遞。今割以屬安陸，即其地益遥，關下村落居民繁夥，亦爲盜賊出没之所。欲於三關倣瞿塘關體例，置關使一員，以『德安府安陸縣三關使專一點檢三關一帶關隘兼煙火公事』繫銜，注右選之有舉主、已經親民者，使之往來巡視機察，而本府守倅各帶提督三關，并令入銜。遇有合修整區處，即申本府施行。其三關及南富關以南并關北元係禁山之地，昔屬信陽者，今合盡屬德安府安陸縣所管，信陽軍卻無干預〔五〕，所貴事有專責，悠久不廢。」詔依京湖制置司申到事理施行，其關使以『德安府安陸縣三關一帶關隘空隙道路兼煙火公事』繫銜，令樞密院使闕〔六〕，於大使臣選有舉主、無過犯，曾經關陞親民任使之人充，以二年爲任。先權令京湖制置司選辟一次，具遵稟狀申樞密使。

〔一〕寔在應山之北　「北」下原衍「北」字，據前後文删。

〔二〕略視其舊而互居焉　「視」原作「祝」，形近而訛，今改。

〔三〕官無增員　「無」字原缺，據前文補。

〔四〕然其間如黄峴一關去城一百二十里 「黄峴」原作「鳳現」，據紀勝卷八〇信陽軍「景物上」、方輿勝覽卷三一信陽軍改。

〔五〕信陽軍卻無干預 「信陽」下原衍「信陽」，據前文删。

〔六〕令樞密院使闕 「闕」原作「關」，形近而訛，今改。

泉

【題解】本門見方域一三之二，大典卷五〇六三「泉」字韻泉名事目收録。整理者於方域一三之二「宋會要」下楷書批「泉」字。按本門内容亦見於通考、玉海等，且所載皆爲祥瑞，或當屬瑞異類。

真宗大中祥符元年二月〔一〕，醴泉出蔡州汝陽縣鳳源鄉，有疾者飲之皆愈。又相州永安縣韓陵山牧童掊地得泉，深尺餘，汲取不竭，飲者宿疾皆愈。時或愆雨，禱之必應。四月丁巳，兗州乾封縣民王用田中〔二〕，有童兒掊土得小青錢數十，争取之，錢墜石罅，因發石，有湧泉二十四眼，味極甘美。又枯石河復有湧泉二十五眼，又一眼出曾阜之上，信宿勢加倍。又别引數派，雙魚躍其中，有果實流出，似李而小，味甚甘，及今古錢百餘。封禪經度制置使王欽若貯水馳驛以獻，分賜近臣，詔設欄格謹護之〔三〕。五月，王欽若言泰山醴泉出，錫山蒼龍見。六月，詔建亭，以「靈液」爲額。是月庚戌，賜百官泰山醴泉。十二月丁酉，内出泰山玉女、白龍、王母池新醴泉賜輔臣。

〔一〕真宗大中祥符元年二月　「真宗」原在頁首「宋會要」之前一行，今改移於此。

〔二〕兗州乾封縣民王用田中　「兗州」原作「袞州」，據通考卷二九七物異考三改。

〔三〕詔設欄格謹護之　「欄」原作「攔」，據通考卷二九七物異考三改。

天禧二年九月乙酉，錢曖獻醴泉賦，賜及第。

三年閏四月丁未，醴泉出京師拱聖營，上謂輔臣曰：「營卒初覩龜，建真武祠，今泉出其側，有疾者飲之多愈。」甲寅，命王欽若建觀，名祥源。十月辛卯成。仁宗重建，改爲醴泉觀〔一〕。題曰〔二〕：「爰有神泉，湧兹福地，甘如飲醴，美可蠲痾。」

〔一〕改爲醴泉觀　「觀」原作大字正文，據玉海卷一九六天禧醴泉改爲小字。

〔二〕題曰　按此二字玉海卷一九六天禧醴泉無。

船

【題解】本門見輯稿食貨五〇之一至三五，大典卷四九二〇「船」字韻「詩文」事目收録。整理者於食貨五〇之一「宋會要」下楷書批「船」，下又小字注「戰船附」。本門原在食貨五〇，因内容屬方域類，今移入。本門起太祖乾德四年四月，迄寧宗嘉定十五年十二月十六日。

太祖乾德四年四月〔一〕，淮南轉運使蘇曉言：「緣江州府商人以江心爲界，各許兩岸通行。其北岸有溝河港汊，悉通大江，或穿州縣，從來客旅舟船往來經販。自禁閉口岸已來，江北商人欲入港汊興販者，巡檢使臣禁止不許。望明賜條約。」詔：「自今江北通連州縣溝河港汊，許商旅往來通行，即不得直入大江，有司謹察之。其捕漁人户，依近敕指揮。」

〔一〕太祖乾德四年四月 「太祖」原作「太宗」，按「乾德」乃太祖年號，故改。

真宗景德二年六月，永壽縣主言：「私家有船在汴河，值官私雇船運修河物料，望放免，及蠲經由税筭。」詔聽免雇般。

大中祥符三年十月，詔：「自今勾當事使臣，如在京指射舟船往向南州軍，逐處不得更添；若是替换，亦不得過元載力勝。所有添差乘駕兵士，及抽那堰上車軍，亦不得擅差。」

五年二月，衛國長公主言〔一〕，於汴河内置到船二隻，收載供宅物，乞免頭子力勝錢。詔免諸雜差使。

〔一〕衛國長公主言　「主」字原缺，且「言」下衍「言」字，據下文補删。

六年十一月，令長公主宅於諸州河置船者，止免諸雜差遣，其路税如式。先是，宿國長公主乞免税，真宗慮其有違條制，故申明之。

八年閏六月，詔：「皇族及文武臣僚、僧道諸河般載薪炭芻粟舟船〔一〕，止准宣敕及中書、樞密院所降聖旨劄子内隻數與免差遣。如許令將錢出京城門，即置簿拘管。其見今行運有河分交互者，取索元降文字，令行納换。」先是，黄、汴河催綱王黄裳言：「以和雇民船載薪芻供應滑州修河，有諸宅及寺觀舟船皆執官給文字免放差遣，然其間有河分差互者，乞條約之。」故有是命。

〔一〕僧道諸河般載薪炭芻粟舟船　「舟」原作「州」，據後文改。

天禧二年四月，詔：「自今赴任向南官員，如到真、楚、泗州，納下從京乘載舟船，即與勘會逐處岸下係官空閑雜般船，許差借乘載赴任。」

五年八月[一]，樞密院定皇親宅置船，長公主二，郡縣主一，聽於諸河市物，免其差撥，自餘不得爲例。

〔一〕五年八月　「五年」原缺，據長編卷九七天禧五年八月戊申條補。

仁宗天聖元年十二月，詔：「自今有落水舟船，須晝時出取，相驗修補，如必然不堪裝載鹽糧，亦便駕送合屬去處修充雜般。委實不任修補，即差官監拆[一]，板木量定長闊，釘鍋秤計斤重，因便綱船附帶赴船場交納修打。鹽糧舟船，不得擅將支使。如敢擅將官中堪好舟船妄有毀拆，及將板木釘線打造家事并諸般使用，並委發運司檢舉申奏，其典守等勘罪斷遣後，據占使卻釘板，勒令均陪價錢，當職官員、使臣勘罪申奏。」

〔一〕即差官監拆　「拆」原作「折」，據後文改。

三年七月，詔：「在京諸禪院各有舟船在河般買供用物，自今不得於船頭排牌，不依次駕放，并妄外欺壓百姓舟船，並仰開封府收捉在船僧人、道士并行者，及主捉舟船人等勘逐區分，如顯有兇豪，及不伏止約，依法斷訖，收禁奏裁。緣河州府縣鎮及撥發、巡檢、催綱、排岸、財門使臣覺察，三司每季舉行宣命，無令違犯。」

四年七月，江南西路轉運司言：「吉州永新、龍泉兩縣所買造船枋木，每貫尅下陌子錢六十五文〔一〕，更依例剋下頭底錢四文〔二〕，共除六十九文，是致商客虧本，少人興販。今勘會南安軍所買枋木，每貫止依例剋下頭底錢四文外，更不尅陌子錢六十五文，令吉州所剋枋木陌子錢乞行除放。」事下三司相度。省司勘會：「逐年般運斛斗錢帛雜物，全籍虔、洪州打造舟船應副。今來吉州永新、龍泉兩縣買枋木，請依轉運司所奏，依南安軍例，每貫收頭子錢四文外，更不減尅陌子錢六十五文。」從之。先是，吉州判官徐仲儒言：「永新、龍泉兩縣所買船場枋木，每貫於常例除尅錢四文，更尅陌子錢六十五文，致有衡州茶陵縣商人尹海經轉運司狀訴，乞給還所剋每貫六十五文陌錢。」轉運司移牒吉州會問，州稱止稱近例定奪，初無朝省指揮。運司同奏〔三〕，請除放。

慶曆二年二月，詔京東、西瀕河諸州，造戰船五百隻赴河北。

〔一〕每貫尅下陌子錢六十五文　「貫」下原衍「五」字，據後文刪。

〔二〕更依例剋下頭底錢四文　「例」字原缺，據後文補。

〔三〕運司同奏　「同」疑當作「因」。

皇祐三年九月，詔緣汴河商税務，毋得苛留公私舟船。

四年十一月，詔：「如聞江淮、兩淛、荆湖南北等路守官者多求不急差遣，乘官船往來商販私物。宜令發運、轉運司，自今非急務，毋得輒差官，若當差者，即不得以官舟假之。違者，本司及被差人並以違制論。」

神宗熙寧元年正月四日，句當京東排岸司盧盛等言：「發運使每是受命，即移文報岸，差船十五隻，復自拘收江淮船，稱是本司船，多是應副人情。乞今後只與依兩制條例差撥，即不得一面拘收。理職司資序知州并提點銀銅、運鹽、轉運判官，並依職身條例差撥四隻，除轉運使、提點刑獄外，其餘差遣，自合降敕。所有理職司資序知州、提點銀銅、運鹽、轉運判官，並乞只差三隻。每歲至閉汴口日，並須預催諸般空船回歸，内運糧雖般官物，並各遣回。内有量般官物爲名，乘載官員，迫閉汴口，方始到岸，只就居止，避見僦屋，遂使人船於乾汴内負重，致船縫開綻，多有損壞。乞今後應乘載官員到岸，限五日内般下，及不許將守凍舟船經冬般家居止。」並從之。

元豐元年正月十五日，詔：「川、廣、福建路官在任或替移，未出本路身亡，雖已請接送雇夫錢，許差座船一隻。」

三月一十二日〔一〕，詔使高麗涉海新舟，並賜號，其一曰「淩虛致遠安濟神舟」，其次「靈飛順濟神舟」。

〔一〕三月一十二日 「月」字原缺，據長編卷二八八元豐元年三月丁亥條補。按「一十二日」，「一」字疑衍。又按長編繫於三月十三日丁亥。

三年四月二十一日，詔：「衡州茶陵縣以税米折納船材，運至潭州造船，公私糜費。自今以所輸船材，即本縣造船二百艘，轉運司出錢佐其費〔一〕。」

〔一〕轉運司出錢佐其費 「其」原作「出」，據長編卷三〇三元豐三年四月甲寅條改。

六月二十七日，詔真、楚、泗州各造淺底船百艘，團爲十綱，入汴行運。

五年二月二日，詔熙河路洮河與黄河通接，如可作蒙衝戰艦運糧濟兵，令李憲計度。

哲宗元祐五年正月四日，詔温州、明州歲造船以六百隻爲額，淮南、兩淛各三百隻。從户部裁省浮費所之請也〔一〕。

〔一〕從户部裁省浮費所之請也 「所」字原缺，據長編卷四三七元祐五年正月庚午條補。

六年七月十一日，詔：「廣、惠、南恩、端、潮等州縣瀕海船户，每二十户爲甲，選有家業〔一〕、行止衆所推服者二人充大小甲頭，縣置籍，録姓名〔二〕、年甲并船櫓棹數。其不入籍并櫓棹過數，及將堪以害人之物并載外人在船，同甲人及甲頭知而不糾〔三〕，與同罪。如犯強盜，視犯人所坐輕重斷罪有差。及立告賞没官法。」從刑部請。

〔一〕選有家業　「業」原作「蒙」，據長編卷四六一元祐六年七月戊辰條改。

〔二〕録姓名　「姓」原作「生」，據長編卷四六一元祐六年七月戊辰條改。

〔三〕同甲人及甲頭知而不糾　「及」原作「即」，據長編卷四六一元祐六年七月戊辰條改。

八年六月二十二日，詔：「虔州應副罷任、丁憂官並孤遺骨船隻，許將五百料與四百料船均與，每歲各不得過十五隻。」

徽宗政和元年正月二十四日，中書省言，勘會前宰相、執政差船不限隻數。詔：「見今宰執差船，宰相歲不過八隻，執政官六隻，前宰執減半。差人准乘船兵卒之數，令工部立法，申尚書省。」

三年三月二十五日，詔：「應今來補造到汴綱舟船及招到人兵，並仰所屬交割付賈偉節專一管幹，仍逐路雕鑿字號，打造州軍、年月記驗，常切椿管，聽候朝廷指揮支使。其人兵即仰分劈着船，仍並不得別有差占，雖直奉指揮及一切特旨，仰並具狀申尚書省奏稟。候得旨，即依所得指揮施行。違者，徒二年。」

四年正月二十一日，尚書省言：「奉詔，錢塘江陽村去年十月二十一日，海客舟船靠閣，爲江潮傾覆，沉溺物貨，損失人命，濱江居民漁户乘急盗取財物，梢徒互相計會，坐視不救，利於取財。可令杭州研窮根究，不得滅裂。未獲人名，立賞三百貫告捉，不原赦降。仍令尚書省立法以聞。今擬修下條：諸州船風水損失，或靠閣收救未畢，而乘急盗取財物者，並依水火驚擾之際公取法。即本船梢徒互相計會，利於私取財，坐視不救。（海内不可收救處非。）若縱人盗者，徒二年；故縱而盗罪重者，與同罪；取財贓重者，加公取罪一等。」從之。

八月十九日，兩浙路轉運司奏：「明州合打額船並就温州，每年合打六百隻，所用木植，盡被造作局下公吏等託以取買諸局造作御前生活木植爲名，有失温、處等州抽解收買。除已牒杭州、平江府合用木植請徑行給據爲照，温州今後非承杭州、平江府公據，並抽解和買應副造船，乞指揮施行。」詔杭州、平江府非應奉御前而公給公據者，徒二年。

九月十四日，尚書省言，勘會都下見闕平底船支使。詔：「令兩浙路轉運司各打造三百料三百隻，江南東西、荆湖南北路轉運司各打造五百料三百隻。合用人兵、家事等，亦仰計置應副數足，隨船限至來年三月須管了畢，駕放到闕。所有逐船人兵，各於逐路廂軍内劄刷前來，所用錢數，亦仰於逐路應副見在封樁并常平錢内支撥，仍免執占。應合行事件，並仰比附昨賈偉節打造舟船已得指揮，具狀申尚書省。」

十二月十二日，發運副使李偃言：「近承尚書省劄子節文：開修濟河畢工，下發運司打造舟船。勘會所打舟船一千三百隻，座船一百隻〔一〕，淺底屋子船二百隻，雜般座船一千隻，並三百料。緣真、楚、泗州先打廣濟河船，除座船打造其百料外〔二〕，其屋子并雜般船，相度並只乞打二百五十料，所貴於濟河、五丈河通快行運，亦減省得材料〔三〕。」從之。

〔一〕座船一百隻　「隻」原作「支」，據前後文改。
〔二〕除座船打造其百料外　「其」疑當作「三」。
〔三〕亦減省得材料　「料」原作「籿」，形近而訛，今改。

五年十二月十九日，權發遣無爲軍田望言：「竊以本軍額管坐船不多，自來每爲形勢官占留，動經一二年不回〔一〕，至有本軍得替官於舊任伺候歲月，狼狽不能歸者。竊見淮東路提舉學事司昨申請〔二〕，以官司截留額管座船經隔歲月，未有遣還，今後雖有畫到一例差撥指揮，亦乞特免應副。奉聖旨依，緣即日本軍官接送乘座額船，委有防闕，欲乞依上件體例，免其它官司截占。」從之，應諸路州軍並依此〔三〕。

〔一〕動經一二年不回　「一二」原作「二二」，按輯稿刑法三之二一有「一二年不決」，故改。
〔二〕竊見淮東路提舉學事司昨申請　「學事司」原作「學士司」，據宋史卷一六七職官志七改。又「昨」原作「作」，形近而訛，今改。
〔三〕應諸路州軍並依此　「州」原作「舟」，據上下文改。

宣和元年五月二十一日，詔：「訪聞諸路造船州軍未造數目至多，兼近來打造多不如法，易損壞。仰拖下數目，用堪好着色材木如法打造，不及百隻限半年，百隻以上限一年，須管了足，並委憲臣點檢催促。如違限拖欠，具官吏姓名申尚書省，將上取旨。今後應綱運舟船，如敢截留借撥船般載佗物者，以違御筆論。」

七年五月十七日，户部言：「神霄宫、瓊華館元降指揮，繫於東、西河各置船一隻，津般道業米麪之類，並免抽税。昨依龍德太一宫置船例，即未有許依本宫例〔一〕，於通流處往來免税。」明年詔依龍德太一宫例。

〔一〕即未有許依本宫例　「宫」原作「官」，據前後文改。

七月九日，詔：「聞明州造船場及作院所用木、竹、鐵、炭應干物料等，近來官吏爲姦，更不和價，並係敷配於六縣人户，逐等第彊取於民。監司守令縱使掊尅，廉察使者坐視，並不按劾〔一〕，未欲重作行遣。可下本路，如尚敢依前抑配取於民户，不還價錢，官並當遠竄嶺外，人吏配海島，廉訪使者常切覺察以聞。」

〔一〕并不按劾　「劾」原作「刻」，形近而訛，今改。

施行。」

二十五日，詔：「應宫觀寺并臣僚之家舟船收税，並依舊法。其專降免税指揮，更不施行。」

高宗皇帝建炎元年七月十一日，尚書省言：「瀕海沿江巡檢下魛魚船，可堪出戰，式様與錢塘、揚子江魛魚船不同，俗又謂之釣槽船，頭方小，俗謂盪浪斗。尾闊可分水，面敞可容人兵〔一〕，底狹尖如刀刃狀，可破浪。糧儲、器仗置簧板下〔二〕，標牌、矢石分兩掖。可容五十人者，面闊一丈二尺，身長五丈，依民間工料造打，每隻約四百餘貫〔三〕。今來召募諸路水戰人，且以三萬人爲率，每船可容五十人，合用魛魚船六百隻，計用錢二十四萬餘貫。江、浙州縣慮財賦窘迫，欲許人户入中，每十五隻，進士補迪功郎；十八隻，補承節郎；十四隻，補承信郎。不以進納出身爲官户。有官人願入中，四隻，許占射鄉便合入差遣一次〔四〕；非流外出身人減半。道尼女冠願入中，二隻，與四字師號。仍先降空名告敕下官司收管，候有人入中，先次書填。仍止許本州知州措置勸誘第一等以上人户入中，餘户不得預造船之役。有情願出財者，申措置官相度，非州縣抑勒，聽依例入中。」詔付楊觀復施行，其合用占射差遣公據并四字師號敕牒，候有入中人，具姓名申尚書省。

〔一〕面敞可容人兵　「敞」原作「敝」，據繫年要録卷七建炎元年七月己亥條改。
〔二〕器仗置簧板下　「簧板」原作「黄版」，據繫年要録卷七建炎元年七月己亥條改。
〔三〕每隻約四百餘貫　「隻」原作「支」，據前後文改。

〔四〕許占射鄉便合入差遣一次　「鄉便」原倒。按「鄉便」亦見輯稿選舉三三之三〇等，故乙正。

九月十六日，知揚州吕頤浩言：「滄州并濱州一帶與北界地形鄰接，最係要害去處，理宜措置。合用魛魚戰船，已行畫樣頒下州縣，欲令先次根刷應係官輕捷舟船隨宜改造，如闕，即於民間踏逐，增價收買，改爲戰船，立限修整牢壯。每州三十隻，仍許備穴舟利器之屬。」詔：「逐州召募能没水經時伏藏之人，以五十爲額，每月請給外，更支食錢三百文，百姓支食錢二百文，月給米一石。當職官能於限内計備堪委戰舟船，召募水手足備，並轉一官，知州、通判減三年磨勘。限滿不足，當職官展二年磨勘，知州、通判展一年；不及八分，展三年磨勘，知州、通判展二年；不及七分，降一官，知州、通判展三年磨勘。内當職官計備舟船與招募水手事不相須應賞罰者，遞降一等，其公共協力幹辦〔一〕、招置數目不等者，並比類分受賞罰。仍仰逐路提刑司各具應該賞罰官職位、姓名，及别其優劣一兩處，申尚書省取旨，重行陞黜。」

〔一〕其公共協力幹辦　「協力」原作「辦力」，按輯稿職官二六之二九、食貨一之三四等有「協力幹辦」，故改。

二年六月五日，發運副使吕源言：「近於江、湖四路沿流州縣打造糧船一千隻，并潭、衡、虔、吉四州兩年拖欠舟船八百三十九隻，江東路打造未到船二百五隻，乞限至年終一切了畢。緣潭、衡、虔、吉四州今年年額又合打造船七伯二十三隻，共二千七伯六十七隻，散在江、湖四路沿流二十餘州軍，若不選差彊幹官催督點勘，必致違悮。欲依大觀四年發運判官王璹打造荆湖南北、江南西路未足額船一千隻，辟差幹辦公事四員，依本司幹辦公事例，乞差朝請郎杜師恕、奉議郎林彭年二員，分路監轄催督，及差承節郎魏端臣充隨行點勘工料。」從之。

十二日，發運副使吕源言〔一〕：「近乞責限江、湖打造糧船二千七百餘隻，每船只用梢三人，合與八千餘人。若從州軍差撥，往往只稱闕人。今欲從發運司委官，於轄下州軍取索廂軍開收曆并糧帳，勒合干人根刷〔二〕，將空閑及違法差借影占并閑慢窠坐摘那抽差，赴本司充糧船梢。其所差人兵遠離鄉土，每名欲量與起發錢一貫文，每日量添食錢二千文省。」詔依，遇打造到船，逐旋差撥，即不得預先差占。

十六日，司農少卿史徽言：「諸路轉運司歲起上供糧斛合用舟船，逐路各有船場認打船額，比來漕司失於督責，遇朝廷催促斛斗，往往以闕船爲辭。乞取會建炎元年拖欠并今未打

〔一〕發運副使吕源言　「運」原作「遣」，據上下文改。

〔二〕勒合干人根刷　「干」原作「千」，據下文改。

船數〔一〕，移文漕司督責。仍許依近降指揮，收買舟船，總計料例，理爲年額〔二〕。歲終，令發運司具虧欠最多去處漕司官并打船合干官吏職位、姓名，申朝廷取聽指揮。」從之。

〔一〕乞取會建炎元年拖欠并今未打船數　「建炎」原作「炎炎」，據輯稿食貨四九之三五改。

〔二〕理爲年額　「年」原作「半」，據輯稿食貨四九之三六改。

八月九日，發運副使呂源言：「措置江、湖四路打造糧船二千七百餘隻，責限來年六月了畢。乞將本司所轄六路昨來添酒錢，並令依舊拘收使用。」詔：「上色酒每升許添三錢，次色酒添二文，令轉運司置曆拘收，逐旋與發運司打船使用。候支撥數足日，令轉運司具數取旨，撥歸轉運司。」

十二月十三日，發運副使呂源言：「乞嚴降指揮，應諸路運司七百料暖船，並發赴行在，非舊有場處，不許製造。暖船止許造五百料以下，不得過爲添飾。其長不過十丈，及依倣舊制立定年額〔一〕。」從之。

〔一〕及依倣舊制立定年額　「倣」原作「做」，形近而訛，今改。

三年三月四日，臣僚言：「自來閩、廣客船并海南蕃船，轉海至鎮江府買賣至多，昨緣西兵作過，并張遇徒黨劫掠，商賈畏懼不來。今沿江防拓嚴謹，别無他虞，遠方不知。欲下兩淛、福建、廣南提舉市舶司〔一〕，招誘興販，至江寧府岸下者，抽解收税量減分數。非惟商賈盛集，百貨阜通，而巨艦銜尾，亦足爲防守之勢。」從之。

〔一〕廣南提舉市舶司　「市舶司」原作「市船司」，據宋史卷一六七職官志七改。

四月十二日，尚書省言：「平江府造船場計料四百料八櫓戰船，每隻通長八丈，用錢一千一百五十九貫；四櫓海鶻船，每隻通長四丈五尺〔一〕，用錢三百二十九貫。」詔依擬定速行打造〔二〕，差官管押，赴江寧交割。

〔一〕每隻通長四丈五尺　「長」字原脱，整理者補「長」於「通」、「四」之間，卻删落「通四」二字，上古本據老學庵筆記卷一回改，是。

〔二〕詔依擬定速行打造　「詔」原作「照」，形近而訛，今改。

八月四日，工部言：「勘會發運副使葉焕劄子，欲將兩淛路州軍抽税竹木依嘉祐敕，以十分爲率，三分應副發運司修整綱船。」從之。

紹興元年正月十八日，權發遣兩淛轉運副使公事徐康國言：「温州造船場年額打造本路直達綱船三百四十隻，近年税賦窘乏，打造不曾及額〔一〕，官吏五人、兵級二百四十七人枉費請給。今欲除選留監官一員并兵級一百人在場應副打造外，其餘官兵並行裁減，内官員依省罷法，兵級撥歸本州，充厢軍役使。」詔令康國選留監官一員兼監買船場，餘從之。

〔一〕打造不曾及額　「曾」原作「魯」，形近而訛，今改。

六月二十六日〔一〕，發運副使宋煇言：「闕少綱船漕運，乞將兩淛州府抽税竹木通撥五分付本司，打造鐵頭船，般運行在軍儲。」詔依，内臨安府抽税竹木以十分爲率，轉運司并本府各四分〔二〕，將二分應副發運司。

〔一〕六月二十六日　按輯稿職官四二之五四作「六月十六日」。

〔二〕轉運司并本府各四分　「本府」原作「本司」，據輯稿職官四二之五四改。

十月一日，詔：「令兩淛轉運司，將本司已分下州縣打造座船，改造淛東行運舫子一十七隻。所有綱船，仍打造二百五十料船三十五隻。仰别開具的實用物料錢數，申尚書省。」

二年二月一日，詔：「官司舟船須管支給雇錢，不得以和雇爲名，擅行奪占。如違，許船户越訴。」以臣僚言：「軍興以來，所在官司往往以和雇爲名，直虜百姓船隻，以便一時急用。

行通行者〔一〕，惟官員與茶鹽客而已，不特失國家阜民通貨之大體，而暗損稅額，所害不輕。緣此民間更不敢造船，既壞者不肯補修，船數日少，弊端日生。乞立法行下州縣，嚴行止絶。」故有是命。

〔一〕行通行者　按前一「行」字疑誤，當作「其」或「所」。

三月二十二日，詔：「應官吏、軍下使臣等，輒干州縣亂作名色指占舟船，及州縣作非泛使命經過差人捉船〔一〕，並從徒一年科罪。許船户越訴，仰州縣常切遵守，散出榜曉諭。如奉行不虔，許監司覺察聞奏，重行黜責。仍令工部遍牒行下。」以殿中侍御史江躋奏請〔二〕，故有是詔。

〔一〕及州縣作非泛使命經過差人捉船　「命」原作「名」，據輯稿職官四三之一四六改。

〔二〕以殿中侍御史江躋奏請　「侍御史」原作「侍御使」。按殿中侍御史，隸御史臺，掌言職。故改。又「請」原作「謹」，形近而訛，今改。

四月十八日，詔：「浙西起發上供糴買錢米及起發安撫大使司贍軍錢糧船户，令轉運司依實值和雇，即不得輒便差科。如違，許人户徑赴尚書省越訴。」

六月二十八日，福建兩浙淮東沿海制置使仇悆言，乞立募船推恩體例。詔：「沿海制置司在募到海船，每一隻及一丈八尺以上，白身人與進義副尉；有名目人與轉一官資，仍減三年磨勘。」

八月七日，尚書省言〔一〕：「訪聞提點坑冶鑄錢虔饒州司舊管小料七綱〔二〕，共計船二百八十隻，往來般運嶺南銅鉛等物料，應辦江東錢監趁鑄額錢，並係應副上供綱運。依紹聖四年二月十一日敕旨，應係本司大小料綱經過州縣，更不得截留附搭，亦不許借撥，別裝官物。累年以來，多是過軍虜奪綱船前去，今止有一十七隻，致綱運敗闕。雖已措置應副般運，竊恐今後軍馬過往或其他官司，依前承例虜奪拘占。」詔虔饒州提點鑄錢司官船〔三〕，其過往軍馬及他司、州縣輒拘占截撥，依紹興二年三月二十二日指揮科罪，仍許梢工越訴。

〔一〕尚書省言　「尚書省」原作「尚尚省」，據輯稿職官四三之一四五改。
〔二〕訪聞提點坑冶鑄錢虔饒州司舊管小料七綱　「虔」字原缺，據後文及輯稿職官四三之一四五補。
〔三〕詔虔饒州提點鑄錢司官船　「官船」，輯稿職官四三之一四六作「應官客船」。

八月十一日，侍御史江躋言：「福建路海船，頻年召募把隘，多有損壞，又拘靡歲月，不得商販。緣此民家以有船爲累，或低價出賣與官户，或往海外不還，甚者至自沉毁，極可憫念〔一〕。乞令本路沿海州縣籍定海船，自面闊一丈二尺以上，不拘隻數，每縣各分三番應募把隘，分管三年，周而復始。遇當把隘年分〔二〕，不得出他路商販。使有船人户三年之間，得

二年逐便經紀，不失本業，公私俱濟。其當番年分輙出他路，及往海外不肯歸回之人，重坐

其罪，仍没船入官。如本州縣綱運，即輪差不及一丈二尺海船，其係籍把隘船户，本州縣綱

并不得差使。」詔：「權令官户並同編民，仍委帥臣、監司自紹興三年將本路海船輪定番次，其當番年分輙出他路，並從杖一百科罪，其船仍没官。所有今年募到人，與理充一次。」

〔一〕極可憫念　「極」原作「急」，按輯稿選舉六之一四有「極可憫念」，據改。

〔二〕遇當把隘年分　「遇」原作「過」，形近而訛，今改。

十二月十日，臣僚言：「伏見浙東、西各置使提領海船，浙西仇悆，於平江府許浦鎮駐劄，然控扼山東海道，尚爲不可廢者。浙東差吕源，於明州提領，則非仇悆比。近見指揮，令吕源於已到岸海船内擇近下料例船一百隻，先以發回朝廷，已灼見其利害。望罷吕源一司官屬，見在舟船，只令明州守臣兼領。」詔來年正月，令吕源先次結罷。

三年七月一日，江淮東路宣撫使劉光世言〔一〕：「奉御筆處分：『已降指揮，遣王瓊蕩滅楊么賊衆，全賴舟楫以濟。卿可疾速揀選堪接戰船五百隻，權暫應副，事畢便復截留。』臣契勘本軍止蒙撥到李進彦船，日近雖蒙撥到邵清船十餘隻，往往壞爛，不免修補，應副運糧。况臣自來謹守法令，不敢縱令軍中强取官私舟船，委是别無得處。竊緣韓世忠近因上江捉殺，收集到舟船三四千隻，臣本州軍船十不及一。今不敢有違聖訓，除已即時行下勾集諸處

載糧舟船，候到見數，遵依發遣赴王瓔使用。」詔令劉光世依已降指揮，將李進彦見管舟船并橹梢盡數應副王瓔使用，候回日，發歸本軍。

〔一〕江淮東路宣撫使劉光世言 「江淮東路」顯誤。按劉光世，繫年要録卷六四紹興三年四月辛卯條載其爲江東宣撫使，卷六八紹興三年九月乙亥條載其爲江東淮西宣撫使，宋史卷二七高宗紀四亦同。故紹興三年七月，光世任江東宣撫使無疑，此「江淮東路」當作「江南東路」或「江東路」。

九月二十五日，岳飛奏：「本軍即目並無舟船，若遇緩急，乞於本路州縣沿江不以官私舟船，和雇權借使用，事畢給還。」詔：「令岳飛常切明遠斥堠，如探報外敵侵犯，委是緊急，即將本路州縣江道港汊不以官私舟船，盡行拘收，隨軍使用，事息給還。即不得無事便行拘收，卻致搔擾。」

十二月一日，神武前軍統制、荆南岳鄂潭鼎澧黄州漢陽軍制置王瓔言：「鼎州畫到大軍船小樣并長闊高卑步數，望於下地江分及江西、荆湖南北兩路各造一二十隻，付沿江備禦使用。」詔令江南東西、荆湖南北路帥司依樣打造。

二十七日，中書門下省言：「江南西路安撫制置大使趙鼎奏：『本路邊臨大江，控扼千里，打造戰船二百隻，般載錢糧船一百隻，工費不下十餘萬貫。乞就吉州榷貨務支降見錢一十萬貫。』」詔：「令吉州榷貨務支降見錢二萬貫，依數打造般載錢糧船，仍開具料例及合用的確錢數，申尚書省。其戰船關送樞密院。」

四年二月七日，知樞密院事張浚言〔一〕：「近過澧、鼎州，詢訪得楊么等賊衆多係群聚土人，素熟操舟，憑恃水險，樓船高大，出入作過。臣到鼎州，親往本州城下鼎江閱視。知州程昌禹造下車船，通長三十丈或二十餘丈，每隻可容戰士七八百人〔二〕，駕放浮泛往來，可以禦敵。緣比之楊么賊船數少，臣據程昌禹申，欲添置二十丈車船六隻，每隻所用板木材料〔三〕、人工等共約二萬貫。若以係官板木，止用錢一萬貫，共約錢六萬貫。乞行支降，及下辰、沅、靖州計置板木。如係私下材植，即行支給價錢，和買使用。臣已於隨行官兵請受錢物輒那金三百兩，付程昌禹收管買木，及劄下辰、沅、靖州，多方計置應副去訖〔四〕。所有少缺錢物，望賜量度應副。」勘會程昌禹、折彥質已降指揮，兩次各降過度牒五百道，依権貨務見買價直，每道一百二十貫，紐計價錢各六萬貫，專充打造戰船使用外，詔依。其張浚已應副過金三百兩，令程昌禹亦行打造戰船，買板木使用，仍仰辰、沅、靖州依已劄下事理疾速計置，不得別致搔擾。

〔一〕知樞密院事張浚言　「密」字原缺，據繫年要録卷七三紹興四年二月丁亥條補。

〔二〕每隻可容戰士七八百人　「隻」原作「支」，據後文改。

〔三〕每隻所用板木材料　「隻」原作「支」，據前文改。

〔四〕多方計置應副去訖　「副」原作「付」，據後文改。

四月二十八日，宰臣奏呈造船文字，朱勝非等言〔一〕：「近來諸路般發綱運，大段費力，雖州縣優給雇直，人户少應募者。蓋軍興以後，船户例遭驅虜，民間莫敢置船。欲令兩浙、江東西路各造船二百隻〔二〕，專充運糧使用。尚恐將來造到，另有指占。」上曰：「須於船上分明雕刻字號，諸處不得指占，雖奉聖旨，聽執奏不行〔三〕。」

〔一〕宰臣奏呈造船文字朱勝非等言　按輯稿食貨四三之一九、四七之一七均言「内殿進呈造船文字，宰臣朱勝非等曰」，或有誤。

〔二〕江東西路各造船二百隻　「路」原作「後」，據輯稿食貨四三之一九、四七之一七改。

〔三〕聽執奏不行　「聽」字原缺，據輯稿食貨四三之一九、四七之一七補。

五年閏二月五日，給事中陳與義言：「州郡之間，有一事而官民交病者，雇船以轉輸是也。州縣差雇無已，水脚之費不貲，方列戍江邊，轉輸未減於前。乞令諸郡破官錢買民間堪乘載船〔一〕，不過一歲水脚所費，而官民兩利，可以支數年之用。」詔令江、浙轉運司措置相度，申尚書省。

〔一〕乞令諸郡破官錢買民間堪乘載船　「錢」字原缺，據輯稿食貨四三之二〇、四七之一八補。

十三日，尚書省言：「車駕駐蹕臨安，四方輻湊，錢塘水闊流湍，全藉牢固舟船往來濟渡。近日渡船怯薄〔一〕，㮰梢乞覓錢物〔二〕，以多寡先後放令上船〔三〕，是致争奪，壓過力勝，或遇風濤，每有覆溺。」詔：「令兩浙轉運司限十日更令添置三百料船五隻，專一濟渡，不得他用。仍將見今怯薄渡船别行修换，及覺察㮰梢等不得乞覓錢物〔四〕。如有違戾，重作行遣。」

〔一〕近日渡船怯薄　「怯」原作「恃」，據後文及方域一三之七改。
〔二〕㮰梢乞覓錢物　按方域一三之七「㮰梢」前有「每遇濟渡」四字。
〔三〕以多寡先後放令上船　「放」原作「於」，據方域一三之七改。
〔四〕及覺察㮰梢等不得乞覓錢物　「錢物」原缺，據方域一三之七補。

五月十日，兩浙轉運副使吴革言：「江、浙諸州軍打造九車、十三車戰船，以備控扼。緩急遇敵，追襲掩擊，須用輕捷舟船相參使用。今倣湖南五車十槳小船樣制，理宜措置打造。奉聖旨，令諸路依樣更行打造，内兩浙東、西路各一十四隻，江東一十二隻，江西一十六隻，並令逐路漕司分抛本路見造車船州軍打造。仍候指揮到，限五十日一切了畢。劄付本司疾速施行。又奉聖旨節文，浙東船隻依已降指揮，分抛製造，每隻先次支錢一千貫〔一〕，並於客人貼納鹽錢内取撥，疾速計置材料打造。」詔許支撥，其餘州軍依此。

〔一〕每隻先次支錢一千貫　「隻」原作「支」，據前文改。

十二月二十二日，詔：「昨降度牒分下州縣，付上户打買舟船。雖江海平海樣製不同，但堪乘載，並就本縣交納。縣差人管押赴州，州團綱差人押赴轉運司，限日下交納。如有些小未備，下船場修整。敢有邀阻乞覓，依非泛科取受錢物指揮施行。」從殿中侍御史王縉之請也。

七年四月五日，中書門下省言：「諸路造船場歲額打造運糧綱船，各有立定數目，比年拖欠不敷。訪聞本路監司多是科撥打造座船，以應副朝廷爲名，侵耗工料，於打造年額綱船相妨，遂致綱運雇船般載，顯爲未便。」詔：「諸路船場不許打造座船，雖奉特旨，仰彼官司執奏不行。其年額綱船，不得依前拖欠。如有見造座船，改作糧船使用。」

十二月十七日，宰臣奏：「江東轉運司乞神主所用船，於六宫船中借，至鎮江府發還。」上曰：「朕奉祖宗，要極嚴備，豈問還與不還？他日六宫乏用，別差綱船亦可，宜令擇堪好者，供神主乘載。」

二十八年七月二日，福建路安撫、轉運司言：「昨准指揮，令兩司共計置打造出戰魛魚船一十隻，付本路左翼軍統制陳敏水軍使用。契勘魛魚船乃是明州上下淺海去處，風濤低小，可以乘使。如福建、廣南海道深闊，非明州海洋之比[一]。乞依陳敏水軍見管船樣造尖底海船六隻，每面闊三丈、底闊三尺，約載二千料，比魛魚船數已增一倍，緩急足當十舟之用。」詔從之，其合用錢，令本路轉運司上供錢糧内應副，不得因緣科擾。

〔一〕非明州海洋之比 「州」字原缺，據前文補。

九月二十二日，殿前都指揮使楊存中言：「本司見打造海戰船，合用諳會船水人駕放。乞從本司水軍招收少壯諳曉船水百姓一千人，並刺充虎翼水軍，應副教習使喚，請給乞依紹興十年所招虎翼水軍已得指揮則例支破。」從之。

二十九年七月一日，詔：「州縣應沿流係籍之舟，不舟不許官户隱占〔一〕，並令輪次差撥，番休迭用，務在平均。如有違戾，委自知、通覺察，按劾以聞。」從左司諫何溥之請也。

〔一〕不舟不許官户隱占 「不舟」當衍。

三十一年六月二十七日，中書門下省奏：「温州進士王憲上言：『伏覩給降空名告身下福建〔一〕、浙東安撫司打造海船，緣兩路船様不同，乞下福建安撫司依温州平陽縣莆門寨新造巡船〔二〕，面闊二丈八尺，上面轉板平坦如路，堪通戰鬭。』乞令人户依此打造。其温州二丈五尺面海船力勝，卻乞行下依憲自己海船様爲式，庶幾將來海道兩路舟船，不致攙先拖後，得成一粽，容易號令。所有造到海舡之人，所補官資，乞作隨軍補授出身。」詔王憲陳獻海船利害，委有可采，補承節郎，差充温州總轄海船；進義校尉朱清與轉一資，差充温州海船指揮使。

〔一〕伏覩給降空名告身下福建　「身」字原缺，據繫年要録卷一九一紹興三十一年七月癸酉條補。

〔二〕乞下福建安撫司依温州平陽縣蒲門寨新造巡船　「陽」字原缺，據繫年要録卷一九一紹興三十一年七月癸酉條補。

三十二年二月二十二日，尚書省言：「淮南轉運司舊有祇備人使舟船三十餘隻，自去冬軍興已前，盡皆發往浙西。今來信使復通，若再行打造，決不可辦。訪聞其船轉移作人事，及有拘占在別官司及官吏之家，乞令淮南轉運副使楊抗逐一開具元管船數，不以甚處執占，並日下發遣，以備使人回程及將來久遠之用。若或隱匿，致諸色人告首，重作施行。」從之。

閏二月十九日，判建康府、江南東路安撫使張浚言：「本府界沿江通計二百五十餘里〔一〕，緊要渡口止是七處，若措置巡捕，委可禦備〔二〕。惟是打造舟船合用錢物，乞支降錢四萬貫，仍乞以度牒并承信郎、迪功郎及助教告敕降下；沿江州郡〔三〕，亦乞依此應副打造使用。」詔：「建康府支錢四萬貫，鎮江府支三萬貫，江陰軍、太平池江鄂州、荆南府各支二萬貫，並以空名迪功郎、承信郎、助教告敕度牒折支。仍令建康府畫樣關報，逐處專委守臣與水軍統制、統領諳曉造船之人同共措置，限七月以前了畢。」

〔一〕本府界沿江通計二百五十餘里　「沿」原作「松」。按建康府境内無松江，此「江」乃大江。故改。

〔二〕委可禦備　「備」原作「捕」，形近而訛，今改。

〔三〕沿江州郡　「沿」原作「松」。按後文江陰軍、太平池江鄂州、荊南府皆沿江州郡，與此合。故改。

四月三日，詔：「淮南運司見行修整奪到虜人糧船，慮有底板疏漏，不堪修整，枉費工料。可盡數發赴兩浙轉運司交割，委官相視〔一〕，重行修換，務要堅固，不悞使用。」

〔一〕委官相視　「視」原作「親」，形近而訛，今改。

七月二十七日，孝宗皇帝已即位，未改元。江淮東西路宣撫使張浚言：「昨降空名告身、度牒下沿江諸州軍打造戰船〔一〕。今鎮江府率先造成二十四艘，守臣趙公稱委勤於職，及措置打造官、水軍副統制李琦監督有勞，乞與推賞。」詔趙公稱減三年磨勘，李琦減二年。

〔一〕度牒下沿江諸州軍打造戰船　「沿」原作「松」。此「江」顯指大江。故改。

八月二十三日，詔：「海船人户，其間有出力自辨，爲國扞禦之人〔一〕，或許更戍而願長役者，所屬保明申奏，當議推恩。」

〔一〕爲國扞禦之人　「扞」原作「忏」，形近而訛，今改。

孝宗隆興二年五月二日，淮東宣諭使司言：「去年三月，都督府下明、温州各造平底海船十艘，因明州言平底船不可入海，已獲旨，准年例，藉民間海船更互防拓〔一〕。近都督府再令造船，每十隻之費，公家支經總錢三萬貫，兼材打採木，公私受弊。又令兩浙漕司造江船百艘，所費尤甚。今相度，欲令逐州據已辦船數取旨，未造數目更不打造。」從之。

〔一〕藉民間海船更互防拓 「海」上原衍「海」字，據前文删。

乾道元年二月二十三日，兩浙運判姜詵言：「北使及接伴一行舟船，合用三十五艘，平江府報，差岸篙〔一〕、燈籠、牽挽計一千八百二十六人，慮人數稍多。欲將平江府所計人數爲准，除牽挽一百人仍舊差軍兵倉腳外，於合用燈籠、岸篙人數，量損百人，通實用一千七百二十六人，其餘沿流州府，亦乞依此裁損。」從之。

〔一〕差岸篙 「篙」原作「嵩」，形近而訛，今改。下同。

八月二十五日，江西運判朱商卿、史正志言：「贛、吉州船場，每歲額管造船五百艘，近歲所造糧船殊極簡蔑，皆造船官吏通爲姦弊，本司相去地遠，難以稽察。欲乞將贛、吉兩州船官見今四員，於内各省罷一員，所存留一員，自今止差文臣。兼贛州造船，多阻於灘磧，今乞移贛州一所就隆興府置場打造〔一〕，本司朝夕可以稽察。仍乞降旨，自今兩船場監官到罷，并就本司批書，庶幾專以可以督責〔二〕。」從之。

〔一〕今乞移贛州一所就隆興府置場打造　「置」原作「制」，據輯稿食貨五〇之二三改。

〔二〕庶幾專以可以督責　「專以」，上古本疑當作「專一」，或是。

二年二月十六日，鎮江府駐劄御前諸軍都統制郭振言，乞差交替海船篙梢等。輔臣洪适等請以明州未立功〔一〕、無名目二百人前往鎮江管船，庶幾免差替爲便。上善之，令優給盤費遣發。

〔一〕輔臣洪适等請以明州未立功　「明州」原倒，據宋史卷八八地理志四乙正。

六月二十四日，上問輔臣，福建、廣南盡給兩軍修之。〔一〕

〔一〕按本條語義不明，當有脱誤。

九月二十一日，殿前司言：「於本軍差擇官兵二千人，募海船二十六艘，差左翼軍統領李彦椿部率，於江陰軍岸次繫泊，彈壓海賊。其船元係自泉州遣發，未給路券，乞令江陰軍依昨江上人船例，給錢米券曆，應副食用。」從之。

三年八月五日，權尚書工部侍郎薛良朋論防江，乞集沿江民夫踏駕車船，預行分撥。上以邊事不興，恐徒煩擾〔一〕，不許，止下建康、鎮江守臣密措置〔二〕，候有緩急乃集。

〔一〕恐徒煩擾　「擾」原作「優」，形近而訛，今改。

〔二〕止下建康鎮江守臣密措置　按「密」前後當有脱文。

十二月十八日，御前武鋒軍統制兼知高郵軍陳敏言：「竊見兩淮州軍累經殘破〔一〕，今流移散徙之民方漸歸業，全賴客旅與居民博易〔二〕，用蘇民力。欲乞詳酌，許令客旅舟船，不以大小通放，依舊往來，但乞嚴敕沿淮官司禁止舟船〔三〕，不得渡淮。」從之〔四〕，仍詔舟船往來，令高郵軍給引立限，回日依舊赴本軍繳引照驗。

〔一〕竊見兩淮州軍累經殘破　「累」原作「界」，形近而訛，今改。

〔二〕全賴客旅與居民博易　「博」原作「傅」，形近而訛，今改。

〔三〕但乞嚴敕沿淮官司禁止舟船　「嚴」原作「麗」，形近而訛，今改。

〔四〕從之　「之」字原缺，據上下文補。

四年三月十日，知建康府、充江南東路安撫使兼沿江水軍制置使史正志言：「乞將所樁見錢十萬貫，收係制置司水軍赤曆，擇買良材於所産毓州軍〔一〕，就建康置場，增造一車十二槳四百料戰船，相兼使用。」從之。

〔一〕擇買良材於所産毓州軍 「於」字原缺，據輯稿職官四〇之一五補。按職官四〇之一五載，「於出産木植州軍收買板木」，「毓」或「木植」之誤。

十二月十三日，福州番船主王仲珪等言：「本州差撥海船百艘，至明州定海馮湛軍前。乞照平江府遞年支給梢手等人贍家錢例，下明州支給。」詔明州依平江府例支其半〔一〕。

〔一〕詔明州依平江府例支其半 「江」下原衍「平」字，據前文删。

五年三月二十八日，詔修武郎鄭遠特授敦武郎，以遠部海船許浦，防托應格也。

四月五日，殿前司護聖步軍統制兼權發遣楚州左祐言：「本州之東地名皛魚溝接淮海，最爲控扼。近申明，將本州兵馬鈐轄羊滋移往其地，警察姦盜，管轄海船。緣元轄海船二百餘艘，今已拘其半，皆積久捕魚射利之民，累往清河口備禦，并運海州軍糧〔一〕、間探之類，甚爲濟用。其一帶正瀕淮海，地分闊遠，羊滋獨員，或緩急卻致散漫誤事。今欲創置使臣二員，從祐踏逐土豪有材力、諳曉地利、衆所推服之人，專充管轄海船，機察淮海盜賊，聽羊滋驅使。」從之。

〔一〕并運海州軍糧　「運」原作「連」，據兩朝聖政卷四七、宋史全文卷二五上改。

十月六日，權主管殿前司公事王逵言：「水軍統制官馮湛近打造多槳船一艘，其船係湖船底、戰船蓋、海船頭尾，通長八丈三尺，闊二丈，並淮尺計八百料，用槳四十二枝，江海淮河無往不可。載甲軍二百人，往來極輕便。乞朝廷降下式樣，令明州製造三五十艘，以備緩急禦敵〔一〕。」殿前司具呈，造船每艘計用錢一千六百七貫七百有奇，其所造五十艘，計錢八萬三百八十九貫。詔馮湛依樣措置打造五十隻。

〔一〕以備緩急禦敵　「緩急」原倒，據上文乙正。

六年閏五月十六日〔一〕，兩浙路轉運判官呂正己言〔二〕：「行在百司等處見占本司座船，並不承受差使，往往要鬧處艤泊，私醞沽賣，酒氣薰蒸，日漸損壞，卻經由所占官司陳乞，於本司船指名對換。如此，則依倚作過〔三〕，壞官船之人常得遂志，委實非宜。欲自今應百司占破舟船，如實損動，即關本司檢計修整；或不堪乘，則發元船并梢工，以憑選換。庶幾懲勸小人〔四〕，愛惜舟楫。」從之。

〔一〕六年閏五月十六日　「六年」原脱。按乾道六年有閏五月，且與前後年次相合，故補。

〔二〕兩淛路轉運判官呂正己言　「兩淛」原作「西淛」，據下文改。

〔三〕則依倚作過　「作」原作「昨」。按輯稿食貨五〇之二七有「越境作過」。故改。

〔四〕庶幾懲勸小人　「幾」原作「機」，據下文改。

七月十九日，四川宣撫使司言：「利、閬州岸溉見管瀘、敘、嘉、眉等州打造馬船一百十七隻，委官相視，選撥往江、池州都統制司。其利州所管止十二艘堅壯，并閬州委官選擇，止十三艘堪修，餘打造年深，板木朽損。乞除兩州所選二十五艘外，餘數下所委官估賣拘價。」詔令宣撫司將堪用船二十五艘疾亟發往江、池州兩都統制司收隸，餘船令本司措置修整。

八月十五日，兩淛路轉運判官呂正己、直敷文閣權兩淛路轉運判官胡昉言：「應辦人使或遇運河淺澀，從前不曾措置輕快舟船。今打造騰淺鐵頭等船共一百艘，竊慮諸處官司或妄指占。乞旨不許諸處占差〔一〕，庶幾不至乏事。」從之。

〔一〕乞旨不許諸處占差　「旨」前疑有脱文，上古本徑補「降」字，或是。

十一月九日〔一〕，詔兩浙轉運司：「每應辦人使舟船，管船使臣往往差於臨時〔二〕，不能管轄。自今專委臨安府於緝捕并所管使臣內選有心力才幹使臣，每船止許差一員管轄，及每船添差八厢一名、親從一名，作管船軍員名色，同使臣自盱眙軍至行在往回幹涖〔三〕。如能伺察違犯及失察，重功賞罰。」

〔一〕十一月九日　按輯稿職官三六之五七作「十一月十九日」。

〔二〕管船使臣往往差於臨時　「使」字原缺，據輯稿職官三六之五七補。

〔三〕同使臣自盱眙軍至行在往回幹涖　「幹涖」，輯稿職官三六之五七作「管幹機察」。

二十日，兩浙路轉運司言：「北使一行舟船所合用篙手〔一〕，承前皆舟梢召募，多遊手不根之人。今相度，欲下浙西巡檢縣尉，每過人使，刷差慣習操舟土軍、弓手通百三十名，保明赴司，撥作逐船篙手，往回更代，不許他役，應辦畢發歸。庶幾稍知法禁，不敢爲姦。」從之。

〔一〕北使一行舟船所合用篙手　「使」原作「便」，形近而訛，今改。

七年正月十八日，詔：「平江府守臣將已到當番海船，照年例給犒，具所發州軍海船隻數、丈尺及格與否，并船主職次、姓名、鄉貫、年甲，保明申樞密院推賞。」後本官言，在岸防托月日不多，難全推賞，並減半。

七月二十一日，高郵軍駐劄御前武鋒軍都統制〔二〕、兼知高郵軍陳敏乞根刷羊家寨海船。上詔輔臣，恐妨漁業，不許，止詔敏彈壓。

〔一〕高郵軍駐劄御前武鋒軍都統制　「高郵軍」原作「高鄉軍」，據後文改。

十月十二日，樞密院言：「明州正係要衝之地，制置司雖有水軍，皆諸處差至，不諳水勢。欲下廣東於增招水軍内抽差五百人，福州新招水軍盡行發遣，及兩處官船、器甲等，并乞量抽。船隻：福州延祥寨三隻，荻蘆寨兩隻，劉崎一隻，南匿寨一隻；泉州寶林寨三隻；潮州水軍兩隻；廣東水軍天、地、元、黄、宇字號五隻。並來明州駐劄。」從之。

八年二月六日，詔福建安撫司，將已招水軍五百人畢數起發，仍令諸寨選擇堪壯大船五隻乘載，往沿海制置司水軍收隸，卻從福建安撫司截上供錢造海船二隻使用。

同日，詔：「鄂州、荆南、江州差荆南守臣姜詵，池州以下差樞密都承旨葉衡，點檢諸軍戰船，具數奏聞。仍令逐軍疾亟修整。」先是，輔臣言：「諸軍戰船久不點檢，恐日後有悮備禦。」上曰：「舟檝，我之所長，豈可置而不問？」故有是命。

四月十三日，兩浙路計度轉運副使沈度、胡堅常言：「浙西逐州年額合發上供苗米及和糴米料，竊聞近州多乘急下諸邑〔一〕，名則和雇，科擾不一。相度欲下浙西逐州，各措置造三百五十料舟船，專一應副相兼船運米料。」詔兩浙轉運司自造三十隻，不得科擾。

〔一〕竊聞近州多乘急下諸邑　「近州」疑當作「近來」。

十二月十九日，樞密院言：「淮東州縣循習舊例，差百姓爲往來士夫牽挽舟船，及差雇夫馬，搔擾百姓〔一〕。」詔：「淮南轉運司下所部州縣，今後除朝廷所差賀生辰、正旦及接送伴北使往還外，餘並不許差雇應副。」

〔一〕搔擾百姓 「百姓」原缺，據輯稿職官五一之二四補。

九年十一月一日，江南西路轉運判官劉焞言：「已降獲旨〔一〕，從本司所陳，吉州造船場移隆興府。臣緣前奏，猶有未盡，不敢隱默。吉州一歲運米三十七萬餘石，合用五百料船六百餘艘，每歲吉州船場造歲額舟船，止應副吉州一郡，猶或不足，又造船板木，專取之贛、袁州，逐州去吉州爲近。今失之講究遷移〔二〕。比來歲自隆興府泝流撥船至吉州〔三〕，載上供米，卻自贛、袁州運米至隆興府，道里回還，得不償費，爲計非便，難以久行，理合更較經久利害〔四〕，從長施行。」詔吉州造船場權令依舊，仍仰帥、憲、提舉司同相度經久利害，便連銜保明以聞。其後逐司言：「吉州船場已移隆興府，材物工匠〔五〕，其數不一，如令復還舊所，慮往反煩費，欲且就隆興置立。」從之。

〔一〕已降獲旨 按此句有誤，或「降獲」當作「獲降」，或「降獲」中衍一字。

〔二〕今失之講究遷移 「講」原作「溝」，形近而訛，今改。

〔三〕比來歲自隆興府泝流撥船至吉州　「泝」原作「泝」，形近而訛，今改。

〔四〕理合更較經久利害　「利害」原倒，據後文乙正。

〔五〕材物工匠　「工」原作「正」，據下文改。

孝宗淳熙元年二月十二日，中書門下省言：「裁減兩淛路造船場每年置造糧船，宜別立額。温州元額一百二十二隻，今減作五十隻。」詔：「兩淛轉運司自此督責逐處，須管依數減定。其秀州造船錢物并逐處工匠，並不得侵移私役。」〔一〕

〔一〕按本條前書手原題「宋續會要」，其下有整理者楷書批「船」字。

十三日，詔楚州鈐轄賈懷恩不時往羊家寨點檢海湖船，仍於本寨内選擇堪任部轄人專一管轄，毋令越境作過。

五月二十九日，詔應有戰船去處，每半一次委官檢計修整〔一〕。

〔一〕每半一次委官檢計修整　「半」下當脱「年」字。

二年六月十一日，詔併潭州兩造船場爲一場，從湖南運副李椿請。

閏九月二十一日，詔罷廣東、福建造船。

三年十月十二日，執政進呈建康都統郭剛奏：「本司應管車戰等船，内有損爛，已行補填，依海船樣製造到多槳飛江戰船。」上曰：「車船，古之艨衝。辛巳歲用以取勝，豈宜改造？可令郭剛具析，并約束沿流諸軍遇有損壞，隨即修葺，不得擅有更易。其多槳船，止許逐軍自行刱造，並不得用充新管車戰船數。」

十一月一日，詔錢良臣造多槳船百餘隻，昨令沈复覈實可用，與轉一官。

五年二月三日，詔：「福建帥司行下本路州軍，淛東帥司行下温、台州，將藉定三番海船内，將合起發番次數目起發一番。福建船差官管押前來平江府許浦水軍擺泊，聽于友教閱；淛東船前來明州沿海制置司，於定海擺泊，聽水軍教閱。並限八月一日到岸，毋致違滯。應合行事件，並依乾道三年七月十九日指揮〔一〕，仍委逐州軍守臣覈實，支散錢米起發，通判專一點檢。並要已印號元籍定面闊丈尺、堪好壯船，及疆壯梢碇水手、隨船繩帆損具一切足備。如有滅裂，知、通當重寘典憲〔二〕。」

〔一〕並依乾道三年七月十九日指揮　「三年」原缺，據輯稿食貨五〇之三〇補。

〔二〕知通當重寘典憲　「知」原作「如」，形近而訛，今改。

六年二月八日，詔：「諸路起發到海船，並自指揮到日爲始放散，可照年例支給犒設。餘合行事件，並依前後已得指揮體例。」

五月七日，詔侍衛馬軍都虞候馬定遠於江西州軍出産材植順流去處，委官造馬船一百隻，暗置女頭輪槳，使可拆卸〔一〕，遇軍馬行則以濟渡，遇戰則以迎敵。

〔一〕使可拆卸　「拆」原作「折」，形近而訛，今改。

六月二十三日，詔：「建康府場務支撥鹽二千袋，付鎮江府駐劄李思齊修整戰船及造馬船三十隻。其鹽本錢候二年後，作二年理還。」

九月二十二日，詔：「湖廣總領劉邦翰、周嗣武，鄂州江陵府駐劄郭鈞檢視參修戰船滅裂，内邦翰去官日久，特與放罪，周嗣武展三年磨勘，郭鈞特展二年磨勘。」

八年八月三日，荆鄂都統岳建壽言：「前任帥臣郭鈞所造八車船十隻〔一〕，今已造成五隻，重滯不堪行使，餘舟乞改造。」上曰：「可改造七車、六車、五車共五隻，湊足十隻。」

〔一〕前任帥臣郭鈞所造八車船十隻　「郭鈞」原作「郭鈞」，據上文改。

九年二月十八日，詔福建、淛東路淳熙九年分當番合起發海船，與免起發一年。

十年正月二十八日，詔：「沿海制置司於係省錢撥三萬貫修整海船，仍自今須制置司與水軍同共任責，稍有損壞，隨即修整，毋致積壓，重費官錢。」

六月十二日，工部侍郎李昌圖言：「本部有兩浙、湖南、江西三路七州造運糧船，乞下三路轉運司相度逐州每年合用實數外，並與減免；其累年未造，若曾支官錢，即追理填納。」詔逐路轉運司相度以聞。既而兩浙轉運司奏：「逐州船場，淳熙元年已經裁減，其拖欠船隻，每遇起發木料，多是倍支縻費，和雇客船。今欲將淳熙二年至六年少欠糧船，特與蠲免，其七年至八年、九年未足船隻，自十年爲始，均作三年帶造補發。」荆湖南路轉運司奏：「欲將年額所造松木糧船一百六十八隻，裁減六十八隻，每年寔造松木糧船一百隻，庶經久可與客船相兼裝載。」江南西路轉運司奏：「昨准乾道五年九月二十七日指揮，自當年爲始，每歲減免一百隻，令兩州船場造四百隻，並是本司支撥見錢，即無追擾。若更行裁減，竊慮起發綱運〔一〕，必致妨闕。」並從之。

十三日，知福州趙汝愚言：「本路海道闊遠，盗賊出没不常，全籍戰船逐時出海巡捕，其間有年歲深遠、損壞去處，除本州自備錢物措置修葺外，有漳泉管下巡檢司都巡、石井鎮、石湖、小兜巡檢四寨，漳州漳浦沿海、中栅巡檢二寨，興化軍吉了、迎遷巡檢二寨，並各見闕戰船。乞行下泉漳州、興化軍，於合發窠名錢内，每船量與截撥錢五百貫省添貼打

〔一〕竊慮起發綱運 「綱」原作「網」，形近而訛，今改。

造。」詔逐州軍合發户部上供錢内依數截撥。 八月七日，建康府統制官陳鏜措置創造車戰等船九十隻，都統郭剛奏乞量功旌賞，樞密使周必大等奏：「前此未曾行。」上曰：「難爲開例，可令本軍支犒設錢一千貫。」

十一年二月二十九日，殿前司言：「本司水軍駐劄許浦，所管南船寄泊青龍，人船相離數百里，遇有發遣前去取船，水陸迂枉。兼青龍港窄狹，水流湲急。欲將南船盡數移戍崑山縣顧逕港，擇高阜地段建一大寨，量合用人數，於許浦差撥同老小前去一處居止。」詔浙西提刑傅淇同本軍統領相度經久利便，保明申樞密院。既而淇等相度：「顧逕港屯泊南船，比之青龍港稍深，去海頗近，委寔利便。」從之。

十三年三月二日，殿前副都指揮使郭棣言〔一〕：「承指揮，福建路起發到海船，並自指揮到日放散。今據水軍統制林震申，乞將本軍大南船二十二隻，依舊就顧逕安泊，差撥官兵一千人，將帶衣甲、器械戍守戰船，及差輕捷槽船四隻，不時與黄魚垛出戍兵舡往來巡捕盜賊〔二〕。又應顧逕將來春水泛溢，日逐兩潮衝擊，有損戰船，合於附寨港岸開塢，取令深闊，將戰舡盡數入塢安著，如法搭蓋，不拘大小潮汎，並要浮動，出入快便，庶幾穩當。」從之。

〔一〕殿前副都指揮使郭棣言　「棣」字原空，據正德姑蘇志卷二五水軍寨補。
〔二〕不時與黄魚垛出戍兵舡往來巡捕盜賊　「巡」原作「迎」，據正德姑蘇志卷二五水軍寨改。

十二年五月二十五日〔一〕，詔：「福建帥司行下本路州軍〔二〕，將籍定三番海舡内，將合發番次數目起發一番，差官管押前來平江府許浦水軍擺泊，防禦海寇〔三〕，聽本軍教閲，限八月一日到岸。其應干合行事件，並依乾道三年七月十九日指揮施行。」

〔一〕十二年五月二十五日　按「十二年」與前後不合，上古本疑當作「十四年」。

〔二〕福建帥司行下本路州軍　「帥」原作「師」。按「帥司」即安撫司。故改。

〔三〕防禦海寇　「禦」原作「遇」。按輯稿食貨八之二五有「實難防禦」。故改。

十五年五月九日，詔池州駐劄御前諸軍副都統制李思孝特轉一官，其所造戰船，令都統司行下本軍，常切愛護，毋致損壞。以淮西總領趙汝誼言，「思孝所造戰舡二十七隻，打造精緻」故也。

八月二十一日，樞密院言：「殿前司申，平江府許浦駐劄御前水軍修整南船三隻，多槳船八隻，合用木植物料，已行關撥官錢，往淛東路明州山場計置買辦。乞從年例行下，差撥南船三隻，將官一員，管押駕船梢梢、官兵共二百人，作三運舡載歸軍。」詔依，仍不得夾帶商税禁物往來興販。

紹熙二年三月十三日，辛執進呈錢端忠奏檢視軍馬行司下半年船。上曰：「諸處戰船，須是別差官檢視，損者與修。總所申恐文具，緩急誤使用。」

四月二十九日，辛執進呈林椾奏：「今後防秋海船，乞支全賞。」上曰：「海船要備緩急之用，全賞雖未可行，亦須稍加優恤。」

三年八月二十七日，詔殿前司行下泉州左翼軍，將創造到海船三隻常切愛護，毋致損壞。

十月二十五日，三省、樞密院奏事，進呈權發遣楚州皇甫斌奏：「欲措置造雙桅多槳梁頭闊丈二三海船二百隻〔一〕，不過費朝廷十萬餘緡，可以備不測守禦。」上曰：「一船上不知用多少人？令且造一百隻，務要堅壯。畢工日，更功審驗。」

〔一〕欲措置造雙桅多槳梁頭闊丈二三海船二百隻　「槳」原作「漿」，形近而訛，今改。

五年十月二十三日，臣僚言：「西興渡船，乞令轉運司并臨安府日下契勘，如有損壞船隻，即行修整，庶幾行都之下，大江往來，人人得以安濟。」從之。

閏十月十九日，沿海制置司言：「水軍見管海戰船三十八隻，內有未修船十五隻，計料實用錢三萬一千六百五十五貫五百，乞科撥官錢下水軍，趁時收買物料，併工修造。」詔令封椿庫依數支降。

慶元二年三月二十五日，兩淛漕臣王溉言：「臨安之淛江、龍山、紹興之西興、漁浦四渡舟船，倣鎮江都統制司所造楊子江見用渡船樣打造，以便往來。仍乞下鎮江都統制司，時暫差備高手工匠二十人應副差使。所有材料、工食、往來之費，乞於本司樁管錢内支撥。」從之。

嘉泰三年七月五日，殿前副都指揮使郭倪言：「諸軍所管舟船年深損漏，雖有堪用者，亦難重載，竊恐緩急闕誤〔一〕。今於保德門外本司後軍教場側，起造船場一所，委官監督，造到八百料馬船四隻、五百料六隻，乞差官檢視大印。兼造到五十料小船一百二隻，除已發一百隻往平江、嘉興牧放去處打割馬草外，船場見有二隻，就乞檢視。」從之。

〔一〕竊恐緩急闕誤 「闕」原作「關」，形近而訛，今改。

八月十三日，淮西總領所言：「近遵指揮，選委建康府中軍統制許國興前去池州，相視秦世輔所造新樣鐵壁鏵觜〔一〕、平面海鶻戰船，委是快便。」詔三衙江上諸軍有戰船去處，遇有損壞，取會池州式樣製造施行。海鶻船一隻〔二〕，一千料，兩邊各安艣五枝，辟舵一枝。船身通長一十丈，計一十一倉。梁頭闊一丈八尺，中倉深八尺五寸，船底板闊四尺，厚一尺，拖泥艪板厚三寸，捧梁一重。兩邊小棚板，闊三尺五寸。裝龍護膝板，高一尺，上安女頭，高二尺四寸。裝載戰士一百八人，踏駕棹梢水碗手四十二人。鐵壁鏵觜船一隻，四百料，兩邊各安車二座并槳三枝，船身通長九丈二尺，計一十一倉。梁頭一丈尺五〔三〕，深五尺，船底闊八尺五寸，厚六寸，拖泥䑳板厚三寸，通心眷骨一條〔四〕，厚九寸，搼梁二重。兩邊安護車齊頭木，畫牌二十八面，各高六尺八寸。週圍安護滕板高一尺〔五〕，上安女頭高一尺四寸。裝載戰士七十人，踏駕兵梢二十人。

〔一〕相視秦世輔所造新樣鐵璧鏵嘴 「璧」或當作「壁」。

〔二〕海鶻船一隻 「海鶻」原作「海鶴」，據前文及老學庵筆記卷一改。

〔三〕梁頭一丈尺五 按前後文，「尺五」當作「五尺」。

〔四〕通心眷骨一條 「眷」疑當作「脊」。

〔五〕週圍安護滕板高一尺 「圍」原作「違」。按輯稿兵六之二五有「周圍開掘水道」云。故改。

四年二月九日，建康都統制董世雄言：「長江控扼去處，平日措置舟師戰艦，最爲急務。昨來買到戰船木植細小，不堪使用。今將別差官將帶錢物，前往上江收買大徑寸迭料木植，歸司打造。竊緣本司戰船數多，不及修補，費用極多，委是匱乏，無可措手。乞依別司體例，撥賜錢五萬貫，付本司計置木植物料，修造戰船使用。」詔支錢三萬貫，令封樁庫以金折支，仍依元納色價值紐計。

嘉定十二年三月三日，臣僚言：「國家自殘虜渝盟之後，屯戍日增，調度寖廣，餽餉之計，誠所當先。漕運之舟，豈可不備？今得之傳聞，謂所在漕司舊例有截留舟船去處，多爲他司宛轉囑託，勒令通放，不許截留，致使裝發之際，無以應用，而轉輸之限，或致後時。姑以江東漕司言之，江西路舊例應副江東漕司三百料船一百八隻，卻撥蘆蕟〔一〕、麻皮以償之。紹興以後，減免一半，合拘五十四隻。淳熙間，亦嘗拘到一百八十餘隻，年深損壞，不堪裝載。又因承平，不甚輸運，間自住截。開禧之間，漕臣以米餫不繼，遂爲總司所劾，職此之由。繼而漕司照例截留江西綱船在岸〔二〕，綱稍失覽載之例，群訴於總司，信其偏詞，徑與通放。目今並無船隻，遇有般運，旋雇客船，多致欠折。且當邊境晏然，尚慮無舟可雇，萬一騷動，客船罕至，官又無船，豈不誤事？乞降指揮，令漕運去處有截留舟船舊例者〔三〕，依舊拘截，擺泊岸下，以備摺運。其無例截留者，並令日下造船，以備飛輓。庶幾緩急之際，糧道不致乏絶〔四〕。」從之。

〔一〕卻撥蘆蕟　「蘆」原作「盧」，形近而訛，今改。

〔二〕繼而漕司照例截留江西綱船在岸　「截」原作「載」，據前後文改。又「綱」原作「綱」，形近而訛，今改。下同。

〔三〕令漕運去處有截留舟船舊例者　「截」原作「載」，據前後文改。

〔四〕糧道不致乏絶　「乏」原作「泛」，據上文改。

十四年五月四日，温州言：「制置司降下船樣二本，仰差官買木，於本州有管官錢内，各做海船二十五隻，赴淮陰縣交管。緣前項海船費用至廣，打造了當，又須差雇梢碇水手，委官押撥，沿支給盤纏錢米〔一〕，共約五貫餘緡〔二〕。本州窮陋海邑，財計無以那融〔三〕，乞降度牒五十道，發下轉變，應副打造。」詔令封樁庫於見樁度牒内取撥三十道付温州，專一充打造淮陰水軍海船使用，每道作八百貫文變賣。

〔一〕沿支給盤纏錢米　「沿」下疑脱「路」字。

〔二〕共約五貫餘緡　「五貫」顯誤，上古本疑當作「五萬」，或是。

〔三〕財計無以那融　「財」原作「材」，輯稿選舉四之二六有「財計難以應辦」，故改。

十五年十二月十六日，詔令封樁下庫於見樁湖廣會子内，取撥二萬九千九百七十貫付鄂州都統制司，專充打造濟渡船隻使用，務要如法併工造辦，不得苟簡滅裂〔一〕。先是，沿江制置司言：「乞下鄂州都統制行司及漢陽軍等處，斟酌漢川縣平塘、陽臺、陽子港、南河、白馬、網頭六渡大小合用渡船數目，預行措置打造，渡載軍馬等用。」尋下戎司相度措置，欲創打大小馬船三十隻、脚船三十隻，計料到約用收買材物價錢九萬五千六十貫一百七十五文湖會，人工九萬八千二百四十五工。既而制司言：「都統制司所申打造六十隻之數，既令本司斟酌合用船隻，竊陽自漢陽大江等處濟渡共有七處〔二〕，又有戎司雜載軍需，皆不可闕。欲先行下戎司打造三十隻，内一千五百料、一千料、三百料馬船各五隻，七十料脚船十五隻，候了畢日，更與接續打造十隻，大小船并脚船共有四十隻，則儘可濟渡〔三〕。所有計料先造三十隻合用材物，三場價錢當二萬九千九百七十三貫五伯四十五文，工四萬五千七百三十工。」故有是命。

〔一〕不得苟簡滅裂　「苟」原作「茍」，形近而訛，今改。

〔二〕竊陽自漢陽大江等處濟渡共有七處　按「竊陽」當有脱誤。

〔三〕則儘可濟渡　「渡」原作「度」，據前文改。

渡

【題解】本門見方域一三之三至一八，大典卷一四七二三「渡」字韻渡名事目收録。書手於方域一三第四行空兩格原題「四方津渡」，下又楷書簡體批「會要」，今從解開宋會要之謎改門名爲「渡」。本門起太祖建隆元年三月，迄寧宗嘉定十四年六月十六日。

開封之酸棗、張家，河南之王屋、長宗、南津，孟州之汜水〔一〕、九鼎，河中之三亭、青澗〔二〕，懷州之宋家，陜州之豆津、三亭，京兆之渭橋，鎮德軍之大保津〔三〕，慶成軍之滎河，青州之王家河，單州之黄隊，齊州之河陰口〔四〕、耿濟口〔五〕、高家口〔六〕、黄河南伯水〔七〕、馮家口、商家橋口〔八〕、淯口、老僧口、李唐口、柳家港河口，潁州之河鏁〔九〕、界溝，許州之合流、郾城，鄆州之王橋、鄒家，滑州之李固、白皋，磁州之觀臺，滄州之荆河口〔一〇〕、南皮口、郭橋口、長蘆口、劇家口，棣州之欒家〔一一〕、七里，衛州之張家、李家、淇門鎮、小河，濱州之窯子口、解家，貝州之李家〔一二〕，荆南之東津，楚州之北神、淮陰、洪澤，光州之朱皋，蘄州之獨樹，黄州之黄陂河，揚州之瓜洲，濠州之濠口，宿州之荆山、渦河、同海，蔡州之臨懷〔一三〕，漣水軍之巢縣，宣州之水陽，杭州之浙江、龍山廟。此舊總數，後亦有增廢者。

〔一〕孟州之汜水　「汜水」原作「汎水」，據輯稿食貨一五之七改。按孟州有汜水。

〔二〕清潤　原作「青潤」，按輯稿食貨一五之一五兩作「清潤渡」，故改。

〔三〕鎮德軍之大保津　「鎮德軍」，宋無，疑誤。

〔四〕齊州之河陰口　「河陰口」，輯稿食貨一五之三作「陰河口」。按民國長清縣志卷一地輿志上於「津梁」下載「陰河口」。「河陰」或倒。

〔五〕耿濟口　輯稿食貨一五之三作「耿口」。按道光濟南府志卷一二古跡二亦載有「耿濟口」，輯稿食貨當脱「濟」字。

〔六〕高家口　輯稿食貨一五之三作「高河口」。

〔七〕黄河南伯水　「伯」，輯稿食貨一五之三作「泊」。

〔八〕商家橋口　「橋」原作「擒」，「口」上原衍「河」字，據輯稿食貨一五之三、道光濟南府志卷七山水三改删。

〔九〕潁州之河鏁　「潁州」原作「潁川」。按宋潁州，故潁川郡，唐始爲潁州。又按本門體例，皆作府州軍名。故改。

〔一〇〕滄州之荆河口　「荆河口」，輯稿食貨一五之九作「荆州口」。

〔一一〕棣州之樂家　「棣」字原空，據九域志卷二棣州、宋史卷八六地理志二補。

〔一二〕貝州之李家　「貝州」原作「具州」，據九域志卷二恩州及宋史卷八六地理志二改。

〔一三〕蔡州之臨懷　「臨懷」，輯稿食貨一五之七作「臨淮」。

太祖建隆元年三月，詔：「滄、德、棣〔一〕、淄、齊、鄆等州界有古黄河及原河、文河，因水潦置渡收筭，凡三十九處。及水涸爲橋，亦筭行者，名曰乾渡錢，宜並除之。或秋夏水漲，聽民具舟濟渡，官勿取筭〔二〕。」

〔一〕棣　原空，據九域志卷二棣州、宋史卷八六地理志二補。

〔二〕官勿取筭　「勿」原作「物」。「物」顯誤，按前文載聽民濟渡，則筭當「勿取」。故改。

開寶五年二月，詔自潼關至無棣〔一〕，沿河民置船私渡者禁止之〔二〕。

〔一〕詔自潼關至無棣　「棣」字原空，據九域志卷二滄州及宋史卷八六地理志二補。

〔二〕沿河民置船私渡者禁止之　「船」下原衍「船」字，據上下文删。

太宗太平興國二年十二月，有司言：「准乾德二年詔書，有敢私渡江者及舟人盡寘於法。今江南平，舊禁未改，望如私渡黄河例論其罪。」從之。

七年三月，黎州言，修大渡河船，渡進奉蠻人。

端拱二年，詔：「應係官及買撲津渡，如有百姓輸納二税經過〔一〕，并樵漁及孤老貧窮之人往來，並不得收納渡錢。」

〔一〕如有百姓輸納二税經過　「姓」字原缺，據輯稿食貨一七之二〇補。

十二月，三司言：「許州郾城東螺灣渡，係百姓買撲，每年納錢四百五十千。伏見支移蔡州税赴許州并在京送納日，有車重往來經過，計出渡錢七十五文，慮額外收錢，不盡入官，望特與免此渡錢。」看詳百姓輸税經歷津渡不合勒納渡錢，請令應是江河津渡之所，但百姓輸税經過，自今不許雷同收納渡錢利。從之。

是月，荆湖轉運司言：「漢陽軍自湖渡年額錢三十六千〔一〕，其渡口並無客旅過往，亦無人煙居止，每差牙校主當，所收課利不多，欲望停廢。」從之。

〔一〕漢陽軍自湖渡年額錢三十六千　按嘉靖漢陽府志卷二方域志載有白湖渡，或「自湖渡」當作「白湖渡」。

至道二年五月，詔：「濱州管内蒲臺南北口等五處〔一〕，先是置渡，官以船渡行旅〔二〕，取其課。今水潦不降，河道枯涸，而吏猶責其直，宜除之。」

〔一〕濱州管内蒲臺南北口等五處　「蒲臺」原作「溝臺」，據太宗實録卷七八至道二年五月辛酉條及九域志卷二濱州改。按「南北口」，太宗實録作「南北口岸」。

〔二〕官以船渡行旅　「旅」原作「依」，據太宗實録卷七八至道二年五月辛酉條改。

咸平三年四月，詔禁黄河私渡船。

四年十月，詔禁諸州競渡。

景德元年正月，詔開封及諸路轉運司，部内津渡先蠲免課利者，並官設舟楫以濟之。

二年九月，除三泉縣東、西及青烏、嘉陵四津渡年額錢，仍不得以部民爲渡子。

天禧元年五月，群牧司判官傅蒙言：「乞於邢州鉅鹿縣南漳河長蘆渡口造橋通過外監鞍馬，就草地牧放，其於地理甚便。其所有長蘆渡課利錢五十六千〔一〕，望特廢罷。」從之。

〔一〕其所有長蘆渡課利錢五十六千　「五十六千」，輯稿兵二一之三六作「五六十千」。

仁宗天聖四年四月，翰林學士夏竦言〔二〕：「金山、羊欄、左里、大孤、小孤、馬當、長蘆口等處，皆津濟艱險，風浪卒起，舟船立至傾覆，逐年沉溺人命不少。乞於津渡險惡處官置小船十數隻，差水手乘駕，專切救應。其諸路江河險惡處，亦乞勘會施行。」從之。

〔二〕翰林學士夏竦言　「夏竦」原作「夏疎」，據長編卷一〇四天聖四年四月甲子條、宋史卷二八三夏竦傳改。

七月，廢冀州堂陽縣乾渡一，許民取便造橋。以轉運使言，此渡係民買撲，歲納六十餘千，頗成搔擾故也。

六年五月，詔：「荆南公安縣渡新增收渡牛錢，每一牛五十文，歲課止十九千，自今宜罷之。」

八年八月，左司諫、龍圖閣待制、知鄆州孔道輔言：「緣河耕種人户，望許取路過往，更不問罪，與免官渡津錢。」從之。時鄆家渡捕得越河者，皆屬縣税户，不當爲罪〔一〕，故道輔有是奏。

〔一〕不當爲罪 「罪」原作「非」，據前文改。

景祐元年三月六日，臣僚上言：「鄆州界王橋渡，乞只就眉丘河上一處監收渡錢，并淄州臨河鎮南河口、乾口，亦乞停廢。」詔王橋渡只於眉丘河一處收納渡錢，其王橋渡并淄州臨河鎮，並與停廢。

慶曆元年十月，禁火山、保德軍緣河私置渡船。

皇祐五年十一月，赦書：「諸處乾渡錢累行除放，如聞尚有存者，令長吏訖以聞〔一〕。」

〔一〕令長吏訖以聞 按「訖」前當有脱文。

嘉祐二年十一月，詔除嵐州合江等三津渡課利錢。以上國朝會要〔一〕。

〔一〕以上國朝會要 原爲大字正文，屬會要編者按語，今從清本、上古本改作小字注。

神宗熙寧六年十月三日，詔河州安鄉城黄河渡口置浮橋〔一〕。詳見橋門。

〔一〕詔河州安鄉城黄河渡口置浮橋　「浮」原作「桴」，據長編卷二四七熙寧六年十月壬申條改。按「浮橋」，長編及下條皆作「浮梁」，當從長編。

同日，詔延州永寧關黄河渡口置浮梁。詳見橋門。

七年正月一日，詔定諸關門并黄河橋渡〔一〕，常切辨察姦詐、禁物，軍人、公人及官員經過，取索公文券曆文字看驗。遇夜已鏁門〔二〕，唯軍期急速，審問聽開〔三〕。詳見關門。

〔一〕詔定諸關門并黄河橋渡　「詔」原作「諸」，據方域一二之四改。

〔二〕遇夜已鏁門　「已」原作「以」，據方域一二之四改。

〔三〕審問聽開　「問」原作「聞」，據方域一二之四改。

十年七月二十七日，司農寺言：「訪聞諸路河渡每遇乾淺月，即人涉水過往，買撲人户以出官課爲名，約攔上船，或令出納乾渡錢去處。今相度諸路應買撲河渡内〔一〕，有溪港等水源淺小，至乾淺月分，元不曾捐除課利買名錢去處，委自本州縣契勘，申轉運、提舉司相度，據合紐納課利買名錢數減免，仍禁欄截人旅。并小可渡口不妨過往處，相度廢罷。若見召中下等人户管勾處，遇乾淺月分，如有官給舟船，許留一名看守，支與合得庸錢，餘並權暫放罷，庸錢更不支給。並候有水渡載日依舊，所貴公私通濟〔二〕。」從之。

〔一〕今相度諸路應買撲河渡內　「度」原作「渡」，據後文改。

〔二〕所貴公私通濟　「貴」原作「賞」，形近而訛，今改。

元豐五年八月二十四日，前河北轉運副使周革言：「熙寧中，外都水監丞程昉於真定府滹沱河中渡繫浮橋，比舊增費數倍，又非形勢控扼，虚占使臣、兵員，乞皆罷之。每歲八九月修板橋，至四五月防河拆去，權用船渡。」從之。

徽宗大觀三年正月二十九日，詔：「今後擅置私渡，不原赦降，並從杖一百。應係橋渡，官爲如法修整。今後擅置及將係官橋輒毁拆損壞者〔一〕，徒二年，配一千里；其官渡橋不修整者，杖一百，令佐展一考〔二〕，致溺人者衝替。並許人告，賞錢五十貫。諸路依此。」以壽州民焦清言，近因沿河創置私渡，多覓渡錢故也。

〔一〕今後擅置及將係官橋輒毁拆損壞者　「後」原作「復」，據方域一三之二三改。

〔二〕令佐展一考　「佐」原作「优」，形近而訛，今改。

政和元年七月二十一日，臣僚言：「津渡凡遇民旅往來，渡子多方乞取，候其所得如意，乃肯濟渡。與錢稍薄，即百端留難，民旅受弊。」内降黄貼子：「津渡阻留及湍險恐赫錢物，皆有彝憲，所屬自合常切檢舉曉示。」詔應有津渡去處，檢坐前項條法分明曉示，仍令州縣官常切檢舉覺察。以上續國朝會要〔一〕。

〔一〕以上續國朝會要　原爲大字正文，實乃會要編者按語，今從清本、上古本改作小字注。

光堯皇帝紹興三年七月二十五日，知臨安府梁汝嘉言：「臨安府錢塘江一帶，自浙江岸至富陽縣觀山，舟船往還，多是等候潮汛〔一〕，中夜行船，是致盜賊乘時劫奪。雖督責巡尉緝捕，緣江面闊遠，難以擺布。乞行自富陽至浙江江岸一帶，應有舟船並不許中夜通放，仍令本地分巡尉常切止約，不得因緣搔擾。」契勘錢塘江潮早晚兩汛，如遇夜不行通放，所有日中潮汛，自不妨客旅舟船往還。從之。

〔一〕多是等候潮汛　「汛」原作「訊」，按輯稿食貨五〇之三〇、六一之一三〇、一四四、方域一三之一一皆作「潮汛」，故改。下同。

五年閏二月十三日，尚書省言：「車駕駐蹕臨安，四方輻湊，錢塘江水闊流湍，全藉牢固舟船往來濟渡。近日添置渡船，往往怯薄，每遇濟渡，篙梢乞覓錢物，以多寡先後放令上船，以致争奪，壓過力勝，或遇風濤，每有覆溺。」詔：「令兩浙轉運司限十日更行添置三百料舟船五隻，專一濟渡，不得别將他用。仍將見今板木怯薄渡船别行修换，務要牢實，及委官覺察篙梢等，不得乞覓錢物。如有違犯，重作行遣。」

六年六月二十一日，右司諫王縉言：「近者乙巳地震，陛下深自儆懼，詔誡中外，務在恤民。竊見日前有司奉行詔令，實惠及民者少，因緣搔擾者多。如浙江船渡，憫其覆溺，差使臣以察之，而百端阻節，往來反受其害。回易收息以助軍費，置官吏以司之，而有籠及柴薪物價爲之頓增。凡此本欲興利，而或以爲害，况其甚者乎？欲乞睿旨，詔浙江船渡宜責邊江巡檢，諸處回易取商旅情願。民瘼既除，變異自銷。」勘會使臣已送大理寺根勘，詔：「應有回易去處，如敢抑勒買賣，監官、使臣勒停，人吏等並決脊〔一〕，配千里牢城。許人越訴。仰提刑司常切覺察。餘依奏。」

〔一〕人吏等並决脊　「决」原作「次」，按輯稿食貨一六之一五、兵二四之三二等皆作「决脊」，故改。

七年六月十五日，尚書省言：「浙江西興兩岸渡口，每因人衆争奪上船，或渡子乞覓邀阻，放渡失時〔一〕，致多沉溺。自紹興元年至今年，已三次失船，死者甚衆。」詔：「如裝載過數，梢工杖八十〔二〕，致損失人命，加常法二等〔三〕。監官故縱與同罪，不覺察杖一百。輒以渡船私用或借人，并徒一年。其新林龕山私渡人杖一百〔四〕。仍許人告，賞錢五十貫。」

〔一〕放渡失時　「失時」原缺，據輯稿刑法二之一五○補。
〔二〕梢工杖八十　「梢」原作「稍」，據輯稿刑法二之一五○改。
〔三〕加常法二等　「加」原作「如」，據輯稿刑法二之一五○改。
〔四〕其新林龕山私渡人杖一百　「龕」，輯稿刑法二之一五○作「翕」。

二十四年七月十九日，行軍器監丞孫祖壽言：「春秋時，吴越相望，界以浙水之險，海潮日至，待其水平然後可濟，其來尚矣。間者舟師載渡無節，逮至中流，過有邀阻〔一〕，不旋踵間，同舟盡溺。於是朝廷差監渡使臣，措置甚嚴。閱歲既久，復成玩習，渡舟滅裂，小民輕生，不顧潮之至否，競從私渡。葉舟徑涉，間有沉溺，無由盡知，損傷往來，爲患甚大。乞申嚴舊制，禁私渡，治舟楫，則近甸之人，自絶濤波之虞。」詔令臨安府檢舉措置。

〔一〕過有邀阻　「阻」字原缺，據上文補。

九月十五日，知臨安府曹泳言：「准敕禁錢塘私渡，察視舟楫，時加修治。今欲檢舉見行私渡條法曉示外，其所差官係朝廷使臣，本府難以約束，欲專令本府差官一員主管濟渡，庶得逐時檢察〔二〕，不致闕事。其渡船乞下轉運司，依元降指揮修整，每月差本司官一員點檢，保明堪與不堪濟渡。所有紹興府蕭山渡，乞下本路依此施行。」從之。

〔一〕庶得逐時檢察 「庶」原作「度」，形近而訛，今改。

二十六年七月十四日，尚書省勘會已降指揮住罷，聽從民便。

三十年十二月十四日，詔：「浙江西興鎮兩處監渡官，係樞密院差到使臣，今後一年一替。如無沉溺人船，令轉運司保明，申取朝廷指揮推賞。任滿不切用心，裝載舟重，致悮人命，依紹興七年六月四日立定『渡船三百料許載空手一百人、二百料六十人、一百料三十人、一百料已下遞減，如有擔杖比二人』罪賞指揮施行。仍仰所屬具情犯申取朝廷指揮。所有供給，令臨安府、紹興府比附監當例減半添支。其龍山、漁浦監鎮並是監管，不得專一，今後漁浦渡依舊就委監鎮巡檢，依浙江例賣牌發渡。龍山渡從朝廷選差樞密院使臣，一年一替，賞罰並依浙江西興體例。其臨安府海内巡檢司管舠漁三百料船二隻，專一應副朝陵内人濟渡不測使用。聞巡檢司吏私差借，應副官員。今後專差軍兵看守，如私輒差借，合干人從杖一百科罪，官員許本府具申朝廷施行。」並從兩浙運使呂廣問請也。以上中興會要〔一〕。

〔一〕以上中興會要 原爲大字正文，實乃會要編者按語，今從清本、上古本改作小字注。

壽皇聖帝隆興元年十月五日，臣僚言：「歸正人略無來歷因依，慮影匿姦細。措置下諸渡密切伺察，如有透漏，監渡並巡鋪各黜官一等罷任。任内無透漏，進官如之。」詔獲姦細轉官外，增給賞錢三百貫，仍令責辦守臣。

十一月三日，臣僚言：「浙江渡昨自紹興七年吕頤浩爲相，曾緣節次失渡〔一〕，嘗立畫一約束，最爲詳盡。因循日久，新差使臣不復留意。訪聞十月三日中流覆舟，舟中之人並殞非命，而當日監渡係樞密使臣吉演，妄以舟船側倒、人已上岸爲詞，公肆誕謾。請大字鏤板，揭立江岸，所差樞密院使臣一年一替，許兩州守臣按察，仍將使臣吉演罷黜。其當日覆舟梢工李勝，依元立刑名論遣。」詔吉演放罷，李勝編管五百里，仍令户部申嚴行下。

〔一〕曾緣節次失渡　「曾」原作「魯」，形近而訛，今改。

二年正月九日，江淮都督府准備差遣李椿言：「静江府興安、陽朔〔一〕、荔浦、修仁、永福縣，昭州恭城、平樂縣，賀州富川、臨賀、桂嶺縣，道州永明、江華縣，全州灌陽縣〔二〕，多有聚集往南之民，並以販茶鹽爲名，結集逃卒，剽掠作過。蓋廣東必由賀州，廣西必由貴、象二州江口，每經歷津渡，人納百錢，如誘掠婦女，人納千錢。今措置，令本州於逐處團結保伍，籍其姓名，每冬點集，不許出入，仍於要切渡口嚴加禁止。」詔下本路經略安撫、提刑司相度可否以聞。

〔一〕陽朔　原作「縣朔」，據九域志卷九桂州、紀勝卷一〇三静江府改。

〔二〕全州灌陽縣 「灌陽」原作「灌湯」，據九域志卷六全州、宋史卷八八地理志四改。

同日，江淮都督府准備差遣李椿言：「二廣往南之人，每自沿海作過歸，卻於州縣關津要處，或以稅牛爲名，或計人數取錢，導民於作過之地。欲乞將貴、象等州至於渡口，或山峽往南之人必經由路，各置守把官。遇三人以上，雖貨物不多而持杖者，皆不得放行。」詔下本路經略安撫、提刑司相度可否以聞。

十二月十六日，德音：「楚滁濠廬光州、盱眙軍、光化軍管内，并揚成西和州、襄陽德安府、信陽高郵軍，緣避兵人馬流移，歸業之〔一〕，竊慮津渡艱阻，可令州軍各於津渡去處多添舟船，即時濟渡。仍免官司渡錢，約束不得乞覓阻節。」

〔一〕歸業之 「之」下疑脱「際」或「時」。

乾道二年四月四日，臣僚言：「乞鎮江府并揚州，依錢塘江例分造揚子江渡船。」詔下鎮江府、揚州相度利害以聞。 輔臣以臣僚言奏，上問尋常如何渡江〔二〕，汪澈等曰：「皆民間以小船渡載，每遇風濤，必有覆溺之患。」上曰：「此亦非小事，如何從來無人理會？」澈等欲更下各處相度利害，然後施行。 從之。

〔一〕上問尋常如何渡江 「問」原作「聞」，形近而訛，今改。

三年五月十三日，兩浙路轉運司言：「浙江西興、龍山、漁浦渡船濟渡官兵民旅，自呂頤浩措置後，年歲深遠，奉行廢弛。今欲乞監渡官到任一年無覆溺損失人船，與減一年磨勘，月於逐州府增支食錢六千。如不依則例多裝人數，及將添置船櫓藏匿不盡行使，及不於裝發船處躬親點檢人數，輿馬、擔物，依時裝發，縱容梢工水手於大江半途邀阻横索，或致差失潮候，損溺人船，乞將監渡官重寘於法，梢工配隸，篙手杖一百編管，仍立賞錢三十千。」從之。并立渡船置五色旗及五色牌賣給過渡人，嚴禁私渡差撥水軍、止約攙奪登舟等數條。

四年八月十四日，尚書省勘會，累降旨令沿邊州軍禁止私擅渡淮及招納叛亡之人，非不詳盡。近來帥、憲司視爲常務，督責不嚴，竊恐因致生事。詔：「沿邊州軍常切遵守，仍不時鈐束縣令、巡尉，并仰所隸地分官都巡檢使嚴行關防。如能用心捕獲，所立賞格外，更優推恩。若有透漏，他處官司捕獲，其地分當職並取旨重罰，帥、憲司失覺察，亦重寘典憲。仍仰沿邊州軍置立粉壁，帥、憲司多出文榜曉諭，各具知稟聞奏。」

六年十一月二十六日，太平州言：「被旨，采石鎮税額併歸蕪湖〔一〕。其采石税務係監官兩員，若盡省併，緣係緊切關津渡口，譏察姦細，欲乞存留一員。」從之。

〔一〕采石鎮税額併歸蕪湖　「歸」原作「縣」，按輯稿食貨一八之五有「乞將祖額併歸蕪湖縣」云云，據改。

八年六月五日，淮東路鈐轄夏俊降一官，楚州山陽縣尉陳鋭〔一〕、添差山陽縣馬邏巡檢孫春、楚州管界沿淮巡檢張舜臣各追兩官勒停，山陽縣下柳浦巡檢嚴宗顔追一官勒停〔二〕。以沿淮私渡透漏户口，坐不覺察故也。

〔一〕楚州山陽縣尉陳鋭　「尉」字原缺，據輯稿兵二九之二五補。

〔二〕山陽縣下柳浦巡檢嚴宗顔追一官勒停　「山陽」原倒，據前文及輯稿兵二九之二五乙正。

十一月十一日，詔淮河監渡在任二年，委無人齎帶銀銅鐵等敗露〔一〕，方許漕司保明推賞；不實，與所保同罪。先是，臣僚言淮河私渡之弊，因有是命。仍令知、通或職官以下，同措場官日輪一員，詣發客渡口〔二〕，轄所差官都監、監渡、緝捕使臣等，搜檢機察，臨時點差水工登舟，及督責沿淮巡尉捕盗官司於所管地分上連下接，往來晝夜巡警，日具無透漏文狀申本軍照會。

〔一〕委無人齎帶銀銅鐵等敗露　「人」原作「入」，形近而訛，今改。

〔二〕詣發客渡口　「詣」原作「請」，形近而訛，今改。

九年二月六日，盱眙軍言：「本軍監淮河渡闕官，未有代人，緣淮渡日過客旅過淮博易，最要機察關防透漏錢銀禁物之弊，委不可久闕正官。伏乞早賜差注。」詔本路帥、漕司同議辟差一次。以上乾道會要〔一〕。

〔一〕以上乾道會要　原爲大字正文，實乃會要編者按語，今從清本、上古本改作小字注。

淳熙二年十二月二十日，詔自今揚州瓜洲渡、鎮江府西津渡，並令本處巡檢兼監渡，仍於銜内帶入，依舊侍右使闕差注。

四年八月二十四日，太平州守臣言：「黄池鎮河渡從來係百姓買撲，是致盜賊出没，難以禁止。乞從本州買撲，抱認課利，量立渡錢，機察盜賊。」從之。

六年正月二十六日，知鎮江府司馬伋言：「鎮江府沿江一帶私渡頗多，除西津關、瓜洲岸係官渡外，其餘私港不惟般載違禁物貨、銅錢過江，仍恐透漏姦細。乞除炭渚港、高資東西港〔一〕、丹徒東西港、諫壁港、大港共七處許本處土豪經管，投充渡船户，其渡船鐫刻字號，委巡尉專一覺察，其餘私港三十餘處，並不許私渡，仍乞行下沿江諸郡依此。」從之。

〔一〕高資東西港　「高資」原作「亭資」，據至順鎮江志卷二津渡、大清一統志卷九〇鎮江府「山川」改。

四月二日，淮南運判徐子寅言：「真州沿江官私渡共二十九處，内宣化鎮渡一處係官監，并瓜步山前渡、何家穴渡、真州城下檢税亭渡、潮閘渡、獺兒河渡、巨家港渡六處，係買撲常平渡，共七處乞存留外，其私港二十二處乞禁止。揚州沿江官私渡共五十四處，内瓜洲渡係官監，并泰興縣穿破港、茆莊港買撲常平渡乞存留外，有私渡五十一處，乞禁止。泰州沿江官私渡共五處，内合石莊港合置立官渡乞存留外，有私港四處乞禁止。通州沿江官私渡共六十四處，内海門縣孫團併買撲常平渡一處，及江口新舊兩港併合一渡，衝要去處乞行存留外，有私渡六十二處，乞行禁止。」詔徐子寅更切相度外〔一〕，盡行廢罷，恐民旅往來迂回不便，可除官渡外，更將要緊處私渡量行存留，具合存留申尚書省。先是，知鎮江府司馬伋言：「本府沿江私港四十一處，除炭渚港七處許令土豪爲渡户，其三十餘處並不許私渡，乞下沿江諸郡依此。」從之。至是，子寅開具本路私渡去處，乞行禁止。詔除官渡外，更將要緊處私渡量行存留，申尚書省。五月二十八日，子寅條具乞存留真州陳李港、陳家斗門，揚州泰興縣港、柴墟鎮港，通州上浹港、天使港渡。從之。

十年二月三日，宰執進呈知臨安府王佐言：「龍山渡官許元禮裝渡船至浮山沉覆，監

〔一〕詔徐子寅更切相度外　「徐子寅」原作「除子寅」，據前文改。

漁浦鎮霍令詢、監漁浦渡郭孝忠將帶人船救活七十九人〔一〕，已將龍山渡官許元禮奏罷，其霍令詢、郭孝忠乞賜旌賞。」上曰：「可各與減三年磨勘。」王淮等奏曰：「裝渡者黜，救沉者賞，懲勸如此，其誰敢不勉？」

〔一〕監漁浦渡郭孝忠將帶人船救活七十九　「浦」字原缺，據方域一三之九、一一補。按方域一三之九載，「其龍山、漁浦監鎮並是監管，不得專一，今後漁浦渡依舊就委監鎮巡檢」，似漁浦監鎮曾兼監渡。

十二年十二月十八日，湖北提舉趙善譽言，乞將本路買撲江陵府亭陂等四十五處河渡盡行廢罷，從之。以上孝宗會要〔二〕。

〔二〕以上孝宗會要　原爲大字正文，實乃會要編者按語，今從清本、上古本改作小字注。

慶元元年二月五日，臣僚言：「竊見江西路州縣管下通津河渡隸常平司，召人承買外，其支流斷港或非常平所隸，而姦猾不逞假承買河渡之名，妄操舟楫，當水潦汎漲則故作留難，平沙淺瀨則不容褰涉。甚者野橋略彴，亦掠渡錢，資裝或豐，弊害益肆。乞行下諸路常平司相度，將管下河渡除通津驛路許仍舊買撲，其課額差重、見今無人承買去處，量行蠲減。自餘窮源僻問，課利絶少，及非正渡，悉行罷去。」從之。

六年十二月十九日，監察御史施康年言：「錢塘江潮水勢湍險，異於他處，每日濟渡，往來何啻千百，雖有巨舟，非得慣習水勢篙手三十人，亦不克舉。乞行下兩浙轉運司并臨安府、紹興府，將所管濟渡舟楫籍爲定數，其間稍有損漏，重行修製。每一渡舟量其大小，爲措置水手一二十人，籍定姓名，各與請給，不得妄有差撥。至如合用維楫之屬，亦合委官常切點檢預辦，以備不虞。」從之。

嘉泰元年三月二十四日，臨安府言：「浙江、龍山、西興、漁浦四渡通管船三十五隻，内轉運司一十九隻，本府所管一十六隻。日常津發民旅，依已降指揮，每人出備錢三十一文足，買牌上船過渡。除官員、軍兵、茶鹽鈔客、乞丐、僧道免出牌錢外，若有擔仗、轎馬，增折人數。其牌錢以十分爲率，將一分發納分隸兩司修船使用。今欲從本府勒各船篙梢，從公踏逐少壯諳曉水勢慣熟人〔一〕，籍定姓名，委自渡官將兩司船隻輪流資次裝發，渡官臨時酌量，須管於籍定人數内充應水手撑駕。本府免收一分官錢，每日將所收十分官牌錢盡行均給當日行船水手，内本船梢工倍支。謂如水手一百文，梢工即支二百文。若各渡將牌錢仍前别作名色支破，不即盡數支給水手、梢工，或隱匿作弊，即許梢工、水手指實，經府陳告，重行斷治。所有船隻損動，從本府自行修整。」從之。

〔一〕從公踏逐少壯諳曉水勢慣熟人　「壯」原作「裝」，按輯稿兵二六之一八有「少壯諳馬性人」，故改。

三年十一月十一日，南郊赦文〔一〕：「州縣人户買撲河渡，舊納淨課利錢，偶因改造橋梁，其河渡錢無從收掠，而官司拘於元額，依舊追催，縣道申訴，不爲減豁，致令别作名色科率應副，委是違法。如有似此去處，令提舉常平司差官審覈，當與蠲免。」開禧二年、嘉定二年、五年、十四年明堂赦並同〔二〕。

〔一〕南郊赦文　「赦」原作「放」，據後文改。

〔二〕開禧二年嘉定二年五年十四年明堂赦並同　按原本、清本均作大字正文，上古本改作小字注，或是。

開禧三年十一月四日，詔臨安府浙江龍山、紹興府西興漁浦四渡監官，仍舊改差武臣，添給食錢，任滿轉官並比附文臣體例施行。四渡監官元差右選，因嘉泰二年兩浙漕臣陳景思申請改差文臣。至是，漕臣史彌堅言文臣養高自重〔一〕，視本職爲猥賤而不屑爲，其弊尤甚，乞復用武臣，故有是詔。

〔一〕漕臣史彌堅言文臣養高自重　「高」原作「亭」，按輯稿職官七四之一三、三三有「養高自尊」，故改。

嘉定五年三月六日，知建康府、兼沿江制置使黄度言：「建康府境北據大江，是爲天險，上自采石，下達瓜步〔一〕，其間千有餘里，共置六渡：其一曰烈山渡，籍於常平司，歲有河渡錢額；其五曰南浦渡〔二〕，曰龍灣渡，曰東陽渡，曰大城堽渡，曰岡沙渡，籍於府司，亦有河渡錢額，而不屬常平。合六渡，歲爲錢萬餘緡。歲月寖久，官但知循例拘納月解錢，而舟檝廢壞，僅有存者，官吏、篙工初無稟給，民始病濟，而官漫不省。乃有姦豪不顧法禁，始更別置私渡，左右旁午，是由官渡濟者絕少，乃聽吏卒苛取以充課。徒手者猶憚於往來，而車擔馬牛幾不敢行，甚者至扼之中流以邀索錢物。竊以爲方今依江爲國，天設巨防，不容緩縱，而或至弛禁。南北津渡，務在利涉，不容簡忽而俱求征課。臣已盡爲之繕治舟艦，選募篙梢，使逐處巡檢兼監渡官。於見今諸渡月解錢則例，量江面闊狹，計物貨輕重，斟酌裁減，率三之一或四之一，自車人牛馬，皆有定數，雕牓揭示，約束不得過數增收，邀阻乞覓。裒一歲之入，除烈山渡常平錢如額解省，自餘諸渡皆以二分解修造庫，專充向去修船之費，而以其餘給官吏、橰梢、水手食錢，令監渡官逐月照數支散。其更有餘錢，則解送府司，然後盡止絕私渡，不使姦民踰越禁防。檢坐見行條法，使諸渡官覺察，逐月結罪保明申府。嚴邪慝之防，行濟涉之政，關非輕〔三〕。猶慮他時不知事因，或以失陷官錢爲非，或以禁約越逸爲過，輕有改更，失臣始意，則舊弊復存，公私非便。乞令本府永久遵守施行。」從之。

〔一〕下達瓜步　「達」原作「連」，據宋史卷九七河渠志七、歷代名臣奏議卷二五三水利改。

〔二〕其五曰南浦渡　「浦渡」原倒，據宋史卷九七河渠志七、歷代名臣奏議卷二五三水利乙正。

〔三〕關非輕　按此句有脫文，清本眉批「『關』上疑落『所』字」，上古本於「關」下徑補「係」字。

七年八月六日，淮南運判兼淮西提舉喬行簡言：「竊見中渡、花靨係南北限界，民旅交通，物貨互市，關係不小，尤當謹嚴，亦何愛一二差遣，不使之專一管幹！乞朝廷將中渡、花靨兩渡監官創置員闕，選差曾經任有舉主人充。應任内有捕獲到茶鹽，與照巡尉格推賞。其透漏者，罰亦如之。令本司專一覺察，旬具有無透漏及搜捉到茶鹽事狀供申，任滿與之保明批書。庶幾職思其憂，亦可使之搜檢姦細，機察盜賊，體探邊境事宜。」詔依所乞，增置中渡、花靨兩渡監官各一員。仍令淮西運司選辟經任有舉主選人一次〔一〕，今後作堂除使闕，餘並從之。

〔一〕仍令淮西運司選辟經任有舉主選人一次　「人」上原衍「之」字，據輯稿職官四八之一四六删。

十月四日，湖南提舉司言：「照得衡州衡陽縣柿江渡額管淨利錢伍百六貫一百九十六文〔一〕，近改造石橋了畢，及委官覈實，果爲永遠利便。所是河渡錢無從收掠，合與照赦蠲免。」送户部勘當，申尚書省。繼而户部言：「照得其渡既已造石橋濟人往來，乞下湖南提舉司照赦施行。」從之。

〔一〕照得衡州衡陽縣柿江渡額管淨利錢伍百六貫一百九十六文　「一百」原作「一文」。按前爲「伍百六貫」，後爲「九十六文」，中間顯爲「一百」，故改。

十四年六月十六日，德音赦文：「應蘄、黄州流移人民，已降指揮速令賑恤，津遣復業。竊慮歸渡之際，舟人津子乞覔邀阻，殊失矜軫流民之意。可令逐路沿江州軍，各於津渡去處增撥舟船，差官監視濟渡，給牓約束合干等人，不得乞覔阻節。如違，許人户越訴。」

橋

【題解】本門見方域一三之一九至二九，大典卷五四一四「橋」字韻橋名事目、卷五四二〇「橋」字韻事韻收録。整理者於方域一三之一九「宋會要」下大字草書批「橋梁」，又方域一三之六大觀三年正月二十九日條末注「詳見橋門」，故可確定門名爲「橋」。本門起太祖建隆二年四月，迄孝宗淳熙十年二月二日。

宋太祖建隆二年四月，西京留守向拱言：「重修天津橋成，甃石爲脚，高數丈，鋭其前以疏水勢，石縫以鐵鼓絡之，其制甚固。」降詔褒美。

開寶七年十一月，江南行營曹彬等言大江浮梁成，命前汝州防禦使陸萬友往守之。先是，江南布衣樊若水嘗漁於采石磯，以小舟載絲繩維南岸，疾櫂至北岸，以度江之廣狹〔一〕。以遂詣闕獻策，請造舟爲梁以濟師。太祖即命高品石全振往荆湖造黄黑龍船數千艘〔二〕，又以大艦載巨竹絙，自荆南而下。及命曹彬等出師，乃遣八作使郝守濬等率丁夫營之〔三〕。議者以爲自古未有浮梁渡大江者，恐不能就。至是先試於石碑口造之〔四〕，移置采石磯，三日而橋成。由是大軍長驅以濟，如履平地。

〔一〕以度江之廣狹　「度」原作「渡」，據輯稿兵七之三〇、長編卷一五開寶七年七月戊辰條、宋史卷二七六樊知古傳改。

〔二〕太祖即命高品石全振往荆湖造黄黑龍船數千艘　「千」原作「十」，據輯稿兵七之三〇、長編卷一五開寶七年七月戊辰條、宋史卷四七八李煜傳改。

〔三〕乃遣八作使郝守濬等率丁夫營之　「乃」原作「及」，據輯稿兵七之三〇、宋史卷四七八李煜傳改。

〔四〕至是先試於石碑口造之　「石碑口」，輯稿兵七之三〇、宋史卷二七六樊知古傳、卷四七八李煜傳同，長編卷一五開寶七年閏十月己酉條、太平治跡統類卷一太祖平江南、紀勝卷二二池州「景物下」、玉海卷一四七開寶講武池作「石牌口」。

太宗太平興國八年九月〔一〕，詔：「國家同文共軌，四海一家，方蘇歸化之人，豈禁代勞之畜？其泗州浮橋，今後應有馬經過，不得更有禁止。并下沿淮州軍准此。」先是，江、浙未平，馬有渡淮之禁，至是用贊善大夫闞衡言而有是命。

〔一〕太宗太平興國八年九月　「月」字原缺，據上下文補。

真宗景德二年四月，改修京新城諸門外橋，並增高之，欲通外濠舟楫使人故也。

大中祥符元年五月，詔在新舊城裏汴河橋八座，令開封府除七座放過重車外，并平橋只得座車子往來〔一〕。

〔一〕并平橋只得座車子往來　按「并平橋」疑當作「昇平橋」。

二年八月，詔：「京城汴河諸橋差人防護，如聞邀留商旅舟船，官司不爲禁止，自今犯者坐之。」

三年八月，工部尚書、知樞密院事陳堯叟言：「同州新市鎮渭河造浮梁，有沙灘，且岸峽，不若嚴信倉水狹岸平，爲梁甚便。」從之。

四年二月〔一〕，詔洛水橋名迎蹕，渭水橋名省方。

〔一〕四年二月　「二月」原作「一月」，據玉海卷一七二祥符迎真橋改。

六月，詔：「如聞陳留有汴河橋，與水勢相戾，往來舟船多致損溺，令府界提點經度修換，具利害以聞〔一〕。」

〔一〕具利害以聞　「具」原作「其」，形近而訛，今改。

五年七月，修保康門相直汴河廣濟橋，改名曰「延安」；創惠民河新橋，名曰「安國」。車駕臨視之。

九月〔一〕，帝曰：「京城通津門外新置汴河浮橋，未及半年累損，公私船經過之際，人皆憂懼。尋令閤承翰規度利害，且言廢之爲便，可依奏廢拆。其元陳利便已受遷補之人劾罪誡勵，並勒依舊。」

〔一〕九月 「月」原作「日」，據上下文改。

六年六月，詔曰：「昨者祇若元符，欽迎真像，靈期允協，茂典慶成。乃眷飛梁，實登寶座，宜更美稱，用表純熙。昇平橋宜以『迎真』爲名〔一〕。」

〔一〕昇平橋宜以迎真爲名 「宜」原作「且」，據宋大詔令集卷一七九名迎真橋詔改。

八年六月，河西軍節度使、知河陽石普言：「陝府、澶州浮橋，每有綱船往來〔一〕，逐便拆橋放過，甚有阻滯。今造到小樣腳船八隻，若逐處有岸，即將高腳船從岸鋪使漸次將低腳船排使。如無岸處，即兩邊用低橋腳以次鋪排〔二〕，中間使高腳船八隻作虹橋，其過往舟船於水深洪内透放。并具樣進呈。」帝令三司定奪聞奏。

〔一〕每有綱船往來　「綱」原作「網」，形近而訛，今改。

〔二〕即兩邊用低橋腳以次鋪排　「低橋腳」，上古本疑當作「低腳船」，或是。

閏六月，詔：「開封府界諸縣鎮橋，自今蓋造添修，並要本府勾當。所用木植，令於屋稅等錢内折科。如大材料，令三司支撥應副。」

天禧元年正月，罷修汴河無腳橋。初，内殿承制魏化基言，汴水悍激，多因橋柱壞舟，遂獻此橋木式，編木爲之，釘貫其中。詔化基與八作司營造。至是，三司度所費工逾三倍〔一〕，乃請罷之。

〔一〕三司度所費工逾三倍　「費」原作「廢」，據長編卷八九天禧元年正月壬戌條改。

仁宗天聖二年九月二十八日，太常博士董黄中言：「太平州蕪湖縣有渡江浮橋一，乞降敕命，長令存留，仍不住修葺。」從之。先是〔一〕，江水歲暴漲，浸没橋道，科率修繕，甚爲民害。至是，造舟爲梁，頗革其弊。

〔一〕先是　「先」原作「乞」，形近而訛，今改。

三年正月，巡護惠民河田承説言：「河橋上多是開鋪販鬻，妨礙會𥫱及人馬車乘往來，兼損壞橋道。望令禁止，違者重寘其罪。」從之。

是月，詔在京諸河橋上不得令百姓搭蓋鋪占欄，有妨車馬過往。

六年三月，詔：「澶州浮橋計使腳船四十九隻，並於秦、隴、同州出産松材，磁、相州出釘鐵石灰采取應副，就本州打造，差監浮橋使臣管勾。」先是，於温、台二州打造，以其遠到遲，故有是命。

七年六月，京東轉運司言：「近准勅差知萊州、虞部郎中閻貽慶等部轄開修夾黃河，勘會所開河橋梁、堤子，除北田、朦朧堤子兩座水勢添漲，候開春減退修置外，其餘橋、堤並已修置。欲令緣廣濟河并夾黃河縣分，令佐常切巡護，逐年檢計工料，圓融夫力，淘出泥土，修貼堤身，於牽路外栽種榆柳。如河堤別無決溢，林木青活〔一〕，具數供申，年終輦運司點檢不虛，批上曆子，理爲勞績。如公然慢易，致隄岸怯弱頹缺，栽種失時，亦乞勘逐科罰。」從之。

慶曆四年四月，詔責罰定奪陳留縣移橋官吏。先是，催綱、右侍禁李舜舉請移陳留南鎮土橋於近西舊施橋處〔二〕，以免傾覆舟船之患。開封從其請，而移橋則廢縣大姓之邸舍〔三〕，遂因緣以言於三司使王堯臣，以爲無利害而徒費。三司遣提點倉草場陳榮古相之，

〔一〕林木青活　「青」原作「清」，據方域一七之四改。

滎古請於舊橋西展水岸五十步，掰水入大洪，而罷移橋。知府吴育固争之，朝廷遣御史按之，御史言移橋便，且繫三司受請，置司推勘。於是自堯臣以下皆罰金焉。

〔一〕催綱右侍禁李舜舉請移陳留南鎮土橋於近西舊施橋處 「土」原作「上」，「西」原作「南」，「施」原作「弛」，據輯稿職官六四之四五、長編卷一四八慶曆四年四月壬寅條改。

〔二〕而移橋則廢縣大姓之邸舍 「邸」原作「氏」，據長編卷一四八慶曆四年四月壬寅條、輯稿職官六四之四五改。

皇祐三年十月，以惠民河新作橋爲安濟橋〔一〕。

〔一〕以惠民河新作橋爲安濟橋 「河」字原缺，「新作」原倒，據玉海卷一七二皇祐安濟橋補乙。

嘉祐二年十二月，追先降修澶州浮橋官吏奬諭詔。先是，澶州言河流壞浮橋，後數日而完修之〔一〕，遂降奬諭。而中書言官吏護視不謹，法當劾罪，既令免勘，而詔亦追罷之。

〔一〕後數日而完修之 「數」字原缺，據輯稿職官六之四九、長編卷一八六嘉祐二年十二月辛亥條補。

治平四年八月二十一日，神宗即位未改元。陝西體量安撫使孫永言：「河中府浮梁自來西岸有減水口子，自淤澱後，遇水汎漲，束狹得河流湍悍，故壞中墠及浮橋。乞將陳杜唐州材三口略行疏理〔一〕，分泄黃河汎漲時水勢。」從之。

〔一〕乞將陳杜唐州材三口略行疏理　「陳杜唐州材」疑有脱誤。

神宗熙寧六年四月十七日，熙州洮河浮梁成〔一〕，賜名永通橋。

〔一〕熙州洮河浮梁成　「熙州」原作「熙河」，據長編卷二四四熙寧六年四月庚寅條、玉海卷一七二熙寧永通橋改。

十月三日〔一〕，洮河北安鄉城〔二〕，鄯、廓通道也，濱河戎人嘗刳木以濟行者，艱滯既甚，何以來遠？故令景思立營之〔三〕。

〔一〕十月三日　「三」上原衍「十」字，據方域一三之五及長編卷二四七熙寧六年十月壬申條删。

〔二〕洮河北安鄉城　按長編卷二四七熙寧六年十月壬申條於「洮河」前又有「詔河州安鄉城黃河渡口置浮梁」云云，輯稿疑脱。

〔三〕故令景思立營之　「景思立」原作「景果立」，據輯稿兵二六之三九及長編卷二四七熙寧六年十月壬申條改。

同日，詔延州永寧關黃河渡口置浮梁。永寧關與洺、隰州跨河相對〔一〕，地沃多田收，嘗以芻糧資延州東路城寨，而津渡阻隔，有十數日不克濟者，故上命趙卨營以通糧道，兵民便之。

〔一〕永寧關與洺隰州跨河相對　「永寧」原作「水寧」，「隰州」原作「濕州」，據前文及長編卷二四七熙寧六年十月壬申條、宋史卷八六地理志二改。

八年八月八日，詔澶州製造吴舜臣所造護浮橋鐵叉竿〔一〕。

〔一〕詔澶州製造吴舜臣所造護浮橋鐵叉竿　「護」原作「獲」，形近而訛，今改。

九年五月十九日，鄜延路經略安撫使李承之言：「延州新修寧和橋，乞依舊存留。若解拆後遇大水，飋淩吹失，更不添修，依舊置渡。」從之。

元豐二年十二月二十五日，詔改開遠門外浮橋畢，賜知將作監丞吴處厚銀絹及使臣〔一〕、吏人有差。

〔一〕賜知將作監丞吴處厚銀絹及使臣　「丞」字原缺，據長編卷三二一元豐四年十二月戊辰條補。

五年八月七日，詔應諸處廣濟橋道並隸都水監。

二十四日，前河北轉運副使周革言：「熙寧中，外都水監丞程昉於滹沱河中渡繫浮橋〔一〕，比舊增費數倍，乞罷之，權用船渡。」從之。

〔一〕外都水監丞程昉於滹沱河中渡繫浮橋　「都水監」原作「都中監」，據長編卷三二九元豐五年八月癸酉條改。

六年八月十一日，賜河中府度僧牒一伯八十修浮橋、堤岸。

七年七月二十二日，滑州言，齊賈下埽河水漲〔一〕，壞浮橋。詔范子淵相度以聞。後范子淵言：「相度滑州浮橋移次州西，兩岸相距四百六十一步，南岸高崖地雜膠淤，比舊橋增長三十六步半。」詔子淵與京西、河北轉運司、滑州同措置修築。〔二〕

〔一〕齊賈下埽河水漲　「埽」原作「掃」，據長編卷三四七元豐七年七月己未條改。

〔二〕按「范子淵言」以下，長編卷三四八繫於元豐七年八月九日丙子。

哲宗紹聖二年六月三日，詳定重修敕令所申明黄河浮橋禁，揭榜於兩岸。

徽宗大觀三年正月二十九日，詔：「應係橋渡，官爲如法修整，今後擅置及將官橋毁壞者徒二年，配一千里。其官渡橋不修整者杖一百。」

十月七日，尚書度支員外郎王革言：「滑州比年以來修整浮橋，所費工力、物料萬數浩瀚，每歲虜使到河，或不及事，或僅能了當，致一一上煩朝廷措置。乞詔都水監與滑州、通利軍當職官，於沿流上下從長相視，同狀指定可以繫橋去處，權暫繫橋，水漲輒拆，以備後用。或令河北、京西路轉運司相度增五宿頓，使虜使由孟津趨闕下。俟具辦集，檢會元豐四年因避冀州濟渡改路詔旨施行，實爲長久之利。」詔令京西、河北路轉運司檢會案例年分及所經由京西道路增添，相度有無害程頓去處聞奏。

政和四年八月十日，京西路計度都轉運使宋昪奏：「河南府天津橋依倣趙州石橋修砌，令勒都壕寨官董士輗彩畫到天津橋，作三等樣製修砌圖本一册進呈。」詔依第二橋樣修建，許於新收税錢内支撥糧米，本司應辦，仍不立名行遣。仍詔孟昌齡同宋昪措置。其後宋昪奏：「西京端門前，考唐洛陽圖，舊有四橋，曰穀水，曰黄道，在天津橋之北，曰重津，在天津橋之南，並爲疏導洛水夏秋泛漲。歲月寖久及自經壞橋之後，悉皆湮没。今看詳，見修天津橋居河之中，除穀水已與洛河合爲一流外，其南北理當亦治二橋以分其勢。蓋不如是，則兩馬頭雖用石段砌壘，兩岸之水東入橋下，發洩不快，則兩馬頭不無決溢之患〔一〕。又橋之上十里有石堰曰分洛，自唐以來引水入小河東南流入於伊。聞之耆舊，每暴漲則分減其勢。若今來修建天津橋而不治分洛堰〔二〕，不能保其無虞。臣前項所乞止是天津一橋，今欲如舊制添修重津並黄道橋，及置分洛堰，增梁以疏其流於下，作堰以分其勢於上，實爲永久之利。」從之。

〔一〕則兩馬頭不無決溢之患　「頭」字原缺，據前文補。

〔二〕若今來修建天津橋而不治分洛堰　「天津」原作「大津」，據前後文改。

十一月二日，都水使者孟昌齡言：「近承尚書省劄子，滑州浮橋今歲已經漲水，不曾解卸，未見比每歲係橋計使若干工料、錢數，及今歲不曾解拆，計減省數目。昌齡契勘到，政和元年兵士一萬餘工、錢七萬餘貫，政和二年兵士三萬餘工、錢八萬餘貫，政和三年兵士四萬工、錢七萬餘貫。今歲不曾解拆，將前項三年折計，減省兵士八萬一千餘工、錢二十二萬八千餘貫。今具保守過今歲夏秋漲水不曾解拆官吏職位〔一〕、姓名。」詔昌齡、萬仲友及三等官吏、作頭、壕寨，轉官、支賜有差。

〔一〕今具保守過今歲夏秋漲水不曾解拆官吏職位　「拆」原作「折」，據前文改。

二十二日，都水使者孟昌齡言：「請於通利軍依大伾等山徙繫浮橋，其地勢下可以成河，倚山可爲馬頭，又有中潬，正如河陽長久之利。」從之。

五年六月二十九日，詔居山至大伾山浮橋，賜名天成橋；大伾山至汶子山浮橋，賜名榮充橋〔一〕。續詔改榮充橋曰聖功橋。

〔一〕賜名榮充橋　「榮充橋」，宋史卷九三河渠志三作「榮光橋」。

十一月十七日，尚書工部侍郎孟昌齡言：「三山、水橋、萬年等新堤，前後役事，並各已成功。然大河非他水之比，或漲或落，掠岸衝激，勢不可測。緩急若須令臣出入照管，即待班次朝辭，萬一恐失期會。欲權依都水監官出入條例，逐急出門，只具奏聞，及申牒逐處官司，庶免臨時誤事。」從之。

六年正月一日，提舉三山、天成橋河事孟擴言：「契勘橋道司舊兩指揮〔一〕，額計一千人。今來兩橋四馬頭，窠占并差定看船守宿之人，及祗備打淩整橋道用人甚多〔二〕，即目尚闕人數，招塡不足。蓋因招軍例物與黃河埽兵多寡不同〔三〕，是致少人投充。欲乞將橋道司招軍例物與黃河埽一般支給。」從之。

〔一〕契勘橋道司舊兩指揮　「道司」原倒，據後文乙正。

〔二〕及祗備打淩整橋道用人甚多　「備」原作「補」，按「祗備」，亦見輯稿食貨三五之三四、兵二五之五〇等，故改。

〔三〕蓋因招軍例物與黃河埽兵多寡不同　「埽」原作「掃」，據後文改。

七月二十日，提舉三山、天成橋河等司狀：「據管勾天成聖功橋、武節郎寇茂孫狀：『本橋近承朝旨添置人兵，馬頭作兩指揮，已招到并舊管人兵，合行分撥於兩馬頭，未審稱呼爲南北馬頭橋道，爲復以第一、第二指揮爲名。』本司今相度，欲將天成橋東馬頭作橋道第一指揮，西馬頭作橋道第二指揮。」從之。

二十四日，詔：「三山浮橋，萬世永賴，造言者終未革心。可令都水監與當職官夙夜常切固護，如河流向著或淺澱〔一〕，即行疏濬，一有缺溢，並依舊法當行處斬。若或造言摇動，以惑衆情〔二〕，可立賞錢一千貫，許人告捕。其增修堤道，開分水河，依圖相度，具工料以聞。」

〔一〕如河流向著或淺澱　「河」原作「何」，據上文改。

〔二〕以惑衆情　「情」原作「請」，按輯稿兵一一之二〇有「動惑衆情」，故改。

七年五月二十七日，詔：「青州上水城、南洋二橋久廢不治，昨降指揮修整，不及一季，遂見成功，控扼海道，增固守禦，委有勞績。帥臣崔直躬〔一〕，令學士院降詔獎諭。所委計置、監修、部役官等，令直躬具功力等第保明聞奏，取旨推恩。」

〔一〕帥臣崔直躬　「崔直躬」原作「崔真躬」，據後文及東都事略卷一二五改。

八年四月二十二日，詔：「聞磁州界棧橋閣道路二百八十餘里〔一〕，修治未至如法，行路惴恐，見管兵級數少，分布鋪地不足。仰本路帥臣差官同本州當職官相度措置，具事狀聞奏。仍屬縣巡尉并巡轄馬遞鋪使臣，於銜内帶『管幹橋閣』四字。本州通判上下半年遍察。别路有棧閣處准此。」

〔一〕聞磁州界棧橋閣道路二百八十餘里　「棧」原作「淺」，據後文改。

宣和元年五月二十五日，臣寮言：「永興軍界滻水河并灞海，每經大雨，山水合併，兩河泛漲，別無橋路。及水勢稍息，往往病涉，多傷人命。乞下陝西路轉運司相度，如不可置橋渡，即乞以過馬索引路，令所屬縣分多差水手救護。專委本路漕臣張孝純相度，措置聞奏。」

三年八月二十五日，詔：「天成、聖功兩橋已奏畢功，本處當職官失職與免勘〔一〕，監橋官二員各降兩官，都大一員降一官、展二年磨勘，滑州知、通二員各降一官，應當職官各展三年磨勘〔二〕，提舉官、都大司人吏、滑州當行人吏、監橋官下軍司橋匠作頭等，各科杖一百。」

〔一〕天成聖功兩橋已奏畢功本處當職官失職與免勘　按此文前後矛盾，上古本據編年綱目備要卷二八政和五年六月與文忠集卷二九孫公昭遠行狀所載，疑此處當脱水壞二橋事，或是。水壞天成、聖功兩橋，官吏行罰有差，亦見宋史卷九三河渠志三。

〔二〕應當職官各展三年磨勘　「職官」原倒，據前文乙正。

四年四月二十四日，詔修繫三山橋了畢〔一〕，累經秋河漲水，並無疎虞，賜都水使者孟揚以下轉官、賜帛有差。

〔一〕詔修繫三山橋了畢　「三山橋」，宋史卷九三河渠志三作「三山東橋」。

光堯皇帝紹興三年七月二十二日，詔：「昨緣臨安府申請，橋道去處居民搭蓋茆草席屋，並令拆去，其本府並不預定的確去處，於一二日内了畢，卻縱令官吏所至搔擾，有不係當拆去處亦行起動，小民不安。令臨安府分析措置無法因依，即令轉運司體究曾搔擾人户官吏申尚書省。如漕臣隱庇，朝廷覺察得知，亦重寘典憲。」時爲久缺雨澤，故有是詔。

壽皇聖帝乾道二年八月二十三日，兩浙漕司姜詵言：「吴江長橋南三十三橋，塘岸南北十餘里，兩岸皆民田。舊立兩橋，對岸各有浦巷，歲久橋廢，欲再建立。旁近橋道稀少及對岸無民田者，更添造六橋，共創爲八橋，導泄太湖水徑入吴松江，達於海。」詔别議施行。

四年十二月十四日〔一〕，詔於臨安府清湖閘堰下創木橋一，北郭税務北創浮橋一。以户部侍郎曾懷等言，三衙諸軍赴新置豐儲倉請糧地遠故也。先是，懷等欲於清湖閘堰及北郭税務、人使厨屋北各創木橋一〔二〕，詔令轉運司、臨安府營度。既而逐司以北郭税務厨屋北及人使維舟之所造橋有妨〔三〕，請更爲浮橋，故有是命。

〔一〕四年十二月十四日　「四年」前原衍「二」字，按乾道僅九年，故删。

〔二〕懷等欲於清湖閘堰及北郭税務人使厨屋北各創木橋一　「北郭」原作「北過」，據前後文改。按後文所載，「厨屋北」當在「税務」下，「人使」下脱「維舟之所」四字。

〔三〕既而逐司以北郭税務厨屋北及人使維舟之所造橋有妨　「既」原作「即」，形近而訛，今改。

淳熙十年二月二日，詔襄陽府浮橋，自來年爲始，將均州合敷竹木與減一半，其餘並令襄陽府計辦。從知均州守臣請也。〔一〕

〔一〕按本條頁首「宋會要」下有整理者楷書批「浮橋」。

鎖

【題解】本門見方域一三之三〇至三一，大典卷一一六四七「鎖」字韻事韻收録。整理者依次於三處「宋會要」下楷書批「河鎖」、「江鎖」、「城門鎖」，當大典事目名，今從解開宋會要之謎作「鎖」門。按本門共四條，上古本將「江鎖」一條歸入「河鎖」下。今次整理，「河鎖」等事目名附入校注，餘仍輯稿之舊。本門起太宗太平興國三年正月十五日，迄孝宗乾道六年四月七日。

太宗太平興國三年正月十五日，詔陳州城北蔡河先置鎖筭民舡者，罷之。先是，五代以來藩鎮多便宜從事，所征之利咸資於津渡，悉私置鎖。凡民舡勝百石者，税取其百錢，有所載者即倍征之，商旅甚苦其事。至是，陳州以聞，遽罷之。其後諸州軍河津之所有征者，復皆置鎖。

仁宗天聖三年正月十二日，上封者言：「在京惠民河置上下鎖，逐年征利不多，擁併般運，阻滯物貨，致在京薪炭湧貴，不益軍民，乞罷之。」詔三司詳定可否。三司言：「大中祥符八年，都大提點倉場夏守贇相度，於蔡河上下地名四里橋、叚家直置鎖，至今歲收課利六千餘緡，廢之非便。乞下提點倉場官員常鈐轄監典，毋令阻滯。」從之。〔一〕

〔一〕以上兩條屬「河鎖」事目。

徽宗政和元年六月二十四日，樞密院奏：「臣僚上言：『伏見雅州碉門有溪曰禁江，並無鎖閉，可通舟筏，未有關防之法。欲乞嚴設禁止。』送成都府、利州路鈐轄相度，申樞密院。本司據雅州申，碉門寨下禁江一處係屬嚴道、滎經兩縣界，然舊有鎖水一處，從來只置竹棚攔截。今相度改造截河鐵索，兩岸繫縛安置，以備寅夜乘舟舡作過之人。尋行打量得，江面闊一十四丈八尺，每尺用熟鐵一斤打造連鎖，計用鐵一百四十八斤。於南岸山下就山鑿石竅鐵圈鎖纜，纜縛鐵索，及更用將軍柱一條副之。次岸置華車一座，安置鐵索，以備水勢高下，旋行收放。及用鏁一連，寨官逐時點檢封索，選差人兵看守。及碉門寨門下江水岸北舊用木作籬墻，今乞以大石埠疊作城，用乳頭墻，城上置敵棚，分那人兵守宿。本司相度，委是經久可行。」從之。〔一〕

〔一〕本條屬「江鎖」事目。

孝宗乾道六年四月七日，直敷文閣、權發遣臨安府姚憲言：「府城十八門鎖，年深啟閉不謹，今造新者十八，其分給諸門，欲自今月八日施用。管鑰關大内鎖匙庫收掌，日休時降付諸門。」從之。〔一〕

〔一〕本條屬「城門鎖」事目。

壕塹

【題解】本門見方域一八之一，大典卷五五二八「壕」字韻事韻收録。整理者於方域一八之一「宋會要」下楷書批「壕塹」，當爲門名。按本門僅餘一條。

真宗大中祥符二年三月二十五日，詔罷浚慶州界壕塹〔一〕。先是，環慶都鈐轄曹瑋發兵開壕〔二〕，趙德明移牒鄜延鈐轄李繼昌言其事。蓋德明多遣人齎違禁物竊市於邊〔三〕，間道而至，懼長壕之阻也。朝廷方務招納，故止其役。

〔一〕詔罷浚慶州界壕塹　「浚」原作「淩」，據長編卷七一大中祥符二年三月庚辰條改。

〔二〕環慶都鈐轄曹瑋發兵開壕　「都」字原缺，據長編卷七一大中祥符二年三月庚辰條補。

〔三〕蓋德明多遣人齎違禁物竊市於邊　按「竊」與「市」之間原空四格，查長編卷七一大中祥符二年三月庚辰條，其間并無内容，當輯稿抄録之誤。今删。

水利

【題解】本門見輯稿方域一七之一至一六、一八至二五、食貨七之一八、八之一、一八至三二，大典卷一一〇六、一一一〇八、一一一〇九「水」字韻「水利」事目收録。整理者於方域一七之一「宋會要」下小字楷書批「方域志」，其下又有整理者大字行書批「水利」，又方域一五之三「(元豐元年六月)七日」條末言「詳見水利門」，故可確定門名。按會要原本食貨類、方域類均有水利門，且同時被大典收入「水」字韻「水利」事目下，徐松自大典輯出後，由於整理者的失誤，方域類水利門内容散落多處，甚至誤入食貨類，異常混亂。陳智超先生宋會要方域類水利門的復原一文(以下簡稱陳文)詳加考證，指出方域一七之一至一六、一八至二五、食貨七之一八、八之一、一八至三二皆屬方域類水利門，且恢復了此門的原貌。今次整理，即據陳文復原方案重新編排，并將部分條目文首之「方域志」三字統一附於校注。又按食貨八之一至四乃大典抄自通考卷六田賦考六，且前題「馬端臨通考」，非會要文字，今删。本門起太祖建隆二年，迄孝宗乾道九年十一月二十三日。

太祖建隆二年，西京留守向拱言：「重修天津橋成〔一〕，洛水貫西京，多暴漲〔二〕，壞橋梁。拱甃巨石爲腳，高數丈，銳其前以疏水勢，石縫以鐵鼓絡之〔三〕，其制甚固。」詔書褒美。〔四〕

〔一〕重修天津橋成　「成」字原缺，據方域一三之一九補。

〔二〕多暴漲　「漲」原作「瀼」，據宋史卷九四河渠志四改。

〔三〕石縫以鐵鼓絡之　「絡」原作「略」，據方域一三之一九、玉海卷一七二建隆天津橋、宋史卷九四河渠志四改。

〔四〕按本條前題「方域志」。

開寶九年四月〔一〕，郊祀西京，詔發卒五千，自洛城菜市橋鑿渠抵漕口二十五里，饋運便之。

〔一〕開寶九年四月　按長編卷一七繫於開寶九年三月。

太宗太平興國三年正月，詔弓箭庫使王文寶、六宅使李繼隆、作坊副使李神祐〔一〕、劉承珪往京西，分護南路新河之役。白河在唐州，南流入漢。先是，轉運使程能建議開是河，自南陽下向口置堰〔二〕，回水入石塘、沙河〔三〕，合蔡河達京師。塹山堙谷凡千餘里，引白河水注焉〔四〕，以通湘、潭之漕〔五〕。詔發唐、鄧、汝、潁、許、蔡、陳、鄭丁夫數萬人赴其役，又以諸州兵萬人助之，歷博望、羅渠、小柘山〔六〕，凡百餘里。月餘，抵方城，而地勢高仰，水不能至。復

多役人以致水，然終不可通漕。會山水暴漲，石堰壞，河不克就，卒堙廢焉。〔七〕

〔一〕作坊副使李神祐　「作坊副使」，長編卷二〇太平興國四年九月乙酉條、輯稿禮二二之一作「南作坊副使」。

〔二〕自南陽下向口置堰　「南陽」原作「襄漢」，據長編卷一九太平興國三年正月戊戌條、宋史卷九四河渠志四及光緒南陽縣志卷九溝渠改。

〔三〕沙河　「河」，原本作「河」，整理者圈改作「門」，據長編卷一九太平興國三年正月戊戌條、宋史卷九四河渠志四回改。

〔四〕引白河水注焉　「白河」原作「自河」，據前文改。

〔五〕以通湘潭之漕　「湘潭」，玉海卷二二太平興國襄漢漕渠、宋史卷九四河渠志四、卷二七四王文寶傳同，長編卷一九太平興國三年正月戊戌條作「襄潭」。又下文「端拱元年」條及宋史卷九四河渠志四載：「開古白河，可通襄、漢漕路至京。」按本條事涉京西路，與湘、潭無關，或「湘潭」乃「襄漢」之誤。

〔六〕小柘山　按宋史卷九四河渠志四作「少柘山」，長編卷一九太平興國三年正月戊戌條作「小祐山」。

〔七〕按本條文首題「方域志」。

九月，遣殿直李守澤浚絳州汾河。

端拱元年，供奉官、閤門祇候閻文遜、苗忠言：「開荆南城東漕河，至師子口入漢江，可通荆、峽漕路至襄州；又開古白河，可通襄、漢漕路至京。」詔八作使石全振往視之，遂發丁夫治荆南漕河至漢江〔一〕，可勝二百料重載，行旅頗便，而古白河終不可開。

〔一〕遂發丁夫治荆南漕河至漢江　「發」原作「廢」，據宋史卷九四河渠志四改。

至道三年正月，内侍閻承翰上力、漢二水圖，乞輟鄢陵縣修汴夫，量事溝畎〔一〕，并築隄塘。從之。

〔一〕量事溝畎　「溝」原作「勾」，按輯稿食貨一之三〇、六三之一八九有「經畫溝畎」，故改。

真宗咸平五年三月，河北轉運使耿望奉詔開鎮州常山鎮南河水入洨河至趙州〔一〕。

〔一〕河北轉運使耿望奉詔開鎮州常山鎮南河水入洨河至趙州　「洨河」原作「汶河」。據九域志卷二趙州、長編卷五一咸平五年三月甲辰條、宋史卷九五河渠志五、隆慶趙州志卷二建置改。按本條文首題「方域志」。

景德元年正月，北面都鈐轄閻承翰言〔一〕：「定州屯大兵，歲役河朔民輦運，甚爲勞苦。竊見定州北唐河水，可自嘉山東引至定州，計三十三里〔二〕。自定州開渠至蒲陰縣東，約六十二里入汴一本作「沙」。河〔三〕，東經邊吴泊入界河，足行舟楫，不惟易致資糧，兼可播種其旁〔四〕，引水灌溉，以助軍食，設險以限戎馬。」從之。

〔一〕北面都鈐轄閻承翰言　「都鈐轄」原缺，據輯稿食貨七之五、六一之九〇、長編卷五六景德元年正月壬子條、宋史卷九五河渠志五補。

〔二〕計三十三里　「三十三里」，輯稿食貨七之五、六一之九〇同，長編卷五六景德元年正月壬子條、宋史卷九五河渠志五作「三十二里」。

〔三〕約六十二里入汴一本作沙河　「六十二」原作「三十六」。輯稿食貨七之五、六一之九及長編卷五六景德元年正月壬子條皆作「六十二」。整理者改成「六十二」，是。「汴河」，與定州相距甚遠，顯誤。輯稿食貨七之五、六一之九〇作「沙河」，是。「一本」當指前揭食貨類。

〔四〕兼可播種其旁　「兼」原作「無」，據輯稿食貨七之五、六一之九〇、長編卷五六景德元年正月壬子條改。

四月，知保州趙彬請堰徐河水入雞距泉〔一〕。雞距泉在州之南，東流入邊吴泊，歲漕粟以給軍食。而地峻水淺，役夫挽舟，甚爲勞苦。至是，彬經度引水勝重舟，省人力。詔獎之。〔二〕

〔一〕知保州趙彬請堰徐河水入雞距泉　「知」字原缺，據長編卷五五咸平六年十月庚辰條補。

〔二〕按趙彬請堰徐河水入雞距泉事，除宋史卷九五河渠志五亦繫於景德元年外，長編卷五五、輯稿食貨四之二、六三之四〇皆繫於咸平六年十月二十四日庚辰，玉海卷一七七咸平屯田務繫於咸平六年十月。或工程始於咸平六年十月，成於景德元年四月。

五月，詔駕部員外郎滑修己與京東轉運使按行梁山濼，開渠疏水於淮。修己言：「徐州界有吕隘，舟行頗艱，自來官置水手三十人，又置二十人爲隊長〔一〕，往來挽致舟船。本州頗弛慢，不加督責，山石隘舟行〔二〕，爲疏導〔三〕，水手曾不畏懼，但務擾民，長吏未曾親臨省視。望專委官吏，俟秋深水涸，即遣匠修此二洪。」詔修己遷一官，令知徐州修其事。

〔一〕又置二十人爲隊長　「二十人」顯誤，上古本疑作「二人」，或是。

〔二〕山石隘舟行　「隘」原作「溢」，形近而訛，今改。

〔三〕爲疏導　按此句有脱文，上古本疑「爲」上脱「不」字。

八月，雄州何承矩請令滄州、乾寧軍常督壕寨主吏專視斗門水口，旦夕俟海潮至，放水入御河東塘堰〔一〕，以益塘水〔二〕。從之。

〔一〕放水入御河東塘堰　「東塘」原作「東堂」，據長編卷五七景德元年八月庚申條、玉海卷二二宋朝四渠改。

〔二〕以益塘水　「益」原作「溢」，據玉海卷二二宋朝四渠改。

二年正月，詔定、祁州委官按視新開漕河及沿河寨柵〔一〕，勿令壅圮。

〔一〕詔定祁州委官按視新開漕河及沿河寨柵　「新」原作「親」，形近而訛，今改。

三年八月，侍禁、閤門祗候胡守節言：「准宣按視趙守倫所開廣濟河，通夾黄河，入清河。臣與水平匠緣清河檢校，其自徐州至楚州灘峻處，乞守倫未得興役，先須經度，若是可以久遠通行漕運，即於夾黄河興工，添置斗門、堨子，免費工料。」從之。

大中祥符七年十月，江淮發運使李溥言〔一〕：「准詔與内供奉官盧守懃按視杭州江岸，請依錢氏舊制，立木積石，以捍潮波〔二〕。」從之。仍令守懃專掌其事。初，江潮悍激，止及西興，至是直抵州城，知州戚綸、轉運使陳堯佐請累梢爲岸〔三〕。既成，會綸等徙任，或言其非便，故令溥等視而改之。

〔一〕江淮發運使李溥言　「李溥」原作「李傳」，據玉海卷二三祥符錢塘江隄、咸淳臨安志卷三一浙江、宋史卷九七河渠志七改。

〔二〕以捍潮波　「潮」原作「湖」，據玉海卷二三祥符錢塘江隄、宋史卷九七河渠志七改。

〔三〕轉運使陳堯佐請累梢爲岸　「梢」，玉海卷二三祥符錢塘江隄引實録作「木」。

八年九月，令京西轉運使與鄭州知州相度，開小河導湖河退水入州城壕。時入内殿頭李懷賓言，金水河與湖河合流，多穢濁，乞畎湖河别派故也〔一〕。

〔一〕乞畎湖河别派故也　「河」字原缺，據前文補。又「派故也」原在方域一七之六頁首，今改移於此。

天禧三年十二月，上封者言，崇儀副使史瑩於鄭州界開新河流入金水河，非便。詔京西轉運副使杜詹與鄭州知州詳所奏，規度利害以聞。是月〔一〕，遣殿中侍御史張宗象與淮南勸農使王貫之同相度開楚州西門外運河。宗象言，若開河，可免淮河風濤阻滯、拋失舟船，頗爲利便。詔俟將來歲稔，奏裁施行。

〔一〕是月「月」原作「日」，據前文改。

五年六月，知江陰軍崔立勸部民浚港溉田，下詔獎之。〔一〕

〔一〕按以上兩條原在方域一七之六，今改移於此。

仁宗天聖元年閏九月，淮南制置發運使趙賀、入内供奉官張永和〔一〕，准敕往苏州相度積水，今相度得，吴江等县自来工石塘路桥道合依舊修疊，隔欄太湖風浪，護占民田。從之。〔二〕

〔一〕入内供奉官張永和　按「張永和」下疑有脱文，上古本徑補「言」字，或是。

〔二〕按本條文首題「方域志」。又按本條以下至「七年二月」條原在方域一七之五，今據時間先後改移於此。

三年六月，淮南制置副使張綸請開真州長蘆口河道〔一〕，從之。

〔一〕淮南制置副使張綸請開真州長蘆口河道 「副」字原缺，據下文及長編卷一〇三天聖三年六月丙寅條補。

五年六月，淮南制置發運副使張綸言：「楚州、高郵軍界運河堤岸修築，其知楚州寶應縣張九能、知高郵縣李居方管勾河隄，種植榆柳，委寔用心，欲令逐官添管勾運河隄岸，令終三年。」從之。仍自今所差寶應、高郵知縣，並帶「管勾運河隄岸事」。九能後坐開運河不切防護，水衝隄岸，浸民田，罰金，降監當差使。

六年六月〔一〕，殿中侍御史李紘言：「徐州沛縣有古泡河及清河，濟州任城、金鄉兩縣有故大義河，並各淺澀淤澱，望開撥修疊隄岸。」詔轉運司計度工料以聞。

〔一〕六年六月 按修清河、大義河，玉海卷二二宋朝四渠在「慶曆中」。

七年二月，京東轉運司言：「緣廣濟河并夾黄河縣分，令佐乞常切巡護，逐年檢計工料，差夫并逐埧兵士淘取泥土，修貼隄岸，每春率逐埧兵士於牽路外多栽榆柳。如河隄無虞，林木青活，年終令輦運司點檢不虛，批上曆子，理爲勞績。如怠慢，致岸頽缺，栽種失時，勘逐科罰。」〔一〕

〔一〕按「常切巡護」以下文字原在方域一七之四，今改移於此。

五月，兩浙轉運使言，潤州開河畢工。降詔獎之。〔一〕

〔一〕按本條以下至「（嘉祐）六年八月」條原在方域一七之四，今改移於此。

八年正月，虞部郎中、知萊州閻貽慶言開修夾黄河畢，詔遷一官賞之。

嘉祐二年三月二十八日，詔六塔河水見浸博州，將來河水汎漲，東流轉大，令轉運使李參等相度分減東流，不得滂浸向下州軍。

三年正月，開京城西葛家岡新河。以有司言，至和中，大水入京城，請自祥符縣界葛家岡開生河，直城南好草陂，北入惠民河，分入魯溝河，以紓京城之患也。命名爲永通河〔一〕。凡役工六十三萬〔二〕，九月而成。

〔一〕命名爲永通河　「永通河」，編年綱目備要卷一五嘉祐三年正月條、十朝綱要卷六嘉祐三年正月戊戌條、玉海卷二二嘉祐永通河注、宋史卷一二仁宗紀四皆同，方域一四之二七、長編卷一八八嘉祐三年九月癸巳條、玉海卷二二嘉祐永通河作「永濟河」。

〔二〕凡役工六十三萬　「六十三」，長編卷一八八嘉祐三年九月癸巳條同，方域一四之二七、玉海卷二二嘉祐永通河作「六十」。

六年八月，江淮制置發運司言：「淮水壞泗州城，知州王璪、通判張師中能協力保完之，乞降詔奬諭。」從之。

英宗治平三年三月，命同判都水監張鞏與河北轉運使沈立度治澶州上六塔河。〔一〕

〔一〕按本條原在食貨七之一八，前題「方域志」，今改移於此。又按本條亦見方域一七之六，文字同，然筆跡與前後差異大，顯係後人添入，屬複文，今删。

神宗熙寧三年正月十二日，提舉河北便糴皮公弼、提舉常平倉王廣廉言：「相度王庠擘畫商暹村地分開御河，池瀆陷，難以興工，如劉彝、程昉所擘畫，仍添展工料爲便。」詔依所奏，發邢洺磁相趙州、真定府夫及都水監卒治之，以廣廉、昉都大管勾，本路轉運使劉庠提舉。至六月開修新河，東趨通快，别無阻礙。先是，臣寮奏御河可於恩州武城縣開約二十餘里，入黄河北流故道，下五股河，故命彝、昉相度。而冀州通判王庠言，若只於今來見行流去處，下接胡蘆河，地里近便，地形卑下，不至大段枉費民力。彝等又奏：「據庠言，同共相度上件河道，雖是見今御河水勢行流，於理爲順，其有漫淺膠泥深闊去處，即須至更興修郝閏口，方免阻滯綱船，其工役又須二三年。今除郝閏口一十八里外，烏欄堤東北至小流港〔二〕，横截黄河入五股河，計一百二十餘里，地形低下，有積水，可以開河，引撥水勢至永静軍，自五股河入故道。」〔三〕

〔一〕烏欄堤東北至小流港　「烏欄」、「小流港」，長編卷二一二熙寧三年六月甲戌條引河渠志、宋史卷九五河渠志五作「烏欄」、「大、小流港」。

〔二〕按本條文首題「方域志」。

四年八月四日，令淮南發運司召人進納見錢，差雇人夫，開修泗州洪澤河。

五年正月十七日，賜權發遣江淮等路發運副使皮公弼銀絹二百，仍賜勑書獎諭。初，公弼言，漕運涉淮有風波之險，乞開洪澤河六十里，稍避其害。詔委公弼提舉，至是工畢，人以爲便，故有是賜。

七年正月二十七日，詔權停修白溝河，移夫濬自盟河。詳見白溝河。

八年四月十七日，都大提舉黄、御等河公事程昉言：「乞自滹沱、胡蘆兩河引水，淤溉滹沱南岸魏公、孝仁兩鄉瘠地萬五千餘頃；自永静軍雙陵道口引河水〔一〕，淤溉北岸曲淀等村瘠地萬二千餘頃。乞並俟明年興工。」從之。

〔一〕自永静軍雙陵道口引河水　「雙陵」原作「雙陸」，據長編卷二六二熙寧八年四月戊寅條、宋史卷九五河渠志五改。

五月十八日〔一〕，詔同管勾外都水監丞程昉、權知都水監丞劉璯提舉開廣沙河。初，昉、瓆言："王供埽地有沙河故道，可開廣，取黄河水灌之，轉入枯河，下合御河，即黄河堤置斗門啟閉，其利有五：王供迺向著埽，免河勢變移，别開口地，一也；漕舟出汴，對過沙河，免大河風濤之患，二也；沙河分水一支入御河，大河漲溢，沙河自有節限，三也；御河漲溢，有斗門啟閉，無衝注填淤之憂〔二〕，四也；德、博舟運免數百里大河之險，五也。開河用工五十六萬七千四百九十三，請發卒萬人，役一月可成。"故從其請而有是命〔三〕。

〔一〕五月十八日　按長編卷二六五繫於熙寧八年六月十九日己酉。

〔二〕無衝注填淤之憂　"衝"原作"充"，據長編卷二六五熙寧八年六月己酉條、宋史卷九五河渠志五改。

〔三〕故從其請而有是命　"命"字原缺，據長編卷二六五熙寧八年六月己酉條補。

六月二十八日，詔判都水監侯叔獻減磨勘二年〔一〕，丞劉瓆一年，殿直劉永年二年，以開訾家口有勞也。

〔一〕詔判都水監侯叔獻減磨勘二年　"侯叔獻"原作"史叔獻"，據方域一六之三三及長編卷二六五熙寧八年六月戊午條改。按侯叔獻，長編、宋史、輯稿多有記載，熙寧中曾官都水監。

九月五日，中書門下言："訪聞深、祁、永静等州軍胡蘆、滹沱、沙河、新河山水泛漲，例皆衝決岸口，所有合修治堤防及開濬淤澱，欲令外都水監丞及水利司檢計施行，仍先具工料，及令轉運司勘會渰浸民田頃畝都數以聞。」從之。

九年五月二十六日，提舉淮南常平倉王子京言：「提舉開修運鹽河，自泰州至如皋縣，共一百七十餘里，日役人夫二萬九十餘[一]。」

[一] 日役人夫二萬九十餘　「十」，長編卷二七五熙寧九年五月辛巳條作「千」。

六月，修滹沱河功畢。

四日[一]，司農寺言，修丁家河畢[二]。詔推恩官吏。

[一] 四日　「日」原作「月」，按四月，與前後不合，長編卷二七六繫於熙寧九年六月四日戊子，故改。

[二] 修丁家河畢　「丁家河」，長編卷二七六熙寧九年六月戊子條作「丁字河」。按丁字河，長編、宋史等多有記載，輯稿疑誤。

十九日，高陽關路安撫司言：「信安、乾寧軍塘濼，昨因不修，獨流決口，至今乾涸。乞於撲椿堰南引御河水[一]。」上批：「聞近歲塘水有極乾淺處，當職之官頗失經治，可於兩路各選委監司一員，以巡歷爲名點檢，具闊狹深淺，畫圖以聞。」已而河北東、西路提點刑獄韓正彥、韓宗道各具淤澱乾淺處以聞，詔送河北屯田司相度當興修所在，計工料聞奏。其官吏仍令東路轉運司劾之。

〔一〕乞於撲椿堰南引御河水　按長編卷二七六熙寧九年六月癸卯條「河水」下有「注入」二字。

七月四日，知太原府韓絳言：「府西汾河夏秋霖雨，水勢漲溢，與黄河無異。近淤澱，河道高起，汎漲爲患。乞於本府雄猛指揮差兵級百人，專切修築救護〔一〕，及令堤上種植林木，以充梢椿。仍降濬川把樣及差人指教。」並從之。

〔一〕專切修築救護　「修」原作「條」，形近而訛，今改。

元豐元年閏正月三日，前知曹州劉攽言：「伏見知濟陰縣羅適開導古涀河，決洩積水有功。適議以爲，若明年春許差人夫及聽民願併力施功〔一〕，則爾後水害可使永除。乞下本州，速與應副。」上批：「可記適姓名。」以適知陳留縣，仍詔適留舊任，候見任官成資日交替。

〔一〕若明年春許差人夫及聽民願并力施功　「聽」原作「取」，據長編卷二八七元豐元年閏正月戊寅條改。

六月七日，京東路體量安撫黄廉言：「本路被水，乞勅有司檢計溝河，候豐熟，令所屬調丁夫濬治。梁山、張澤兩濼，累歲填淤，浸損民田，亦乞自下流濬至濱州〔二〕。」從之，仍令都水監遣官同轉運司檢視工料。

〔一〕亦乞自下流濬至濱州「下」字原缺，據輯稿食貨七之三〇、長編卷二九〇元豐元年六月己酉條、宋史卷九五河渠志五補。

二年八月十三日，詔濬淮南運河，自邵伯堰至真州十四節，分二年用工。從轉運司奏也。

十二月十二日，定州安撫使韓絳言：「大理寺丞楊嬰尋訪得定州界，西自山麓，東接塘淀，綿地百餘里，可以瀦水，設爲險固，願聽營葺。」從之。仍詔以引水灌田陂爲名〔一〕。

〔一〕仍詔以引水灌田陂爲名「陂」字原缺，據輯稿兵二八之二二、長編卷三〇一元豐二年十二月丙午條、宋史卷九五河渠志五補。

三年六月十五日，權判都水監張唐民請復黄、汴諸河歲差修河客軍九千人額。從之。

八月一日，京東轉運司言：「濰州白浪河每歲潦浸護城堤岸，去年費梢草萬餘，僅免水患。知州楊采開河引導，遂不至城下，費省患弭。」詔降勅書獎之。

四年六月十四日，幹當御藥院竇仕宣言：「相視大河至乾寧軍摽椿口以下流行，未成河道〔二〕，又緣河東北流，自小吴向下與御河、胡蘆、滹沱三河合流，若於漲水之際，深慮堤防艱難。乞令都水監定三河合黄河，其三河於何所歸納〔三〕。」詔遣李立之相度。後立之言，三河別無回河歸納處，須當合黄河行流。從之。

〔一〕未成河道　「成」原作「道」，據長編卷三二三元豐四年六月己巳條改。

〔二〕乞令都水監定三河合黄河其三河於何所歸納　按「黄河」與「其三河」之間，長編卷三二三元豐四年六月己巳條有「如何作隄防限隔，或不合黄河」十數字，輯稿或脱。

六年八月六日，江淮等路發運副使蔣之奇言，長淮、洪澤河實可開治，願亟興工。詔陳祐甫相視以聞。已而陳祐甫言〔一〕：「田棐任淮南提刑，嘗建言開河，其後自淮陰至洪澤，訖成厥功，獨洪澤以上未克興役。臣今相度，既不用牐蓄水，惟隨淮面高下，開深河底，引淮水通流，則於勢至易，其便甚明。行地五十七里，計工二百五十九萬七千，役民夫九萬二千一月，兵夫二千九百兩月，麥米十一萬斛，錢十萬緡〔二〕，分二年開修〔三〕。」詔限一年〔四〕，仍令蔣之奇、陳祐甫同提舉。

〔一〕已而陳祐甫言　「陳祐甫言」，長編卷三四一繫於元豐六年十一月二十八日己巳。

〔二〕錢十萬緡　「十萬」，長編卷三四一元豐六年十一月己巳條作「十一萬」。

〔三〕分二年開修　「開」原作「關」，「修」字原缺，據長編卷三四一元豐六年十一月己巳條改補。

〔四〕詔限一年　「年」原作「月」，據長編卷三四一元豐六年十一月己巳條改。

哲宗元祐四年六月二十六日，知陳州胡宗愈言〔一〕：「本州地勢卑下，至秋夏之間，許、蔡、汝、鄧、西京及開封諸處大雨，則諸河之水並由陳州沙河、蔡河同入潁河，潁河不能容受，故陳州境内瀦爲陂澤。今沙河、蔡河合入潁河處〔二〕，有古八丈溝，可以開濬，分決蔡河之水，自爲一支，由潁、壽界直入於淮，則沙河之水雖湧，不能壅遏。昔有項城縣令姚闢曾建此議。」詔府界提刑羅適依宗愈所奏，仍兼提舉淮南，四路接連〔三〕，合治水利。

〔一〕哲宗元祐四年六月二十六日知陳州胡宗愈言　「哲宗元祐四年六月二十六日知」據旁批補。

〔二〕蔡河合入潁河處　「入」原作「水」，據長編卷四二九元祐四年六月乙丑條、宋史卷九五河渠志五改。

〔三〕四路接連　「四」原作「西」，據長編卷四二九元祐四年六月乙丑條改。

紹聖元年七月十二日，殿中侍御史郭知章言：「昨被命賑濟，體問得京東路曹、濟、濮、廣濟等州軍地勢汙下，累年積水爲患，雖豐歲亦不免爲憂。緣往年府界提刑羅適開畎府界諸縣積水，引而委之於京東，而京東河道未有措置，故水無所歸。望選監司，令疏濬京東河道。」詔令本路提刑司審按，如有積水，即具合如何開畎聞奏。

三年四月十七日，河北路轉運使吴安持言：「御河自元豐四年因小吴決溢，大河北流，遂至湮塞。今大河趨御河復出，請委前都水丞李仲專提舉開導。」從之。

四年二月十一日，詔降度牒百道付洪州，鬻錢以募闕食小民，開治本州内外湖港。從江西轉運、鈐轄司請也。

九月一日，詔：「兩淛歲旱，本路運河如有填淤處，優給雇直，募人開濬。」

元符元年三月五日，詔新修楚州支家河，賜名爲通漣河。以工部言，淮南開河所奏，其河係導引漣河〔一〕，與淮水相通，乞賜名故也。〔二〕

〔一〕其河係導引漣河 「漣」下原衍「海」字，據長編卷四九五元符元年三月甲寅條、宋史卷九六河渠志六刪。

〔二〕按本條後原有「紹聖四年閏二月十九日」條，亦見輯稿食貨六一之一〇三，除一處文字顛倒外，餘皆相同，屬食貨類水利門，今刪。

徽宗崇寧四年五月十五日，提舉兩浙路常平等事徐確言：「蘇、秀、湖三州見管開江兵士一千四百人，并使臣二員，欲就令逐官專切點檢已開吳松古江。如有潮沙淤澱，即時開淘，須管常及令來開掘深闊丈尺，決洩水勢，取令通快。華亭、昆山縣知佐，每季輪那巡視，具有無淤塞去處關報本州縣及監司，并委蘇、秀二州通判半年前去檢點，監司依分定歲巡親往檢察。開江使臣若能用心開淘，並無漲沙壅澱，任滿減一年磨勘。如敢弛慢，卻致沙泥壅澱，即展一年磨勘。逐縣知佐并兩州通判，如不依立定日限逐時前去點檢，亦令監司點檢，勘劾施行。」從之。〔一〕

〔一〕按本條文首題「方域志」。

大觀元年十一月十四日，詔：「舟行大江，或遇風波，頗遭覆溺之害。訪聞兩岸有港澳可保，歲久堙塞，其令所在州縣檢視，悉行開濬。每澳降祠部度牒十道給其費，仍令發運司開具合修港澳處以聞。」

三年二月十五日，朝議大夫張竦言：「河陽界元相度於上渦西南馬村開直河一道，温縣南堯風村開直河一道。内上渦馬村直河開修了當，已見成效外，有温縣堯風村直河，本縣人户經朝廷陳狀，稱開掘莊田并桑棗數百頃〔一〕，直河司遂乞權罷開修。契勘得所掘民田止是數頃，欲乞乘此豐稔，下都水監依元相度到事理〔二〕，趁今春復行開修。奉詔，令都水監相度開修。勘會所占民田，若不優給價值，切慮虧損人户。」詔據合拘占田，於見今價直上更增三分，限十日支給。

〔一〕稱開掘莊田并桑棗數百頃　「田」字原缺，據後文補。

〔二〕下都水監依元相度到事理　「到」原作「對」。按方域一一之三三、一二之二〇等皆有「相度到事理」云云，故改。

四年四月十四日，工部言：「淮南江浙荆湖都大制置發運司狀，兩浙路運河失於開治，蓋爲州縣不切點檢開修，是致阻節綱運。雖有本州審度指揮，緣别無法任責，州郡終不究心。欲乞令兩浙州縣，運河依元符二年九月十八日淮南運法，令知州、通判兼管。」從之。

政和二年七月十二日，詔於兩浙路支撥見管度牒一百道修築錢塘江。從兵部尚書張閣請也。

三年七月二十日，詔吴江修整了當，專監修官轉一官，餘官各減二年磨勘，承直郎以下依條比類施行。從兩浙轉運、提舉司奏也。

五年四月十五日，詔通利軍三山開河修繫永橋，今來放水了當，其在彼公役人，賜銀絹、錢物有差。

六年閏正月七日，知杭州李偃言：「湯村、巖門、白石等處並錢塘江通大海，日受兩潮，漸致侵齧。乞依六和寺岸，用石砌疊。」詔令劉既濟措置。

四月二十七日，詔賜開濬大名府壕河官吏轉官有差。

八月十七日，詔：「鎮江府旁臨大江，舟楫往來，每遇風濤，無港河容泊，以致三年間覆溺凡五百餘艘。訪聞西有舊河，可以隱避，歲久堙廢，宜令發運司計度濬治。」

宣和元年十二月六日，詔開修兔源河并直河畢工，孟昌齡降詔獎諭，餘人轉官減年有差。

二年十一月四日，江淮等路發運使陳亨伯言：「奉詔措置楚州至高郵亭一帶河淺澀，相度運河別無上源，惟賴陂湖灌注行運。今歲春夏闕雨，陂塘潮水例皆低淺，山陽河道比南地稍高，遂委官前去催促開撩。州縣並不究心，致河水淺澀。知楚州杜總、知山陽縣費若全無心力，楚州通判康大年頗勤職事。臣見與趙億、孫默日逐措置。」詔杜總、費若勒停，差程固知楚州，山陽知縣令吏部限一日差注，仍令陳亨伯同本路轉運、常平司隨宜措置。

三年正月二十六日，詔改開封府中牟縣蔵脛河爲靖澗河。

三月二十八日，高州防禦使李琮言：「真州係外江綱運會集要口，所裝糧斛五十餘萬，以運河淺澀〔一〕，不能津發。契勘真州以來轉運，河南岸有泄水斗門八座，去江不滿一里。相度乞將斗門河身開掘面闊一丈五尺，門深五尺，於江口近裏約十丈以來，打築軟壩，賺引潮水，入河捺定。即蓄一潮之水，量度功力，可消水車數倍。仍逐斗門差官專一監督，亦作交替，令真州日具功程回報。今來運河雖每十里作壩，緣至揚州界地名揚子橋，仍於南岸權置小堰，廣用水車，畎以南河水，不惟不走運水，復得廣有車水資助，可以浮應綱船。」詔令趙億、王似、錢德輿疾速措置施行。

〔一〕以運河淺澀　「運河」原倒，據宋史卷九六河渠志六乙正。

五年八月七日，發運提舉司、廉訪所言：「兩浙運河，自今河身淤澱，稍愆雨澤，便有淺澀，至妨漕運，合行深濬。數内鎮江府地名新豐界，運河底有古置經函，係准備西岸民田水長泄入江。今來若行取折開濬，恐雨水連併，卻致損壞堤岸，無以發泄。今相度，鎮江府丹陽縣界運河，可開深至經函上下，卻於兩岸展出河身作馬𩨚開闊外〔一〕，有呂城閘外至杭州一帶河道，各合用水手打將河底，一例開深五尺，亦作馬𩨚開闊。並委逐州縣守令檢計工料，并將來差顧人夫合用錢糧，管幹開濬，委是經久利便。」從之。

〔一〕卻於兩岸展出河身作馬𩨚開闊外　「𩨚」原作「𩩲」，形近而訛，今改，下同。

六年十月六日，江、淮、荆、浙等路發運副使盧宗原言：「池州大江係上流綱運經由，東岸有暗石二十餘處。西岸有沙洲，謂之『拆船灣』，廣二百餘里，前後壞舟不可勝數。東岸有沙洲，謂之『沙地』，四里餘〔一〕。若開通入杜湖，經平水，徑池口，面避江行二百里風濤之險〔二〕，實爲大利。」從之。

〔一〕四里餘　按宋史卷九六河渠志六作「四百餘里」。當從宋史。

〔二〕面避江行二百里風濤之險　「面」，宋史卷九六河渠志六作「可」，上古本據改，或是。

高宗光堯皇帝紹興元年十月十三日，倉部員外郎成大亨等言：「兩浙運使徐康國具到上虞縣梁湖堰東運河淺澱一里半已來，有旨令工部郎官各一員前去，限一日相度申尚書省。臣等遵依起發前去打量，可料自梁湖堰至住家埧共一里一百八十丈淺澱去處，深淺尺寸不等，計積二十四萬二千一百赤，每工開運土四十尺，共合用開撩計六千五百二工。」詔依，其合用錢米，令户部應付。仍限三日，令本縣令佐監督并工開撩，及誡約合干人不得拖延，別致減尅錢米。〔一〕

〔一〕按本條文首題「方域志」。

十六日，都省言，越州至餘姚縣運河淺澀，填閙隳壞，阻滯綱運。詔差徐康國、蔡向、朱璞〔一〕，限一日起發前去措置開畎，仍具修整次第及日具逐官所至申尚書省。康國等開具會稽縣都泗堰至曹娥塔橋合開掘淘撩河身、夾塘，共用七萬一千二百一工，詔令和雇人夫開淘，限十日了畢。其合用錢米，令轉運司應副。如見闕乏，具令户部借支，具支過數〔二〕，卻令轉運司撥還。

〔一〕朱璞　原作「失璞」。按輯稿食貨六〇之八、六八之一三八均載紹興元年「通判紹興府朱璞」云云，而本條事即涉紹興府，時間亦爲紹興元年，故改。

〔二〕具支過數　「過」原作「邊」，按輯稿食貨五九之三一、六八之一二三均有「具支過數」云云，故改。

二年四月十六日，臣僚言：「臨安府城中惟藉湖水喫用，自來雖采捕之類，亦嚴禁止。

今訪聞諸處軍兵多就湖中飲馬，或洗濯衣服作踐，致令汙濁不便。」詔令諸軍統制官常切戒約，如違，重行斷遣。本部統領官失覺察，亦一例施行。仍仰李振差兵級一百人擺鋪巡捕。

三年十一月五日，宰臣奏聞修運河淺澀晝一，上曰：「聞有言以五軍不堪出戰士卒充此役者，固不可。又有言調民而役之者，尤不可。惟發旁郡厢軍、壯城、捍江之屬爲宜。至於稟給之費，則不當吝。」宰臣朱勝非等奏言：「開河似非今急務，而饋餉艱難，爲害甚大，故不得已。但時方盛寒，役者良苦，臨流居人侵塞河道〔一〕，悉當遷避。至於畚揭所經，泥沙所積，當預空其處，則居人及富家以僦屋取貲者皆非便，恐議者以爲言。」上曰：「禹卑宫室而盡力乎溝洫，浮言何恤焉！」

〔一〕臨流居人侵塞河道　「居」字原缺，據宋史卷九七河渠志七補。「居人」，繫年要録卷七〇紹興三年十一月丙辰條作「居民」。

四年正月十八日，樞密院言：「臨安府見開撩運河，雖下浙東、西州軍各差到厢軍兵士役使，即目尚自闕人。今來神武右軍有能舉、王材、史康民下揀退不堪披帶人兵，已降指揮並均撥與浙東州軍充填厢軍，理宜措置。」詔令張俊將揀下人依數差將校、使臣管押，赴臨安府交割與梁汝嘉收管訖，日下同馬承家等躬親揀點，將少壯人就交付諸州差來開河部押兵官，應副役使，候畢工日，部押歸本州。內患病老弱之人，具姓名申取樞密院指揮。如諸州開河兵官有未到，權令臨安府收管使喚。候到交割，並日下放行口券、錢米，無令失所逃竄。

二月三日，上諭宰執曰：「開河工料如何？兩不妨作否？人或以爲非急務，朕語之曰，禹卑宮室而盡力乎溝洫，孔子以爲無間然，安可謂非急務，但要措畫有方耳〔一〕。」

四日，兩浙運副馬承家等言：「開撩臨安府運河，元約兩月爲期，已於今月二十三日興工，自跨浦橋及飛虹橋北下手開掘，以二十日爲一料。今欲候第一料畢工，從朝廷先次差官覆視，應得元開深闊丈尺，接續開撩第二料，更合取自朝廷指揮。」詔依，差都司、工部郎官、寺監丞各一員，臨時從朝廷指揮差。侍御史辛炳言：「開河兵級及部役幹當官吏，依已降指揮量行犒設，具到除役兵外，六項屬官，三項使臣，四項人吏貼司，所支錢自五貫、三貫、兩貫至五百文，雖有等差，然名色猥多，不無冒濫。如樞密院使臣七員，何預開河之事？轉運司主管催驅工料官共八員，既逐州軍官兵認定各有部役兵官，何用驅催？轉運司主押官并貼司共五人，即興工役，既別無大段行遣，如壕寨等官下人吏共三十二人，彈壓官下使臣七員，皆是冗數。又彈壓兵級二百人，何所用之？不惟逐項僥倖支散，往往覬覦畢工，保奏恩賞。兼役兵四千一百二十四人，訪聞工部郎官點檢得實役兵只三千餘人，其餘多是影占逐處當

〔一〕但要措畫有方耳 「畫」原作「盡」，形近而訛，今改。

直及壕寨官安頓，妄作名目，差留在嚴州借事。不知壕寨司元初檢計開撩工料係若干土工，都數如何抛撥。雖四十州軍差到人兵數目不同，亦須預先隨多寡分認料數。况州軍各有管押兵官部役，豈有役兵不足，虚認工料，卻容影射差借之理？逐人每日支破錢米，既不着役，未委何人僞冒請領。今來犒設給散，必有所歸，竊慮上下通情作弊。乞下工部取索本部郎官曾與不曾點檢見實着役兵不同因依〔一〕，如何究治，委有上件影占差借虚數，即乞送所司根勘施行。所有官吏犒設，亦乞減半支給，庶使着役勞苦之人不至怨懟。」從之。

〔一〕乞下工部取索本部郎官曾與不曾點檢見實着役兵不同因依　「本部」原作「本郡」，顯誤。前言「工部」，下言「郎官」，則「本」下乃「部」字。故改。

二十二日，工部員外郎謝伋等言：「知臨安府梁汝嘉具到開撩本府裏河，深處乞更不須開掘，其垻子基并餘杭門裏外一節，措置併工量行挑撩。臣等躬親將帶壕寨前去，自地名葛公橋垻子基探量水勢，至餘杭門裏外兩處，各有水四尺五六寸，可以隨宜挑撩外，其餘河本皆及四尺七八寸至五尺以來，欲依梁汝嘉等所乞施行。」從之。

二十七日，刑部言：「兩浙運副馬承家等言，臨安府運河開撩漸見深濬，今來沿河兩岸居民等尚將糞土瓦礫抛擲已開河内，乞嚴行約束。本部尋下大理寺立到法，輒將糞土瓦礫等抛入新開運河者〔一〕，杖八十科斷。仍令在城都監及排岸外沙巡檢常切覺察，如有違戾，許臨安府依法施行，及仰本府多出文牓曉諭。今看詳，欲依本寺所申。」從之。

〔一〕輒將糞土瓦礫等抛入新開運河者　「新」下原衍「河」字，據前文删。

三月五日，御史臺言：「自來開撩河道，合在冬月水涸之時，今臨安府所開運河，卻於春間興役，跨涉三月，未見畢工。近緣春雨頻併，水深數尺，所役兵夫無處措手。兼訪聞元分作三料工役，第一料乾淺去處先已開撩了當，第二料有步小未開處，并第三料水皆已深。乞令臨安府守臣同元管漕臣疾速相度，將實礙漕運去處量行開撩，但舟船可通，不必盡依元料。如水深難施工處，即且住罷，候今冬乾涸，再行鳩集。」詔令梁汝嘉、馬承家限三日同共相度，申尚書省。

八年十一月十一日，知臨安府張澄言：「臨安府引江爲河，支流於城之內外，舟檝往來，爲利甚博。歲久堙塞〔一〕，民頗病之。頃由陛對，嘗乞因農隙略加濬治，今再講究，更不調夫工，止乞下兩浙轉運司刷那厢軍、壯城兵士，逐州軍定共差一千人，選兵官將校部轄，嚴責近限，發赴本所開濬。以工程計之，半年之外，河流無壅，豈惟百物通行，公私皆便，兼春夏之交，民無疾癘之憂〔二〕。」從之。

〔一〕歲久堙塞　「堙」原作「煙」，據繫年要録卷一二三紹興八年十一月癸巳條改。

〔二〕民無疾癘之憂　「癘」原作「厲」，按輯稿食貨五八之二五有「民多疾癘」，故改。

九年八月十七日，知臨安府張澄言：「聞錢氏時，嘗置撩湖兵千人〔一〕，其後稍廢。至元祐中，知杭州蘇軾始請於朝〔二〕，遂加開浚，湖水深廣，爲利非一。逮今五十餘年，葑田彌望，堙没太半。况今車駕駐蹕一城，億萬仰六井之水爲多。乞許本府召置厢軍士卒二百人，衣糧依崇節指揮則例，委官同縣屬兼領其事，專一浚湖。其或借使他役，計贓定罪。如有包占種田其間者，亦重置於法。」從之。

〔一〕嘗置撩湖兵千人　「撩」原作「撈」，據輯稿食貨八之一九、蘇軾文集卷三〇杭州乞度牒開西湖狀、咸淳臨安志卷三二西湖、宋史卷九七河渠志七改。

〔二〕至元祐中知杭州蘇軾始請於朝　「元祐」原作「元和」，「杭州」原倒。按長編卷四四二載，元祐五年五月壬辰，賜度僧牒五十，令杭州開西湖，「從知州蘇軾請也」。其事亦見蘇軾文集卷三〇杭州乞度牒開西湖狀。故改乙。

十五年七月二十四日，給事中李若谷等言：「看詳到兩浙路轉運判官吴坰奏〔一〕：『浙西湖、秀州、平江府舊年常有積水之患，田不能耕，逃移失業。昨因提舉常平官趙霖開濬華亭等處沿海三十六浦〔二〕，决泄水勢，二十年間並無水患。比年以來，諸浦堙塞，上河水泛，滰損田畝不可勝計。欲乞委浙西常平司措置，支借常平錢穀，諭人户於農隙之際併力開濬，以爲永久之利。』今欲依所乞。」從之。

〔一〕看詳到兩浙路轉運判官吴坰奏　「看詳」原倒，按下文「紹興二十九年四月十五日」條即作「看詳」，故乙正。又「吴坰」原作「吴垌」，據繫年要録卷一五四紹興十五年七月戊辰條、宋史卷九七河渠志七改。

〔二〕昨因提舉常平官趙霖開濬華亭等處沿海三十六浦　「等」字原缺，「沿」原作「沾」，據繫年要録卷一五四紹興十五年七月戊辰條、宋史卷九七河渠志七補改。

十六年八月二十五日，宰執進呈臨安府措置在城舟船，並令城外擺泊。上曰：「已濬河道，舟船之便，多是居民因循填塞，可行下臨安府禁止之。」

十七年六月一日，上謂宰執曰：「臨安居民皆取汲西湖，聞近年以來爲人買撲拘占，作葑田種菱耦之類，沃以糞穢，豈得爲便？況諸處庫務引以造酒，用於祭祀，尤非所宜。可令臨安府措置禁之。」

十九年二月三日，上謂宰執曰：「近降指揮開撩運河，可以催促日下興工，恐春深有妨農作。」

十三日，上謂宰執曰：「昨降指揮開撩運河，朝廷應副錢米，因以養濟闕食民户。竊慮公吏減尅，或於諸縣調夫，反有騷擾。可告諭湯鵬舉、曹泳躬親檢察〔一〕，毋致違戾。」

〔一〕曹泳躬親檢察「曹泳」原作「漕泳」，據中興紀事本末卷七三紹興十九年二月乙丑條、繫年要録卷一五九紹興十九年六月甲戌條改。

三月二十六日，前知和州徐嘉問言：「和州城下古河一道，自含山縣發源，東入州城，流歸大江。自經兵火，沙礫堙塞，舟楫不通，每歲起發上供及諸司綱運，遵陸二十五里，始至江次。計一歲裝綱，約用八千餘工，雇募夫役，不無騷擾。乞下提舉司量行應付，令本州將來農隙濬治舊河，灌溉皐通，有利無害。」詔本路轉運司相度申尚書省。

七月二日，上謂宰執曰：「西湖灌溉所資，其利不細。歲久淤澱，宜措置修治。」

八月十一日，知臨安府湯鵬舉言：「開撩西湖及修砌六井陰竇水口，增置斗門閘板，通放入井，已得就緒。今條具下項：

一、紹興九年八月十七日已降指揮，許本府招置廂軍兵士二百人，衣糧依崇節指揮例支破。見管止有四十餘人，今已撥填，湊及元額〔一〕，蓋造寨屋舟船。每名日添支米二升半、錢五十文，專一撩湖，依昨降指揮不許他役，如違，計贓定罪。

一、前任知府張澄於紹興九年八月十七日已降指揮〔二〕，差前錢塘縣尉兼管西湖灌溉事，今欲專差武臣一員主管，每月支錢三十貫文。知、通逐時檢察，候任滿日委有勞績，保明推恩。

一、西湖菱藕往往夾和糞穢包種澆灌，紹興十七年六月内申明，不許請佃栽種，今來又復栽種填塞。臣已將蓮荷租錢並除放訖，犯人從杖一百科罪，追賞錢三十貫文，有官人申朝廷取旨施行。」從之。

〔一〕湊及元額　「湊」原作「揍」，據咸淳臨安志卷三二西湖改。

〔二〕前任知府張澄於紹興九年八月十七日已降指揮　「九年」原作「元年」，據上文「紹興九年八月十七日」條及咸淳臨安志卷三二西湖改。

二十一年正月二十二日，上諭宰執曰：「布衣步孝友上書，言鎮江府練湖歲久堙塞，艱於漕運。令本路漕運司措置開修。」

二十九年四月十五日，知鎮江府楊揆言：「運河高仰，藉練湖水添注，稍乾涸，運河極淺。今來接伴傳宣押宴，若乘船至常州，出陸至鎮江，就揚州船以往，庶借得湖水〔一〕，以備使人往來之用。」送兩浙轉運副使趙子潚看詳〔二〕，欲下鎮江府、常州，專委通判相視夾崗、吕城、奔牛閘一帶運河淺澀處，通徹湖港〔三〕。支撥錢米，多雇人夫，差縣官巡尉監督車畎，并將練湖水措置引導，指期通放，添注運河。餘依楊揆所乞。從之。

〔一〕庶借得湖水　「借」原作「惜」，形近而訛，今改。

〔二〕送兩浙轉運副使趙子潚看詳　「使」原作「司」，據繫年要録卷一八一紹興二十九年四月癸卯條改。

〔三〕通徹湖港　「湖」原作「潮」。按輯稿食貨六一之一三七有「開浚湖港」，故改。

十月二十一日，上宣諭知樞密院事王綸曰：「往年宰臣嘗欲盡乾鑑湖，云歲可得十萬斛米〔一〕。朕謂若遇歲旱，無湖水引灌，即所損未必不過之。凡事須遠慮可也。」王綸奏曰：「貪目前之小利，忘經久之遠圖，最謀國者深誡。此一事當時非陛下止之，今民間必受其患。聖慮宏遠，侔古帝王矣。」上又云：「孔子以卑宮室、盡力溝洫，謂『吾無間然』，可知聖人以此爲重。大抵立事只問是與不是、爲己與爲百姓，禹之溝洫爲百姓〔二〕，故孔子無間。若紂之陂池，則是縱己私欲，故聖人罪之。」王綸奏曰：「雖聖人復起，不易斯言。」

〔一〕云歲可得十萬斛米　「云」原作「去」，據繫年要録卷一八三紹興二十九年十月辛未條、嘉泰會稽志卷一三鏡湖、宋史卷九七河渠志七改。

〔二〕禹之溝洫爲百姓　按此句據旁批補。

紹興三十二年二月二十七日，詔令臨安府自浙江清水閘、横河口西曲盡頭南至龍山閘一帶河道，並令開淘。〔一〕

〔一〕按本條原在輯稿食貨八之一，眉批「水利下」，今改移於此。又按本條下至食貨八之四實大典抄自通考卷六田賦考六，且前題「馬端臨通考」，非會要文字，今删。

壽皇聖帝隆興元年十一月二十四日〔一〕，知紹興府吴芾言：「鑑湖之廣，周回三百五十有八里，環山三十六源之水注流其中。自漢永和五年，會稽太守馬臻爲之，溉會稽、山陰縣之田九千餘頃。至於國初，八百餘年，民受其利。歲月寖遠，濬治不時，日以堙廢，瀕湖之民，侵耕爲田。熙寧間，盗而田者九百餘頃。朝廷嘗委前廬州觀察推官江衍經度其宜，凡爲田者兩存之。乃立石碑爲界，内者爲田，外者爲湖，申嚴約束。政和末，爲郡守者務爲應奉之計，遂建議廢湖爲田，賦輸入於京師。自是姦民私占，無所忌憚，江衍所立石碑之外爲田者又一百六十五頃七畝有奇，而湖湮廢盡矣。今欲開鑿，合用工四百九十萬七千九百餘。欲望申嚴約束，今後每於農隙接續興工。仍乞勑旨本路提舉常平官并本府守臣各兼提舉開湖〔二〕，通判〔三〕、令、丞、簿各兼主管開湖，庶得上下協力。昔錢氏以臨安府西湖有灌田之利，嘗專置撩湖兵士千人，以爲便〔四〕。今欲移壯城一百人備撩漉浚治之役，許本府辟差強幹大小使臣一員，以『巡轄鑑湖堤岸』爲名。」從之。其後芾任刑部侍郎，復奏：「自開鑑湖，溉廢田一百七十頃〔五〕，復湖之舊，又修治斗門、堰閘十三所。夏秋以來，時雨雖多，亦無泛濫之患。民田九千餘頃，悉獲倍收，其爲利較然可見。勘會旁近低田不過二萬畝，欲從官司量給其直之半，而盡廢其田〔六〕，將江衍元立禁碑别定界至〔七〕，則堤岸自然永無盗决之虞。」從之。〔八〕

〔一〕壽皇聖帝隆興元年十一月二十四日　「聖帝」原倒，據宋史卷三五孝宗紀三乙正。

〔二〕仍乞勑旨本路提舉常平官并本府守臣各兼提舉開湖　按「旨」字疑衍。

〔三〕通判　「通」原作「道」，形近而訛，今改。

〔四〕以爲便　按「以」前疑脱「皆」、「咸」或「人」等。

〔五〕溉廢田一百七十頃　「一百七十」，宋史卷九七河渠志七作「二百七十」。

〔六〕而盡廢其田　「其田」原倒，據前文乙正。

〔七〕將江衍元立禁碑別定界至　「至」原作「止」，據宋史卷九七河渠志七改。

〔八〕按本條文首題「方域志」。清本改此條作小字并注於「乾道九年十一月二十三日」條後。又按本條以下自輯稿食貨八之一八至三三移入。

二年八月六日〔一〕，臣僚言：「大江之南海濱有三十六浦，洩浙西陂湖之水入於海，浙西因無水患。近歲浦港淤塞甚多，且有力之家圍田支閼。紹興二十八年，朝廷差趙子潚措置開濬，未及興工，改用任古，比子潚所計十減八九，議者非之。今歲果然〔二〕。三十六浦實有四等：如茜涇、下張、崔浦〔三〕、黄泗〔四〕、七丫浦〔五〕、掘浦、奚浦〔六〕、金涇八所爲最要；如六鶴、楊林浦〔七〕、千步涇、甘草、六河、高浦、司馬浦、東陳浦九所又其次也〔八〕；如浪港、參浦〔九〕、五嶽、川沙、顧涇〔一〇〕、野兒、西陳、水門、塘浦〔一一〕、黄鶯、耿涇、瓦浦〔一二〕、唐浦〔一三〕、石幢、鄔溝、北浦十六所，又其次也；如白茆、福山、許浦三所，不大淤塞。欲望睿旨選官，先次商浙西水勢，將三十六浦擇要切處科計工役，盡理開濬，詔諸州守臣考按古跡及條具堙塞河港以聞〔一四〕。」其後兩浙路轉運判官陳彌作言：「奉旨平江府躬至常熟、崑山兩縣考利病。常熟之浦二十有四，皆北入於江；崑山之浦十有二，東入於海。蓋以太湖震澤居其上流，昔人患松江之不能勝，欲使眾流涇得其歸故也。諸浦之興，始於天禧，成於景祐。逮政和間，稍已堙廢。夫瀦水則今之塘湖是也，瀉水則今諸浦是也。識者皆知開浦之利不但今日，特以工費甚廣，不敢輕議。今若併舉大役，慮歉歲民無餘力，官無羨儲，及致勞擾。擇其宜先者凡十浦〔一五〕，而其緩急又半之。興工之月，仍乞以緩急爲先後之序。常熟縣最要二浦：曰許浦，曰白茆浦，總計工役爲錢十萬五千三百四十八緡，米四萬五千四百四十六石；次二浦：曰崔浦、黃泗浦，總計工役爲錢七萬六千六百八十二緡，米二萬三千三百四石。崑山縣最要三浦：茜涇、下張、七丫浦，共計工役爲錢七萬一千四百七十二緡〔一六〕，米二萬一千四百四十一石；次三浦、川沙、楊林、掘浦，總計工役爲錢二萬二千二百緡，米六千六百六十石。」詔平江府守臣沈度覈實，如委當開掘，即具省減工料聞奏。

〔一〕二年八月六日　按原眉批「隆興」。

〔二〕今歲果然　文意不明，浙西水利書卷一陳轉運相度水利作「今次議得」，上古本據改，或是。

〔三〕崔浦　「浦」字原缺，據後文及浙西水利書卷一陳轉運相度水利補。

〔四〕黃泗　「泗」原作「四」，據紹定吳郡志卷一九水利上、吳都文粹卷六三十六浦利害、浙西水利書卷一陳轉運相度水利改。

〔五〕七丫浦　「七丫」原作「七了」，據紹定吴郡志卷一九水利上、吴都文粹卷六三十六浦利害改。下同。按吴中水利書、浙西水利書卷一陳轉運相度水利等作「七鴉」。

〔六〕奚浦　「奚」原作「溪」，據紹定吴郡志卷一九水利上、吴都文粹卷六三十六浦利害、浙西水利書卷一陳轉運相度水利改。

〔七〕楊林浦　「林」字原缺，據紹定吴郡志卷一九水利上、吴都文粹卷六三十六浦利害、歷代名臣奏議卷二五三水利補。

〔八〕東陳浦九所又其次也　「陳」字原缺，據紹定吴郡志卷一九水利上、吴都文粹卷六三十六浦利害、歷代名臣奏議卷二五三水利補。

〔九〕參浦　浙西水利書卷一陳轉運相度水利同，紹定吴郡志卷一九水利下、吴都文粹卷六三十六浦利害、歷代名臣奏議卷二五三水利等皆未見，上古本疑「參」乃「蔡」之誤，或是。

〔一〇〕顧涇　「涇」原作「遥」，據紹定吴郡志卷一九水利上、吴都文粹卷六三十六浦利害、歷代名臣奏議卷二五三水利改。

〔一一〕塘浦　「塘」原作「溏」，據紹定吴郡志卷一九水利下、吴都文粹卷六三十六浦利害、歷代名臣奏議卷二五三水利改。

〔一二〕瓦浦　「瓦」原作「丸」，據紹定吴郡志卷一九水利下、吴都文粹卷六三十六浦利害、浙西水利書卷一陳轉運相度水利、歷代名臣奏議卷二五三水利改。

〔一三〕唐浦　浙西水利書卷一陳轉運相度水利同，紹定吴郡志卷一九水利下、吴都文粹卷六三十六浦利害、歷代名臣奏議卷二五三水利等皆未見，或誤。

〔一四〕詔諸州守臣考按古跡及條具堙塞河港以聞 「詔」原作「諸」，形近而訛，今改。

〔一五〕擇其宜先者凡十浦 「凡」原作「九」，據浙西水利書卷一陳轉運相度水利改。按後文所述正十浦。

〔一六〕共計工役爲錢七萬一千四百七十二緡 「共計」原倒，據前文乙正。

同日，權發遣常州劉唐稽言：「本州申、利二港，上自運河發流，經營回復，至下流析爲二道，一自利港，一自申港，以達於江。緣江口每日潮汐帶沙，填壅上流，淤泥澄積，流洩不通；而申港又以江陰軍釘立標揭，拘欄稅船，每潮來〔一〕，則泥沙爲木標所壅，淤塞益甚。今若相度開此二河，但下流申、利二港並隸江陰軍〔二〕。若議定深闊丈尺，各於本界開淘，庶協力皆辦。又孟瀆一港在奔牛鎮西，唐孟簡所開〔三〕，並宜興縣界，沿湖舊有百瀆，皆通宜興之水，籍以疏洩。近歲阻於吴江石塘，流行不快，而沿湖河港所謂百瀆〔四〕，存者無幾。今若開通，委爲公私之便。」詔本路憲臣葉謙亨相視〔五〕，先具利害以聞。其後謙亨言〔六〕：「港水與民田漫没不分，俟水退計度。」詔憲臣曾逮兩月措置開濬〔七〕，事有未便，條奏。至乾道二年八月，漕臣姜詵等始議措置，欲於來年移造蔡涇閘、申港工物〔八〕，次年春初地脈開凍之時，先開申港。其説謂上流横河有三山横石，妨礙洩水，須先開鑿。日役民夫七千，度至三月上旬畢工。更乞休役一年，再於次年開濬利港。合用民夫，乞下常州、江陰軍兩郡均募。詔江陰軍、常州蔡涇閘及申港來年春興功，利港更休役一年。明年四月，修申港成，官吏第賞有差。

〔一〕每潮來　「來」字原缺，據宋史卷九七河渠志七、吴中水利全書卷一三劉唐稽奏開常州港瀆狀補。

〔二〕利二港并隸江陰軍　「二」原作「而」，據宋史卷九七河渠志七、吴中水利全書卷一三劉唐稽奏開常州港瀆狀改。

〔三〕唐孟簡所開　「開」原作「下」，據宋史卷九七河渠志七、吴中水利全書卷一三劉唐稽奏開常州港瀆狀改。

〔四〕而沿湖河港所謂百瀆　「沿」原作「沼」，據宋史卷九七河渠志七、吴中水利全書卷一三劉唐稽奏開常州港瀆狀改。

〔五〕詔本路憲臣葉謙亨相視　「詔」字原缺，據後文補。

〔六〕其後謙亨言　「謙亨」原倒，據前文及紹定吴郡志卷七官宇乙正。

〔七〕詔憲臣曾逮兩月措置開濬　「曾逮」原作「曾建」，據輯稿食貨八之八、紹定吴郡志卷七官宇、浙西水利書卷一圍田利害改。

〔八〕申港工物　「申」字原缺，據前後文及宋史卷九七河渠志七補。

十月二十日，直敷文閣〔一〕、權發遣臨安府黄仁榮言：「餘杭南北兩湖綿亘二千餘里〔二〕，頃年以創置馬監，洪水暴漲，泥土沙石亟湧入湖，遂致壅塞淤積〔三〕，水無所歸。乞將馬監撥歸南蕩，可以施工修治。」詔馬監撥南蕩，就委仁榮措置。仁榮措置：「兩湖東舊有五畝畦〔四〕，計七十二丈，以殺水勢，不致衝突，久廢不修。今鄉自備樁篠，修治兩湖北中隔塘約四里，隔護湖水，免入縣市，浸損民屋。即今塘岸損漏，欲候農隙日興工。馬監元買田地一千六百五十九畝，並兩湖地七千九百四畝，漲泥堙塞。已勸諭鄉民候農力辦〔五〕，日於湖內任便取土〔六〕，興修濬治。」從之。

〔一〕直敷文閣　「文」字原缺，據宋史卷一六二職官志二補。

〔二〕餘杭南北兩湖綿亘二千餘里　「二千」，似誤，上古本疑「二千」當作「二十」。

〔三〕遂致壅塞淤積　「壅」原作「湧」。輯稿食貨八之二六有「江沙壅塞」。故改。

〔四〕兩湖東舊有五畝畦　「五畝畦」，疑誤。

〔五〕已勸諭鄉民候農力辦　按此句疑有脱文，上古本於「農」下徑補「隙日」二字，或是。

〔六〕日於湖內任便取土　「日」字疑衍。

乾道元年正月十四日，敷文閣待制、知建康府張孝祥言：「溧水縣銀林至東垻約陸行十五餘里，中隔五堰，東通溧陽、宜興兩縣入太湖，古道尚存，歷歷可考。按圖經云：昔吴王闔閭伐楚，以伍相舉兵，因開此瀆，以通漕運。此道堙塞久矣，宣和間，嘗委發運司同本府審度利害。議者以謂東、西湖水高低不等，若開此河，西湖之水流入東湖，則蘇、常被害。又云土石堅硬，不通開鑿。是時頗疑此説，遂即舊河開井丈餘，探知工力可以穿鑿，即會計貲糧，方欲興工，偶靖康多事，因而止役。今宣和間所開土井尚存，則土石堅硬之説，已不然矣。此河從古有之，既入太湖，當自松江順流入海，則蘇、常被害之説，亦未爲得。紹興以來，朝廷屢委本路漕司相度利害，村民往往憚於興作； 加其地多以車腳往來，牙儈所得甚厚，使舟船通行，即黨輩失利，故立異説以惑亂上下。 况銀林至東垻，每春水泛漲，舊河亦可通百料之舟。 方今駐蹕錢塘，若此河可開，不唯川廣、荆湖、江淮諸路綱運減省水腳，且免涉大江數百里風濤、寇盗之患。」詔令汪澈依張孝祥所具便宜〔一〕，限半月措定以聞。 其後澈移通判張維行視。 維言：「若開五堰，恐大江泛濫，無以禦之，蘇、常受害。」奏聞，遂寢。

〔一〕詔令汪澈依張孝祥所具便宜 「汪澈」原作「汪徹」，據宋史卷九七河渠志七改。下同。按汪澈，宋史有傳，景定建康志卷一留都録一載其乾道元年知建康府兼行宮留守司公事。

同日，敷文閣待制、知建康府張孝祥言〔一〕：「奉詔案視溝瀆古跡。 考按圖經：秦淮水三源，一自華山由句容，一自廬山由溧陽〔二〕，一自溧水至赤山湖，至府城東南，合而爲一。 瀠回潦繞，綿亘三百餘里〔三〕，溪港溝澮之水盡歸焉。 水流上水門，由府城入大江。 舊上、下水門展闊，自兵火後，砌疊稍狹，雖便於一時防守，寔遏水源，流通不快。 兼兩岸居民填築河岸，添造屋宇，日漸侵占其岸白地，利入公庫。 若本府免收，仍諭居民不許侵占，秦淮既復故道〔四〕，則水不泛漲矣。 又府城東南號陳二渡，有順聖河，正分秦淮之水。 每遇春夏，天雨連綿，上源奔湧，則分一泒之水，自南門一直入江，故秦淮無泛濫之患。 今一半淤塞爲田，水流不通，河勢雖存，寔不通澈。 若不惜數畝之田，疏導之以復古跡，其利尤倍。」詔帥臣汪澈指定以聞〔五〕。澈代孝祥，故命焉。其後澈言：「水潦之害，大抵緣建康地勢稍低，秦淮既泛，又大江湍漲，其勢溢溢，非由水門砌疊窄狹及居民侵築所致。秦淮分三派：一入城中，入下水門入江，一抱北流爲壕，一抱城南流爲壕入江。入城中者，即由上水門，其砌疊處正不可闊，闊則水入城益多，狹則有以殺其勢，而分歸兩壕。臣今指定上、下水門砌疊處不動，夾河居民之屋亦不毀除，止去兩岸積壤，使河流快。所謂陳二渡、順聖河，乃程二渡也，訛而爲『陳』。相近者有二河之跡，一名順營河，一名石溝河，自東南至城角伏龜樓下，與城濠相就，直入江。疑古有此，莫究堙塞年代。順營勢彎難鑿〔六〕，惟石溝勢快，可以下工。其河約六里，見爲民田。今指定，欲自程二渡開復石溝一河，就伏龜樓下南城壕，可使秦淮水勢不至大入城中。臣又慮其地係行宮東南旺方，不宜開鑿。」從之。

〔一〕知建康府張孝祥言　「建康府」三字原缺，據上文補。

〔二〕一自廬山由溧陽　「溧陽」，宋史卷九七河渠志七、歷代名臣奏議卷二五三水利作「溧水」。輯稿似誤。

〔三〕綿亘三百餘里　「三」原作「二」，據宋史卷九七河渠志七、歷代名臣奏議卷二五三水利改。

〔四〕秦淮既復故道　「故」原作「古」，據宋史卷九七河渠志七、歷代名臣奏議卷二五三水利改。

〔五〕詔帥臣汪澈指定以聞　「汪澈」原作「汪徹」，據宋史卷九七河渠志七改。下同。

〔六〕順營勢彎難鑿　「順營」原作「順勞」，據前文改。

三月六日，知平江府沈度言：「兩浙運判陳彌作言，崑山、常熟界白茆等十浦相視疏濬先後之序，約用工三百二十二萬七千三百有奇。今體訪彼處耆老，所開港浦並通徹大海，遇潮即海内細砂隨泛以入，潮退而砂泥澄墜。設一舉開濬，晝停夜積，不數年依舊填淤〔二〕。今若依舊招置闕額開江兵卒，常熟、崑山每縣各一百人，仍於本府見管使臣内選差二員部轄，相視緊緩見今淤塞之所，次第開濬，通洩水勢，不數月，諸浦可以漸次通徹。如慮潮水帶上砂泥停積，即候徐來委逐縣措置官船，於要緊浦内擺泊，用開江兵卒駕船，每遇潮退，隨之摇舤，常使砂泥隨潮退落，不至停積，實爲久便。」從之。

〔二〕不數年依舊填淤　「依」原作「以」，據後文改。

二年二月十九日，和州言：「開鑿姥下河，東接大江，防捍敵人，檢制盗賊，最爲右地。」輔臣以堙廢既久，擅興非宜，奏罷之。

三月十七日，太平州言：「轄下東采石與和州楊林渡相直，紹興三十一年，金人犯江，先自和州造船，入楊林渡小河，徑衝采石，其爲要害明甚。今和州止爲創收商税，皆微小課息，卻將舊姥下河東接大江，西至姥下市橋，次曲尺至和州城下，稍西北接連東河，出大江，欲創疏鑿，達和州城下，直抵慈湖，相對赤埭河口出大江，通放舟船。恐緩急賊船可以囊橐，實難防禦。」詔以其事下淮西總領所、轉運司。其後逐司言：「楊林渡元係大江砂夾，河水通行約三千四百餘步，堙塞歲久。若今開通，可免逐年大江黃澇湧入姥下，浸損圩埠。兼砂夾自今淤澱，人馬可以直過，別無限隔。若開通河道，緩急之際，江北百姓牛馬等可先渡砂上，次第濟渡過江。其砂上亦可儲蓄糧草，軍民兩利。」詔和州將未開步數〔一〕，許行開掘。

〔一〕詔和州將未開步數　「未」原作「來」，形近而訛，今改。

六月二十三日，權兩浙路計度轉運副使姜詵言：「華亭縣蹻港、顧永瀝、大沈涇、小沈涇、繆涇、新漕涇、銚港、東沈涇、沅家港、龍泉港十所與柘湖相通入海，後以潮砂淤塞港口，今相度，令秀州從宜開濬。常熟縣黃泗浦、崔浦、許浦、白茅浦亦以潮沙所堙，浦口淺狹，開鑿合用一百一十九萬三百餘工。最要許浦，自梅里塘、雉浦口東南至白蕩橋，黃浦，自黃沙港至支塘橋〔一〕；其次崔浦，自丁涇塘至浦口，黃泗浦，自十字港至奚浦〔二〕。」詔本路漕臣躬詣相視，仍令逐州守臣專委令丞計度開掘，申尚書省。其後詵復言：「遍往相視，據鄉土父老等合辭言，瀕海諸浦，官司難以盡開。衆議許浦最要，今先開濬，及自雉浦口開至梅里，直達柴彎，則積水可徑泄入揚子江，與諸浦以次開淘。」詔別議施行。

〔一〕黃浦自黃沙港至支塘橋　「支」字原缺，據正德姑蘇志卷一二水利下、吴中水利全書卷一〇水治補。又「黃浦」，正德姑蘇志、吴中水利全書作「白茅浦」。

〔二〕黄泗浦自十字港至奚浦　「黄泗」原作「黄沙」，「奚浦」原作「溪浦」，據正德姑蘇志卷一二水利下、吴中水利全書卷一〇水治改。

三年十一月十五日，紹興府言：「轄下蕭山縣西興鎮通江兩閘，近年爲江沙壅塞，舟楫不通，募人自西興至大江疏成沙河二十里，并開浚閘裹運河十三里，通便綱運，民旅皆利。既通之後，復恐潮水不定，仍有填淤之患，并本府通江六堰綱運至多，謂宜措置，爲經久便利。欲乞於本府合差注指使員數差一員，專以『開撩西興沙河』繫銜〔一〕，庶永遠爲一方舟楫之利。本府額管捍江兵士二百人，今欲撥差五十名，專充開撩沙浦，不得泛雜差使。仍從本府措置起立營屋居止〔二〕，遇有微小拆毀處，即時開撩，歷常令通濟〔三〕。」從之。

〔一〕專以開撩西興沙河繫銜　「專以」原倒，據宋史卷九七河渠志七乙正。

〔二〕仍從本府措置起立營屋居止　「止」，宋史卷九七河渠志七作「之」。

〔三〕歷常令通濟　「歷」誤，上古本疑當作「庶」。

四年十二月二十六日〔一〕，臣僚言：「蕭山縣民裴詠等，屢經御史臺訴百姓汪彦等將湘湖爲田千餘畝〔二〕，以獻總管李顯忠。若果以湘湖爲田，侵漁不已，湖當盡廢，湖廢，則九鄉萬衆之產一遇旱乾，何以灌溉？苗即就槁。欲乞令紹興府差官行視，若委以湘湖爲田，則給民〔三〕，復以爲湖，非湘湖則勿問。」從之。

〔一〕四年十二月二十六日 「十二月」，輯稿食貨六一之五三作「十月」。
〔二〕屢經御史臺訴百姓汪彥等將湘湖爲田千餘畝 「汪彥」，輯稿食貨六一之五三作「汪念三」。
〔三〕則給民 疑有脱文，輯稿食貨六一之五三作「令給還民間」。

五年二月七日，權發遣臨安府周淙言〔一〕：「西湖水面惟務深闊，不容填溢，并引入城内諸井，一城汲用，尤在涓潔。今相度，欲增置撩湖軍兵，以百人爲額，專委錢塘縣尉並壕寨官一員〔二〕，於衙内帶『主管開湖』〔三〕，專一管轄軍兵開撩。仍乞除德壽宫外，自今並不許有力之家種植菱芡，及因而包占，增疊堤岸。或有違戾，依蘇軾任内申請，以違制論。」從之。

〔一〕權發遣臨安府周淙言 「周淙」原作「周悰」，據咸淳臨安志卷三二西湖及宋史卷三九〇周淙傳改。
〔二〕專委錢塘縣尉並壕寨官一員 「寨」原作「塞」，據咸淳臨安志卷三二西湖改。
〔三〕於衙内帶主管開湖 「開」原作「看」，據咸淳臨安志卷三二西湖改。

九月六日，權知明州張津言：「轄下東錢湖容受七十二溪，方圓廣闊八百頃，傍山爲固，疊石爲塘，合八十里。自唐天寶二年，縣令陸南金開廣之〔一〕。皇朝天禧元年，郡守李夷庚重修之〔二〕。中有四閘七堰，凡遇旱涸，開閘放水，灌溉七鄉民田計五十四萬畝。雖甚亢旱，亦無災傷。昨因豪民於湖塘淺岸漸次包占，種植茭荷，障塞湖水。紹興十八年，雖曾檢舉約束，盡罷請佃，歲久茭根蔓延，滲塞水脈，致妨蓄水。兼塘岸間有低塌去處，若不開淘修築，不惟侵失水利，兼恐塘埂相繼摧毀。欲望下本州，候農隙之際，趁時開鑿，因得土修治埂岸，寔爲兩便。」從之。其後本州言：「行視湖濱，緣所用丁夫浩瀚，見椿錢米殊闕不支。竊見東錢湖自有湖以來，到今雖遇大旱，不闕灌溉。自前雖時復野生茭草，諸鄉百姓至二三月間便采割貨賣，飼食耕牛。近年因兩寨水軍牧馬，盡籠有之，刈割失時，以致根蔓積爲厚葑。今若依舊許百姓二三月間茭草發生之時任便采刈，八九月以後無用水之時，縱乾湖水，令百姓牧放踐踏，即茭葑逐軍自壞〔三〕，經久淨盡，官中可無大費，誠爲便利。兼環湖皆山〔四〕，倚山爲岸，岸非山處殆不能半，外民田率低下，雨澤稍多，湖面漲溢，輒時決放。至今諸堰有所謂則水石者，言水過此則須開閘破堰，放泄湖水，可見岸下足以瀦蓄。今欲度量，將所椿錢米先修堤防。堤防既高，水自瀦蓄，水勢既深，雖茭葑未除，亦不爲害。」詔開東錢湖前旨不行，所椿錢米，令本州修築堤岸。

〔一〕縣令陸南金開廣之　「陸南金」原作「南金」，據宋史卷九七河渠志七、寶慶四明志卷一二鄞縣志縣令補。

〔二〕郡守李夷庚重修之　「李夷庚」原作「李夷唐」，據宋史卷九七河渠志七、寶慶四明志卷一郡守改。

〔三〕即茭葑逐軍自壞　「軍」當誤，上古本疑作「年」。

〔四〕兼環湖皆山　「山」原作「出」，據後文改。

七年七月二十四日，詔兩浙漕臣沈度專一措置修築練湖。先是，臣僚上言：「鎮江府丹陽練湖，按圖經，幅員四十里，納長山諸水，漕運資之。故古語云：『湖水寸，渠水尺。』在唐時，法禁甚嚴，盜决者罪比殺人。本朝猶踵其法，爾後浸緩其禁以惠民，然修築嚴甚。春夏多雨之際，瀦蓄盈滿，夏秋雖無雨，漕渠或淺，但泄湖水一寸，則爲河一尺矣。故夾岡亦未始有膠舟之患，公私兩便焉。兵火以後，多廢不治，堤岸圮缺，春夏不能貯水。强家因而專利，耕以爲田。歲月既久，其害滋廣。官司雖時稱開濬補築〔一〕，徒爲文具而已。侵耕浸多，加以淤澱，夏秋乏雨之際，視湖如掌，啟板至十餘，纔能泄入河，猶不能大有所濟，况民田邪？由此公私兩病矣。伏望特降睿旨，令本路轉運若提舉官日下與府縣長吏躬親相視，按唐〔二〕、興國初之舊，於貯水委有利害，必當開掘者若干〔三〕，公心詳度利害，檢計工料，保明以聞。然後遣一郎官或御史復案之，候農隙興工，務使易成而難毀。仍參酌中制，立爲盜决侵耕之法，著於令，責長吏以奉行必定。庶幾練湖漸復其舊，民田獲灌溉之利，漕渠無淺涸之患。」

〔一〕官司雖時稱開濬補築　「補」原作「浦」，形近而訛，今改。

〔二〕按唐　「唐」原作「塘」，據前文改。

〔三〕必當開掘者若干　「當」原作「嘗」，形近而訛，今改。

七年九月十一日，權發遣秀州丘崈言〔一〕：「華亭縣地勢南北高仰，其鄉閭父老皆稱〔二〕，或遇水澇，本縣西北有長泖，接連澱山湖、趙屯浦、鹹魚港，出大盈浦，趣吴松江入大海。縣北亦有通波塘、蒿塘、郭巷涇，趣艾祈浦，通吴松江，亦入大海。縣東北又有北俞塘、黄浦塘、蟠龍塘，通接吴松大江，皆泄裏河水澇。內北俞塘見今淤塞，已委官相視開撩。竊詳蘇、湖州積水，湖州自震澤太湖泄入吴松江，平江府自練湖入白蜆江，泄入吴松江，並歸大海。止緣兩州之人不知地勢，所以累訴，官司信之，累命決水於二州，初無利便，反均被鹹潮之患。」崈興修本州涇塘堰，條奏水利，因及之。

〔一〕權發遣秀州丘崈言　「丘崈」原作「岳崈」，據輯稿食貨六一之一二九、玉海卷二三乾道捍海堰、宋史卷九七河渠志七改。

〔二〕其鄉閭父老皆稱　「閭」原作「吕」。按管子卷三幼官云：「閒男女之畜，修鄉閭之什伍。」，故改。

十月十三日，兩浙路計度轉運副使沈度言：「被旨措置修築練湖〔一〕，相視上下兩湖石墶三座〔二〕，舊有啟閉閘板，歲久板木不存，因此走泄。內横垻石墶係縱水歸下湖，今已衝損，及姚婆石墶最爲切要，走水尤多。欲依舊置閘板啟閉，監督添用樁木，隨閘板高下填築固護，及南北斗門損漏，一切各已整治。竊慮上湖地形比下湖高仰，西向地形石墶之側有數丈損闕，比之東向，其岸稍低。兩湖草地灘腳若濬治近岸，即就土可以增堤高、固湖身。復依古者作上峰，就湖堆積。如此，則蓄水必多，不獨以通利綱運，亦以灌溉民田。」從之。

〔一〕被旨措置修築練湖　「措」字原缺。按輯稿職官二一之三三、食貨一之三九等皆有「被旨措置」，故補。

〔二〕相視上下兩湖石墶三座　「湖」原作「浙」，據後文改。

八年六月二日，直敷文閣、權發遣兩浙西路提點刑獄公事〔一〕、提舉河渠公事王淮言：「竊見姑蘇號曰平江，言江流至此而平也。平則勢緩，緩則易壅，非泄而入海，則不能無潦水之患。書言『三江既入，震澤底定』。臣嘗考三江入海之由，不可詳據，姑以耳目所接。鄰於海而易泄者，惟秀之青龍港、蘇之許浦白茆，與夫琴川、百家涇，皆泄入海之道也。今秀之青龍港固自若，所不必論，而蘇之百家涇、琴川、白茆或存或廢，未可遽復。惟常熟之許浦，流之最下者，沙石填壅，其淺者既夷而爲平陸，而其深者亦不過尋丈，舟行則膠，流集必遏。曩者朝廷嘗命憲臣相視而開導之，工役既衆，暫而遂止。然法有不便於彼而於此甚便者，事有不行於前而於兹爲可行者，惟因人之力而用之則役省，因人之利而導之則樂從。力半工倍，莫甚於此。且今之許浦，水軍屯駐在焉，連營列壘，不下萬計。誠於此時命主將以提其綱，命縣官以佐其費，秋冬之交，防托之暇日，率其卒伍，沿許浦一帶疏而通之，浚而深之，使江海之流相接，而又立爲犒賞，隨所治之多寡爲之等差，則貪者先之，懦者隨焉，持久之效可旬日辦也。豈惟浙西之民可無水潦之患，亦彼屯駐者之利也。其地里之遠近、流委之曲折、地勢之高卑、經理之始末，當命有司別條具焉，惟冀陛下留神，幸甚。」

〔一〕權發遣兩浙西路提點刑獄公事　「兩浙」原在「西路」下，據後文及宋史卷八八地理志四乙正。

同日，五兵郎、前權發遣鎮江府兵馬鈐轄王徹言〔一〕：「紹興二十八年開平江府常熟縣五浦。時因積水泛溢，欲泄入大江，宜自常熟縣東開鑿，至雉浦五十里入許浦，縱水入江，方爲長利。卻自雉浦之西就民田創河二十五里，號丁涇塘，橫引水復入福山浦，使二浦之水復歸一浦，止近縣田稍獲灌溉，他無補也。且大江之南，鎮江府以往地勢極高，至常州地形漸低。錢塘江之北，臨安以往，地勢尤高，秀州及湖州地形極低。而平江府居在最下之處，使歲有一尺之水，則湖州、平江之田，無高下皆滿溢，每歲夏潦秋漲，安得無一尺之水乎？聞江灘海岸常列三十六浦，各置巡檢寨捍江海，浚治江浦，通快上水，故數十年前浙西不聞每歲被水。今三十六浦最急者，平江府五浦，蓋平江府實爲浙西衆水聚集之地。就五浦之內，黄泗浦之中，大抵與福山通流，不用開鑿外，崔浦、許浦、白茆浦三所潮沙壅積〔二〕，與岸齊平，使千里之外不能流入，大江之潮不能上通。竊謂治水當導所受之處，若使下流壅積，不達江海，雖鑿陂塘，所及亦狹。要使江臯海瀕注水如瀉，然後百川之流漸有歸宿。謹圖地形水利附奏。」詔先措置開鑿許浦〔三〕，條約以聞。其後平江府守臣丘崈言〔四〕：「開鑿許浦，雖大水不無獲利，然頓失瀦蓄，遇旱不無所病，且大役難成。」其議遂止。

〔一〕五兵郎前權發遣鎮江府兵馬鈐轄王徹言　「郎」原作「即」。按「即」顯誤，唐六典卷五載：「魏有五兵郎曹，皆置郎中。」故改。又「鈐轄」原作「軨轄」。按兵馬鈐轄，宋代統兵官。故改。

〔二〕白茆浦三所潮沙壅積　「白茆浦」原作「白茆濬」，據輯稿食貨八之二〇及正德姑蘇志卷一二水利下改。

〔三〕詔先措置開鑿許浦　「先」原作「光」，形近而訛，今改。

〔四〕其後平江府守臣丘崈言　「丘崈」原作「岳崈」，據輯稿食貨六一之一二九、宋史卷九七河渠志七、正德姑蘇志卷一二水利下改。

九年十一月二十三日，臨安府言：「承御降文字，竊惟西湖自蘇軾開鑿以後，舊額合招撩湖兵士一百人〔一〕，駐於近湖之地，歲輒開撩，不使淤塞。今六飛駐蹕，所存止二十有五人。況禁戢不嚴，冒佃侵多，故多葑茭蔓延，西南一帶，已成平陸，而濱湖之民，每以葑草圍裹，種植荷花，駸駸未已。若不鋤治，恐數十年之後，西湖遂廢，將如越之鑑湖，不復可復。

欲望睿慈措置，凡湖之荷蕩，若閑慢不急之所，許存留；若居湖中，有礙湖面，一切芟除，務令淨盡。仍乞約束，自後居民不得再有圍裹，如違戾，以違制論，庶幾瀦水有餘水，而漕渠六井之須，雖遇旱歲，可以無乏，公私兼濟，實非小補。」從之。其後臨安府守臣言：「一切芟除外，西至顯明寺前，北至四聖觀港湖，東至王妃塔，南至山脚，種植菱芡蕩等，並係良馬院主掌〔二〕。」詔並令開撩。

〔一〕舊額合招撩湖兵士一百人　「湖」原作「河」，據前文及輯稿食貨八之二七改。

〔二〕並係良馬院主掌　「掌」原作「堂」，形近而訛，今改。

水磑

【題解】本門見輯稿食貨八之三三至三四，大典卷一五三四〇「磑」字韻事韻收録。整理者於食貨八之三三「宋會要」下大字草書批「造水磑」，清本、上古本因之，解開宋會要之謎作「水磑」，今從之。本門起真宗大中祥符八年四月，迄徽宗崇寧二年二月二十三日。

真宗大中祥符八年四月，命河北安撫副使賈宗相度定州北河興置水磑。先是，上封者言，定州地有暖泉，冬月不冰，可以常用，故使經度之。

仁宗天聖八年四月，陝府西轉運司言：「秦州路歲造麴用麥數萬石，止合於在州及近郊水磑户分配變磨，其就倉請領并納麪時，頗多邀滯搔擾。今據磑户八十餘人狀：願細撲官水磑五盤〔一〕，所收數納官，只乞官自變磨應副。知州張綸尋已施行。兼綸差通判程賁於州界側近度地形安便處增修水磑，得永寧寺西官柳林中可修立水磑一，悉不妨占居民地土水利。今并舊官磑應副中變磨合用麴麥外，亦可量出租課，添助軍須。乞降敕處分。」從之。

〔一〕願細撲官水磑五盤 按「細」字疑誤，上古本徑改作「紐」。

神宗熙寧六年五月六日，詔諸創置水磑碾碓有妨灌溉民田者，以違制論，不以去官赦降原免，官司容縱准此。

元豐六年二月二十七日，都提舉汴河堤岸司言：「丁字河水磨，近爲瀋蔡河開斷水口，妨闕茶磨〔一〕。本司相度通津門外汴河去自盟河咫尺，自盟河下流入淮，於公私無害。欲置水磨百盤〔二〕，放退水入自盟河。」從之。

〔一〕妨闕茶磨 「闕」原作「關」，據輯稿職官二六之一五改。

〔二〕欲置水磨百盤 「盤」原作「般」，據長編卷三三三元豐六年二月癸酉條改。

哲宗紹聖元年八月二十三日，詔興復水磨茶，應合行事，令户部先具措置，申尚書省。九月二十八日〔一〕，户部言：「准敕，復置水磨，今踏逐到京索、天源等河，措置修立。」從之，仍差右通直郎孙迥提舉。

〔一〕九月二十八日 「二十八日」，輯稿職官二六之一六作「二十七日」。

二年三月七日，户部言：「得旨興修水磨茶事。初，元豐中，都提舉汴河堤岸司總領，即汴水流用之[一]。提岸司今廢歸都水監，而措置茶事乃隸户部，事不相應。請依元豐置都提舉汴河堤岸司故事，應一司事並依舊條。」詔就差提舉茶場水磨官兼提舉汴河提岸，專管句自洛至府界調節汴水，應副茶磨，不得有妨東南漕運。

〔一〕即汴水流用之　「汴」原作「便」，據輯稿食貨三〇之二七改。

四年十一月十一日，户部郎中、提舉水磨茶場孙迥言：「茶磨乞於在京東水門外沿汴河兩岸，踏逐舊日修置水磨去處[一]，别行興復。」從之。

〔一〕踏逐舊日修置水磨去處　「踏」字原缺，據輯稿食貨三〇之三〇補。

元符三年十一月三日，詔以都水使者魯君貺專切應副茶場水磨。先是，閻守懃、李士京同領茶場，欲榷淮南茶，盡鬻之官，歲當三百萬緡，三省抑而不行。至是，三省因奏，神宗本以抑奪都城十數兼并之家，歲課至三十四萬緡，近賈種民遂增展及輔郡，人以爲病。詔增展輔郡榷茶指揮勿行，止依元豐舊法。

徽宗崇寧二年二月二十三日，提舉京城茶場所言：「紹聖初，興復元豐水磨，推行京畿茶法[一]，歲收二十六萬餘緡。四年，於長葛、鄭州等處京索、潩水河增磨二百六十所，借用汴水，極爲要便。自輔郡榷法之罷，遂失其利，今四磨不能給。其元符三年罷輔郡榷茶指揮乞勿行。」從之。

〔一〕推行京畿茶法 「行」字原空，據輯稿食貨三〇之三三補。

堰

【題解】本門見輯稿食貨八之三八至四〇，大典卷一六七六六、一六七六七「堰」字韻堰名事目收録。整理者於食貨八之三八「全唐文」下楷書批「堰」，當爲門名。除第一條「曹娥堰」外，整理者皆於「宋會要」下大字草書批某某堰，字跡多不同，當爲大典事目名。輯稿原依韻排列，清本則以時間爲序重新編排。今次整理，整理者所批事目名一律附入校注，正文則依諸城修改移并門之體例，編年與地理部分分開，先地理後編年，地理以市鎮門與州縣升降廢置門諸路州軍之序編排，并添補路名及州軍名以便觀覽。

[秦鳳路]鳳州梁泉縣之磑子堰，大中祥符二年置。〔一〕

〔一〕本條原在輯稿食貨八之三八，事目名「磑子堰」。

[淮南東路]泰州之司馬堰〔二〕，淳化二年二月詔廢。〔三〕

〔一〕泰州之司馬堰　「泰州」，輯稿食貨一七之一二作「秦州」。

〔二〕本條原在輯稿食貨八之四〇，事目名「司馬堰」。

〔成都府路〕曹娥堰，威州之保寧縣新修堰，天禧二年三月修。〔一〕

〔一〕本條原在輯稿食貨八之三八

天聖六年七月，淮南發運司興修泰州捍海堰畢工，詔以發運副使兼知泰州張綸領昭州刺史〔一〕，轉運使胡令儀遷一官〔二〕。堰内歸業人户免三年差役税賦，督役三班、壕寨軍校等遞支賜有差。〔三〕

〔一〕詔以發運副使兼知泰州張綸領昭州刺史　「副」字原缺，「昭州」原作「韶州」，據長編卷一〇六天聖六年七月甲午條、宋史卷四二六張綸傳補改。

〔二〕轉運使胡令儀遷一官　「使」下原衍「司」字，據長編卷一〇六天聖六年七月甲午條、玉海卷二三天聖泰州捍海堰刪。

〔三〕本條原在輯稿食貨八之四〇，事目名「捍海堰」。

皇祐二年閏十一月，賜汴河治堰緡錢。〔一〕

〔一〕本條原在輯稿食貨八之四〇，事目名「汴河堰」。

紹興十三年四月二十三日〔一〕，兩浙轉運副使張叔獻等言：「華亭縣東南枕海〔二〕，西連太湖，北接松江，松江之北復控大海，地形東南最高，西北稍下，柘湖十有八港，正在其南。故古來築堰〔三〕，以禦鹹潮，防趨下而北，爲民田之害。」〔四〕

〔一〕紹興十三年四月二十三日　「十三年」原作「十一年」，據繫年要録卷一四八紹興十三年四月庚辰條、中興紀事本末卷六一改。按紹定吴郡志卷七官宇、乾道臨安志卷三牧守載，張叔獻官兩浙轉運副使在紹興十二年十月，十三年八月八日知臨安府。故宋史卷九七河渠志七「十三年」誤繫於「乾道」之後，吴中水利全書卷一三張叔獻請築新涇塘招賢港堰牐狀誤繫於淳熙十三年。

〔二〕華亭縣東南枕海　「枕」原作用「沈」，據宋史卷九七河渠志七改。

〔三〕故古來築堰　「古」字原缺，據宋史卷九七河渠志七、吴中水利全書卷一三張叔獻請築新涇塘招賢港堰牐狀補。

〔四〕本條原在輯稿食貨八之三八，事目名「築堰」。

紹興二十三年五月十二日，利州路安撫司機宜楊庭言：「興元府見屯御前軍馬合用糧料〔一〕，全籍糴買應副食用。本府褒斜谷口有古六堰，澆溉民田頃畝浩瀚，自來春首隨民户田畝多寡〔二〕，均出夫力修葺。昨經兵火，民力不足，多因夏月使水之際，暴水衝損堰身，遂

失一歲之利。又撥屯内將兵、差不入隊人兵併手修葺，庶幾便民〔三〕。」詔四川安撫制置司詳所陳事理施行。〔四〕

〔一〕興元府見屯御前軍馬合用糧料 「興元府」原作「紹興府」，據繫年要録卷一六四紹興二十三年五月庚子條改。

〔二〕自來春首隨民户田畝多寡 「民」原作「食」，「户」上原衍「水」字，「寡」原作「寛」，據輯稿食貨七之四六、六一之一二〇改删。

〔三〕庶幾便民 「庶幾」原作「幾幾」，據宋史卷九五河渠志五改。

〔四〕本條原在輯稿食貨八之三八，事目名「第六堰」，按正文内容，當作「古六堰」。

乾道四年五月二十四日，知樞密院事、四川宣撫使虞允文言：「彭州九隴等三縣管都江等别等一十餘堰〔一〕，灌溉民田，其堰身長七十餘里。自紹興二十年以後，州郡不以寘意，遇雨水泛溢，決壞堰身，水利略盡。知縣梁介躬行堰所，部勒丁夫修治堅密，水脈通流，田畝霑之，溉及旁縣，實爲永利〔二〕。」詔梁介直秘閣、利州路轉運判官〔三〕。

〔一〕彭州九隴等三縣管都江等别等一十餘堰 「九隴」原作「九龍」，據九域志卷七彭州、宋史卷八九地理志五改。

〔二〕實爲永利 「永」原作「水」，形近而訛，今改。

〔三〕利州路轉運判官 「利州路」原作「利縣路」，據宋史卷八九地理志五改。按本條原在輯稿食貨八之三八至三九，事目名「水溢堵堰」。又按「堵堰」當作「壞堰」，清本徑改「堵」作「壞」，上古本疑「堵」當作「諸」。

乾道七年五月十二日，參知政事、四川宣撫使王炎言：「興元府山河堰灌溉甚廣，世傳爲漢蕭何所作。嘉祐中，提舉常平史炤奏上堰法〔一〕，獲降敕書，刻石堰上，至今遵守。」〔二〕

〔一〕提舉常平史炤奏上堰法　「常平」原倒，據宋史卷九五河渠志五乙正。

〔二〕本條原在輯稿食貨八之四〇，事目名「山河堰」。

閘

【題解】本門見輯稿食貨八之四一至四六，大典卷二二七八四、二二七八五「閘」字韻事韻收録。整理者於食貨八之四一天頭楷書批「閘」字，姑作門名。按整理者又於諸處「宋會要」下批「水閘」、「保安閘」、「月河閘」等標目，當爲大典事目名，且内容排列淆亂。今次整理，整理者所批事目名皆附入校注，正文亦依時間先後重作編排。本門起仁宗天聖四年十月，迄寧宗慶元五年正月十九日，除首尾兩條外，餘皆記孝宗一朝事。

天聖四年十月，楚州北神堰并真州江口堰各置造水閘〔一〕。先是，監税三槐王乙上言，詔轉運司度其事，且言其經久利濟，省得綱運般剥、偷侵、住滯，故信從之，仍遷一秩。〔二〕

〔一〕楚州北神堰并真州江口堰各置造水閘　「江口」下原衍「南」字，據長編卷一〇四天聖四年十月乙酉條、玉海卷二三建隆翟橋堰刪。

〔二〕本條原在輯稿食貨八之四一，屬「水閘」事目。

孝宗皇帝隆興二年二月十三日，知紹興府吴芾言：「昨條奏興修會稽山陰縣鑑湖，全藉斗門、堰閘蓄水，都泗堰閘尤爲要害。凡遇綱運及監司使命舟船經過，堰兵避免車拽〔一〕，必欲開閘通放，以致啟閉無時，失泄湖水。體訪都泗堰因高麗使往來，宣和間方置閘，今乞廢罷。」從之。〔二〕

〔一〕堰兵避免車拽　「拽」原作「打」，據宋史卷九七河渠志七改。

〔二〕本條原在輯稿食貨八之四四，屬「斗門閘」事目。

乾道元年正月十七日，知鎮江府方滋言：「體訪子城居民水患，祇緣近來㮄㭬閘城下放水道通澈裏澳，當時務蓄水灌㮄㭬閘，免泄運水。今裏澳形勢低下〔一〕，放水不入。事既無益，每因水漲入城，反爲民患。又體訪古西夾城裏教場城下有水澳池一處，停蓄子城内水；向北有古溝一所，於利涉門城下置水䆗一座，通澈大江。每遇水滿，通放澳水出城，以是居民少罹水患。今相度於向西城下水䆗子城外添置閘閉斷，使運河水不入子城裏澳，久遠爲便。」從之。〔二〕

〔一〕今裏澳形勢低下　「形」原作「刑」，形近而訛，今改。

〔二〕本條原在輯稿食貨八之四五，事目名「㮄㮄閘」。

乾道元年三月十八日，淮南路轉運判官韓元龍言：「催督修整洪澤兩閘，自三月初四日興工，至十二日畢。」詔修閘官兵令總領所等第犒設。〔一〕

〔一〕本條原在輯稿食貨八之四二，事目名「洪澤閘」。

乾道二年六月十一日，前權知秀州孙大雅言：「昨所領州，其境内欲水潦可以無憂而又足以禦旱者，莫若修閘與斗門，以時啟閉之爲利也。且其地有四湖：一曰柘湖〔一〕，二曰澱山湖，三曰當湖，四曰陳湖。其東南則柘湖，自金山浦、小官浦入於海；其西南則澱山湖，自蘆瀝浦入於海；西北則陳湖，自大姚港、朱里浦入於吴松江；其南則當湖，自月河、南浦口、澉浦口亦可達於海。支港相貫，四湖皆通也。今若官於諸港浦分作閘或斗門，度時啟閉，不獨可以洩水，而旱亦獲利。」詔委本路漕臣同秀州守臣躬往相度措置，候農隙興工。其後兩浙漕臣姜詵、秀州守臣鄭聞言：「合於張涇堰傍高兩岸創築月河，置閘一所。其兩柱金口基脚並以石造，涇内水泛即開閘以泄之。」詔令十一月興工。

〔一〕一曰柘湖　「柘湖」原作「拓湖」，據輯稿食貨八之二五、宋史卷九七河渠志七改。下同。

乾道三年三月二十一日，權兩浙路計度轉運副使姜詵言：「華亭縣新涇、招賢涇雖有水河，泄水不快。今相度，欲於張涇、白苧、陳涇、新涇四處各置一閘，遇蘇、秀、湖三州水泛，候潮退，即開閘以殺水勢。」從之。〔一〕

〔一〕按本條末原有「考證：宋隆興甲申八月」云云，乃大典抄自至元嘉禾志卷五堰閘，非會要文，今删。以上兩條原在輯稿食貨八之四一至四二，事目名「月河閘」。

乾道三年四月二十四日，兩浙漕臣姜詵言：「常州無錫縣以北五瀉堰，通徹江陰軍等處，其堰有閘一重，承前除綱運及重船開閘通放外，餘舟止車堰。後以無錫利於拘稅，恐車堰走失，即將舊堰掘斷，自收掌閘鑰，不以大小、空重舟船，並閘内通放，致啟閉無時，失洩運水，閘板多浮，不相連貼，亦不著底，水從板罅晝夜流入裏河。今相度，於五瀉堰閘裏更添閘一重，并修築元堰，依舊車打小料舟船。」詔本州措置。〔一〕

〔一〕本條原在輯稿食貨八之四三，事目名「堰閘」。

乾道五年二月八日，權發遣臨安府周淙言：「竊見浙江舊有渾水、清水、保安三閘，歲久損壞，已行修治。今欲專差官一員充監閘，常令管轄閘兵依時啟閉，并不住打淘河道，免致湮塞，使公私舟船無留滯之患。乞先從本府於大小使臣内有材力能幹官選辟。」從之。〔一〕

〔一〕本條原在輯稿食貨八之四一，事目名「保安閘」。

淳熙二年十二月十六日，臨安府言：「欲於通江橋用石砌疊，置立閘板，遇河水乾涸，啟板通放潮水入河，繼行下板，固護水勢。」〔一〕

〔一〕本條原在輯稿食貨八之四五，事目名「通江橋閘」。

淳熙五年十二月二十二日，提舉廣南路常平茶鹽司言：「昨來所開濟川河口創置斗門一座，候春夏間江潮稍大，以時啟閉，通放至運河，則鹽綱往來〔一〕，無淺涸之患。」從之。〔二〕

〔一〕則鹽綱往來　「鹽」原作「監」，形近而訛，今改。

〔二〕本條原在輯稿食貨八之四四，屬「斗門閘」事目。

淳熙六年三月十二日，宰執進呈知鎮江府司馬伋言，用石修砌湖閘門〔一〕，浚海鮮河，使舟船有艤泊之所。上曰：「司馬伋濬河修閘，惠利甚廣。可除寶文閣待制。」〔二〕

〔一〕用石修砌湖閘門　「湖閘門」原作「潮閘門」，據兩朝聖政卷五七淳熙六年三月庚午條、宋史全文卷二六淳熙六年三月庚午條改。

〔二〕按本條原在輯稿食貨八之四一，屬「水閘」事目。

淳熙十一年六月八日，又言〔一〕：「台州黄巖縣之東地名東浦，紹興中開鑿，建置常豐一閘，名爲決水入江，其實縣道欲令舟船取徑通過，每船納錢，以充官費。一日兩潮，一潮一淤，纔遇旱乾，更無灌溉之備。已將上件常豐閘築爲平陸，還故基。乞下本縣，自今永不得開鑿入江湖，庶絶後患。」從之。〔二〕

〔一〕又言　按「又」上似有脱文，上古本據宋史卷九七河渠志七補「勾昌泰」，或是。

〔二〕本條原在輯稿食貨八之四五，事目名「常豐閘」。

淳熙十一年十一月二十六日，浙東提舉勾昌泰言：「台州黄巖縣舊有官河，自縣前至温嶺凡九十里〔一〕，其支流九百三十六所，皆以溉田。元有五閘，久廢不修。今相度，其河有合開三十一萬九千丈有奇，一面開淘，兩月可畢。惟有建閘一事，約費二萬餘緡，乞從朝廷給降。」詔下兩浙轉運司從本司取的實合用錢數，於本司所得窠名錢内取撥，應副施行。十二年四月二日，辛執進呈昌泰再上言：「漕司不應副錢，乞度牒二十道。」上曰：「此乃百姓水利，可與度牒二十道，令浙東提舉司每道作七百貫出賣，揍本司合支用錢數應副興修〔二〕。候了畢間，開淘及修建去處并灌溉田畝數目，開具聞奏〔三〕。」〔四〕

〔一〕自縣前至温嶺凡九十里　「温」下原衍「顔」字，據宋史卷九七河渠志七及嘉定赤城志卷二〇山水門二删。

〔二〕 揍本司合支用錢數應副興修　「興修」原倒，據下文乙正。

〔三〕 開具聞奏　「具」原作「其」，形近而訛，今改。

〔四〕 本條原在輯稿食貨八之四六，事目名「黄巖縣閘」。

淳熙十二年三月二十八日，淮南轉運司言：「和州守臣乞於千秋澗置斗門，以防麻、澧湖水洩入江。遇歲旱，灌溉民田，實爲利便。」從之。

淳熙十四年四月四日，知太平州張子顔言：「本州管下圩田，除繁昌縣並是私圩，江湖隔遠外，所是當塗、蕪湖兩縣諸圩，當塗受水特甚。至於斗門、水函，多以竹木爲之，間用磚石，往往不牢，致有損壞。今當塗縣重新改造斗門一十三所，石卷砌四所，水函八所，修砌舊係磚石斗門五所，水函一十所；蕪湖縣重新改造斗門八所，用磚石卷砌。今後每歲冬間農隙之時，先次增修大埂。今來興修内埂二十段，共長三萬二千三百八十二丈，計一百七十九里一百六十二丈，並已了畢。」詔令守臣以時檢察，務爲久遠之利。〔一〕

〔一〕 以上兩條原在輯稿食貨八之四四，屬「斗門閘」事目。

淳熙十四年九月十一日，權知揚州熊飛言：「揚州一帶運河惟藉瓜洲、真州兩閘瀦積，今來河水走泄，祇緣瓜洲上、中二閘久不修治，獨潮閘一座，轉運、提鹽及本州共行修整。然迫近江潮，水勢衝激，易致損壞，真州二閘亦損漏。乞下淮南轉運司、淮東提鹽司疾速同共修理，仍乞下真州日下修葺本州上、下二閘，以防走泄。」從之。〔一〕

〔一〕本條原在輯稿食貨八之四一，屬「水閘」事目。

慶元五年正月十九日，兩浙轉運、浙西提舉司言：「以知鎮江府萬鍾乞於吕城倣臨安、嘉興二閘之制，添置一閘。兩司委官相視，鎮江府地形高峻，東至常州，運河迤邐就下，每遇水漲，河流湍急，吕城兩閘歲久損壞。今若依倣三閘之制，本府自備工役添造一閘，則隄防周備，可保無虞。但今來吕城兩閘既已損壞，若不先行修整，雖有新建上閘，亦難獨當上流。欲乞下本府將吕城兩閘重行修葺，候畢工日〔一〕，卻從本府從長措置接續添造新閘，庶得利便。」從之。〔二〕

〔一〕候畢工日　「工」原作「上」，形近而訛，今改。

〔二〕本條原在輯稿食貨八之四三，事目名「吕城閘」。

渠

【題解】本門見輯稿食貨八之四七至五〇，大典卷一七〇一、一七〇四「渠」字韻渠名事目收録。整理者於食貨八之四七天頭楷書批「渠」字，姑作門名。本門起真宗祥符七年六月，迄孝宗淳熙八年九月二十八日，僅餘四條。

祥符七年六月，知永興陳堯叟導龍首渠入城〔一〕，民便之，詔嘉獎。

〔一〕知永興陳堯叟導龍首渠入城　「陳堯叟」，玉海卷二二祥符龍首渠同，長編卷八二大中祥符七年六月庚申條、宋史卷九五河渠志五作「陳堯咨」。按長編卷八一載，陳堯咨知永興軍在祥符六年八月己巳，而時堯叟爲樞密使。此誤。

天聖四年閏五月，陝西轉運使王博文等言〔二〕：「准敕相度到右班殿直劉逵奏，乞開治解州安邑縣至白家場永豐渠，行舟運鹽，經久不至勞民。其開修檢計工料别具奏陳。次乞選差使臣一員勾當開修，候其功成，望賜酬奬。按此渠自後魏正始二年都水校尉元清引平坑水西入黄河以運鹽，故號永豐渠。周、齊之間，渠遂廢絶。隋大業中，都水監姚暹決堰濬渠，自陝郊西入解縣，民賴其利。及唐末至五代亂離，迄今湮没，水甚淺涸，舟楫不行。」詔三司相度以聞。先是，解州般鹽帖頭麻處厚等詣闕訴，稱般鹽陪用，家貲並盡，乞别行相度，故有是奏。從之，甚利於公私也。

〔一〕陝西轉運使王博文等言　「陝」下原衍「府」字，據宋史卷九五河渠志五删。

淳熙七年六月三十日，知臨安府吴淵言：「萬松嶺兩傍古渠，多被權勢及百司公吏之家起造屋宇侵占，及内西寨前石橋并海眼緣渠道堙塞，積久淤填。兼都亭驛橋南北河道，緣居民多將糞土、瓦礫抛颺河内，以致填塞，流水不通。今欲分委兩通判監督，地分廂巡逐時點檢鈐束，不許人户仍前將糞土等抛颺河渠内及侵占去處。任滿，批書水流淤塞，從本府所委通判及地分節監保明申尚書省，各減一年磨勘。如有違戾去處，各展一年。」從之。

淳熙八年九月二十八日，知襄陽府郭杲言：「本府有木渠，可溉田數千頃，堙塞，乞以開修。」從之。

斗門

【題解】本門見輯稿食貨八之五一至五二，大典卷三五二六「門」字韻「斗門」事目收録。整理者於食貨八之五一天頭楷書批「斗門」，姑作門名。本門起仁宗天聖四年二月，迄孝宗乾道七年十一月十二日，僅餘四條。

仁宗天聖四年二月，侍御史方慎言言〔一〕：「杭州元有江岸斗門二，凡舟船出入，一則温、台路，一則衢、婺路，其北岸斗門爲潮水所壞，因循不修。今兩路舟船併在一岸，備見不便。蓋斗門啟閉有時，須候潮平方開，因兹住滯。欲望復創二斗門〔二〕。」詔本州疾速修創，勿令住滯舟檝。

〔一〕侍御史方慎言言　前一「言」字原缺，據弘治八閩通志卷七一人物志、雍正福建通志卷四四方慎言傳補。

〔二〕欲望復創二斗門　「復」原作「後」，形近而訛，今改。

神宗熙寧二年七月，京西轉運司言：「乞差官檢視鄭州滎澤界魏樓村斗門地形高下，相度經久利害。」命監察御史裏行張戩、館閣校勘顧臨定奪。戩等言，魏樓村斗門委實利便〔一〕。詔都水監施行。〔二〕

〔一〕魏樓村斗門委實利便　「樓」字原缺，據前文補。
〔二〕按大典卷三五二六「門」字韻「斗門」事目中，本條與其他三條并非抄在一處。

壽皇聖帝乾道七年二月四日，觀文殿大學士、知紹興府蔣芾言：「本府會稽縣德政鄉古有二浦，一名兆浦，在上流凡五里餘，舊有斗門，以障外水；一名後浦，在下流凡十里餘，舊來深浚，以泄裏水。爰自堙塞，久不修治。今欲商度開浦，并置斗門。」從之。

〔一〕按本條前書手原題「乾道會要」。

十一月十二日，皇子、判寧國府、魏王愷言：「化成、惠民兩圩周回已置立斗門，共二十四所，兩旁用石築疊，及以沙板安閘〔一〕，高築土鉗，常加堅實，及斗門遞年專輪圩户四名防守。臣欲行下宣城縣令佐，今後遇圩内積水深長，外河水低於斗門，即仰守圩人户申官，躬親先次集衆開斗門出入。候畢，即依舊安閘築塞，及常切禁止圩民不得盜決堤岸，犯者依法施行。」從之。

〔一〕及以沙板安閘　「板」原作「扳」，據大典卷三五二六「門」字韻「斗門」事目所引會要改。

堤岸

【題解】本門見輯稿食貨八之五三，大典卷一六二一〇「岸」字韻事韻收録。整理者於食貨八之五三「宋會要」下楷書批「堤岸」，當爲門名。按本門僅餘一條。

徽宗建中靖國元年四月三十日，詔發運司差官點檢龜山新河堤岸，如有塾缺，速加補築〔一〕，仍自今歲以爲常。

〔一〕速加補築　「速」原作「連」，形近而訛，今改。

治河

【題解】本門見方域一四之一至二六、一五之一至三二，大典卷五六四三至五六四七「河」字韻「宋治河」事目、卷五六五八「河」字韻河名事目收録。整理者於方域一四之一「宋會要」下小字楷書批「二股河附」，其右又大字草書批「治河」，方域一五之一第五、六行間有整理者楷書批「治河下」，其下又楷書小字注「二股河附」。姑以「治河」爲門名。本門起太祖建隆元年十月，迄徽宗宣和七年十二月二十二日。

太祖建隆元年十月，河決棣州厭次縣，又決滑州靈河縣。至二年七月，遣右領軍衛上將軍陳承昭修塞之〔一〕。役成，賜承昭錢三十萬。

〔一〕遣右領軍衛上將軍陳承昭修塞之　「領」下「軍」字原缺，據長編卷二建隆二年正月丁巳條補。

三年十月，詔沿黄、汴河州縣長吏，每歲首令地分兵種榆柳以壯隄防。

四年正月，詔左神武統軍陳承昭發近甸丁夫數萬〔二〕，修畿内河隄。

〔一〕詔左神武統軍陳承昭發近甸丁夫數萬　「陳」字原缺，據上文及長編卷四乾德元年正月丁巳條補。

乾德四年六月，鄆州東阿縣河水溢，損民田。澶州觀城縣河水溢入大名府，壞廬舍。

開寶三年正月，詔發近甸丁夫數萬增治河隄。十二月，又發二萬人治隄。

四年十一月，河決澶淵，泛數州，官守不時言〔一〕，通判姚恕棄市，知州杜審肇坐免。命棣州團練使曹翰〔二〕、濮州刺史安守忠部勒修塞。

〔一〕官守不時言　按長編卷一二開寶四年十一月壬戌條、宋史卷九一河渠志一「言」上皆有「上」字，輯稿疑脱。

〔二〕命棣州團練使曹翰　「棣州」，長編卷一二開寶四年十一月壬戌條、宋史卷九一河渠志一等皆作「潁州」。

五年正月，詔曰：「每歲河隄，常須修補。訪聞科取梢揵〔一〕，多伐園林，全虧勸課之方，頗失濟人之理。自今沿黄、汴、清、御河州縣人户，除准先敕種桑棗外，每户並須别種榆柳及隨處土地所宜之木〔二〕。量户力高低，分五等：第一等種五十株，第二等四十株，第三等三十株，第四等二十株，第五等十株。如人户自欲廣種者，亦聽。孤老、殘患、女户、無男女丁力作者〔三〕，不在此限。」

〔一〕訪聞科取梢揵　按「揵」疑當作「楗」。

〔二〕每户并須别種榆柳及隨處土地所宜之木　「别」原作「創」，「種榆」二字原缺，據長編卷一三開寶五年正月己亥條、宋大詔令集卷一八二沿河州縣課民種榆柳及所宜之木詔改補。

〔三〕無男女丁力作者 「女」字疑衍。

二月〔一〕，詔曰：「朕每念河隄潰決，頗爲民災，故嘗置使以專掌之，思設佐僚，共濟其事。自今開封大名府、鄆澶滄滑孟濮懷鄭齊棣博德淄衛濱州，各置河隄判官一員，以逐州通判充。如闕通判，以本州判官兼領。」

〔一〕二月 「二」原作「三」，據長編卷一三開寶五年二月丙子條、宋大詔令集卷一六〇置河堤判官詔、宋史卷三太祖紀三改。

五月，澶州河決濮陽縣南岸，六月又決於陽武，命棣州團練使曹翰馳騎經度修塞。太祖曰：「朕方以霖雨，又聞河決，三兩日來，宮中焚香禱天，若天災流行，願移於朕躬，幸勿殃兆民。」翰奏曰：「若宋景公一言修德，災星爲之退舍。陛下憂兆民，懇禱如是，必應上感天心，亦何慮河決爲災邪！」即詔發開封、河南十三縣夫三萬六千三百人，及諸州兵一萬五千人，修陽武縣隄。澶、濮、魏、博、相、貝、磁、洺、滑、衛等州兵夫數萬人，塞澶州河。並令翰督役，至十二月畢功。

六年正月，遣德州刺史郭貴修魏縣隄。

八月，草澤王德方上修河利害，特賜同學究出身。

八年五月，河決濮州郭龍村。六月，又決澶州頓丘縣。遣內衣庫副使閻彥進發丁夫數萬修之〔一〕，十一月功畢。

〔一〕遣內衣庫副使閻彥進發丁夫數萬修之　「使」原作「吏」，據長編卷一七開寶九年八月丙辰條改。

太宗太平興國三年四月，河決懷州獲嘉縣。至十月，滑州言，靈河縣河決已塞，水復故道，既而復決。詔塞之，命西上閤門使郭守文、供奉官閤門祇候王侁、西八作副使石全振護其役。

五年正月，命連州刺史任知杲、虢州刺史許昌裔、雄州刺史孫全興發丁夫，理衛、澶、濮三州河隄。左屯衛將軍李重進、右千牛衛將軍鄭彥華、右內率府率由浦發丁夫〔一〕，理濟、鄭、貝三州河隄。

〔一〕右內率府率由浦發丁夫　「由浦」，長編卷二一太平興國五年正月己亥條作「田浦」。

七年六月，河決齊州臨濟縣，又決大名府范濟口〔一〕。秋，河大漲，蹙清河，侵鄆州，城將陷，塞其門，急奏以聞。詔遣殿前承旨劉吉馳往固之。清河水退，鄆城不陷。吉，江南人，習水事，故命之。

〔一〕又決大名府范濟口　「范濟口」原作「范濟河」，據長編卷二三太平興國七年七月辛卯條、宋史卷四太宗紀一改。按河決大名府范濟口，長編、宋史皆繫於七月。

雍熙二年正月，遣左領軍衛大將軍郭重吉等十三人監治河隄。

端拱二年五月，滑州房村埽火，焚竹木梢芟百七十餘萬。詔轉運使督沿河州縣官吏，常令分行部内埽岸積聚之物，有檢視不謹、爲水所敗者〔一〕，坐其罪。

〔一〕爲水所敗者　「水」或「火」之誤，或「水」下脱「火」字。

淳化二年三月，詔曰：「今歲時雨霶霈，川流暴漲〔一〕，慮河隄脆薄之處，或有蛇鼠所穴，牛羊踐履，岸缺成道，積水衝注，因而壞決，以害民田。宜委諸州河隄使、長吏以下及巡河主埽使臣經度行視，預圖繕治。苟失備慮，或至壞隳，官吏當寘於法。」

〔一〕川流暴漲　「川」原作「州」，形近而訛，今改。

四年九月，澶州河水暴漲，夜衝北城，壞居人廬舍及州宇倉庫。即日命彰德軍節度使魏咸信知州事，遣侍御史元紀劾知州、工部侍郎郭贄等不預修防事。民溺死者人給錢，闕食者量予賑給，今年屋税、沿納物並權除放。河水合御河并山水奔注大名府，知府趙昌言分兵夫填築隄岸〔一〕，壅城門，遂不爲患，降詔褒獎〔二〕，并存撫軍吏百姓。

〔一〕知府趙昌言分兵夫填築隄岸　「趙昌言」原脱「昌」字，據長編卷三四淳化四年十月庚申條及宋史二六七趙昌言傳補。

〔二〕降詔褒獎　「獎」原作「漿」，形近而訛，今改。

至道元年十二月，京兆府通判楊覃言，官買修河竹六十餘萬。帝曰：「渭川千畝竹與千户侯等，聞關右百姓竹園，官中斫伐殆盡，不及往日蕃盛，此蓋三司失計度所致。自今官所須竹，量多少采取，厚償其直，存其竹根，則新竹可望矣。」吕端曰：「芟葦亦可以爲索，甚堅韌。後唐莊宗自楊留口渡河，造舟爲梁，只用葦索。」因命樞密院分遣使臣詣河上刈葦爲索，然以脆不用，遂寢。

三年正月，遣内臣往澶州沿河點檢竹索。以官費甚多，吏或侵擾爲姦，故令閲數裁減之。

真宗咸平三年五月，河決鄆州王陵埽，浮鉅野，入淮、泗，水勢悍激，侵迫州城。命步軍都虞候張進、内侍副都知閻承翰，率諸州丁男二萬人往塞之。至十一月，塞河功畢，遣使存恤被水災〔一〕，令給以口糧。知州馬襄、通判孔勗坐免官〔二〕，巡河隄、左藏庫使李繼原配隸許州〔三〕。

〔一〕遣使存恤被水災　按此句疑有脱文，上古本於「災」下徑補「民」字，或是。

〔二〕通判孔勗坐免官　「孔勗」原作「孔某」，據長編卷四七咸平三年五月甲辰條改。按孔勗，編年綱目備要卷七載其大中祥符二年二月知曲阜縣。

〔三〕左藏庫使李繼原配隸許州　「李繼原」，長編卷四七咸平三年五月甲辰條作「李繼元」，當從長編。

六年十二月，雄州何承矩言，乞開濱、棣州界黄河入赤河北流，東匯於海，甚爲長久之利。真宗曰：「此屢有言者，亦曾經度，計役千萬工，浸數縣民田，壞居人廬舍，終恐非便，不可行也。」

景德元年二月，詔：「每歲遣使閱視黄、汴河隄，回日具委保以奏，異時有壞决，連坐其罪。修護渠各有官屬〔一〕，使者暫往，安可專責，自今罷之。」

〔一〕修護渠各有官屬　按上古本於「渠」上徑補「河」字，或是。

九月二十九日，河决澶州横壠埽〔一〕，命起居舍人、知制誥李宗諤馳往設祭，遣侍衛馬軍都指揮使、感德軍節度使葛霸爲澶州修河都總管〔二〕，崇儀使張利涉、内殿崇班王懷昭副之。

又遣使視決河漂溢之所，官給船濟之，民乏食者計口賑救。

〔一〕河決澶州横壠埽 「壠」字原缺，據長編卷五七景德元年九月庚戌條、宋史卷九一河渠志一補。

〔二〕感德軍節度使葛霸爲澶州修河都總管 「感德軍」原作「威德軍」，據長編卷五七景德元年九月丙寅條、宋史卷二八九葛霸傳改。

二年十月，詔沿河州軍長吏、通判，自今任滿，候水落乃得代還。又令沿河縣令、主簿更互出視隄防。

十一月，以内殿崇班、閤門祇候錢昭晟爲崇儀副使。昭晟計春料，擘畫省功減費，親自行視無虞，故有賞。

三年七月〔一〕，詔自今修繕河隄，不得更減功料。是春，陽武、酸棗河隄使者以省功料爲勞課，亟命選勤幹者代之。

〔一〕三年七月 「三年」原作「五年」。按長編卷六三繫於景德三年七月庚午，又景德僅四年，故改。

九月，詔沿黄河隸役兵匠，自今除月稟外，别給口糧。

十二月，詔：「沿黄河州軍知州、知軍、通判、令佐等，在任三年，修護隄埽牢固，别無遺累，得替日免短使，依例磨勘，與家便差遣，令佐亦放選注家便官。」

是年〔一〕，河決澶州王八埽〔二〕，詔發兵夫完治之，費功十餘萬乃成。

〔一〕是年　按長編卷六六、通考卷二九六物異考二、宋史卷六一五行志一上皆載景德四年七月河決，壞王八埽。或「是年」前有脱文。

〔二〕河決澶州王八埽　「澶州」原作「滑州」，據長編卷六六景德四年七月辛巳條、通考卷二九六物異考二、宋史卷六一五行志一上改。

大中祥符元年四月，遣中使四人分護鄆、濮等州河隄，以馳道所歷，謹備豫也。

三年五月，京西提點刑獄司上言：「知河陽高紳修黃河岸〔一〕，以棄石累之〔二〕，計省功鉅萬，頗爲堅固。」詔奬之。

〔一〕知河陽高紳修黃河岸　「知」字原缺，據長編卷七三大中祥符三年五月甲申條補。

〔二〕以棄石累之　「棄」原作「葉」，據長編卷七三大中祥符三年五月甲申條改。

八月二十五日，滑州言，大河順道北流。詔遣職方員外郎劉益馳往設祭。

十二月，帝謂知樞密院王欽若等曰：「河防所設，本各有因，官司相度，容易廢毁，或恣形勢請射，或容疆户侵耕，非次奔流，多貽墊決。蓋聽授之不審，亦興復之倍艱。可降詔諭沿河官吏及巡河使臣，所管舊日大小隄，並依舊存留，不得專擅移易。內有委實不便，須合改更處，具本處何人規畫、於何年修築及明陳改更利害以聞。」

四年八月，河決通利軍，又合御河流注大名府城，害民田，人多溺死。詔遣官致祭，賜被水家米一斛。

是年，遣使滑州經度西岸開減水河，朝議以疏治此河可以折水勢，省民力。事畢，詔獎獻言者。〔一〕

〔一〕按長編卷七六仍繫於祥符四年八月戊辰條下。

五年正月，棣州言河決聶家口，請徙州城。帝曰：「城去河尚十數里，居民重遷。」又命内殿崇班史崇貴、入内供奉官王文慶〔一〕，與轉運使王曉〔二〕、李應機完塞。既成，又決於州東南李民灣，環城數十里，民舍多壞。曉等又請徒於滴河〔三〕，詔閤門祇候郭盛覆視之，如其請。

〔一〕入内供奉官王文慶　「奉」原作「俸」，據長編卷七七大中祥符五年正月己卯條改。

〔二〕與轉運使王曉　按王曉，即王曙，避英宗諱改。

〔三〕曉等又請徒於滴河　「滴河」原作「滴河」，據長編卷七八大中祥符五年六月丙寅條改。按滴河，九域志卷二棣州、宋史卷八六地理志二等作「商河」。

五月，又遣太常博士孫沖、内殿崇班衛承慶按視之。沖言城可固護，止費功三十萬，與曉吏陳利害，即遣沖知棣州，承慶爲兵馬都監。沖又薦大理寺丞史瑩知水事，遂以瑩通判棣州。瑩俄以異議被絀。沖御下嚴刻，有行新隄上者必杖之。役興踰年，雖扞護完築，裁免決溢，而湍流溢暴，壖地益削，河勢高民屋迨踰丈矣。民苦久役而終憂水患，乃罷沖等，徙州。

八月，命東染院使秦義、開封府官寇弦乘傳至鄆州，按視河隄城池，圖上利害。

七年二月，詔：「如聞河北濱、棣州修葺遥隄〔一〕，科配勞苦，亦有逃亡者。可諭轉運使便勿修疊，别作規畫，無致闕悮。」

〔一〕棣州修葺遥隄　「棣」字原空，據長編卷八二大中祥符七年二月戊寅條補。

八月，遣使視棣州河隄〔一〕，還言城南河高一二三丈，知州、殿中侍御史孫沖守護過嚴，民輸租踐隄者亦笞之。詔擇官代之，乃命轉運使李士衡、張士遜徙州於陽信之八方寺〔二〕。

〔一〕遣使視棣州河隄　「棣」字原空，據長編卷八三大中祥符七年八月丁丑條補。

〔二〕張士遜徙州於陽信之八方寺　「陽信」原作「揚信」，據方域八之一四、長編卷八四大中祥符八年正月戊戌條、宋史卷九一河渠志一改。

八年二月，命三司户部副使李及、西上閤門使夏守贇馳傳詣滑州，與河北、京西轉運使議開減水河利害〔一〕。先是，京西轉運使陳堯佐等請於滑州開小河以分水勢，河北轉運使李士衡等言將爲魏、博民患，請罷之。帝曰：「各庇所部，非公也。」故命及等覆視。及等使迴，請於三迎陽村北開河〔二〕，仍於新河别開汊河，如河水湍激，即令兵卒之習水者決導。從之。

〔一〕與河北京西轉運使議開減水河利害　「河北」原缺「北」字，據後文補。又「利」字原缺，據長編卷八四大中祥符八年二月丙辰條補。

〔二〕請於三迎陽村北開河　「三迎陽村」，宋史卷九一河渠志一同，長編卷八四大中祥符八年二月丙辰條作「楊村」，玉海卷二二祥符導河形勝書作「迎陽村」。

三月，令滑州都監、監押二員，每月更巡河上，提轄六埽修河物料。詔京西轉運使俟農隙日，量發工匠〔一〕，課取石段，備修河陽埽岸。

〔一〕量發工匠　「工」原作「二」，形近而訛，今改。

四月，詔沿河諸埽巡河使臣各給當直軍士五人，監物料使臣各三人，並以本城充，自今不得輒差河清卒。是月，遣使滑州，與知州、通判同閱芟地，盡令刈送官場。

七月，令京東路提點刑獄滕涉、常希古與本路轉運同定奪鄆、濮州規置芟地久遠利害。

九年正月，三門白波發運使言，沿河山林約采得梢九十萬，計役八千夫一月。命發運使陳麗夫躬自臨視，仍官給糧食，畢日即散。

四月，詔：「自今沿黃河令佐三年，二年在本縣地分修護河隄埽岸，一年差出別縣界，亦修護隄，並得牢固者，只免選注合入官，即不注家便。如三年內俱在本縣地分修護河隄，別無疏虞，即依先降敕命施行。」

十二月，河北都轉運使李士衡言：「滑州魚池埽水勢湍急，知通利軍鄭希甫請於本埽下開減水河，相度利便。」從之。

天禧元年十月，滑州監押、侍禁勾重貴言：「准先降敕，知州軍、通判官、令佐、巡檢河隄埽岸使臣得替後，並有酬獎，惟不及都監、監押。」詔自今替日與免短使。

三年六月，滑州河溢州城西北天臺山旁〔一〕，俄復潰於城西南岸，摧七百步，漫流州城，民多漂没。歷澶、濮、曹、鄆，注梁山泊，又合清河、古汴河上流入淮，軍士溺死者千餘人。遣馬步都軍頭崔巒領宣武卒四百人巡護。詔光禄少卿薛顔、西上閤門使張昭遠體量規畫，仍與京東、京西、河北轉運使會議，遣使具舟以濟行者，又遣閤門祇候薛貽廓相度水口。以侍衛步軍都虞候馮守信爲滑州修河總管兼知滑州，虢州團練使郝榮副之，崇儀使、入內押班鄧守恩爲鈐轄，薛貽廓、內殿崇班楊懷吉並爲都監。遣御史馳驛劾滑州官吏之罪。

貽廓言：「修河物料，望差官提點支納，及差木石匠各百人。」從之。命屯田員外郎崔立、内殿崇班閻文慶往涖，其令入内供奉官史崇、楊繼斌以馬步卒二百四十人巡邏兩岸，捕緝賊盜。修護隄岸牛忠又言，河水有復故道者，及請發河清卒葺治魚池埽臺，從之。

〔一〕滑州河溢州城西北天臺山旁　「城」原作「地」，據長編卷九三天禧三年六月辛丑條改。

八月，命樞密直學士王曉、客省副使焦守節馳驛詣滑州，與馮守信、京東西河北轉運使等議合要人夫〔一〕、興役時日〔二〕，及具合役日限以聞。其本州合要修河物料、錢帛、糧草等，除見有備外，仍令曉等同支撥般運〔三〕，應辦給用，連書以聞。仍賜宴犒。

〔一〕與馮守信京東西河北轉運使等議合要人夫　「等議」原在「馮守信」下，據長編卷九四天禧三年八月丁亥條乙正。又「京東西」疑誤，長編作「京東」，然滑州屬京西，且上文祥符八年二月條即言「河北、京西轉運使」，「東」字或衍。

〔二〕興役時日　「興」原作「與」，形近而訛，今改。

〔三〕仍令曉等同支撥般運　「曉」原作「時」，據前文改。又「支」原作「知」，按輯稿食貨三〇之三三有「支撥般運」，故改。

九月，三司請於開封府等縣敷配修河榆柳雜梢五十萬，以中等以上户秋税科折。從之。

十二月，都官員外郎鄭希甫言：「通利軍至澶州黄河隄岸沙淤，慮將來堙塞河口，水遷舊河，衝注溢岸，望令逐州軍增築舊隄一二尺備之。」詔可。

四年正月，命翰林學士盛度言，白馬津將塞河〔一〕，又命右諫議大夫張士遜往祭。仍詔馮守信俟河平，留兵夫萬人護之。是役，凡賦諸州薪、石、楗、橛、芟、竹千六百萬〔二〕，發兵夫九萬人治之。

〔一〕命翰林學士盛度言白馬津將塞河　「白馬津」原作「白馬軍」，據玉海卷二二天禧修河碑及宋史卷九一河渠志一改。按此句有誤。長編卷九五天禧四年正月戊午條載，「以滑州將塞河，命翰林學士盛度乘傳致祭」。又玉海卷二二天禧修河碑載，四年正月，「白馬津將塞河，命張士遜往祭」。上古本疑會要原文爲「滑州言白馬津將塞河，命翰林學士盛度乘傳致祭」，或是。

〔二〕凡賦諸州薪石楗橛芟竹千六百萬　「楗」原作「楗」，「橛」字原缺，據長編卷九五天禧四年二月庚子條、宋史卷九一河渠志一改補。

二月，河隄塞，群臣入賀，帝製滑州修河碑，建於福寧院乾文殿，以紀成功。又命翰林學士承旨晁迥祭謝，分遣官謝宮觀、陵廟、嶽瀆，群臣稱賀。賜修河官吏衣服、金銀帶、器帛，將士緡錢有差。

五月，詔：「沿河州軍自今每歲令長吏與巡河使臣躬視隄岸，當浚築者，備書以聞，勿復減省功料，以圖恩獎。違者寘重罪。」

八月〔一〕，知制誥呂夷簡言：「伏見河再決滑州，計功鉅萬，以臣所見，未宜修塞〔二〕，俟一二年間漸收梢芟，然後興功。兼聞諸州有賤典賣莊田者，蓋慮科率梢芟，無以出辦。望議定未修河，特詔諭州縣，仍令滑州規度所須梢芟，以軍人采伐，或於近州秋税折科。」從之。

〔一〕八月 按長編卷九六繫於天禧四年七月辛酉。

〔二〕未宜修塞 「宜」原作「議」，據長編卷九六天禧四年七月辛酉條改。

九月，夷簡言：「景德二年，詔沿黄、汴河春料檢計河隄合使物料〔一〕、人力，今後知州、通判、巡河使臣、令佐若能用心點檢，逐年大段減剩得人功、物料，隄岸又得牢實，不至疎虞，與將在任減剩得功料，比附前界敘爲勞績，候得替到闕，特行酬奬。臣今看詳，伏恐沿河州軍官吏因此詔條，每年多減功料數目，故欲得替敘爲勞績〔二〕，以致隄岸漸至薄怯，致昨來河決滑州，倍費功力修塞。其景德二年十月九日敕命，今後更不行用。」詔審刑院、大理寺定奪，請如夷簡所奏。從之。

〔一〕汴河春料檢計河隄合使物料 「春料」原作「春科」，據方域一五之五及長編卷九〇天禧元年十二月戊辰條、卷二八三熙寧十年七月丙子條改。

〔二〕故欲得替敘爲勞績 「欲得」原倒，據前文乙正。

是月，國子博士王黃裳言：「竊見去年滑州決河，修築終未完固。臣近過鄭州，見黃、汴河岸相去止五十步許，若來歲泛溢，即入汴河口，或至震驚都城。願與諸州長吏案行規度，就直開浚，必可省功料、惜人民。」詔黃裳馳驛往滑州，與李應幾等同共規度修浚河口年限，并具功料以聞。畢日，同往鄭州，召轉運使、河隄官吏等案視以聞。

十二月，知滑州陳堯佐請令兵馬總管同管勾隄事。從之。

是月，崇儀副使史瑩、國子博士王黃裳請於衛州等處規度分減黃河水勢。詔與李垂親視利害以聞。

五年正月，詔曰：「乃眷洪河，是惟經瀆，決溢爲患，今古攸同。言念修完，頗增勞費。應沿滑州河口且住修疊[一]，俟將來豐熟日指揮。京畿、京東西、河北遭水及積雨浸民田、妨墾種縣分，委轉運使與逐州長吏體量詣實以聞，議加優恤。京東路河流所及地分尤廣，特差官往彼安撫。」

五月，詔：「應沿河州軍自今每歲撿計管界河隄功料，委逐處長吏或通判、河隄官吏與都大巡河、本地分使臣躬親詳度，如是隄岸怯弱，河道堙塞，合行開濬修築，即連書以聞，不

〔一〕應沿滑州河口且住修疊　「住」原作是「往」，形近而訛，今改。

得復有減省功料以爲勞績，希求恩賞，違者寘深罪。」

是月，滑州開減水河功畢，河流漸復北岸，命右諫議大夫李行簡致祭。

六月，知滑州陳堯佐言〔一〕：「黃河泛漲，河北岸撥堰放水，其正河、汊河並入故道。」降詔獎諭。

〔一〕知滑州陳堯佐言 「知」字原缺，據上文補。

仁宗天聖元年五月，右諫議大夫、參知政事魯宗道往滑州相度修塞河口功料，又遣太常博士李渭隨宗道相視。時滑州計度修塞功料聞奏，又渭嘗言修河利害，故遣之。

六月，供奉官、閤門祇候、簽書滑州事張君平言〔一〕：「簽書州事兼管河隄，將來修塞河口功料，排備物料，分領役兵，伏緣往來隔河，恐失點檢。況修河亦有都監名目，欲免簽書州事〔二〕，專令管勾河口。」別命太常博士李渭爲北作坊副使，充修河都監。

〔一〕簽書滑州事張君平言 「張君平」原作「張均平」，據長編卷一〇〇天聖元年六月庚子條及宋史卷三二六張君平傳改。

〔二〕欲免簽書州事 「免」原作「勉」，「事」原作「軍」，據長編卷一〇〇天聖元年六月庚子條改。

是月，魯宗道言：「近奏鄭州判官王述、前安利軍判官葛湛充滑州職官，同管修河公事。

今點檢滑州奏狀，幕職多出外縣，不親書名，欲乞特申戒約，並須同共商議，親書文奏。如有功過，應干修河官並與知州已下一例施行。」從之。

八月，中書言：「令京西等路邑人有情願進納修河梢并草者〔一〕，逐州軍數目十分中特與減放一分，令出榜曉示。」從之。

〔一〕令京西等路邑人有情願進納修河梢并草者　「邑」原作「色」，形近而訛，今改。

二年八月，遣度支員外郎祕閣校理李垂、内殿崇班閤門祇候張君平，同往滑、衛州相度水勢，及具合役功料數，畫圖以聞，時議修塞故也。京東轉運使又奏：「本部羨財十萬貫，充修河支用。」詔加獎諭。宰臣言：「滑州修河物料，地理闊遠，欲令本州相度添差巡檢，於高阜處積壘苫蓋〔一〕，不管疎虞損惡，有悞將來支用。」仁宗曰：「草數重逾千萬，此皆出於民力，不可枉致損爛，如此約束甚便。」

〔一〕於高阜處積壘苫蓋　「蓋」原作「益」，形近而訛，今改。

四年十二月，詔：「滑州向下緣河埽岸，累降敕取責結罪文狀，如疊口以後，常切修貼，不唯疎虞，尚慮官員、使臣不切用心固護。宜令接此春初，差夫興修，預合固護，仍以修過功料進取進止。」

五年八月，中書門下言：「近差内殿崇班史崇信、入内供奉官段文德往滑州修疊固護怯薄隄，官員照管兩隄，恐將來水復舊河，别有疎虞。」從之。

九月二日，御史知雜王鬷言：「伏覩敕命，塞疊河口。竊惟濮、衛之郊，連苦水旱；趙、魏之境，昨經螟蝗。倘加役使，重益困窮。欲乞應在京見有土木工不急修造處，一切權罷，郙併充河口差使。」詔從其請。又遣知制誥程琳、西上閤門使曹儀往滑州，與修河總管等相度兵夫、功作料數，及密體量有無未便事件。

八日〔一〕，詔京西轉運使泊滑州，自今每五日一次具修河次第、修疊步數、隄岸平安聞奏。

〔一〕八日　「日」原作「月」，與前後不合，長編卷一〇五繫於天聖五年九月八日乙巳，故改。

十月，滑州言決河已塞，水復故道。帝召宰相於承明殿，謂曰：「河決累年，一旦修塞，遂除民患，非獨靈意幽贊，亦卿等戮力。」王曾曰：「此皆聖心憂昊〔二〕，憫昏墊之民，上感穹旻，致滋協順。」詔新修埽以天臺埽爲名。郡有天臺山，因以爲名。群臣稱賀於崇德殿。

〔二〕此皆聖心憂昊　「昊」疑誤，上古本徑改作「昃」。

十二月三日，中書門下言：「天臺埽費功至大，向下軍州隄岸切在提舉修護，欲令逐路轉運使往來撿舉，如有合行修貼固護，逐處立便施行。小有疎虞，重行朝典。」從之。

十二日，知制誥徐奭言：「近至滑州魚池埽，最是緊急，聞得舊有減水河，望令開浚。」詔滑州相度，本州言應役夫二萬八千餘，一月工畢。或以兵士漸次興功，計役萬二千人，七十日。詔差軍士興葺之。

六年三月六日，滑州寇瑊言〔一〕：「天臺埽塞河，望付有司譔記。」詔翰林學士宋綬譔述。

〔一〕滑州寇瑊言　按「滑州」前疑脱「知」字。

十六日，詔内殿崇班閤門祗候戴溍、高繼密分充澶、滑、安利軍、天雄軍、濮、鄆、齊州界都大提舉修護黄河隄岸。

是日，新授京西轉運使楊嶠言：「澶州每年檢河隄春料夫萬數，並自濮、鄆差往，備見勞擾。欲乞只於外州抽兵士五七千人，與河清兵士同修。」從之。

四月，以鄆州言張秋埽發分兩岸，名三百步埽，別差使臣巡護。從之。

是月，詔澶、滑州簽判職官，自今與知州、同判管河隄事。

八月，澶州言王楚埽河水漲溢〔一〕，衝決隄岸約三十步，已役兵夫修疊。

〔一〕澶州言王楚埽河水漲溢　「王楚埽」原作「楚州」，據長編卷一〇六天聖六年八月乙亥條、宋史卷九仁宗紀一、卷九一河渠志一改。

七年正月，滑州言：「得殿中丞、簽書節度判官廳公事花尹等狀，嘗准州牒守宿巡掌物料隄埽，緣舊敕只有知州、同判，無職官防護條例。河防重難，深慮小人踈虞，一例負責，洎至任滿，又無優獎。」詔自今澶、滑州簽判職官，候得替日與依知州、同判例施行。

五月，承明殿詔示中書、樞密院高弁、高繼密等所上黄河諸埽圖，今議所行，乞降付高弁等議定。從之。

七月，滑州言：「諸埽捉到河清軍士盜斫沿隄林木者，按天聖四年宣，贓錢不滿千錢，從違制失定斷，軍人刺面，配西京開山指揮，千錢已上奏裁。切緣軍兵多西京鄰兵，人規避重役，故意盜林木以就決配。依舊收管，若三犯即決配廣南遠惡州牢城。」從之。

十二月，都大巡護澶滑州隄高繼密請差近上官相度河北岸，自澶州嵬固埽下接大隄以次東北，就高阜地創築遥隄。即詔龍圖閣待制韓億與左藏庫使閻文應〔二〕、内殿崇班閤門祗候康德輿同往相度〔三〕。時御史高弁亦請於澶州向上分作兩隄，前蓬州良山令陳曜乞開鄆州界黄河入稟丘河，詔億等并議之。時侍禁王乙差韓億〔三〕、高弁同相度開澶州向上分兩河利害。詔令弁與陳曜乘驛計會億等，就處規畫利便以聞。

〔一〕即詔龍圖閣待制韓億與左藏庫使閻文應　「左」上原衍「京」字，據長編卷一〇七天聖七年閏二月丙申條、卷一〇八天聖七年十二月壬子條删。

〔二〕内殿崇班閤門祇候康德輿同往相度　「康德輿」原缺「德」字。按康德輿，宋史卷三二六有傳，天聖中遷閤門祇候，曾勾當汴口。故補。

〔三〕時侍禁王乙差韓億　按此處疑有脱誤，或當作「時差侍禁王乙與韓億」。

八年正月，中書門下言：「河北轉運使胡則相度，若未修塞王楚埽外口，且留人功、物料固護緊急埽岸，雖即利便，又緣向去河漲，必是依舊衝滲去年遭水人户。欲下河北諸州，爲水災人民貧困不易，其王楚埽生隄水口，令先計度，候澶州上下兩岸將來危急之處物料各有准備，即議修疊。其王楚埽經水滲人，令胡則常切存恤，無致失所。」

景祐元年十月〔一〕，三門白波發運使文洎言：「沿河諸埽岸物料内山梢，每年調河南、陝府、虢、解、絳、澤州人夫，正月下旬入山採斫，寒節前畢。雖官給口食，緣遞年採斫，山林漸稀，亦有一夫出錢三五千已上雇人採斫。今年所差三萬五千人，内有三二家共著一丁，應役之人，計及十萬，往復千里已上，苦辛可憫。所有椿橛、竹索出自向南北山，梢又更北遠。雖芟榆所出地近，勞役亦重。近年計度迭增，新舊折腐實多。山梢舊每年止一二百萬束，去年所及三百七十六萬束，今七百八十餘萬束〔二〕，以至竹索、椿橛比舊數倍多。蓋是計料之時，不以埽岸緊慢，廣作約束，度多不使用，積留枉耗。今計沿河諸埽使外物料尚有二千五百萬有餘，稱是年深損爛，煤末不勘〔三〕，約直三二千貫。諸埽使臣懼見負罪培填，上下蓋庇，專望水逼隄岸，便作危急夾捲埽中，虛行除破。其外二千二百一十萬，稱堪好，亦有不言堪與不堪使用。此項物料有祥符年納下梢芟，比前項年歲益遠，必慮損爛，懼罪培填，未肯實報。欲乞差官點檢，依年分如法排垛，准備支用。諸處係官物，轉運使巡歷，並皆點檢。修河物料，望令轉運、發運使依例點檢，相度埽岸急慢，物料多少，逐旋移那，則經久別無朽損。又不敢過外約度，只如天聖三年據諸州約度修河梢，准敕十分中減三五分已上，亦無闕悮，此明見元約數大。又鄆州去年要梢九十九萬，只般三十萬應副，亦無闕悮。又今三月准三司牒，據巡河魏昭素狀，新置滎澤、酸棗縣河岸水勢向著，乞般山梢。一月之内八次承牒，莫非緊急，遂并般三十一萬往彼。訪聞逐埽去舊隄三四里，般去梢並未曾使。似此虛垛年深，枉有損爛。欲乞候差官點檢見數，下提舉修河官，將河退水慢埽見在物料相度撥與緊著埽分。今後每秋約度來年物料，乞令提舉官與知州軍、縣令佐、埽岸使臣相度，先將河背慢埽物料就支，及採榆柳使外，據實少數申奏採買。如埽慢河退，物料數多，提點司相度移用。若致損爛不堪，即申與本轄根勘，候斷遣訖即放離任〔四〕。若新監官不切點檢，被提舉官或後界使臣點檢，並乞嚴斷。令逐埽置版榜，備録交割，遵守施行。又沿河隄上甚有雜木，並可採斫充梢檰。竊聞諸處避見役使人工，意要綱運般載，利於掌納辦濟，不肯盡公約度。況河清兵士轉添數目，欲乞委提舉官自今仔細約度雜木斫梢橛數，牒本州抽那人工、兵士採斫，漸減斫梢人夫勞役，亦省般運〔五〕。如依擘畫，其利有五：點檢物料，見得好惡，依條結絶，免致失陷，一也；移那物料，逐旋支使，不致積壓，枉致朽腐，二也；鈐轄交割，必得近新物料，修河久固，三也；依實計度，添斫榆柳，減省遠地採買般運勞費，四也；廢卻閑埽，不至枉差監專，虚積物料，五也。」詔三司相度，請悉如洎奏。從之。

〔一〕景祐元年十月　「景祐元年」原缺，據長編卷一一五景祐元年十二月癸未條補。按長編注云，本條「仍取會要增修，會要乃十月事也」。

〔二〕今七百八十餘萬束　「十」原作「千」，據前後文改。

〔三〕稱是年深損爛煤末不勘　「年」字原缺，「勘」原作「甚」，按欒全集卷二五乞免枷錮退背埽分物色人事有「委實年深損爛，盡是煤末，不堪使用」云，故補改。

〔四〕候斷遣訖即放離任　「斷」原作「繼」，「訖」原作「乞」。按輯稿職官四二之七八、刑法五之三二等皆作「斷遣訖」，故改。

〔五〕亦省般運　「省」原作「有」，據後文改。

慶曆元年三月，詔權停塞滑州横隴决河〔一〕。初遣内侍王克恭往議塞河，又遣三司户部副使楊告與入内内侍省押班劉從愿繼往規度其事〔二〕。而克恭請先治金隄〔三〕，告等言乘河北歲稔，請塞橫隴爲便。又下京東、河北轉運司及都大巡河使臣，與知天雄軍李迪議利害，而迪言功大不可就，請止修金隄以禦下流。帝以爲然，故降是命。

〔一〕詔權停塞滑州橫隴決河　「停」原作「亭」，據長編卷一三一慶曆元年三月庚戌條改。

〔二〕又遣三司户部副使楊告與入内内侍省押班劉從愿繼往規度其事　「楊告」原作「楊吉」，據長編卷一三一慶曆元年三月庚戌條及宋史卷三〇四楊告傳改。下同。

〔三〕而克恭請先治金隄　「請」原作「諳」，據長編卷一三一慶曆元年三月庚戌條改。

八月，遣官澶州祭河。時方議開分水河以減湍暴之勢，未定功而水自成道，州以其事聞，特祠之。

六年十月，詔黄河諸埽官吏，如經大水抹岸，歲滿並與遠地官。

八年七月，分遣内臣往河北、陝西、河東、京東、京西、淮南六路，勸誘進納修河梢芟。

是月，命侍衛親軍馬軍副都指揮使郭承祐爲澶州修河都總管，尋以知澶州。又命三司户部判官燕度同知澶州，兼官勾河口事。時以河水爲患也。

是月，命翰林學士宋祁、入内侍省内侍都知張永和往視商胡埽決河，及覆計工料，而祁、永和並言商胡水口見闊五百五十七步，用工一千四十二萬六千八百日，役兵夫一十萬四千二百六十人，計一百日修塞畢。

十二月，判大名府賈昌朝言：「按夏禹導河過覃懷，至大伾，釃爲二渠：一即貝丘西南河，書稱北過降水至於大陸者是也；一即漯川，史説經東武陽，由千乘入海者是也。河自平原以北播爲九道，齊桓公塞其八而并歸徒駭。漢武帝時，決瓠子，久爲梁、楚患，後卒塞之，築宫其上，曰宣房，復禹舊跡。至王莽時，貝丘西南渠遂竭，九河盡滅，獨用漯川。而歷代徙決不常，然不越鄆、濮之北〔一〕，魏、博之東。即今澶、滑大河，歷北京朝城，由蒲臺入海者，禹、漢千載之遺功也。國朝以來，開封、大名、懷、滑、澶、鄆、濮、棣、齊之境，河屢決。天禧三年至四年夏連決，天臺山傍尤甚，凡九載乃塞之。天聖六年，又敗王楚。景祐初，潰於橫隴，遂塞王楚。於是河獨從橫隴出，至平原，分金、赤、游三河，經棣、濱之北入海。近歲海口壅閼〔二〕，淖不可浚，是以去年河敗德、博間者凡二十一〔三〕。今夏潰於商胡，經北都之東，至於武城，遂貫御河，歷冀、瀛二州之域〔四〕，抵乾寧軍，南達於海。今橫隴故水，止存三分，金、赤、游河，皆已堙塞，惟水壅京口以東，大污民田，乃至於海。自古河決爲害，莫甚於此。朝廷以朔方根本之地，禦備戎虜，取材用以饋軍師者，惟滄、棣、濱、齊最厚。自橫隴決，財利耗半〔五〕，商胡之敗，十失其八九。又況國家恃此大河，内固京都，外限胡馬。祖宗以來，留意河防，條禁嚴切者以此。今乃旁流散出〔六〕，甚有可涉之處。臣竊謂朝廷未之思也，如或思之，則不可不救其敝。臣愚竊謂救之之術，莫若東復故道，盡塞諸口。按橫隴以東至鄆、濮間，隄埽具在，宜加完葺。其湮淺之處，可以時發近縣夫，開導至鄆州東界。其南悉沿丘麓，高不能决，北皆平原曠野，無所阨束，自古不爲防岸以達於海，此歷世之長利也。謹繪漯川、横隴、商胡三河爲一圖上進。」詔翰林侍讀學士郭勸、入内内侍省都知藍元用與河北、京東轉運使再行相度修復黄河故道利害以聞。勸等言：「自横隴水口以東至鄆州銅城鎮，規度地勢高下，使河復故道，甚爲大利。凡開二百六十三里一百八十步，役四千四百十九萬四千九百六十功〔七〕。」初，河决商胡，又决郭固，朝議修塞，卒以不就。

〔一〕然不越鄆濮之北　「越」下原衍「在」字，「鄆」原作「渾」，據長編卷一六五慶曆八年十二月庚辰條删改。

〔二〕近歲海口壅閼　「閼」原作「閉」，據長編卷一六五慶曆八年十二月庚辰條改。

〔三〕博問者凡二十一　「問」原作「聞」，據長編卷一六五慶曆八年十二月庚辰條改。

〔四〕瀛二州之域　「域」原作「城」，據長編卷一六五慶曆八年十二月庚辰條改。

〔五〕財利耗半　「財」原作「則」，據長編卷一六五慶曆八年十二月庚辰條改。

〔六〕今乃旁流散出　「今」字原缺，據長編卷一六五慶曆八年十二月庚辰條補。

〔七〕役四千四百十九萬四千九百六十功　「十九萬」，長編卷一六五慶曆八年十二月庚辰條作「九十萬」。

皇祐三年九月，觀文殿學士、尚書右丞丁度等言：「奉詔定奪商胡、郭固埽水口〔一〕，蓋爲見與恩、冀州爲患危急。若便議修閉商胡水口〔二〕，緣所費物料、人功萬數至多。況今諸路災傷，民力未豐，必至將來春水已前未能辦集，即來年恩〔三〕、冀州水患未息。兼商胡閉塞之後，河水未有所歸，欲乞且令速行計度人功、物料，多方修塞郭固口，及創立隄防，固護水勢。其商胡口經久須合修塞，方免河北水患。望選諳知河水次第臣僚，仔細踏行地勢，相度定奪將來閉塞商胡之後，河水合歸甚處流水的確利害，及計定疏理修渠逐項人功、物料數目聞奏，別降指揮，預行計置。」詔依所議，其商胡口并故道累經相度，更不差官檢計，只候來年秋修塞。合要物料，令三司檢會天禧年修河體例敷配，所貴眾力易集。

〔一〕郭固埽水口　「埽」原作「塚」，形近而訛，今改。

〔二〕若便議修閉商胡水口　「閉」原作「閑」。按下文多處提及「閉塞北流」，故改。下同。

〔三〕即來年恩　「即」原作「郎」，形近而訛，今改。

至和二年十二月四日，中書門下言：「黃河自商胡決，北流經大名、恩、冀之地，久爲民患。先議開銅城故道而塞商胡，恐功大難卒就，若緩期，又慮金隄汎溢，不能捍固。欲量集兵夫、物料，就六塔河見行水勢、橫隴舊道，以紓大名、恩、冀之患。仍令河北、京東轉運司，應沿河州軍隄埽及牛羊道口，預修完之。內民田爲水所占者，具數以聞。」從之。

初，黃河自商胡決，北流經大名、恩、冀，歲暴溢爲患，而挺與仲昌等建議塞北流以入於六塔河。以嘉祐元年四月塞商胡北流入六塔河，北六塔河隘而不能容〔一〕，一夕河復決，漂溺兵夫與揵塞之費不可勝計。於是言者以謂濟、博、濱、棣之民重罹水患，乃遣殿中侍御史吴中復、帶御器械鄧守恭置獄於澶州，修河官等並坐奉詔俟秋冬塞北流，而聽仲昌擅進，既塞而復決，枉費功料，都監張懷恩與仲昌仍坐於河上盜所監臨物羈管。〔二〕

〔一〕北六塔河隘而不能容　「隘」原作「溢」，據輯稿職官六五之一四、長編卷一八二嘉祐元年四月壬子條改。又「北」字誤，輯稿職官六五之一四作「然」。

〔二〕按本條疑缺前半部分，請參見輯稿職官六五之一四。

嘉祐七年七月，河北提點刑獄司言，河決北京第五埽。詔都水監丞王叔夏與本路轉運使調兵夫完築之。至八月埽成。

英宗治平三年六月二十八日，都水監言：「新知明州沈扶乞今後黃河及諸河泛漲，隄岸疎虞抹岸去處，令轉運司於鄰州選官檢視，先驗照水口兩頭隄身内近經漲水退落痕跡，仔細打量相去隄面高下丈尺，指定係是抹岸，爲復衝決，保明申監然後行。其當職官吏若檢視官定驗不實，乞行嚴斷。其恩州清陽縣界御河衝決，乞特行衝替令佐。看詳自商胡横流後來，黃河與御河身相合，下流梗澀。其御河雖係所屬縣分管勾，緣承例不曾計置應付人功、物料修護。昨因懷州界沁河決溢，通注御河，水勢添漲，倍過常歲，致御河吞伏不盡，自通利軍已下破決隄岸甚多。其恩州清陽縣令佐失於修護〔一〕，犯在赦前，乞賜詳酌。所有御河隄岸，監司近曾奏請，已令所干州縣管勾，常檢視修護，預先計置物料、人功有備。如計置不足，即委都轉運司擘畫應副，及令沿河逐縣令佐官銜内各帶修護，逐州通判專提舉修護，並令管河道隄岸，令後河事有所責成。」從之。以上國朝會要。

〔一〕其恩州清陽縣令佐失於修護　「清陽」原作「滑陽」，據前文改。

二股河。

嘉祐八年二月，詔判都水監韓璹〔一〕、監丞李立之與河北都轉運使唐介同往相視修二股河。

〔一〕詔判都水監韓璹　「韓璹」，方域一四之二七、長編卷一九二嘉祐五年七月乙卯條、卷一九八嘉祐八年正月丙寅條、玉海卷二二嘉祐永通河、宋史卷九一河渠志一皆作「韓贄」。按韓璹、韓贄，宋史皆有傳，唯韓贄傳載其官河北都轉運使時議開二股河事。故此當誤。

治平三年十月二十五日，同判都水監張鞏言：「已與沈立同共相度六塔河經久利害聞奏，乞增修二股河上下約。緣正當河衝，灘面低下斜狹，欲乞來春先且極力增修下約，候夏秋委是牢固，至次年方得相度緊慢，次量進卷上約歸。」從之。舊會要黄河、二股河各立門〔二〕，今併二股河附於此。

〔一〕二股河各立門　「立」原作「五」，形近而訛，今改。

神宗熙寧元年七月十八日，以京東轉運使、太常少卿孫琳權都大提舉恩冀深等州修葺河隄。

二年五月一日，詔尚書司勳員外郎、知都水監丞李立之乘驛赴闕。以議者多言二股河生隄不足築，築之無利，故詔與之計議。

七月二十四日，同判都水監張鞏等言：「二股河上下約，累經大河汎漲無虞，乞差近上知河事臣僚一兩員計會，本路轉運司與臣等及郡邑官吏共講求閉塞北流利害，及定時月，仍相視東流南北隄防功料〔二〕。」詔送相度官翰林學士司馬光、入内副都知張茂則相度以聞。

〔二〕仍相視東流南北隄防功料　「隄」原作「提」，據上下文改。

八月六日，詔張茂則、張鞏與轉運司再同相度二股河下流隄岸利害及計工以聞。先命司馬光，其罷之。上初遣光，既而王安石恐與建議者不合，乃罷其行。

十七日，張鞏等言：「躬親至二股河覰步下約，東流河勢深快，北流漸慢。今相度下流怯薄隄防並未曾施功，深恐危急，別致決溢。欲望依久來修塞河口例，差轉運使副一員，專往下流州軍，檢視隄防向着去處闕少人功、料物計置。其妨礙水行縣鎮，且令固護，仍一面相度遷移，候河事定疊，即歸本司。其王亞乞令往下流州軍同共照會管幹。」詔轉運使副一員與王亞計會，張茂則同去。茂則又言：「二股河一面東傾，水及八分，北流止及二分。觀此水更無議論，其張鞏等見議修疊，漸次閉塞北流，見同議定閉塞次第，未敢便往二股河下相度隄防。乞差近上臣僚一二員赴二股河，同議閉塞北流。」詔更不差官，並依累降指揮。

十九日，張鞏等言：「先准詔開治二股河，今月十二日，大河東徙，北流淺小。十四日閉斷大河北流，更卷欄水埽以禦捍暴漲水勢，用土木填疊次〔一〕。」詔見役兵士特與等第支賜，仍賜張鞏、李立之器幣有差。

〔一〕用土木填疊次　「土」原作「上」，形近而訛，今改。

九月五日，程昉言：「二股北流，今已閉塞，然御河水由冀州下流，尚當疏導，以絶河患。」又言：「南河、蔡河等處，若以堰蓄水，可復舊日塘濼，爲久長之利。」上批：「御河等水，須合早議疏導，可速處置。其塘濼當措置事，令樞密院施行。仍差權都水監丞劉彝與昉相度以聞。」

三年正月，判北京韓琦言〔一〕：「奉詔選委官相度體量見今東流隄防興功次第如何，固免向去水患。欲乞專委見在河上都水監官與轉運使相度，必見利害。或以近上經歷臣僚往彼檢覰。」詔若且罷御河工役，併力治大北隄，似爲得策。因令河北轉運司於御河抽那人夫、兵卒，赴東流工役，其御河闕人，樞密院刷刻應副。

〔一〕判北京韓琦言　「韓琦」原作「翰琦」，據宋史卷三一二韓琦傳改。

十二月，詔判都水監張鞏候勾當迴日，且在黄河東流照管，候至夏秋水勢定疊，即還司。

四年七月二十三日，河決大名府第五埽。

八月五日，張茂則言：「奉詔相度二股決河利害，乞以開封府判官宋昌言、都水監丞、河北興修水利官、宫苑使、帶御器械程昉，同領役事。」從之，仍以昌言同判都水監。

九月五日，詔：「鄆州言黄河溢水入故道行流，令京東提舉常平倉司那官一員，前行相視深淺、闊狹、水所歸處〔一〕，仍畫圖以聞。」

〔一〕水所歸處　「處」字原缺，據長編卷二二六熙寧四年九年丙戌條補。

十二月十四日，賜河北轉運司度僧牒五百，紫衣、師號各二百五十，開修二股河上流，并修塞第五埽決口。

二十三日，命内侍省内侍押班李若愚、宫苑使帶御器械程昉，同提舉修塞北京第五埽決口，并開二股河上流〔一〕。

五年三月十六日，塞北京第五埽口，導河入二股，賜都大提舉官宋昌言、王令圖、程昉等錢絹有差。

四月二十二日，都大提舉修塞北京第五埽決河、入内副都知張茂則等言：「已塞第五埽，令河入新開二股河。」詔賜茂則以下御筵於大名府，仍命右諫議大夫、集賢殿學士宋敏求就決河致祭。

七年二月五日，都大提舉大名府界金隄范子淵等言〔二〕：「疏濬二股及清水鎮河通快，其退背魚肋河三道可以閉塞，庶大河水併入清水鎮及二股河，兼退出民田不少。」詔如疏濬正流，河道已深，即閉塞。初，外都水監丞司勾當公事張倫請於第四埽上下簽開魚肋河〔三〕，可以引水勢復二股河故道，命監丞劉璯、王令圖、程昉參議，以子淵等領其事〔三〕。又開直河，深八尺，以濬川杷疏治之〔四〕。至是，子淵言疏濬功狀，故有是詔。濬川杷事詳見濬河司〔五〕。

〔一〕并開二股河上流　「開」原作「門」，據宋史卷九二河渠志二改。

〔一〕都大提舉大名府界金隄范子淵等言　「都」下「大」字原缺，據上文及宋史卷九二河渠志二補。

〔二〕外都水監丞司勾當公事張倫請於第四埽上下簽開魚肋河　「司」原作「同」，據長編卷二五〇熙寧七年二月癸酉條改。又「第四埽」，長編作「第五埽」；「魚肋河」，長編作「直河」。

〔三〕以子淵等領其事　「其」原作「具」，據長編卷二五〇熙寧七年二月癸酉條改。

〔四〕以濬川杷疏治之　「杷」原作「把」，據長編卷二五〇熙寧七年二月癸酉條改。下同。

〔五〕濬川杷事詳見濬河司　按此句原作大字正文，實會要編者按語，今改爲小字注。

四月十六日，詔：「應黄河夏秋水勢汎漲，隄岸危急〔一〕，須藉夫衆救護之處，去所屬州府五十里已上者，委本埽申所屬縣分，那令佐一員晝時上言，抽差急夫入役。及申都水監丞司并本屬州府，催促應副。仍令通判上河提舉。如不至危急，妄有拘集人夫，並坐違制之罪。仍委按察官司覺察之。」

〔一〕隄岸危急　「危」原作「厄」，據長編卷二五二熙寧七年四月癸未條改。

六月，都水監言：「監丞劉璯狀：『勘會北京界黄河，自熙寧二年閉斷北流，後來累經横決，於許家港及清水鎮行流，致水勢散漫，不成河槽，常憂壅遏之患。六年十月之内，因外監丞王令圖等各爲大河行流清水鎮，下入蒲泊，散漫不成河槽，渰侵民田。乞於北京第四、第五埽等處開修直河，使大河復還二股故道。璯尋被旨相度，還言其利，尋已施行，乃係金隄都大范子淵、朱仲立等領其事，開成其河，計深八尺，不住疏濬。又緣向上魚肋河數道分奪水勢，尋擘畫閉斷魚肋河四道，所貴掰捞水勢，全入二股河行流。今據北京新隄第五埽使臣康景通并德博州都大李襄等言，自今歲開撥北京第五埽直河，并南岸閉斷魚肋河四道，掰捞水勢，全入二股河後來，水勢節次添漲七尺二寸，行流湍急，不住擁塌河崖。即目直河内水深二丈五至三丈已來，而許家港、清水鎮河極至淺漫〔一〕，幾乎不流。看詳二股河見今雖是水勢深快，已成河道，蓋緣蒲泊已東接連清水鎮、許家港，向下直至四界首，漸次退出田土，别無固護。如向去卻遇漫水出崖，未免依前牽迴河頭，復成水患。欲乞下外監丞司相度〔二〕，候霜降水落，將清水鎮河閉斷〔三〕，築縷河隄一道遮欄漲水〔四〕，使大河復循故道，别無走移壅塞之患。及退出良田數萬頃，民得耕種，兼退背下博州界堂邑等七埽，減省逐年修護之費，公私俱濟。所有退出田土内，係官及人户未歸業地土，即乞許逐旋召人承佃。人户歸業，照證分明，即復給還。』監司勘會北京界第五埽所開直河，及用濬川杷〔五〕、鐵龍爪疏濬河道，并閉塞魚肋河等，元係劉璯相度措置。今又以爲言，乞差璯與監丞王令圖同會外都水監丞司就計其事〔六〕。」從之。

〔一〕清水鎮河極至淺漫　「淺」原作「清」，據長編卷二五四熙寧七年六月改。

〔二〕欲乞下外監丞司相度　「度」原作「應」，據長編卷二五四熙寧七年六月改。

〔三〕將清水鎮河閉斷　「將」原作「得」，據長編卷二五四熙寧七年六月改。

〔四〕築縷河隄一道遮欄漲水　「縷」原作「漊」，據長編卷二五四熙寧七年六月、宋史卷九二河渠志二改。

〔五〕及用濬川杷　「杷」原作「把」，據長編卷二五四熙寧七年六月改。

〔六〕乞差瑠與監丞王令圖同會外都水監丞司就計其事　「會」字疑衍。

九年正月十二日，同管勾外都水監丞司公事范子淵言：「北京第六埽、許村港連二股河，切慮向去漲水，復至漫溢爲患。欲乞自南岸魚肋埽接治水埽增築一隄〔一〕。」從之。

〔一〕欲乞自南岸魚肋埽接治水埽增築一隄　「治水」原作「水水」，「埽增築一」原缺，據長編卷二七二熙寧九年正月己巳條改補。

四月十八日，都水監丞司言：「本監已相度，致於許村港連接魚肋河築隄，委是利便，見已興修。」

十年七月十七日，黃河大決於曹村下埽。二十四日，澶淵絕流，河道南徙，又東匯於梁山、張澤濼，分爲二派，一合南清河入淮，一合北清河入於海。凡灌郡縣四十五，而濮、齊、鄆、徐尤甚，壞官亭、民舍數萬，田三十萬頃。

上惻然矜愍，遣御史按視而賑濟其民。乃案圖書，相山川形勢，詔以明年春作始修塞〔一〕，下都水監考事計功。以閏正首事，距五月一日新隄成，河還北流。詔獎賜官吏有差。凡興功一百九十餘萬，材一千二百八十九萬，錢米各三十萬。

〔一〕詔以明年春作始修塞　「始」原作「治」，據宋文鑑卷七六澶州靈津廟碑改。

九月三日，詔應大河決溢見被水占壓民田處，並令當職官司速行疏畎。

十一月十四日，都水監言：「勘會黄河遞年所役兵夫，自來土功别無成法，昨列到土法，今春試用，委得經久可行〔一〕。」從之。

〔一〕委得經久可行　「行」字原缺，按輯稿刑法一之六七有「委得經久可行」，方域一二之二一有「委是經久可行」，故補。

元豐元年閏正月一日，提舉修閉曹村決口所言：「以今月十一日築簽隄〔一〕，閉脱水河。」遣權判太常寺李清臣乘驛告祭，就差走馬承受韓永式齎香建道場三晝夜，仍令候河水稍渾閉口，毋得沙損京東民田。

〔一〕以今月十一日築簽隄　「隄」原作「提」，據長編卷二八七元豐元年閏正月丙子條改。

二十八日，修閉曹村決口所言：「昨計修閉之功，凡役兵二萬人，而今止得一萬五千人有奇。」詔河東路、開封府界差僱萬夫。

二月五日，詔提舉修閉曹村決口所察視兵夫飲食，如有疾病〔一〕，令醫官用心治療，具全失分釐以聞，當議賞罰。

〔一〕如有疾病　「如有」原倒，據長編卷二八八元豐元年二月庚戌條乙正。

三月四日，詔：「都水監調發汴口水勢，通接淮、汴行運。其曹村決口水雖已還故道，三日一具疏濬次第以聞〔一〕。」賜塞決河役兵特支錢。

〔一〕其曹村決口水雖已還故道三日一具疏濬次第以聞　按此處疑有脫文，長編卷二八八元豐元年三月戊寅條於「故道」、「三日」之間又云：「然未通順，宜用濬川杷疏濬。」上古本據補，或是。

二十五日，詔：「大河初復故道，尚或壅遏。令都水監遣丞一員，於上流王供等埽往來照管，及別差官提點下流隄埽。」

二十七日，賜度牒二百道付河北轉運司，以市年計修河物料。

四月二日，詔塞河役衆闕醫治疾，令翰林醫官院選醫學二人，馳驛給券以往〔一〕。

〔一〕馳驛給券以往　「往」原作「住」，據長編卷二八九元豐元年四月乙巳條改。

二十一日，詔太醫局選醫生十人，給官局熟藥，乘驛詣曹村決河所〔一〕，醫治見役兵夫。

〔一〕乘驛詣曹村決河所　「所」字原缺，據長編卷二八九元豐元年四月甲子條補。

二十五日，提舉修閉曹村決口所言〔一〕，已塞決口。詔改新閉曹村埽曰靈平，遣樞密學士、尚書右司郎中陳襄祭謝。初，決口屢塞不能絶流，財力俱竭，燕達等相視無策。有小赤蛇出於上流，衆以爲神，共禱之，一夕沙漲，河遂塞，故賜名埽曰靈平，廟曰靈顯。

〔一〕提舉修閉曹村決口所言　「所」字原缺，據長編卷二八九元豐元年四月戊辰條補。

同日，詔新閉曹村埽都總管燕達兼都大提舉修護決口〔一〕，外都水監王令圖權同提舉修護，務令堅實。仍遣中使撫問，賜燕達以下御筵。

〔一〕詔新閉曹村埽都總管燕達兼都大提舉修護決口　「修護」原作「修閉」，據後文及長編卷二八九元豐元年四月戊辰條改。

二十八日，詔：「新埽役兵疲於盛暑，可三分日力，用二分全役，一分與放半功，午暑聽少休息。」

五月六日，群臣上表賀塞曹村決口，河復故道。

同日，詔塞決河亡卒聽自陳〔一〕，仍具被差急夫合如何優恤〔二〕，其部夫官分若干等第以聞。

〔一〕詔塞決河亡卒聽自陳　「亡」原作「口」，據長編卷二八九元豐元年五月己卯條改。

〔二〕仍具被差急夫合如何優恤　「具」原作「俱」，據長編卷二八九元豐元年五月己卯條改。

同日〔一〕，都大提舉修閉曹村決口所言〔二〕：「見修河隄〔三〕，增卑培薄，正須兵夫赴役。候漲水定，即先降指揮，分日力三分之一放半功。」承受韓永式言：「新修馬頭，於大河傾注之間簽成隄岸。河流雖斷，隄面尚墊，猶須衆力。乞且留諸處役兵一月，候馬頭不墊，新隄增固，委都大提舉所減放，實選役兵萬人，俟過漲水聽還。」並從之。

〔一〕同日　按長編卷二八九繫於元豐元年五月七日庚辰。

〔二〕都大提舉修閉曹村決口所言　「言」字原缺，據長編卷二八九元豐元年五月庚辰條補。

〔三〕見修河隄　「隄」原作「提」，據長編卷二八九元豐元年五月庚辰條改。又「河」，長編作「月」。

二十五日，詔入内東頭供奉官韓永式轉兩官，聽寄資。其保明勞績優等轉兩官；第一等轉一官，減磨勘二年，選人改合入官；第二等轉一官，選人循兩資；第三等減磨勘三年。總管及轉運司各減一等。其靈平埽都大及巡河等官滿日酬獎。論塞决河之勞也。

二十六日，詔權河北轉運副使、尚書祠部郎中王居卿，權發遣河北東路提點刑獄汪輔之〔一〕，各減磨勘三年，賞應副河事畢也。

〔一〕權發遣河北東路提點刑獄汪輔之　「提點」原作「提舉」，據長編卷二八九元豐元年五月己亥條改。

二十八日，詔修河所減放諸埽河清客軍〔一〕，並歇泊十日，如河防緊急入役，即令向後補歇泊日。

〔一〕詔修河所減放諸埽河清客軍　「修」原作「收」，據長編卷二八九元豐元年五月辛丑條改。

六月三日，詔太常博士苗師中、供備庫使朱仲立等二十三人各遷一官，以與塞河决有勞故也。

四日，詔權都大主管巡護惠民河楊琰，令任滿日再任，賜度僧牒五十。琰自陳以夏津縣决河故道爲大河，塞曹村决口〔二〕，省人功、物料錢百餘萬緡，又五埽退背減罷使臣五員，乞恩故也。

〔一〕塞曹村決口　「曹村」原作「曹封」，據方域一五之二一及長編卷二九〇元豐元年六月丙午條改。

七日，詔河北路轉運司，昨發塞決河急夫，候發春夫計日折免，更蠲五分。以京東路體量安撫黄廉上言，本路被水故也〔一〕。詳見水利門〔二〕。

〔一〕本路被水故也　「被」原作「備」，據長編卷二九〇元豐元年六月己酉條改。

〔二〕詳見水利門　按原作大字正文，實乃會要編者之按語，故改爲小字注。

十二日，詔令逐路提點刑獄官一員，專檢督修河減放役兵。

十三日，詔都水監，聞減放塞河役兵多道死者，宜指揮逐路提點刑獄官點檢催督〔一〕，早令達住營州軍。

〔一〕宜指揮逐路提點刑獄官點檢催督　「刑」原作「形」，據長編卷二九〇元豐元年六月乙卯條改。

十七日，詔都水監應河埽物料，於合應副路轉運及開封府界提點司，取三年中一中數爲額，委逐司管認，應副錢物，關本監計置。

七月十一日，詔鎮安軍節度推官、知澶州衛南縣李夷白循一資。初，靈平埽闕草，夷白市十餘萬束應用，都水監乞優與推恩。中書擬理爲勞績，上批：「夷白和買草濟一時急用，實爲有功，可特循一資。」

八月十六日，賜度僧牒六百付都水監，分與開封府界提點及河北轉運司鬻之，預買修河物料，以其半市梢草還諸埽。

十月十一日，詔韓村埽巡河、左班殿直武繼寧追一官勒停，餘官衝替，罰銅有差。坐大河以風雨溢岸，失於備預也。

二十七日，詔罷左藏庫副使霍舜舉、西京左藏庫副使王鑒提舉剗杌黄汴等河榆柳〔一〕，止令逐地分使臣兼管，及委都大官提舉。以都水監言剗杌累年〔二〕，今已成緒故也。

〔一〕西京左藏庫副使王鑒提舉剗杌黄汴等河榆柳　「剗杌」原缺，據長編卷二四五熙寧六年五月辛卯條補。按李燾注云「『剗』音『川』」。

〔二〕以都水監言剗杌累年　「剗」原作「剥」，據長編卷二四五熙寧六年五月辛卯條改。

十二月十八日，三司言：「准送下判都水監宋昌言等奏，乞支錢二十萬緡，分與開封府界〔一〕、河北路諸埽市梢草，未有錢物可給，欲支市易務下界末鹽錢十萬緡〔二〕，從三司撥付本監，依朝廷錢物例封樁。逐年依數兑换，非朝旨及埽岸危急支盡年計物料，毋得支用，從三司點檢拘轄。」從之。

〔一〕分與開封府界　「開封」原作「開州」，據長編卷二九五元豐元年十二月戊午條改。

〔二〕欲支市易務下界末鹽錢十萬緡　「下」字原缺，據長編卷二九五元豐元年十二月戊午條補。

二年三月八日，知都水監丞范子淵言，修黄河南岸治水隄，乞給人兵、物料、緡錢。詔發卒三千人，給官莊司、熟藥所錢共三萬緡，公用錢二百千。

四月十二日，詔司農寺出坊場錢十萬緡賜導洛通汴司，增給吏兵食錢。内以二萬緡給范子淵，爲固護黄河南岸薪蒭之費。

六月五日，都水監言，去月二十八日，澶州明公埽墊。詔：「明公埽最爲河流向着，其南纔隔大隄一重，備之不時則與靈平之患無異。本埽見闕正官，外都水監丞司可速奏舉〔一〕，差出埽兵亦即追還，以防夏秋漲水。」

〔一〕外都水監丞司可速奏舉　「司」字原缺，據長編卷二九八元豐二年六月壬寅條補。

七月二十二日，知都水監丞范子淵言，固護黄河南岸畢工，乞中分爲兩埽〔一〕。詔以廣武上、下埽爲名也。

〔一〕乞中分爲兩埽　「中」下原衍「外」字，據長編卷二九九元豐二年七月戊子條、宋史卷九二河渠志二删。

九月二日，前京西轉運副使、屯田員外郎李南公減磨勘三年，餘十一人遷官、減磨勘并陞名次有差。以固護大河南岸有勞也〔一〕。

〔一〕以固護大河南岸有勞也　「大」原作「夫」，據長編卷三〇〇元豐二年九月丁卯條改。

七日，上批：「近差都水監幹當公事錢曜檢定諸埽春料〔一〕，聞二都大司已計夫二十餘萬外〔二〕，尚有五都大司及諸河工料，如此則來歲雖起三四十萬夫，未能應副，公私財用，枉費過當，深爲可惜。錢曜新作水官，未歷河事，恐爲沿河冒利者所罔，不能究悉底裏，可差本監主簿陳祐甫代曜檢定以聞。」

〔一〕近差都水監幹當公事錢曜檢定諸埽春料　「春」，長編卷三〇〇元豐二年九月壬申條作「椿」。

〔二〕聞二都大司已計夫二十餘萬外　「聞」下「二」字原缺，據長編卷三〇〇元豐二年九月壬申條補。

三年四月十九日，前河北路轉運副使陳知儉罰銅三十斤，前提點河北路刑獄韓正彦罰銅二十斤〔一〕，坐河決曹村失備也。

〔一〕前提點河北路刑獄韓正彦罰銅二十斤　「二十」，長編卷三〇三元豐三年四月壬子條作「三十」。

五月十三日，司農少卿、前知衛州魯有開罰銅二十斤〔一〕，通判〔二〕、幕職官、汲縣主簿尉並衝替，巡河部役官追官、勒停、差替，並坐河溢失救護也。

〔一〕前知衛州魯有開罰銅二十斤　「魯有開」原作「魯有闕」，據長編卷三〇四元豐三年五月乙亥條及宋史卷四二六魯有開傳改。

〔二〕通判　「判」原作「州」，據長編卷三〇四元豐三年五月乙亥條改。

二十四日，都水監言：「同外監丞并諸都大定議黄河諸埽向着退背，分三等會兵夫物料數，乞令判監一員按視推行。」詔遣判監劉定。

六月十五日，權判都水監張唐民請復黄、汴諸河歲差修河客軍九千人額。從之。

二十五日，御史滿中行言：「昨曹村河决，止坐都水監當任官。竊以河防堅固，非朝夕可致，量罪定罰，宜以供職久近爲差。」詔中書立到官日限法。

七月七日，詔：「雄武〔一〕、廣武上下埽役兵，方盛暑，晝夜即工，可與特支錢。賜部役官夏藥。」

〔一〕雄武　「武」原作「州」，據下文及長編卷三〇六元豐三年七月戊辰條改。

八月十二日，河陽言：「雄武埽，七月二十八日河水變移，埽岸危急，已發河陰、濟源縣急夫各千人救護。」上批：「今歲夏秋農時，並河之民累經調發，人力已困，又前奏雄武河流離埽已遠，更無可虞，豈有伏槽之際致危急之理？此乃官司不恤百姓疲於役事，信監埽使臣張皇呼嗦。可遣權提點開封府界諸縣鎮公事楊景略按視，如不應差發，劾罪以聞。」

二十六日，權提點開封府界諸縣鎮楊景略言：「雄武埽自六月至七月累危急，所調發五縣急夫共八千人，而河陰縣獨占三千人。本縣有災傷十分鄉村〔一〕，而坊郭差至第十等，鄉村差至第四等〔二〕，有一户一日之内出百十七夫者，比之他縣尤爲困擾。」詔河陰縣所差急夫折免春夫外，每户更免雜税錢三千。如不足，即計年折除。

〔一〕本縣有災傷十分鄉村　「村」字原缺，據長編卷三〇七元豐三年八月丙辰條補。

〔二〕而坊郭差至第十等鄉村差至第四等　「第十等鄉村差至」原缺，據長編卷三〇七元豐三年八月丙辰條補。

九月二日，權知都水監丞公事蘇液言：「河北、京東河決，朝廷賑濟放税，靈津廟碑失載其實，乞以其事付史官。」從之。

十二月十一日，知都水監主簿公事李士良言：「黄河見管大小使臣一百六十餘員〔一〕，並委監丞已上奏舉〔二〕，其所舉未必習知水事。欲乞今後河埽罷舉官之制，並委審官西院〔三〕、三班院選差。其都大提舉即乞且如舊。」從之。

〔一〕黄河見管大小使臣一百六十餘員　「大」原作「夫」，據長編卷二一〇元豐三年十二月己巳條改。

〔二〕並委監丞已上奏舉　「奏」原作「奉」，據長編卷二一〇元豐三年十二月己巳條改。

〔三〕並委審官西院　「審」字原缺，據長編卷二一〇元豐三年十二月己巳條補。

四年四月二十八日〔一〕，河北轉運副使周革言〔二〕：「小吴埽決，本州雖已發急夫六千人修塞，續於鄰近差兵夫及舟運薪蒭，其所役人數亦少，乞許發近便州軍役兵，及於諸埽輟河清兵併力興功〔三〕。」從之。

〔一〕四年四月二十八日　按長編卷三一二載，「澶州言河決小吴埽」，在元豐四年四月二十八日乙酉，而「周革言」云云，則繫於五月三日己丑。

〔二〕河北轉運副使周革言　「副」字原缺，據方域一三之六及長編卷三一二元豐四年五月己丑條補。

〔三〕及於諸埽輟河清兵併力興功　「興功」原缺，據長編卷三一二元豐四年五月己丑條補。

五月四日，詔：「河決小吴埽，已全奪過大河，若止循例以三五千人急夫〔一〕，必不能塞。方蠶麥收成，民力不宜妄有調發，速令燕達相度，如有以東退背諸埽兵可發〔二〕，即更不差急夫〔三〕。」

〔一〕若止循例以三五千人急夫　「五」字原缺，據長編卷三一二元豐四年五月庚寅條補。

〔二〕如有以東退背諸埽兵可發　「以」下原衍「以」字，據長編卷三一二元豐四年五月庚寅條刪。

〔三〕即更不差急夫　「更」原作「便」，據長編卷三一二元豐四年五月庚寅條改。

同日，澶州言：「河決浸城〔一〕，水勢猛惡〔二〕，本州無兵差撥及無梢草〔三〕，乞劄刷本路兵五七百人，及借支河埽場內椿千條〔四〕、梢二萬束，本州預買草四萬束。」從之。

〔一〕河決浸城　「城」原作「成」，據長編卷三一二元豐四年五月庚寅條改。

〔二〕水勢猛惡　「水」原作「小」，據長編卷三一二元豐四年五月庚寅條改。

〔三〕本州無兵差撥及無梢草　「兵」原作「近」，據長編卷三一二元豐四年五月庚寅條改。

〔四〕及借支河埽場內椿千條　「場」原作「楊」，「內」字原缺，據長編卷三一二元豐四年五月庚寅條改補。

八日，燕達言：「小吴故道斷流〔一〕，今接近漲水，河門水口皆深闊，墊塌未定〔二〕，難計功料，未可修塞。」詔達且發赴闕，李立之罷澶州，權判都水監，自河陽至小吴決口點檢埽岸。

〔一〕小吴故道斷流　「故」字原缺，據長編卷三一二元豐四年五月甲午條補。

〔二〕墊塌未定　「墊」原作「探」，據長編卷三一二元豐四年五月甲午條改。

十七日，恩州言：「河决澶州，注入御河，本州極危。乞以州界退背諸埽梢草、河清兵〔一〕，及令北岸都水使臣并諸埽巡河使臣赴州部役。」從之。其梢草令北外都水丞司量應副。

〔一〕乞以州界退背諸埽梢草河清兵　按此句下當有脱文，長編卷三一二元豐四年五月癸卯條又言「支移赴本州」，上古本據補，或是。

八月二十八日，權判都水監李立之言：「准朝旨，小吴决口不閉，令臣經畫。臣自决口相視河流，至乾寧軍分入東、西兩塘〔一〕，次入界河，於劈地口入海，通流無阻。今檢計當立東西隄防，計役三百十四萬四千工。」詔知制誥知諫院舒亶、三司度支副使直史館蹇周輔再相視檢計〔二〕。

〔一〕西兩塘　「兩」原作「南」，據宋史卷九二河渠志二改。

〔二〕詔知制誥知諫院舒亶三司度支副使直史館蹇周輔再相視檢計　「諫」原作「陳」，「史」原作「司」，據長編卷三一五元豐四年八月壬午條改。

九月十七日，權判都水監李立之言：「北京南樂、館陶、宗城、魏縣，淺口、永濟、延安鎮，瀛州景城鎮，在大河兩隄之間，乞令轉運司相度遷於隄外。其小吴决口以下兩岸修隄，計工不少，河清兵止有千餘人〔一〕，乞於南北兩丞地分客軍存留五千人〔二〕，更不放凍〔三〕，均與新立隄埽興修堤道，依例月支錢二百。」從之。

〔一〕河清兵止有千餘人　「河」原作「何」，據長編卷三一六元豐四年九月庚子條改。

〔二〕乞於南北兩丞地分客軍存留五千人　「分」字原缺，據長編卷三一六元豐四年九月庚子條補。

〔三〕更不放凍　「凍」原作「東」，據長編卷三一六元豐四年九月庚子條改。

十二月二十一日，相視檢計黄河隄防舒亶言〔一〕：「詳李立之所乞，小吴決口以下舊河見管物料、榆柳，差使臣等巡防，又乞相州漳河置安陽埽〔二〕。今詳舊河已棄廢，虚占使臣、兵級，乞下轉運司，令付州縣，以待都水監給用。其地遠難運，委轉運賣之，以錢應副河防。安陽埽當增置。」並從之〔三〕。

〔一〕相視檢計黄河隄防舒亶言　「河」字原缺，據長編卷三二一元豐四年十二月癸酉條補。

〔二〕又乞相州漳河置安陽埽　「漳河」原作「障河」，據長編卷三二一元豐四年十二月癸酉條及九域志卷二相州改。

〔三〕並從之　「並」原作「立」，據長編卷三二一元豐四年十二月癸酉條改。

元豐五年二月二十三日，提舉河北黄河隄防司言：「大河自恩州臨清縣西傾側向東入御河〔一〕，衝刷河身，深濬至恩州城下，水行湍悍，御河堤下闊不能吞伏水勢〔二〕。今相度，欲趁河水未漲以前下手閉塞，并歸大河。」詔如不礙漕運及灌注塘濼，即依所奏施行。

〔一〕大河自恩州臨清縣西傾側向東入御河　「恩州」原作「思州」，據後文及長編卷三二三元豐五年二月乙亥條改。

〔二〕御河堤下闕不能吞伏水勢　「勢」原作「墊」，據長編卷三二三元豐五年二月乙亥條改。

二十四日，詔：「前知澶州韓璹，都水監丞張次山、蘇液，北外都水丞陳祐甫，判都水監張唐民，主簿李士良，都水監幹當公事錢曜、張元卿，罰銅有差；大、小吳埽使臣各追一官勒停；澶州通判、幕職官，臨河、濮陽縣令佐衝替；本路監司劾罪。」以去歲河決，不能救護提舉也。

四月十九日，詔判都水監李立之理三司副使資序，幹當官吏轉官、支賜有差。賞相度新河裁省工力之勞也。

七月二十八日，賜南外都水監丞司度僧牒六十，備廣武上、下埽。

九月十三日，詔賜陽武縣廣勇、廣德兩指揮兵級錢有差〔一〕。以八月二十九日河決原武，軍人移營避水故也。

〔一〕廣德兩指揮兵級錢有差　「兵」原作「共」，據長編卷三二九元豐五年九月辛卯條改。

十月十二日，左侍禁班仲方言：「熙寧八年，孫民先乞於衛州王供埽決大河〔一〕，傍西山北流南岸，如禹舊跡，止遷深州，可無水患。當時朝廷雖相度，未果施行。今大吴埽河決不塞，略内黄縣北流，已成正河，上至王供埽止二百餘里。欲乞移本州界獲嘉、汲縣、上下衛鎮、齊賈、蘇村、王供七埽，卻治南岸堤道，不移動深州，可減廢開封府界原武、陽武、宜村，滑州界韓房、石堰、天臺、魚池、迎陽，澶州靈平十埽工料。又大河遠離京城，無慮河患。卻乞於相、衛州界黄河狹處繫浮橋，以通虜使。」上批：「河事已差蹇周輔等相度，仲方狀可送周輔。」

〔一〕孫民先乞於衛州王供埽決大河　「乞」字原缺，據長編卷三三〇元豐五年十月己未條補。

十三日，賜塞原武埽役兵特支錢有差。

二十五日，賜京西轉運司度僧牒二百，應副原武埽〔一〕。

〔一〕應副原武埽　「副」原作「赴」，據長編卷三三〇元豐五年十月壬申條改。

同日，詔候原武埽塞〔一〕，其役兵更特等第賜錢。

〔一〕詔候原武埽塞　「塞」字原缺，據長編卷三三〇元豐五年十月壬申條補。

十一月一日，都水使者范子淵言：「昨被旨救護廣武埽大河淪塌堤岸，賴官吏畢力營救，遂護安定，宜蒙恩賞，以勸後功。」詔轉運副使向宗旦以下各減年、陞名、賜帛有差。

六年三月一日，詔河北轉運判官吕大忠罰銅三十斤，以黄河溢不即救護也。

二十三日，開封府界提點司言：「陽武縣尉、權知縣張繹，昨黄河漲水注縣，凡七處水決，繹身先勞苦，率衆用命，救護縣城，公私以濟。乞不依常制，權知本縣。」詔繹特改合入官，知陽武縣。

四月三日，都水監丞李士良自劾：「滄州清池埽舊以御河西岸作黄河新堤，堤薄地下〔一〕，不能制水，已相度用御河東堤治爲黄河大堤，奏俟朝旨。昨爲春夫已至役所，臣輒令都大創築生堤一道，簽上御河東堤。」詔釋之。

〔一〕堤薄地下　「堤」字原缺，「薄地」原倒，據長編卷三三四元豐六年四月戊申條補乙。

閏六月二十一日，賜開封府界提點司度僧牒五百，市陽武等埽物料。

七月十七日，雄州言拒馬河溢，破長沙口南北界，例差兩地供輸民夫修治。上批：「去年決口，兩界發夫，已嘗興訟。委雄州詳審處置，毋致生事。」

七年四月二十二日，上批：「范子淵乞發急夫萬人重修直河，適當農時，非次調發，初出於不得已。今河口既未成功，則其他埽岸皆不須爲之〔一〕，可更不起發，其見在河上急夫，亦令放散。」上以子淵所修直河不爲功，徒費工料以數十萬計故也。既而子淵自言：「兩修進鋸牙，河口幾塞，不虞漲水及風雨暴至，致功敗於垂成。乞候霜降水落修閉。」詔子淵降一官，仍不理提刑資序也。

〔一〕則其他埽岸皆不須爲之　「他」字原缺，據長編卷三四五元豐七年四月辛卯條補。

六月十八日，賜都水監度僧牒二百，應副滑州諸埽梢草。

七月十一日，詔開封府推官李士良提舉救護陽武埽。

十二月二十七日〔一〕，京西轉運司言：「每歲於京西河陽差刈芟梢草夫，納免夫錢，應副洛口買梢草。南路八州，隨、唐、房州舊不差夫，金、均、郢、鄧、襄州丁多夫少者，欲敷納免夫錢於河北州軍兑還〔二〕。」從之。

〔一〕十二月二十七日　按長編卷三五〇繫於元豐七年十一月二十七日癸亥。

〔二〕欲敷納免夫錢於河北州軍兑還　「於」字原缺，據長編卷三五〇元豐七年十一月癸亥條補。

八年十月十八日，河決大名府小張口〔一〕。

〔一〕河決大名府小張口　「張」原作「漲」，據長編卷三六〇元豐八年十月己卯條、宋史卷九二河渠志二改。

十一月十六日，知澶州王令圖言，曾建議回復大河故道，未聞施行。命吏部侍郎陳安石、入内都知張茂則同相視利害以聞。尋以勾當御藥院馮宗道代茂則。

十二月十四日，遣吏部侍郎李常代陳安石相視黃河。

哲宗元祐元年正月十四日〔一〕，河北路轉運司言：「乞下相度黃河利害所，自迎陽埽至北京界孫村口，於今春内便行施功。及先修舊河堤，免新河枉費工，向去夏秋別爲大患。」詔李常等相度施行訖奏，如不可行，即具事理以聞。

〔一〕哲宗元祐元年正月十四日　「元祐」原作「天祐」，據長編卷三六四元祐元年正月癸卯條改。

二月六日，詔以未得雨澤，權令罷修黃河，其諸路兵夫，並放歸元來去處。

四月四日，吏部侍郎李常、勾當御藥院馮宗道言：「准朝旨相度黃河利害。臣等所至，歷覽其堤防，全未高廣，物料亦未有備。緣堤防之設，全繫水官；物料之蓄〔一〕，責在本道。今經歲月，尚爾未集，以是知水官未得其人，欲乞添置使者。」詔添置外都水使者、勾當公事各一員，北外都水丞隸外都水使者。

〔一〕物料之蓄　「蓄」原作「蓄」，據長編卷三七四元祐元年四月辛卯條改。

七月四日，保州言，河水汎溢，浸及先皇墳地〔一〕，請就本州界來年春夫修築。從之。

〔一〕浸及先皇墳地　「先」原作「上」，據長編卷三八二元祐元年七月己未條改。

十一月二十三日，詔以府界、京東西路災傷，權罷明年黄河年例春夫。如繫於河防緊急，來春須合興役，即計定的確夫數以聞。

三年正月十二日，權發遣京東西路轉運判官張景先，增差河北路轉運判官〔一〕。景先議開孫村口減水河，與執政意合，故有是命。

〔一〕增差河北路轉運判官　「河北」原倒，據長編卷四〇八元祐三年正月庚申條乙正。

三年四月三日〔一〕，内殿承制、知乾寧軍張赴以大河漲急，護水有勞，降敕書獎諭，仍推恩官屬七人〔二〕。

〔一〕三年四月三日　「三年」原作「二年」，與前後時間不合，據長編卷四〇九元祐三年四月己卯條改。

〔二〕仍推恩官屬七人　「仍」原作「乃」，據長編卷四〇九元祐三年四月己卯條改。

六月十二日，詔賜北京、恩、冀州界修河役兵夏藥、特給錢。

十一月二日，三省、樞密院言：「檢會都水使者王孝先狀：『伏思大河決塞不常，爲國之患屢矣。比自小吳之決〔一〕，遂失隄防，貽患爲甚。欲乞於西岸上自北京内黄第三埽〔二〕，先起截河堤一道，與舊河孫村口相照。仍相度於樊河第三河靠水各作縷河小堤，閘斷河門，於大名府南第四鋪下至孫村口北〔三〕，倣往時作汴河規模，開修減水河一道，分殺水勢，東趍入海。』尋召到孝先及俞瑾等〔四〕，令陳述利害。據孝先等稱，除孫村口外，更無不近界河可以回河入海去處。其孫村口欲作二年開修，今冬先備舊堤梢草一千萬束，來春下手，先開減水河，分減水勢。所用兵夫，已有前申定數〔五〕。至元祐五年方議閉塞北流〔六〕，回改全河入東流故道，已令孝先等供結罪保明狀訖。看詳除預備舊堤物料便可施行外〔七〕，所有元祐五年閉塞北流〔八〕，回全河入東流故道，并來年開減水河，慮別有未盡利害，欲差官躬親相度，具經久利害，詣實奏聞。」詔：「差吏部侍郎范百祿、給事中趙君錫躬親往彼相度，並具的確利害，畫圖連銜保明聞奏。如孫村口不可開河，即別於不近界河踏逐一處，亦具保明聞奏。」回河事始末，按實録所載殊不詳，今取范百祿奏槁具載之，庶後世有考焉。〔九〕

〔一〕比自小吳之決　「比」原作「此」，據長編卷四一六元祐三年十一月甲辰條改。

〔二〕欲乞於西岸上自北京内黄第三埽　「埽」下原衍「河」字，據長編卷四一六元祐三年十一月甲辰條删。

〔三〕於大名府南第四鋪下至孫村口北　「北」原作「比」，據長編卷四一六元祐三年十一月甲辰條改。

〔四〕尋召到孝先及俞瑾等　「孝先」原作「李先」，據前後文改。

〔五〕已有前申定數　「申」原作「甲」，據長編卷四一六元祐三年十一月甲辰條改。

〔六〕至元祐五年方議閉塞北流　「閉」原作「開」，據長編卷四一六元祐三年十一月甲辰條改。

〔七〕看詳除預備舊堤物料便可施行外　「施」原作「放」，據長編卷四一六元祐三年十一月甲辰條改。

〔八〕所有元祐五年閉塞北流　「塞北流」原缺，據長編卷四一六元祐三年十一月甲辰條補。

〔九〕按「回河事始末」以下原作大字正文，據長編卷四一六元祐三年十一月甲辰條李燾注改作小字。

閏十二月一日，遷大名府南樂縣於金堤東墻節村〔一〕，從河北轉運司之請也。

〔一〕遷大名府南樂縣於金堤東墻節村　「墻節村」，長編卷四一九元祐三年閏十二月癸卯條作「曹節村」。

四年正月二十八日，詔罷回河。先是，范百禄、趙君錫等既受命未行，大臣主議者乃密從中批出曰：「黄河未復故道，終爲河北之患。王孝先等所議已嘗興役，不可中罷，宜接續功料，向去決要回復故道。」右仆射范純仁累疏論列，上遂遣中使收回批旨，使執政大臣與水官公心議論。回河之議〔一〕，自此稍緩。後百禄、君錫受詔同行相視東西二河，度地形，究利害，見東流高仰，北流順下，知河決不可回，即奏罷修河司。至是始罷。

〔一〕回河之議　「回」原作「曰」，據前後文改。

二月二日〔一〕，御史中丞李常言：「伏聞回河與減水河之議，已奉德音，悉令罷免，凋瘵之民，咸獲休息。聖恩所加，過半天下，盛德之事，傳之無窮，四海幸甚！其都水使者王孝先〔二〕，乞重行黜降。」詔孝先知曹州。

〔一〕二月二日　按長編卷四二二繫於元祐四年二月十二日癸丑。

〔二〕其都水使者王孝先　「使」字原缺，據長編卷四二二元祐四年二月癸丑條補。

七月八日，詔復置外都水使者，令河北路轉運使謝卿材兼領。六月二十四日，卿材再任河北。

十月六日，左諫議大夫梁燾等言：「乞約束逐路監司及都水官吏，應緣修河所用物料，除朝廷應副外，並須和買，不得擾民。」從之。

十二月十八日，三省、樞密院言：「昨令都提舉修河司從長擇一順處回河，差夫八萬，和雇二萬，充引水正河工役外，北外都水丞司檢計到〔一〕，大河北流人夫共二十萬四千三百一十八人，故道人夫七萬四千四百五十六人，兩項共計二十七萬八千七百七十四人。今都水監丞李君貺等檢計，裁減到共十九萬四千九十八人。」詔令修河司具開減水河，其差夫八萬人，於數内減作四萬人，充修河功役。於李君貺等裁定春夫内〔二〕，共減作一十萬人，令修河司通那分擘役使。餘依前指揮。

〔一〕北外都水丞司檢計到 「水」字原缺，據長編卷四三六元祐四年十二月甲寅條補。
〔二〕於李君貺等裁定春夫内 「春」，長編卷四三六元祐四年十二月甲寅條作「差」。

哲宗元祐五年二月九日，都水使者吴安持言〔一〕：「州縣夫役，舊以人丁户口科差，今元祐令自第一至第五等皆以丁差，不問貧富，有偏重偏輕之弊。請除以次降殺，使輕重得所外，其或用丁口，或用等第，聽州縣從便。」從之。

〔一〕都水使者吴安持言 「吴安持」原作「吴安特」，據下文及長編卷四三八元祐五年二月甲辰條改。

三月二日，都水使者吴安持言，大河信水向生，請鳩工預治所急。詔發元豐庫封樁錢二十萬充雇直。

十月十二日，又書新提舉出賣解鹽孫迥知濮州，則是此日差除，旋改易也〔一〕，當考之。〔二〕

〔一〕旋改易也 「旋」原作「於」，據長編卷四三八元祐五年九月丁亥條改。
〔二〕按本條亦見長編卷四三八元祐五年九月丁亥條，乃李燾注文，輯稿當有脱誤。

十月二日，罷都提舉修河司。

六年十二月二十日，工部言：「盗拆黄河埽潭木岸以持杖竊論[一]，其退背處減一等，即徒以上罪於法不該配者，亦配鄰州。」從之。

〔一〕盗拆黄河埽潭木岸以持杖竊論　「拆」原作「坼」，據長編卷四六八元祐六年十二月丙子條改。

七年八月九日，詔科夫除逐路溝河夫外，諸河防春夫，每年以十萬人爲額，仍自科元祐八年分春夫爲始。餘并從之。

二十一日，御邇英閣，侍讀顧臨讀寶訓，至王沿論引漳水灌溉，王軫以爲不可。讀畢，上問顧臨曰：「沿、軫所論孰長？」臨奏釋沿、軫所説意。上曰：「是何説可行？」臨曰：「沿説可行。」上宫中恭默不言，唯講讀時發問。他日右仆射吕大防進曰：「臣側聞顧臨讀寶訓引漳河灌溉事，臣謂大抵河渠利害，最爲難明，朝廷不可不詳知本末。如本朝黄河，持議者有三説，一曰迴河，二曰塞河，三曰分水。今議者欲以兩河四堤勞費稍增，久可無患。如漢武帝時河决瓠子，築隄防塞，僅可支七十餘年。本朝昨有二股河分流水勢，粗免河患，後因閉塞，一股併入，一股合流，遂致決溢。分水之利，從可知矣。今爲四堤二河，分減水勢，實爲大利。」

九月十四日，都水監言：「准敕，五百里外方許免夫。自來府界黄河夫多不及五百里，緣人情皆願納錢免行。今相度，欲府界夫即不限地里遠近，但願納錢者聽。」從之。

十一月三日，權知乾寧軍張元卿言，本軍當諸河之衝會，堤埽不可不治。詔：「乾寧軍埽岸，令工部從都水監相度，委合起夫，近裏州軍依例科夫功役，不得過三百人。如工役稍大，本軍夫不足，即令都水監那融應副。」

八年正月十日，都水外丞范緩言〔一〕：「以武陟縣年例買山梢五萬束〔二〕，應副河埽，若從於滎澤埽收買，從都水監支遣爲便。」從之。

〔一〕都水外丞范緩言　「范緩」，長編卷四八〇元祐八年正月戊子條作「范綬」，未知孰是。

〔二〕以武陟縣年例買山梢五萬束　「武陟」原作「武陵」。武陵縣隸荊湖北路鼎州，與黃河相距甚遠，顯誤。據長編卷四八〇元祐八年正月戊子條改。

二十九日，吏部、工部言：「河陽狀論列中渾一岸在大河中，四面俱是緊急向著，而官吏有責無賞，實爲未均。欲將本岸立爲第三等向著推賞。」從之。

三十日，中書侍郎范百祿言：「切聞水官自元祐四年正月二十八日准敕罷回河後，逐年併力修進梁村鋸牙并大河兩馬頭，經今四周年有餘，用過工力浩瀚〔一〕。兼三處並作第一等向著，其河清人數、年計物料、使臣酬獎並係第一等。今鋸牙與兩馬頭連亘約及數十里〔二〕，其東馬頭進築與西馬頭相向，所以北流河門止有三百二十步闊，以此多方盡力，擗拶水勢。

歲月既久，湍迅安得不激射奔赴東流〔三〕？賴得北流尚緊，所以未至全河東去。若如水官之意，既進埽潭，又狹河門，只留一百五十步，及預乞朝廷候北流淺小，作軟堰閉斷。詳此五事，顯見必欲回河，特以分水爲名，託云恐東流生淤，陰行巧計耳〔四〕。方且鼓唱言路，以非爲是，致臺官章疏前後十餘，中外傳聽，不能無惑，深恐不便。臣愚切謂若大河東流，別無患害，在公在私，有何不可？只緣東流故道久來淤高，雖累年偷工開濬，豈能及得北流河道，見行北流自是卑平〔五〕，兼元祐三年冬，臣與趙君錫行河奏狀内，東流故道隄岸缺破，有牛羊道口、車路等一萬一千餘處，雖累年偷工完補，豈能保得一例盡獲牢固？若如水官之計，乘緊流向東，候北河淺小，便要閉塞，回奪全河，即北京之北二十里許小張口等處不測衝決，不則又以北二十里許田令公渠等處亦不測衝決。若只此等處決，必皆復入北流，大河爲患未至甚大。然而北京一境内外，生聚沉没爲魚，不勝其菑矣。若更捨此近處而向館陶以下決，復在東岸，則濱、棣、德、博、滄州等數十縣地土，千餘里生靈，將何以堪？若水官恐向去疎虞，避免憂責，不敢明頁回河，託以分水爲說，一向增進馬頭、鋸牙，巧設埽潭、軟堰之類，更積歲月之久，必然大段淤卻北流河道，則將來緊流不免須奔東河，其爲患害正與回河無異。顯是水官實欲收回河徼倖之功，而外不任回河敗事之責也。朝廷容其施爲，亦已久矣。今既悟其有害，若不速行捄正，且爲改更，一旦誤事，安危所繫，豈得穩便？臣愚伏望二聖陛下詳覽臣前件事理，特軫睿慈深慮，詔三省速議，果決去拆河上鋸牙、兩馬頭〔六〕，開放河門，任令大河自濬趨下，免致壅遏障塞〔七〕，淤壞北流，積爲大害〔八〕。若北流通快，將來每遇漲水，自然分向東流，即是分水之利〔九〕，兩河並行，久遠安便。今日之計，宜及漲水已先，前事措置，庶免後悔。若遂其過，悔將無及。臣誠愚憨〔一〇〕，願不負二聖陛下憂國恤民之心。」貼黄稱：「臣去冬以來，都堂聚議，及水官等白河事，臣累説梁村鋸牙、兩馬頭甚非典據，擁揚河流，逆水之性，於大河不便〔一一〕，及曾簾前面具奏聞。但以未有章疏，朝廷未能決議去拆〔一二〕，所以今來須至縷縷上瀆聖聽，不任皇恐。」又稱：「臣竊以壅防百川，古人所忌，周太子晉力諫靈王壅穀、洛二水之事是也。況黄河百川所聚，乃天地之絡脈，豈有以人力搿約，不順其性，經久如此而不致患害者？臣考古驗今，灼見不便，區區愚心，既知如此，夙夜憂懼，不敢緘默。乞賜聖覽，特達施行。」

〔一〕用過工力浩瀚 「瀚」原作「澣」，據長編卷四八〇元祐八年正月丁未條改。
〔二〕今鋸牙與兩馬頭連亘約及數十里 「兩」原作「西」，據前文及長編卷四八〇元祐八年正月丁未條改。
〔三〕湍迅安得不激射奔赴東流 「湍」原作「遄」，據長編卷四八〇元祐八年正月丁未條改。
〔四〕陰行巧計耳 「巧」原作「功」，據長編卷四八〇元祐八年正月丁未條改。
〔五〕見行北流自是卑平 「北流」原作「北里」，據前後文改。按長編卷四八〇元祐八年正月丁未條作「地勢」。
〔六〕果決去拆河上鋸牙兩馬頭 「決」原作「法」，「拆」原作「拆」，「馬頭」原倒，據長編卷四八〇元祐八年正月丁未條改乙。

〔七〕免致壅遏障塞　「免致」原倒，據長編卷四八〇元祐八年正月丁未條乙正。

〔八〕積爲大害　「爲」字原缺，據長編卷四八〇元祐八年正月丁未條補。

〔九〕自然分向東流即是分水之利　「向東流即是分」原缺，據長編卷四八〇元祐八年正月丁未條補。

〔一〇〕臣誠愚憨　「憨」，長編卷四八〇元祐八年正月丁未條作「戇」。當從長編。

〔一一〕於大河不便　「河」原作「流」，據長編卷四八〇元祐八年正月丁未條改。

〔一二〕朝廷未能決議去拆　「拆」原作「坼」，據長編卷四八〇元祐八年正月丁未條改。

百祿又言：「自元祐四年正月二十八日降勑罷回河後來，臣僚回河之意終不肯已，然而大河亦終不可回。二聖洞照河事，亦終不可惑。且如元祐四年秋，北京之南沙河直堤第七鋪決，水卻近北還河，臣見朝廷別無施行，將謂無足憂者。近因外都水丞將到河圖，方見畫樣上件決口，乃與大河一般。尋行取會，據外丞司申，打量到決口闊六里零二百八十五步，決口水勢正注北京橫簽堤。據如此口地廣闊〔一〕，若將來夏秋泛漲，簽隄禦捍不定〔二〕，北京豈不寒心？而水官恬然曾不顧恤，但務掩蔽，止欲朝廷不知此意，豈得穩便？況吳安持等方日生巧計，壅遏北流，前後多端，致大河漸有填淤之害，寖壞禹跡之舊，豈不勝可惜哉？若北流湮塞，而東流足以吞納全河，別無疎虞，有何不可？止緣東流故道積淤歲久，今其高仰出於屋之上，河槽又狹，而缺破處多，安持等都不以此爲憂，惟欲僥倖萬一，不顧危亡，殊可怪駭。況安持近已三次有狀乞替，欲乞出自宸斷，別選水官充代，非特保全安持等，實免久隳水政，別致害事。」貼黃：「臣自聞得直堤決口的實後，累於都堂會議，及見行取會水官，將來漲水，其決口合如何措置，免致北京疎虞，三省續奏聞次。」

〔一〕據如此口地廣闊　「地」原作「施」，據長編卷四八〇元祐八年正月丁未條改。

〔二〕簽隄禦捍不定　「捍」原作「悍」，據長編卷四八〇元祐八年正月丁未條改。

三月二十二日，乃罷呂、井議。此段用蘇轍略志〔一〕、遺老傳增修，實録但云三省進呈，其間乃有韓忠彥議，蓋實録失不載樞密院乞與河議一節故也。略志云：「其後六年間，河遂復故道，而元符元年秋，河又東決，浸陽穀，河勢要不可改舊，而人事不可知耳。明年，河遂北流。」〔二〕

〔一〕此段用蘇轍略志　「略志」原作「別志」，據後文及龍川略志卷七改。

〔二〕按本條缺佚較多，年次、文意不明。呂、井，即呂希純、井亮采，其議回河事，見長編紀事本末卷一一二回河下，且言「希純、亮采之議尋格」，時間繫於紹聖元年二月二十四日丙寅。又「此段」以下原作大字正文，然其行文體例與會要不合，似非會要文字，今改作小字注。

三月二十二日〔一〕，詔：「黃河利害專責都水使者王宗望，仍與不干礙屬官相度措置施行，具圖狀以聞。其今月二日依相度定奪黃河利害所降旨揮更不施行。」

〔一〕三月二十二日　按清本徑改作「同日」。

七月四日，都水監丞馮忱之言：「廣武埽危急，水勢刷塌堤岸，欲乞築欄水簽堤一道。」詔令馮忱之、李偉、郭茂恂相度，從長措置。

十一日，詔差入内高品黄汝賢往廣武等埽〔一〕，傳宣撫問救護大河堤埽官吏、役兵，兼賜銀合茶藥、緡錢有差。

〔一〕詔差入内高品黄汝賢往廣武等埽　「品」字原缺，據長編紀事本末卷一一二導洛補。

十二日，京西轉運使兼南丞公事郭茂恂言〔一〕：「廣武埽危急，計置梢草二百萬束，如和買不及，即乞依編敕於人户科買。」從之。

〔一〕京西轉運使兼南丞公事郭茂恂言　「南丞」，長編紀事本末卷一一二導洛作「南外丞」。按南丞公事，即知南外都水監丞司公事，隸都水監。

十四日，詔：「差權户部侍郎吴安持乘傳往廣武埽及洛口措置救護，如刷盡堤身，閉洛口，即相度可與不可全閉。如不銷全閉，即如何進埽節限水勢，可保不致衝決。如合全閉，即於甚處引水入汴〔一〕。」

〔一〕即於甚處引水入汴　「於」原作「與」，按輯稿禮五二之一四有「未審於甚處登岸」，故改。

十八日，上諭執政曰：「聞河埽久不修，故幾壞者數處，魚池、原武、陽武皆已遣水官乘疾置護役。昨日報洛水又大溢注於河，若廣武埽壞，大河與洛水合而爲一，則清汴不通矣，京都漕運殊可憂。宜亟命吴安持與王宗望同力督作。苟得不壞，過此亦須措置爲久計〔一〕，其促安持往營度之。」

〔一〕過此亦須措置爲久計　「過」原作「地」，據長編紀事本末卷一一二導洛、宋史卷九四河渠志四改。

九月十三日，北外丞李舉之言：「春夫一月之限，減縮不得過三日，遇夜及未明以前，不得令入役。如違，官吏以違制論。」從之。

十月十四日〔一〕，左中散大夫、直龍圖閣謝卿材爲福建、陝西、河北三路轉運使，河北兼外都水使者。時河決小吴，議者欲復東流，卿材建言，近歲河流稍行北〔二〕，無可回之理，上河議一編，召赴政事堂會議，持論不屈，忤大臣意，徙河東轉運使。

〔一〕十月十四日　按長編卷四三一元祐四年八月己酉條李燾注引卿材附傳、玉海卷二二熙寧洪澤河同，編年綱目備要卷二二繫於元祐三年八月，長編卷四三一、宋史卷九二河渠志二繫於元祐四年八月。

〔二〕近歲河流稍行北　「北」，玉海卷二二熙寧洪澤河同，長編卷四三一元祐四年八月己酉條李燾注、宋史卷九一河渠志二作「地中」。

十一月十三日，知南外丞李偉言：「清汴貫京都，下通淮、泗，自元祐以來屢危急，而今歲特甚。臣相視就武濟河下尾廢堤、枯河基址〔一〕，增修疏導，回截河勢東北行，留舊埽作遥堤，可以紓清汴下注京城之患。」詔宋用臣、陳祐甫覆按以聞。詳見汴河門。

〔一〕枯河基址　「枯」原作「祐」，據宋史卷九四河渠志四改。

十二月二十日，權工部侍郎吴安持言：「京西路轉運司拖欠年額梢草錢計七十萬貫有餘〔一〕，止稱歲計窘乏及應副軍儲〔二〕，無由辦集。欲别賜錢物，或降度牒收買。」詔京西轉運司，自紹聖二年後合認諸埽年計梢額錢〔三〕，並須依限數足。

〔一〕京西路轉運司拖欠年額梢草錢計七十萬貫有餘　「司」原作「使」，據後文改。

〔二〕止稱歲計窘乏及應副軍儲　「乏」原作「之」，形近而訛，今改。

〔三〕自紹聖二年後合認諸埽年計梢額錢　「紹聖」原作「紹興」，按本條繫於紹聖元年，故「紹興」實「紹聖」之誤，據改。

十八日〔一〕，詔祠部給空名度牒一千道與北外丞司，五百道與南外丞司，令乘時計置梢草。

〔一〕十八日　按時間與上條不合。

二年六月三日，詳定重修敕令所申明黄河浮橋火禁〔一〕，揭榜於兩岸。

〔一〕詳定重修敕令所申明黄河浮橋火禁　「浮」原作「泛」，據方域一三之二三改。

元符元年正月十八日，工部言：「今年黄河埽并諸河合用春夫，除年例人數外，少三萬六千五百人，乞給度牒八百二十一道，充雇夫錢。」從之。

五月二十七日〔一〕，詔朝散大夫、試户部尚書吴居厚，朝散郎、權刑部侍郎周之道，並轉一官；發運副使張商英減磨勘一年；淮南轉運副使張元方賜帛〔二〕。以修支河畢功故也。

〔一〕五月二十七日　按長編卷五一〇繫於元符二年五月二十七日己巳。輯稿或脱「二年」。

〔二〕淮南轉運副使張元方賜帛　「轉運副使」，長編卷五一〇元符二年五月己巳條作「轉運使」。

九月十九日〔一〕，水部員外郎曾孝廣言：「今河事已付轉運司，責州縣共力救護北流堤岸，則北外都水丞别無職事，請並歸轉運司。」從之。

〔一〕九月十九日　按長編卷五一五繫於元符二年九月二十五日甲子。

三年正月八日，吏部言：「都大并河埽使臣、兵士，及修河物料，雖許不拘常制抽差取射者〔一〕，並聽本監與轉運、外丞司執奏占留。」從之。

〔一〕雖許不拘常制抽差取射者　「許」字原缺，據長編卷五二〇元符三年正月乙亥條補。

徽宗崇寧元年六月二十九日，臣寮言：「伏見黄河自商胡口决以來，治水者闢爲兩堤，相去數十里，許不盡與河争，以順其勢。餘二十年，河底漸淤積，則河行地上，失其本性，一遇汎溢，河道變徙。自金堤第四埽、第五埽决溢之後，治水者惟與河相争，殊不原水性潤下，豈特遏之而後行之。先帝留神河事十餘年，究覽孫民先之奏，慨然下詔，不得回瀾。已而黄河漲淤邢〔一〕、洺、深、冀之間，流行於瘠鹵低下之地，入界河，漂北界以歸於海。自北京、澶、濮至於懷、博、齊、鄆，桑麻被野，禾黍如雲，可謂萬全之策矣。中間大臣謀不出此，必欲回河東流，以破北流之議。自商胡口决之後，一如先帝聖斷與孫民先所陳。今録民先書進呈，乞下河北，如其所説引水築堤去處，以圖來上。」詔付三省。

〔一〕已而黄河漲淤邢　「邢」原作「刑」，據宋史卷八六地理志二改。

閏六月十四日，詔翰林學士郭知章爲樞密直學士、知鄧州，都水使者黄思放罷，皆以昔論河事嘗主東流之議，爲言者所彈故也。

七月八日，樞密直學士、知鄧州郭知章以辨言官所彈，降充龍圖閣直學士〔一〕。知章奏：「東流利害，乞下都水監相度施行。朝廷未嘗以臣言爲是，尋下提、轉、安撫司、都水監同共相度，第二次又差吕希純、井亮采相度，第三次又差王宗望相度。王宗望定議上稟，朝廷遂閉北流。吴安持、鄭佑等各保過漲水二年，累轉勑官。其後河决，諫官王祖道乞罪水官，亦未嘗一言及臣。其水官得罪，或安置，臣雖罷中書舍人，尚得集賢殿修撰、知和州。未行間，哲宗有旨令上殿，則當時朝廷已察見非臣之罪。况前後臣僚、臺諫言東流者非一，今來已經九年，言事者不詳本末，至煩朝廷再有行遣。伏望聖慈憫察。」檢會朝奉郎、監察御史郭知章奏：「臣竊見大河分東北，生靈被害滋久。往年朝廷議欲回河，蓋嘗患之而未能也。今兹復故道，水之趨東者已不可遏，若順而導之，議閉北而行東，其利百倍。近日朝廷遣使按視，聞已閉梁村北流〔二〕，尚有闞村、張包河等處，逐司議論未一。臣謂都水監〔三〕，水官也，朝夕從事於河上，耳目之所聞見，心志之所思慮，議論之所綴接，莫非水也。河流之曲折高下，利害之輕重本末，宜熟知之矣。今使水官不得盡其職而惑於浮議，臣恐河事一誤，則北方之民未得安堵而樂業。伏望陛下特降睿旨，專委水官以圖經久可行之策，以幸河北一路元元之民，不勝幸甚。」又檢會朝奉郎、監察御史郭知章奏：「臣切見以大河分東、北之流數年矣，論議蠭起，上惑朝廷之聽，至今未決。河北之民，被患滋久，亡失賦租，蕩析田畝，其害不可勝計。臣以謂地形有高卑，水勢有逆順，河道有淺深，水流有緩急，利害皆可以目睹。方茲隆冬霜降，水落復槽，則利害易辨也。臣比緣使事至河北，自澶入北京，渡孫村口，見水趨東者，河甚闊而深。又自北京往洺州，過楊家淺口渡〔四〕，見水之趨北者纔十分之二三〔五〕。然後知大河之閉北而行東無疑也。今東流之河即商胡之故道，詢諸父老，具言水舊行者七十餘年矣。今者水之復行，天也，殆非人力也。而議者欲固違水之性，必使趨北，誠私憂過計也。東流利害，其大略則存塘泊也〔六〕，通御河也，固北都也，復民田也。至於隄防之費、兵夫之役、官員之數〔七〕、梢草之用〔八〕，所省不貲，則其利可勝言哉？臣職爲御史，親見利害，不敢不言。如以臣言爲可取，即乞早降睿旨，下都水監相度施行。」故有是詔。

〔一〕降充龍圖閣直學士　「直」下原衍「閣」字，據輯稿職官六七之三九删。

〔二〕聞已閉梁村北流　按長編卷五一七元符二年十月甲子條李燾注作「開孫村，閉北流」。

〔三〕臣謂都水監　「謂」原作「論」，據長編卷五一七元符二年十月甲子條李燾注改。

〔四〕過楊家淺口渡　「楊家」，長編卷五一七元符二年十月甲子條李燾注作「楊村」。

〔五〕見水之趨北者纔十分之二三　「北」字原缺，據長編卷五一七元符二年十月甲子條李燾注補。

〔六〕其大略則存塘泊也 「泊」原作「洎」，據長編卷五一七元符二年十月甲子條李燾注改。

〔七〕官員之數 「數」原作「敕」，據長編卷五一七元符二年十月甲子條李燾注改。

〔八〕梢草之用 「草」原作「莫」，據長編卷五一七元符二年十月甲子條李燾注改。

二年五月十一日〔一〕，通直郎、試都水使者趙霆奏：「臣切見黄河地分調發人夫修築埽岸，每歲春首騷動良民，數路户口不獲安居。内有地里遥遠，科夫數多，常至敗家破産以從役事，民力用苦，無計以免。契勘滑州魚池埽今春合起夫役，嘗令送納免夫之直，卻用上件夫錢收買土檐，增貼埽岸。會計工料，比之調夫反有增剩。乞詔有司，應干堤岸埽合調春夫，令依此例免夫買土，仍照所屬立爲永法，不唯河埽事務易於辦集，又可以示寬恤元元之意。」詔：「河防夫工，歲役十萬；濱河之民，困於調發。可上户出錢免夫，下户出力充役，皆取其願，買土修築。可相度條畫聞奏〔二〕。」

〔一〕二年五月十一日 按宋史卷九三河渠志三繫於大觀二年五月。

〔二〕可相度條畫聞奏 「聞」原作「開」，據宋史卷九三河渠志三改。

十八日，通直郎、都水使者趙霆劄子：「契勘管埽岸文官，見今南北兩丞地分，未有官員注授處甚多。蓋緣文臣管埽岸事，下與巡河監埸爲敵，上爲都大、埽司所統，凡舉執事，動有牽制。惟能雷同含糊，漠然不顧，然後可以自保，而復有失職連坐之患；不能雷同含糊，則必深中小人禍機。今相度，欲乞於大河應係置都大去處，各添文臣都大一員，仍令本監選舉公勤廉幹之人以充，使之表裏相援，安心職守。」吏部取到都水監備元豐元年閏六月六日敕節文〔一〕，黃河逐處都大並令本監不以文武官奏差。詔今後都大並舉文官。

〔一〕吏部取到都水監備元豐元年閏六月六日敕節文　「元豐元年閏六月六日」，方域一五之三〇作「元豐六年閏六月十八日」。按元豐元年無閏六月，元豐六年有，故「元年」當「六年」之誤。

三年六月六日〔一〕，朝散郎、守都水使者吳玠奏：「伏覩黃河自元豐年間小吳口決，北流入御河，下合西山諸水，至清州獨流寨三叉口併歸入海〔二〕。雖深得保固形勝之策，而歲月寖久，行流侵犯塘堤，衝壞道路，齧損城寨。臣近蒙詔旨修治隄防，禦捍漲溢。然築八尺之堤，當九河之尾，臣復恐他時經隔年歲，其隄道爲大河衝齧，必不能敵其湍猛之勢。若不遇有損缺，逐旋增修，即又至隳壞。使與塘水相通，則於邊防非計之得也。欲增添埽兵，創置官局，又爲並邊虜情不測，或至疑似。欲乞睿旨，諸寨鋪依自來條令，遇有些小工料，即令寨鋪使臣營修，無使損墊堤寨。候任滿日，依黃河榆柳法差官交割。若果有用心修葺，別無損壞，其城寨官及巡覷堤道使臣〔三〕，並與依黃河第一等向著巡河法推賞。不唯無增兵創官戶疑〔四〕，而邊防得久完固。」詔如無違礙，即依所奏施行。

〔一〕三年六月六日　按宋史卷九三河渠志三繫於大觀二年六月己卯，然大觀二年六月無己卯日，三年六月六日恰爲己卯，故「三年」即「大觀三年」。

〔二〕至清州獨流寨三叉口併歸入海　「三叉口」原作「三又口」，據宋史卷九三河渠志三改。

〔三〕其城寨官及巡覷堤道使臣　「覷」原作「虧」，按輯稿食貨四之四等有「巡覷塘水堤道」，故改。

〔四〕不唯無增兵創官户疑　「户」疑作「之」。

政和元年正月十二日，都水監狀〔一〕：「契勘見行河道次第，將年額合得諸路河防春夫一十萬人相度均分，黄河諸河合用春夫，本監已將諸路春夫一十萬人相度均科。檢准勅都水監狀，春夫不具夫帳上朝廷，只從本監依數科撥路分〔二〕，具功役窠名申尚書省。今均前項役使去訖。」詔今後科夫，並依舊具抄擬奏，所有元祐年指揮内更不具夫帳上朝廷一節，更不施行。

〔一〕都水監狀　「都」原作「詔」，據後文改。

〔二〕只從本監依數科撥路分　「科」原作「料」，據後文改。

二年三月一日，京畿轉運、提刑司申：「相度到提刑乞管下陽武上下、酸棗三埽巡河使臣，依大觀二年四月二十八日敕，命滎澤等八埽巡河兼巡檢，捕盗賞罰，差破捉賊兵員等，委是别無違礙，經久可行。」從之。

三年正月二十三日，詔：「訪聞黄河諸埽自來招填闕額兵士，多是干繫人作弊，乞取錢物，將本營年小子弟或不任工役之人一例招刺，致防工役，枉破招軍例物、衣糧、請受。自今後可將合招河清兵士，令外丞司委都大並巡河使臣揀選少壯堪任工役之人招刺，逐旋據招到人申都水監，差不干礙官覆驗。如有招下年小或不堪工役之人，乃立法施行。」

二月六日，敕：「尚書工部奏，據都水監狀，東鹿上埽今年漲水過常，比之已前年分行流湍猛，委係非次變移河勢。自降作第三等向着後來，到今實及三年以上，乞依條陞作第二等向着〔一〕。檢會崇寧看詳尚書水部條，諸埽向着、退背各分三等，每三年一定，若河勢非時變移，都水監申本部擬奏。」詔依都水監所乞，深州東鹿上埽作第二等向着。

〔一〕乞依條陞作第二等向着　「等」原作「年」，據前後文改。

三月十六日，敕：「中書省、尚書省送到屯田員外郎劉縡劄子：『契勘河清兵級，於法諸處不得抽差，其擅差借或内有役使者徒一年〔二〕，蓋廢功役者有害隄防。諸處功作名目抽差占破官司，臨時申晝朝旨，須至發遣，不能占留，遂使本河闕人。今欲乞除官員依條差破白直人，其承久例差占窠名條法不載者，並令本河勿收入役，今後不許差占外，諸處申請到朝廷特旨並衝改一切條禁等指揮，抽差本河兵級者，並令都水監執奏，更不發遣。』」詔從之。

〔一〕其擅差借或内有役使者徒一年　「借」原作「惜」，形近而訛，今改。

四年十一月七日，都水使者孟昌齡奏：「伏覩政和四年經過夏秋漲水，河流上下並行中道，亦無汎溢緊急去處，埽岸平安。伏乞宣付史館及稱賀。」詔送秘書省，許拜表稱賀，官吏依條推恩。檢會崇寧四年大河安流推恩體例〔一〕，本監使者、監、丞、主簿各轉一官，人吏等第受賜。詔經大河安流年分三次，都水監官轉一資〔二〕，工部官減三年磨勘；經二次〔三〕，都水監官減三年磨勘，工部官減二年；經一次，都水監官減二年磨勘，工部官減一年磨勘。内孟昌齡許回授本宗有官有服親。人吏等第支賜。

〔一〕檢會崇寧四年大河安流推恩體例　「會」原作「檜」，據上文（政和三年）二月六日條改。
〔二〕都水監官轉一資　「資」原作「次」，據下文（宣和）二年八月二十日條改。
〔三〕經二次　「二」原作「一」，按前作「三次」，後爲「一次」，則此即「二次」，故改。

五年十月二十一日，詔中散大夫王仲栢特差知冀州〔一〕，替辛昌宗赴闕。以中書省言，辛昌宗係武臣〔二〕，慮不諳河事也。

〔一〕詔中散大夫王仲栢特差知冀州　「王仲栢」，宋史卷九三河渠志三作「王仲元」。
〔二〕辛昌宗係武臣　「辛昌宗」原缺「宗」字，據前文及宋史卷九三河渠志三補。

六年閏正月二十八日〔一〕，工部奏：「知南外都水丞公事張克懋狀：『契勘本司管下三十四埽，見闕四千七百七十人，欲乞以十分爲率：內四分下都水監，於北外都水丞司地分退慢埽分並諸州移撥；其三分特許將合配五百里以下情犯稍輕之人，依錢監法撥行配填；其餘三分，乞下所屬預支例物、錢帛，責令畿西、河北路側近州縣寄招，逐旋發遣〔二〕。並限半年須管數足。如有違慢去處，從本司具因依申乞朝廷，重賜施行。』工部今勘當，除乞於北外都水丞司並諸路移撥人兵，都水監稱有未便，難議施行，餘依張克懋所乞事理施行〔三〕。」刑部看詳：「張克懋所申，乞將三分特許將合配五百里以下情理稍輕之人，依錢監法撥行配填。其錢監乞配填兵匠，皆係免決配填。今勘當，欲下諸路州軍，除犯彊盜，及合配廣南遠惡州軍、沙門島並殺人放火兇惡之人外，將犯罪合配五百里以下之人，不以情理輕重配填。仍斷乞先刺『刺配』二字，監送南外都水丞司分撥諸埽，及填刺配埽分。候敷足，申乞住配。」詔依工部所奏，內情輕人特免決刺填。

〔一〕六年閏正月二十八日　「月」字原缺，據上下文補。

〔二〕逐旋發遣　「旋」原作「施」，形近而訛，今改。

〔三〕餘依張克懋所乞事理施行　「依」字原缺，據前後文補。

七月二十日，詔：「勘會廣武、雄武諸埽，腹背清汴〔一〕，雖已降指揮，都水監廣貯功料，即今大河向着，下瞰都城，可令都水監常切遵守元豐舊制，於逐埽廣貯工料，過作枝梧，不得少有疏虞，官吏當行軍法。」

〔一〕腹背清汴　「腹」原作「復」，據方域一五之二八至二九改。

十月十八日，詔孟昌齡、王仍，令學士院降詔獎諭，寇茂孫等六人各轉一官，孟擴等十八人各減三年磨勘，賈鎮等各減二年磨勘。以户部尚書孟昌齡奏，三山河橋經今漲水過，並無疏虞，其官吏委有勞效，乞行推賞故也。

七年五月二十九日，詔：「諸免夫錢應差人管押赴指定埽分送納者〔一〕，元科州縣先具年分、錢數、押人姓名、起發日月實封入遞，報南、北外丞司。仍別給行程付押人，所至官司即時批書出入界日時，遞相關報催促。」從南外都水監丞張瑨所請也。

〔一〕諸免夫錢應差人管押赴指定埽分送納者　「指」原作「詣」，形近而訛，今改。

八月三日，詔：「訪聞河朔郡縣凡有逐急應副河埽梢草等物，多是寄居命官子弟及舉人、伎術、道僧、公吏人等，别作名字攬納，或干託時官權要，以攬狀封送令佐，恣其立價，多取於民。或民户陪貼錢物，郡縣爲之理索，甚失朝廷革弊恤民之意。自今並以違御筆論，不以蔭贖及赦降、自首原減。許人告，賞錢一千貫，以犯事人家財充〔一〕。當職官輒受請求者與同罪。」

〔一〕以犯事人家財充　「事」字原缺，據輯稿刑法二之六八補。

宣和元年五月四日，太師、魯國公蔡京等言：「伏覩宣示廣武埽所開直河，大河水勢直趨下口，不俟人力開撥，大河已直入河行流，皆自陛下降香陳醮，致舒解廣武危急，臣不勝大慶。伏乞宣付史館。」四月九日〔一〕，奉聖旨送秘書省，許拜表稱賀。

〔一〕四月九日　按前言「五月四日」，此作「四月九日」，疑誤。

九月二十五日，詔：「汴河堤岸司可就所役兵夫取土〔二〕，將南岸自京至洛口廣闊厚實幫築，務要牢壯〔三〕，不得滅裂。自今後須管離堤岸三十步以外，方許開掘種植蓮藕等，不致陂水腹背相滲浸。如違，以違御筆論。」

〔一〕汴河堤岸司可就所役兵夫取土 「堤」原作「提」，形近而訛，今改。

〔二〕務要牢壯 「牢」原作「勞」。按「牢壯」，亦見輯稿食貨五二之三一、兵二五之二〇等。故改。

二十九日，文武百僚太師、魯國公蔡京等言：「伏覩提舉三山河橋孟昌齡奏：『奉御筆前去三山河措置西橋河道，臣行歷新堤諸埽，點檢得南丞官滎毖所申〔一〕，管下三十五埽，自河清及廣武埽以下，至三山正東南丞地分以來，卧南行流，皆是向着埽分。唯廣武諸埽又居都城之上，腹背清汴，比年以來，再軫聖慮。今歲漲水之後，諸埽岸下一例生灘，河行中道，實由聖德昭格上下，神祇助順，協濟偉績，誠非人力所致。』伏望宣付史館。」詔送秘書省。

〔一〕點檢得南丞官滎毖所申 「滎毖」原作「滎毖」，據襄陵集卷一都水丞滎毖等轉官制改。

十月二十三日，詔淮南西路提點刑獄徐閎中前任知濬州日〔一〕，應副橋埽，協力固護有勞，特賜紫章服。

〔一〕詔淮南西路提點刑獄徐閎中前任知濬州日 「徐閎中」原作「徐閔中」，據輯稿職官六九之一六、選舉三三之三五、通考卷一一户口考二改。

二年八月二十日，詔：「開修廣武直河，分奪南岸生灘，埽岸無虞，省減勞費，功利爲大〔一〕。當職官暴露郊野，日冒大暑，委有勤瘁，與常例恩賞不同。可特依此推恩，内減年人依文武臣比折，選人依條施行。提領措置官、保和殿學士、銀青光禄大夫孟昌齡，興德軍節度使王仍，各轉一官回授；漕臣并兩州知州各應辦錢糧，同京西轉運副使時道陳〔二〕，河北轉運副使胡直孺、李孝昌，知河陽王序，知懷州李罕，各進職一等。其餘官吏第一等各轉一官資，内無資人候有名目日收使；第二等各減三年磨勘。諸色人各支絹五匹。」

〔一〕功利爲大　「利」原作「和」，形近而訛，今改。

〔二〕同京西轉運副使時道陳　「時道陳」原缺「陳」字，據輯稿職官六九之七、食貨四九之三三、墨莊漫録卷七虬敦補。

九月四日，工部尚書陸德先等奏：「契勘黄河南、北兩外丞司管下文武都大官〔一〕，所屬河防職務事體非輕，須是諳曉河事之人，方可倚辦。熙寧以前，選舉曾經巡河兩任以上使臣，至元豐前選一任之人充，條格具存〔二〕。比來所差都大官，往往不經巡河〔三〕，緩急難以倚辦。乞今後依元豐選差曾經一任巡河差遣無遺闕之人充〔四〕。」詔依元豐法。

〔一〕契勘黄河南北兩外丞司管下文武都大官　「勘」字原缺，「大」原作「文」，據下文補改。

〔二〕條格具存　「格」原作「路」，形近而訛，今改。

〔三〕往往不經巡河　「巡」字原缺，據前文補。

〔四〕乞令後依元豐選差曾經一任巡河差遣無遺闕之人充　「巡」字原缺，「河」下原衍「湍」字，據前文補删。

三年六月二十三日，吏部奏：「崇寧三年六月十五日勅，諸向着埽添差承務郎以上或令録，以一員充管勾埽事。大觀二年六月十四日勅，諸埽添差文臣罷。政和二年七月五日奉聖旨，南、北外都水丞司管下逐都大司，各置文武官二員，内文臣從朝廷選差承務郎以上諳歷河事人，武臣令都水監依舊條奏舉。本部契勘〔一〕，准元豐六年閏六月十八日敕，黄河都大並令本監不以文武官指名奏差，南、北都水丞司管下逐都大司，元豐年只是通差文武官一員爲額，後來添增都大一員，即令每都大司文武官都大各一員。」詔添差文臣都大指揮更不施行，見任并已差人並罷，乃依省罷法。今後依元豐法通差文武官一員。

〔一〕本部契勘　「本」原作「水」，形近而訛，今改。

八月二十七日，詔：「訪聞今年六月冀州信都等埽大河暴漲，北外都水丞張克懋、知州韓昭、通判晁將之措置救護有方，各特轉一官。」

九月二十五日，詔：「朝散大夫、都水監丞梁防職事修舉，可令再任。侯廣武、雄武埽平寧，特與轉行一官，仍取旨陞擢差遣。」

四年七月二十九日，臣僚上言：「伏見恩州累修立大河堤道，都水監行催促工料等事爲名，舉辟文武官甚多，至於百二十餘員，例皆受牒家居，繫名本監，漫不省所領爲何事，其間曾至役所者十無一二焉。」詔除正差官一十一員外，餘並罷。今後都水監因事張官，正兼管就委策〔一〕，並具所得指揮姓名申尚書省差。應都水監、將作監見因事張官去處，限三日具見差委員數申尚書省裁定，不得隱漏。以上如違，並令御史臺覺察彈奏。

〔一〕正兼管就委策　按此句疑有脱誤。

九月二十三日〔一〕，太宰王黼言：「昨孟昌齡計議河事，至滑州韓村埽檢視，河流注衝寸金潭，其勢就下，未易禦遏。近降詔旨畫定，令就港灣對開直河。水司方議疏鑿，於元畫處自成直河一道，寸金潭下水即流，在役之人聚首仰歎。乞付史館。」從之。

〔一〕九月二十三日　按宋史卷九三河渠志三繫於宣和二年九月己卯，然是年九月無己卯日，誤。四年九月二十三日恰爲己卯，故從會要。

五年八月十九日，中書省言：「檢會京西路都轉運司狀，准都水監丞賈鎮劄子，欲乞京西漕臣應副梢草一百萬束。今契勘本司每年合應副廣武埽税草四百萬束，自來係將一百一十萬束年例科撥本色税草外，其餘二百九十萬束，昨宣和三年都水使者與本司官措置，令出備地里腳錢〔一〕，於黃河沿流去處置場收買，遂將本息合納秋雜錢細數，每束納本腳錢七十五文，共納錢二十一萬七千五百貫，赴南丞司並諸埽送納已訖。今來梢草一百萬束價錢〔二〕，欲令南外都水丞司依已降指揮，於納到逐年本腳錢內支給，仍乞量度日限買納。及依元降指揮，差水部郎中龔端前去點檢，自宣和三年以後納到梢草錢，見在若干，已買梢草若干，見在梢草若干，其錢有無移用。所有賈鎮奏上不實，令大理寺取勘，具案聞奏。案取到旨，尚書省工房並不檢貼檢照〔三〕，當行手分勒停，職級降兩官。」

〔一〕令出備地里腳錢　「里」原作「理」。按「地里腳錢」，見輯稿食貨四二之一二、兵五之一四等，故改。

〔二〕今來梢草一百萬束價錢　「來」原作「東」，形近而訛，今改。

〔三〕尚書省工房並不檢貼檢照　「省工」原倒，據輯稿職官四之五乙正。

十一月二十九日，都水使者韓梠奏：「昨奉聖旨，令臣固護滑州天臺埽，并降到御筆畫定圖子，對岸開修直河。臣到日躬親相視間，大河水勢盡在聖畫直河內行流，尋具劄子奏聞。」詔許拜表稱賀。

七年八月二十二日，詔：「應辦廣武河事官職修舉，備見宣力，京西轉運副使劉民瞻、韓奕忠各陞一職，提舉部夫官各減二年磨勘，內趙鼎減三年。受給差遣官、都壕寨分放工料官〔一〕、部從官、彈壓官、繫取土橋官、催促諸縣梢草官，各減一年磨勘。」

〔一〕都壕寨分放工料官　「壕」原作「瑑」，形近而訛，今改。

十一月十九日，南郊制：「勘會河防免夫錢數目至多，自今相度緊慢，於合興役埽分雇募人夫、未買梢草外〔一〕，並樁留以備危急支用。訪聞并不依條例措置，每至漲水危急，旋行科撥人夫，配買梢草，急於星火，官吏寅緣爲姦。自今後並於河防免夫錢内預行置辦，并優立價直雇夫役使，不得於倉卒之際卻行差科。」

〔一〕未買梢草外　按「未」字疑衍，且「買」前或脱「收」字。

十二月二十二日，詔河防免夫錢並罷。以上續國朝會要。

二股河

【題解】本門見方域一四之二七，大典卷五六四七「河」字韻「宋治河」事目收録。整理者於方域一四之二七「宋會要」下小字楷書批「二股河」，姑作門名。按本門文字皆見於玉海卷二二嘉祐永通河，且多以干支紀日，與輯稿前後不同，疑會要原無此門。本門起仁宗嘉祐二年，迄哲宗元祐七年。

嘉祐二年，有司言：「至和大水，京城罹害，宜自祥符縣葛家岡穿河，直城南好草陂，北入惠民河，分注魯溝，則無水患〔一〕。」

〔一〕則無水患　「水患」下原衍「永通」，據長編卷一八七嘉祐三年正月戊戌條、玉海卷二二嘉祐永通河删。按永通即永濟河，玉海嘉祐永通河注「紀云『永通』」。請參見本書水利門嘉祐三年正月條校記。

三年正月戊戌，發卒調民，穿河於京城西，役工六十萬〔一〕。九月成，癸巳，名曰永濟河〔二〕。

〔一〕役工六十萬　「六十」，玉海卷二二嘉祐永通河同，方域一七之四、長編卷一八八嘉祐三年九月癸巳條作「六十三」。

〔二〕名曰永濟河　「永濟河」又作「永通河」，請參見本書水利門嘉祐三年正月條校記。

十一月己丑，置都水監。

五年春，河北漕韓贄穿二股渠，分河流入金、赤河，役夫三千，一月而畢。

七月丙辰，上二股河圖。

八年，贄判都水。二月，命贄及丞李立之與河北漕唐介按視修二股河〔一〕。

〔一〕命贄及丞李立之與河北漕唐介按視修二股河　「唐介」原作「唐界」，據玉海卷二二嘉祐永通河及宋史卷三一六唐介傳改。

治平元年五月，命都水浚二股河，紓恩、冀水災。

熙寧元年十一月十三日，命學士司馬光度二股河利害〔一〕。

〔一〕命學士司馬光度二股河利害　「度」上疑脱「相」字。

二年八月五日己亥，光言：「禹分九河，漢釃二渠，河順則爲患小矣。河併爲一則勞費倍，分爲二則費减半。張鞏等欲塞二股河爲北流，恐費大而功不成。」

十四日，鞏言北流已塞。辛亥，詔閉斷北流。

四年七月，河決大名〔一〕。五年三月塞之，導河入二股。

〔一〕河決大名 「大名」原作「大明」，據玉海卷二二嘉祐永通河改。

七年，浚魚肋河，復二股河故道。

元祐七年，呂大防曰：「黄河持議者有三説，一曰回河，二曰塞河，三曰分水。爲四隄二河分减水勢，實爲大利。」

汴河

【題解】本門見方域一六之一至一九，大典卷五六五一「河」字韻「河名」事目收録。整理者於方域一六之一天頭楷書批「汴河」，方域一五之二〇、一六之二五均有注云「詳見汴河門」，門名可確定。又整理者於方域一六之一「宋會要」下楷書批「諸河」，其下又注「汴河、廣濟河、惠民河、金水河、白溝河、東南諸水」。本門起太祖建隆三年六月，迄高宗建炎三年四月十日。

太祖建隆三年六月〔一〕，宋州上言，寧陵縣河溢堤決。詔發宋、亳丁夫四千五百人〔二〕，分遣使臣護役，命西上閤門使郭守文總其事。又發丁夫三千三百人塞汴口以息水勢〔三〕，命判四方館事梁迥董之。

〔一〕太祖建隆三年六月　按長編卷一九、宋史卷九三河渠志三均繫於太平興國三年六月，下文「四年八月」條，長編卷二〇、宋史卷九三河渠志三亦繫於太平興國四年八月。又按宋史卷二五九郭守文傳載其太平興國三年遷西上閤門使，且方域一四之二載，太平興國三年十月，寧陵縣河復決，命西上閤門使郭守文等護其役。故輯稿太祖建隆當作太宗太平興國。

〔二〕亳丁夫四千五百人　「亳」原作「毫」，據長編卷一九太平興國三年六月乙亥條、宋史卷九三河渠志三改。

〔三〕又發丁夫三千三百人塞汴口以息水勢　按「三百」，長編卷一九太平興國三年六月乙亥條作「二百」。

四年八月，又決於宋城縣，以本州諸縣丁夫三千五百人塞之〔一〕，命八作使郝守濬護其役。

〔一〕以本州諸縣丁夫三千五百人塞之　「三」原作「二」，據長編卷二〇太平興國四年八月甲戌條、宋史卷九三河渠志三改。

雍熙二年六月，汴又決於宋州宋城縣，發近縣丁夫二千人塞之，判四方館周瑩、八作使郝守濬護其役。知州、工部郎中劉甫英護堤不謹，責濮州防禦副使〔一〕；都大巡河〔二〕、作坊副使劉吉降西頭供奉官〔三〕。

〔一〕責濮州防禦副使　「責」原作「青」，形近而訛，今改。

〔二〕都大巡河　「都」原作「郭」，據輯稿職官五之四二改。

〔三〕作坊副使劉吉降西頭供奉官　「吉降」原倒。按劉吉，太宗時人，見長編卷二三太平興國七年七月乙未條、宋史卷九一河渠志一等。故乙正。

至道二年六月，河決穀熟縣，遣御前忠佐軍頭劉能乘急遞船往修塞之。

真宗景德元年七月，以水部郎中、三門發運使許玄豹兼河陰兵馬都監〔一〕、知縣事。河陰汴口每歲均節水勢〔二〕，以濟江淮漕運，玄豹上書自言習知利害〔三〕，願兼領以自効，故命之。自是河陰常命知水事者爲都監，其後宋雄以鴻臚亦爲之〔四〕。

〔一〕三門發運使許玄豹兼河陰兵馬都監　「運」原作「遣」，據輯稿職官四九之一、長編卷五六景德元年七月乙未條改。

〔二〕河陰汴口每歲均節水勢　「節」原作「師」，據輯稿職官四九之一、長編卷五六景德元年七月乙未條、玉海卷二二宋朝四渠改。

〔三〕玄豹上書自言習知利害　「習」原作「皆」，據輯稿職官四九之一改。

〔四〕其後宋雄以鴻臚亦爲之　按此句疑误，長編卷五六景德元年七月乙未條及宋史卷二六四本传均載宋雄卒於景德元年。或「後」当作「前」。

三年六月，汴水暴漲，詔宣政使李神祐〔一〕、東上閤門使曹利用、馬軍副都指揮使曹璨、步軍副都指揮使王隱巡護隄岸〔二〕。帝曰：「昨晚覘候水勢，京城東去窯務約四五十步，水不溢岸者五寸至一寸。西染院側水溢壞屋，賴外堤防遏。」遂令併工修補，增起堤岸，自今凡檢計似此怯弱處，倍加工料。翌日，乘步輦幸西水門觀汴水，問工作兵士，賜錢人一千。又幸東染院，召從官賜茶。

〔一〕詔宣政使李神祐　「李神祐」，長編卷六三景德三年六月甲午條作「李神福」，是條又載有内園使李神祐。按宋史卷四六六李神福傳載其景德三年改宣政使。故當從長編作「李神福」。

〔二〕步軍副都指揮使王隱巡護隄岸　「岸」字原缺，據長編卷六三景德三年六月甲午條補。

是日，應天府亦言汴決南隄，流亳州，合浪宕河東入於淮。即遣閤門祗候胡守節馳往河陰，督兵馬都監錢昭晟塞汴口〔一〕，劾罪貶秩。又内園使李神祐馳往應天〔二〕，固護決隄。所需物料〔三〕，三司自京津遣，不得科配差擾。又遣入内高班韓從政、本州不該修河官檢行經水家，口給米三斗。避水隔在高阜者，以船搬去，隨便安泊，不願離者聽自便。闕食者據口給糧，死無主者及貧不能掩瘞者爲殯埋〔四〕。災傷之民，倍加安撫。

〔一〕督兵馬都監錢昭晟塞汴口　「都」字原缺，據長編卷六三景德三年六月甲午條補。

〔二〕又内園使李神祐馳往應天　「李神祐」原作「李神佑」，據長編卷六三景德三年六月甲午條及宋史卷四六六李神祐傳改。

〔三〕所需物料　「需」字原缺，據方域四之一九補。

〔四〕死無主者及貧不能掩瘞者爲殯埋　「瘞」原作「痊」，據長編卷六三景德三年六月丙申條改。

七月，遣屯田員外郎、直昭文館尹少連祭汴口。自汴決，遂壅汴口，減水勢築堤。至是畢工，後開導之，故祭焉。

四年七月，詔汴堤商旅以牛驢挽舟者，所在官司勿禁止之。

大中祥符元年正月，侍衛步軍司言浚汴河，差人巡欄，請給器械。帝曰：「約攔丁夫，何用器械？令樞密召諭，不得毆擊。」

三年正月，罷汴河沿隄巡檢内臣，其緣開汴功料，即分定地，權差内臣檢校。

六月，以汴水淺澀，遣知制誥孫僅祭汴口。既而雨澤水漲，公私無滯。

四年正月，詔河南府、孟鄭州所發浚汴口役夫，今年夏稅止輸本處。

十月，白波發運判官史瑩言：「朝廷歲計汴口頗費工料〔一〕，蓋地多砂磧，轉移不定。臣久曾相度，乃尋古碑誌，請於汜水孤栢嶺下緣南岸山趾開疊汴口，必可久遠水勢均調。」帝曰：「河流轉徙〔二〕，今古不同，朕詳所奏及圖所開口處地形甚高，若河勢正注而來，下面分泄不及，即溢流爲害，亦可慮也。然瑩論列頗堅，可并圖付汴口楊守遵，令同經度〔三〕。」守遵言：「若開之，功力浩瀚，河水猛大，難以枝梧。」瑩復指陳守遵爲己邀功，乞别委官經度。又令内侍都知閻承翰，言今河流併依南岸，若就開汴口，取河東注，至於京師，亦可憂慮。且請於下流開減水四道以防汜溢。從之，遂罷瑩請。瑩所上碑誌云：「正觀中，文皇帝降洛州長史李傑大開具舊制，創堰鑿山，山有堅壤，隨山導水，水無激湍。連堤以布具揵，用決濤浪；

釃河以延其濤，用艤舟檝。巨浸不入，餘波常通，以濟大川，利有攸往，故無顛覆之憂。雖夏潦暴興，濟沙洎至，深尤過厲，濬未勞人，可爲萬代之軌也。有或人者上言〔四〕：『此之溝洫，無異涓澮，一葦則浮，巨艦則膠。』乃特起渠口，寔丁河衝，琢石爲門，刻木爲閣，壯麗極矣，才力殫矣。始有曰流苟洒矣，少有曰灘自堙矣。奚道之廣費，而塞之遄迫，陽侯何情，役夫匪知，僉識其鄙，孰彰其事。皇帝與天合契，登岱勒崇，已遇堯功，尤勞禹跡。恤人之隱，若己納隍，念彼方割，疇咨俾乂〔五〕。始命范公往兼之，范公承舜明命，委垂共工，詳改作之殊宜，請仍舊而爲美。已而詔公爲開鑿使，使左驍衛中郎將張琰介焉。於是召水工，審地勢〔六〕，調閱五州數萬之卒，部勒群吏千夫之長。疏疆畫分，荷鍤如雲，畚之絲，鄭之沄，人百其力，皋鼓弗闐。平塘成澮，夷岸成埧，植以柳杞〔七〕，揭以杠梁，便道而行，應務斯畢。開元十五年二月二十五日建。」

〔一〕朝廷歲計汴口頗費工料　「廷」原作「建」，形近而訛，今改。

〔二〕河流轉徙　「徙」原作「徒」，形近而訛，今改。

〔三〕令同經度　「經度」原缺，據長編卷七六大中祥符四年十月丁卯條、玉海卷二二宋朝四渠補。

〔四〕有或人者上言　「上」原作「止」，形近而訛，今改。

〔五〕疇咨俾乂　「乂」原作「又」，據玉海卷二二宋朝四渠改。

〔六〕審地勢　「審」原作「雷」，據玉海卷二二宋朝四渠改。

〔七〕植以柳杞 「植」原作「槙」，據玉海卷二二宋朝四渠改。

五年閏十月，帝曰：「汴河有灣曲，灘淺，没溺甚多〔一〕，蓋開浚之際，只依檢到功料〔二〕，檢計之際，又河水蓋覈〔三〕，不見合施功處。自今須先塞上流，盡河槽内水，方行檢計。」仍差莊宅副使王承祐、入内殿頭楊懷吉領其事〔四〕。

〔一〕没溺甚多 「没」字原缺，據長編卷七九大中祥符五年閏十月庚寅條補。

〔二〕只依檢到功料 「料」原作「科」，據長編卷七九大中祥符五年閏十月庚寅條改。

〔三〕又河水蓋覈 「蓋」原作「益」，據長編卷七九大中祥符五年閏十月庚寅條改。

〔四〕入内殿頭楊懷吉領其事 「楊懷吉」原作「楊懷古」，據方域一四之八、長編卷七九大中祥符五年閏十月庚寅條、宋史卷四六六周懷政傳改。

八年六月，詔自今開汴口，預選日奏聞，當遣官祭告。

是月，詔自今後汴水添漲及七尺五寸，即遣禁兵三千，沿河防護。時差兵士護河太速故也。因詔自今遣内臣分掌京城門鑰，如盛漲，防河兵士即開關點閲放過〔一〕。

〔一〕防河兵士即開關點閲放過 「關」字原缺，據長編卷八四大中祥符八年六月癸亥條補。又「兵士」下疑脱「至彼」。

七月，命知制誥劉筠乘傳祭汴口，以河流阻澀故也。

八月，太常少卿馬元方請浚汴河中流〔一〕，闊五丈，深五尺，可省修堤之費。即詔供奉官、閤門祇候韋繼昇計度修浚。繼昇上言〔二〕：「泗州西至開封府界〔三〕，岸闊底平，水勢薄，不假開浚，請止自泗州夾岡，用功八十六萬五千四百二十八〔四〕，以宿、亳丁夫充，計減功七百三十一萬。仍請於沿河作頭踏道擗岸，其淺處爲鋸牙，以束水勢，使其浚成河道。止用河清、下卸卒，就未放春水前，令逐州長吏、令佐督役。自今汴河淤澱，可三五年一浚。又於中牟、滎澤縣各開減水河。」並從之，仍命繼昇都大巡護。及修浚畢，明年繼昇表請罷修河一年，可省物力。帝曰：「惜得夫役誠好，必然不爲民患否？」繼昇極言其利，帝曰：「當更遣人相度，異日河決，雖罪言者，亦無益事。」

〔一〕太常少卿馬元方請浚汴河中流　「馬元方」原作「馬尢方」，據長編卷八五大中祥符八年十二月甲午條、玉海卷二二宋朝四渠、宋史卷九三河渠志三改。

〔二〕繼昇上言　「上言」原倒，據長編卷八五大中祥符八年十二月甲午條乙正。

〔三〕泗州西至開封府界　「泗州」原作「泗洲」，據長編卷八五大中祥符八年十二月甲午條、宋史卷九三河渠志三改。下同。

〔四〕用功八十六萬五千四百二十八　「二十八」原作「二十人」，據長編卷八五大中祥符八年十二月甲午條改。

天禧元年正月，都大巡檢汴河堤岸韋繼昇、張君平言〔一〕：「汴河逐年栽種榆柳〔二〕，並於人户科配，栽種失時，少有青活。遞年增數帳管，遂勒逐鋪作畦，收榆莢種蒔，於閑隙地内栽種。欲望自今在任三年，如能沿河於閑地栽種椑五萬株已上青活〔三〕，委新官點檢交割，州府保明聞奏，令佐免選，與家便官，使臣免短使，京朝官知縣優與親民。其在任官每一年栽種二萬株〔四〕，亦與依前項處分。」詔緣汴河州軍管勾河堤京朝官使臣、令佐等任滿，如委栽種及五萬株已上青活，河堤别無疏虞，新官點檢交割，取本州府官吏保明以聞。仍自齎赴闕〔五〕，於中書、樞密院通下，候看詳應條，京朝官使臣與免短使、家便差遣，令佐免選。如不應條，不及數，顯有情倖，干繫官吏重行朝典。

〔一〕張君平言　「張君平」原作「長君平」，據宋史卷三二六張君平傳改。

〔二〕汴河逐年栽種榆柳　「逐」原作「遂」，形近而訛，今改。

〔三〕如能沿河於閑地栽種椑五萬株已上青活　椑，柿之一種，上古本疑當作「俾」，或是。

〔四〕其在任官每一年栽種二萬株　「其」原作「具」，形近而訛，今改。

〔五〕仍自齎赴闕　「齎」原作「齊」，形近而訛，今改。

九月，詔曰：「睠彼京師，寔通汴水，是四海會同之處。念一夫覆溺之憂，俾設巡防，合行拯救。苟失性命，深用憫傷。爰形勸賞之文〔一〕，式表好生之旨。應沿汴河州縣，有誤墜河之人，委本界巡檢及習水人等晝時救接，如溺者家願出錢與拯濟之人者聽。或救接得貧闕人，即以官錢給賜。」

〔一〕爰形勸賞之文　「勸」原作「勤」，形近而訛，今改。

二年六月，汴水漲九尺，遣臣詣萬勝、梁固斗門，諭勾當使臣均調水勢，無致泛溢。八月，遣開封府推官周好問與八作、排岸司檢汴堤毁官司廬舍〔一〕，計工料修疊，凡工二百四萬。時開封府言，民屋低下，岸多摧圮故也〔二〕。

〔一〕排岸司檢汴堤毁官司廬舍　「排岸司」原作「推岸司」，據宋史卷一八九兵志三改。

〔二〕岸多摧圮故也　「摧」原作「擁」，形近而訛，今改。

仁宗天聖三年八月，以汴水淺澀，遣使祭汴口。

四年七月，樞密院言：「汴水漲，堤危急，欲令八作司相度京城西決洩入護龍河，以減水勢。」從之，遂於賈陂開決疊水口。畢，賜役兵緡錢。

慶曆六年十二月八日，勾當汴口張從一、張滋言三年水勢調均。詔從一轉西上閤門副使，滋遷西京作坊。

皇祐二年八月，命開封府判官張中庸往中牟縣修築汴河堤岸。

三年九月，詔緣汴河商稅務毋得苛留公私舟船。又詔三司河渠司，每年一開浚之。

嘉祐二年六月，詔以真宗皇帝御製發願文刻石於汴口靈津廟。

六年閏八月六日，同判水監楊佐言〔一〕，據汴口檢計功役八萬三百一十一工，具到功畢，尅日取放水勢。詔汴口見役人員兵士並等第特支〔二〕。

〔一〕同判水監楊佐言　「言」原作「官」，形近而訛，今改。

〔二〕詔汴口見役人員兵士並等第特支　「役」原作「攸」，「第」字原缺，按方域一四之二二有「見役兵士特與等第支賜」云，故改補。又「員」原作「貢」，形近而訛，今改。

英宗治平二年七月〔一〕，詔以狹汴河賞官吏有差。初，嘉祐六年，以汴河久不浚〔二〕，詔命都水監與淮南江浙荊湖制置發運使李肅之相度利害〔三〕。都水監奏〔四〕：「汴河自泗州以上至南京〔五〕，水道直流湍駛〔六〕，不復須治；自南京以上至汴口，水闊散漫，以故多淺。欲乞自南京至都門三百里修狹河木岸〔七〕，扼束水勢，令深駛。俟三五年見次第，即復修汴口至京東水門外。所用椿梢止伐岸木爲之可足。」詔從之。而以岸木不足，又募民出雜梢〔八〕，度以爲僧。凡用梢椿、竹索三百八十四萬二百，役工百八十六萬四千〔九〕，爲岸三萬一千四百步。自祖宗時固已嘗狹河，其後久不復狹。方興是役，論者紛然，以爲不利，及成，人乃便之〔一〇〕。以上國朝會要〔一一〕。

〔一〕英宗治平二年七月　「二年」，玉海卷二二宋朝四渠作「三年」。

〔二〕以汴河久不浚　「浚」下原衍「河久不浚」，據前後文删。

〔三〕詔命都水監與淮南江浙荆湖制置發運使李肅之相度利害　「置」字原缺，據輯稿食貨一之三三補。又「相」原作「祖」，形近而訛，今改。

〔四〕都水監奏　「奏」原作「察」，據宋史卷九三河渠志三改。

〔五〕汴河自泗州以上至南京　「泗州」原作「泗洲」，據宋史卷九三河渠志三改。

〔六〕水道直流湍駛　「湍」字原缺，據宋史卷九三河渠志三補。

〔七〕欲乞自南京至都門三百里修狹河木岸　「木」原作「水」，據玉海卷二二宋朝四渠、宋史卷九三河渠志三改。

〔八〕又募民出雜梢　「梢」原作「稍」，據宋史卷九三河渠志三改。

〔九〕役工百八十六萬四千　「萬」字原缺，據玉海卷二二宋朝四渠補。

〔一〇〕人乃便之　「便」原作「使」，據玉海卷二二宋朝四渠改。

〔一一〕以上國朝會要　原爲大字正文，實爲大典編者按語，今改作小字注。

神宗熙寧六年六月十二日，上批：「汴水比忽減落，中河絶流，其窪下處才餘一二尺許。訪聞下流公私重船，初不預知放水淤田時日，以故減剥不及，類皆閣折損壞〔一〕，致留滯久，人情不安。可令都水應干官司分析，仍下三司〔二〕，委差官同府界提點司自京抵陳留，具有無損壞舟舡，比較累年所壞數以聞。」後提點吴審禮等言，檢視舟舡，初無損壞者〔三〕。

〔一〕類皆閣折損壞　「閣」原作「閤」，據長編卷二四五熙寧六年六月甲申條改。

〔二〕仍下三司　「仍」字原缺，「下」上原衍「上」字，據長編卷二四五熙寧六年六月甲申條補删。

〔三〕初無損壞者　「無」字原缺，據長編卷二四五熙寧六年六月甲申條補。

十一月七日，中書門下言：「權判將作監范子奇乞不閉汴口，造木栰截口，或打撥大河浮凌不入，常使水勢通流，外江綱運直入汴至京，公私利便，經久委實可行。淮南江浙荆湖都大制置發運司乞再展十日閉口。」詔汴口相度。既而乞依范子奇所請，差人打撥凌牌及就汴口造木栰欄截浮凌。從之。舊制，汴口啟閉有時，至是遂不閉之。會高麗入貢，因令泝流而上。

七年八月二十一日，同判都水監宋昌言、李立之、丞王令圖言：「汴口已生新灘〔一〕，秋冬之交必稍退背，乞權閉汴口使水涸，增修堤岸、斗門畢，再相度。」同判都水監侯叔獻、丞劉璯乞不閉汴口，於孔固斗門下權作截河堰，使水入斗門〔二〕，候修堤岸畢即開堰。詔如叔獻等所請。

〔一〕汴口已生新灘　「新」原作「雜」，據長編卷二五五熙寧七年八月丙戌條改。

〔二〕使水入斗門　「斗」原作「都」，據前文及長編卷二五五熙寧七年八月丙戌條改。

八年二月二十四日，同管勾外都水監丞程昉等言〔一〕：「嘗乞以京西三十六陂爲塘〔二〕，瀦水入汴漕運〔三〕，其陂內民田，欲先差官量頃畝，依數撥還，或給價錢。又采買材木遥遠，清汴牐欲作三二年修，仍乞選知河事臣僚再按視措置。」詔翰林侍讀學士陳繹、入內都知張茂則與昉等覆視以聞。其後繹等言水源足用，清汴有可以必成理。

〔一〕同管勾外都水監丞程昉等言　「外」原作「水」，據長編卷二六〇熙寧八年二月丙戌條改。

〔二〕嘗乞以京西三十六陂爲塘　「乞」字原缺，「以」上原衍「以」字，據長編卷二六〇熙寧八年二月丙戌條補刪。

〔三〕瀦水入汴漕運　「入」字原缺，據長編卷二六〇熙寧八年二月丙戌條補。

六月十六日，都水監言，汴、蔡兩河就丁字河置牐通漕。從之。時有詔糴京西米赴河北封椿〔一〕，患蔡河舟運不能達河北，故水官侯叔獻、劉璯建議，汴河可因故道鑿堤置牐〔二〕，引汴水入蔡河。

〔一〕時有詔糴京西米赴河北封椿　「京西」原倒，據長編卷二六五熙寧八年六月丙午條、宋史卷九四河渠志四乙正。

〔二〕汴河可因故道鑿堤置牐　按長編卷二六五熙寧八年六月丙午條載：「汴、蔡兩河間有丁字河，可因其故道鑿堤置牐」。宋史卷九四河渠志四亦言，侯叔獻請因「丁字河故道鑿堤置牐」。輯稿疑有脱誤。

十二月二十六日，都水監言：「孫賈斗門之西，汴河北岸，共八處可置虛堤，滲水入西賈陂；並淤田司欄水開河一道〔一〕，引水透入減水河，下注霧澤陂〔二〕，爲五丈河上源〔三〕。乞差楊琰管勾修置，陳祐甫提舉〔四〕。」從之。

〔一〕並淤田司欄水開河一道　「田」原作「由」，「欄水」下原衍「堤」字，據長編卷二七一熙寧八年十二月癸丑條改删。

〔二〕下注霧澤陂　「霧澤陂」原作「務澤陂」，據長編卷二七一熙寧八年十二月癸丑條、宋史卷九四河渠志四改。

〔三〕爲五丈河上源　「五丈河」原作「五犬河」，據長編卷二七一熙寧八年十二月癸丑條改。

〔四〕陳祐甫提舉　「陳祐甫」原缺「甫」字，據長編卷二七一熙寧八年十二月癸丑條、宋史卷九四河渠志四補。

九年正月二十八日，中書門下言，今安南行營器械什物發付潭州〔一〕，欲令都水監早開汴水。從之。

〔一〕今安南行營器械什物發付潭州　「行」字原缺，據長編卷二七二熙寧九年正月壬午條補。

十年二月十三日，詔春候已深，無甚寒凍，高麗進奉使非久離京，汴口可令都水監於元擬日前促五七日。

六月二十八日，范子淵言，今月十八日興工濬汴。

九月二十六日，權判都水監俞充等言：「勘會汴口取黄河水經由京師，應副東南漕運，久來選任能吏，增置兵力，廣聚物料，以爲緩急之備。後多裁減，事難濟辦，合具申請：

一、汴口久來差大使臣二員，内或小使臣一員勾當，並兼京西都大巡檢汴河堤岸賊盜斗門。近歲兼管勾淤田〔一〕，仍一員官高者同河陰縣兵馬都監，以便緩急差借河陰縣教兵士〔二〕。昨因裁減日，差小使臣二員，改作勾當汴口、管勾京師汴河堤岸斗門淤田。況勾當汴口使臣所管地方，自京城西至汴口一百里，事責重於京東都大提舉〔三〕，權輕任卑〔四〕，難爲集事。欲乞差諳曉河事大使臣一員，仍留見在小使臣一員勾當汴口，並兼京西都大巡檢汴河堤岸賊盜斗門、管勾淤田。内大使臣仍同河陰縣兵馬都監，其替罷小使臣卻與河上一等差遣，不爲遺闕。

一、河陰、管城縣等沿夾河巡檢，自汴口至趙橋地分約五十里，并河陰縣雄武埽黄河巡河，舊有使臣二員通管〔五〕，近減罷，令勾當汴口使臣兼行管勾。緣勾當汴口使臣常須在本口調匀水勢，豈可更令兼管夾河巡檢公事？欲乞比舊裁減一員，只差小使臣一員，自汴口至趙橋沿夾河巡檢〔六〕，專切修護堤岸，兼河陰縣雄武埽巡河〔七〕。乞本監選舉。

一、京西都大巡河司及汴口舊管部役使臣四員，内差使臣管押人船般運鞏縣山灘柴草二員，專管勾汴口上下約堤埽外，有一員諸處部役。近裁減都大司部役，只留汴口二員，全然闕人。欲乞依舊添差部役使臣二員，從本監選舉〔八〕。

一、汴口舊管河清三指揮，廣濟、平塞各一指揮，並以八百人爲額，計四千人。昨減併平塞并河清第三兩指揮〔九〕，欲乞只將見管河清、廣濟三指揮並依添作八百人爲額〔一〇〕，據見少人數，乞下外都水監丞司，於北京以下埽分割移河清人兵千人赴汴口填配，餘數即令招填，比舊亦減一千六百餘人。

一、汴口官吏調匀水勢，固護堤埽，近經裁減賞格，卻以減省工料爲重，調匀水勢爲輕，官吏務減省工料，不顧水勢，以致汴水多不調匀，阻節行運。欲令後汴口官吏任滿，減省工料雖應賞格，仍須埽岸、斗門無虞，水勢調匀，不阻行運，方與酬獎。凡諸勾當汴口兼管雄武埽官員任滿，埽岸、斗門無虞，調匀水勢，不阻行運，方有賞格。」並從之。

〔一〕近歲兼管勾淤田　「淤」原作「洪」，據後文改。

〔二〕以便緩急差借河陰縣教兵士　「教」下疑脱「閲」字。

〔三〕事責重於京東都大提舉　「提」原作「堤」，形近而訛，今改。

〔四〕權輕任卑　「卑」原作「畢」，形近而訛，今改。

〔五〕舊有使臣二員通管　「臣」字原缺，據前後文補。

〔六〕自汴口至趙橋沿夾河巡檢　「沿」原作「汾」，「夾河」上原衍「汴」字，據前文改删。

〔七〕兼河陰縣雄武埽巡河　「雄」字原缺，據前文補。

〔八〕從本監選舉　「監」字原缺，據前文補。

〔九〕昨減併平塞并河清第三兩指揮　「第」原作「地」。按前後文，汴口舊管河清三指揮，加廣濟、平塞共五指揮，現管河清、廣濟三指揮，則已減去平塞及河清二指揮，故「地三」實「第三」之誤。據改。

〔一〇〕廣濟三指揮并依添作八百人爲額　按「依」下疑脱「舊」或「舊額」。

十月十七日，提舉修閉決口所乞專差内臣，於斷河内門處打斷欄水堤，不得放水東流。從之。續詔凡取借什物、動使家事等，並許不依常計〔一〕，及所舉受納管勾等文武官〔二〕，共不得過二十人。

〔一〕並許不依常計　「許」原作「計」，形近而訛，今改。

〔二〕及所舉受納管勾等文武官　「勾」原作「匂」，據上文改。

元豐元年三月二日，詔都水監調撥汴口水勢，通接淮、汴行運，其曹村決口水雖已還故道，三日一具疏濬次第以聞。

六月十五日，權都水監丞范子淵言：「乞於汜水鎮北門導洛水入汴，爲清汴通漕，以省開閉汴口功費〔一〕。」詔候來年取旨。

〔一〕以省開閉汴口功費　「閉」原作「門」，據長編卷二九〇元豐元年六月丁巳條改。

十月七日，權都水監丞范子淵言：「自來前冬至二十日閉汴口〔一〕，今歲閏月，較之常年已是深冬，慮大河淩牌爲患，乞先期閉口。」詔聽前冬至日半月〔三〕。

〔二〕自來前冬至二十日閉汴口　「二十」，長編卷二九三元豐元年十月戊申條作「三十」。

〔三〕詔聽前冬至日半月　「冬」字原缺，據前文補。

十一月四日，都水監言，乞下京西差夫一萬赴汴河口〔一〕，限一月開修河道。詔止差七千人。

〔一〕乞下京西差夫一萬赴汴河口　「差」字原缺，據長編卷二九四元豐元年十一月甲戌條補。

十二月六日，知都水監丞范子淵言：「奉詔相視導洛通汴，今自河陰縣西十里簽河處步量至洛口，地形西高東下，可以行水，乞差知水事臣僚再按視。」詔遣史館修撰、直學士院安燾，入内都知張茂則。

二年二月二十一日，詔入内東頭供奉官宋用臣，及河水未通，毋俟盧秉押米運到京〔一〕，先往按視導洛通汴利害以聞。

〔一〕毋俟盧秉押米運到京　「米」原作「未」，據長編卷二九六元豐二年二月庚申條改。

三月十三日，詔發壯役兵二千，京東路廂軍一千，濱、棣州修城揀中崇勝兵五指揮〔一〕，並赴洛口工役。

〔一〕棣州修城揀中崇勝兵五指揮　「棣」字原空，據長編卷二九七元豐二年三月壬午條補。

二十一日，詔入内東頭供奉官宋用臣都大提舉導洛通汴，前差盧秉罷勿遣。初，去年五月，西頭供奉官張從惠言：「汴河口歲歲閉塞，又修堤防勞費，一歲通漕纔二百餘日。往時數有人建議引洛水入汴，患黄河齧廣武山，須鑿山嶺十五丈至十丈以通汴渠，功大不可爲。自去年七月，黄河暴漲異於常年，水落而河稍北去，距廣武山麓有七里遠者，退灘高闊，可鑿爲渠，引洛水入汴〔二〕，爲萬世之利。」知孟州河陰縣鄭信亦以爲言〔三〕。時范子淵知都水監丞，畫十利以獻：歲省開塞汴口工費，一也；黄河不注京城，省防河勞費，二也；汴堤無衝決之虞，三也；舟無激射覆溺之憂〔三〕，四也；人命無非横損失〔四〕，五也；四時通漕，六也；京、洛與東南百貨交通，七也；歲免河水不應，妨阻漕運，八也；江、淮漕船免爲舟卒鐫鑿沈溺以盜取官物，又可減泝流牽挽人夫，九也；沿汴巡河使臣、兵卒、薪楗皆可裁省，十也。又言：「汜水出玉仙山，索水出嵩渚山，亦可引以入汴。合三水積其廣深，得二千一百三十六尺，視今汴流尚羸九百七十四尺〔五〕。以河、洛湍緩不同〔六〕，得其羸餘，可以相補。猶懼不足，則旁堤爲塘〔七〕，滲取河水，每百里置木牐一，以限水勢。堤兩旁溝湖陂濼，皆可引以爲助，禁伊、洛上源私取水者。大約汴舟重載，入水不過四尺，今深五尺，可濟漕運。起鞏縣神尾山至士家堤〔八〕，築大堤四十七里〔九〕，以捍大河。起沙谷至河陰縣十里店，穿渠五十二里，引洛水屬於汴渠，總計用工三百五十七萬有奇。」疏奏，上重其事。是年冬，遣直學士院安燾、入内都知張茂則行視。正月，燾等還奏：「索水在汴口下四十里，不可引；洛、汜二水，積其廣深纔得二百六十餘尺，不足用。滲水塘引入大河，緩則填淤，急則衝決。洛水唯西京可分引入城〔一〇〕，下流還歸洛河〔一一〕，禁之無益。置牐恐地勢高下不齊〔一二〕，不能限節水勢。黄河距廣武山有纔一二里者，又方向著南岸，退灘堅土不及二分，沙居十之八，若於其間鑿河築堤〔一三〕，至夏洛水内溢，大河外漲，有腹背之患。新堤一決，新河勢必填淤，則三百餘萬工皆爲無用。又子淵建此，本欲省汴口歲歲勞費，今則埽堤水澾之類，歲計恐不啻一汴口之費，而又有不可保之慮。雖然，財力在人，猶可爲之，唯是水源不足，則人力不可疆致。蓋伊、洛山河，盛夏雖患有餘，過此常苦不足。疑謀勿成，唯陛下裁之。」上以子淵計畫有未善者，乃命用臣經度，以楊琰往。至是，用臣還奏可爲，請自任村沙谷口至汴口開河五十里，引伊、洛水入汴。每二十里置束水一，以芻楗爲之，以節湍急之勢，取水深一丈以通漕運。引古索河爲源，注房家、黄家、孟王陂及三十六陂，高仰處瀦水爲塘，以備洛水不足，則決以入河。又自汜水關北開河五百五十步〔一四〕，屬於黄河，上下置牐啟閉，以通黄、汴二河船筏。即洛河舊口置水澾〔一五〕，通黄河，以泄伊、洛暴漲之水。古索河等暴漲，即以魏樓、滎澤、孔固三斗門泄之。計用工九十萬七千有餘。又乞責子淵修護黄河南堤埽，以防侵奪新河。詔如用臣策，故有是命。

〔一〕引洛水入汴　「洛」原作「落」，據宋朝諸臣奏議卷一二七上哲宗乞開舊日汴口、宋史卷九四河渠志四改。

〔二〕知孟州河陰縣鄭信亦以爲言　「鄭信」，長編卷二九七元豐二年三月庚寅條作「鄭佶」，按方域一六之一六、長編卷三三一元豐五年十二月戊申條亦載及鄭佶事，當從長編。

〔三〕舟無激射覆溺之憂　「激」原作「檄」，據長編卷二九七元豐二年三月庚寅條改。

〔四〕人命無非横損失　按長編卷二九七亦同，清本眉批：「『非』下疑有『命』字，或『人無非命横損之失』。」

〔五〕視今汴流尚赢九百七十四尺　「汴」原作「淮」，據長編卷二九七元豐二年三月庚寅條、宋史卷九四河渠志四改。

〔六〕洛湍緩不同　「洛」字原缺，據長編卷二九七元豐二年三月庚寅條、宋史卷九四河渠志四補。

〔七〕則旁堤爲塘　「旁」原作「勞」，據長編卷二九七元豐二年三月庚寅條、宋史卷九四河渠志四改。

〔八〕起鞏縣神尾山至士家堤　「士家堤」原作「任家堤」，據長編卷二九七元豐二年三月庚寅條、宋史卷九四河渠志四改。

〔九〕築大堤四十七里　「築大堤」原缺，據長編卷二九七元豐二年三月庚寅條、宋史卷九四河渠志四補。

〔一〇〕洛水唯西京可分引入城　「京」字原缺，據長編卷二九七元豐二年三月庚寅條補。

〔一一〕下流還歸洛河　「還」原作「連」，據長編卷二九七元豐二年三月庚寅條改。

〔一二〕置牐恐地勢高下不齊　「牐」原作「牌」，據長編卷二九七元豐二年三月庚寅條改。下同。

〔一三〕若於其間鑿河築堤　「間」原作「開」，據長編卷二九七元豐二年三月庚寅條改。

〔一四〕又自汜水關北開河五百五十步　「關」原作「闞」，據長編卷二九七元豐二年三月庚寅條改。

〔一五〕即洛河舊口置水澾　「澾」原作「達」，據前文及長編卷二九七元豐二年三月庚寅條改。

二十三日，詔：「近已差宋用臣都大提舉導洛通汴司，可令范子淵俟修黄河南岸畢，留卒二千給用臣工役。仍令轉運副使李南公專應副，河南府都巡檢一人往洛口編欄。用臣支賜，依所寄諸司使給。」

四月十二日，詔司農寺出坊場錢十萬緡，賜導洛通汴司，增給吏兵食錢。内以二萬緡給范子淵，爲固護黄河南岸薪芻之費。

十七日，詔導洛通汴用是月甲子興工〔一〕，遣禮官祭告，如河道侵民冢墓，量給錢令遷避，無主者官爲瘞之。

〔一〕詔導洛通汴用是月甲子興工　「月」原作「日」，據長編卷二九七元豐二年四月乙卯條改。

六月四日，賜導洛通汴司開河築堤役兵特支錢。

十七日，提舉導洛通汴司言：「清汴成，四月甲子起兵役，六月戊申畢工，凡四十五日〔一〕。自任村沙谷至河陰縣瓦亭子，并汜水關北通黃河〔二〕，接運河，長五十一里。河兩岸爲隄〔三〕，總長一百三里，河所占官私地二十九頃。已引洛水入新口斗門，通流入汴。候水調勻〔四〕，可塞汴口，乞徙汴口官吏、河清指揮於新開洛口。」從之。

〔一〕凡四十五日　「十」原作「百」，據長編卷二九八元豐二年六月甲寅條改。
〔二〕并汜水關北通黃河　「關」原作「闕」，據長編卷二九八元豐二年六月甲寅條改。
〔三〕河兩岸爲隄　「隄」原作「提」，據長編卷二九八元豐二年六月甲寅條改。
〔四〕候水調勻　「勻」原作「均」，據長編卷二九八元豐二年六月甲寅條改。

二十二日，詔：「應導洛通汴事〔一〕，令宋用臣主管一年。如洛水通快，委范子淵閉黃河水口。其沿汴淤田，既非濁水，可並閉塞，併水東下，接應江、淮漕運。」

〔一〕應導洛通汴事　「導」原作「道」，據長編卷二九八元豐二年六月己未條改。

七月二日，詔汴口閉斷黃河水，遣禮官致祭。以都水監丞范子淵言，前月甲子已塞汴口故也。

同日，詔：「導洛水入汴，已通漕。嚮緣河水湍怒，綱運阻難，增置河堤使臣、河清軍士、技頭水手、廨舍營房。請受、水腳工錢，及汴口每年開閉物料、兵夫之費，自可裁損，令轉運使盧秉條析以聞〔一〕。」

〔一〕令轉運使盧秉條析以聞　「轉運使」，長編卷二九九元豐二年七月戊辰條作「發運使」。按下文「（元豐三年五月）二十一日」條及長編卷二九九元豐二年八月丙辰條亦言盧秉爲江淮發運副使，「轉運使」或誤。

五日〔一〕，都大提舉導洛通汴司言，洛河清水入汴，已成河道，疏濬司依舊攪起沙泥〔二〕，卻致填淤，乞權罷疏濬。從之。

〔一〕五日　「日」原作「月」，與前後不合。按長編卷二九九繫於元豐二年七月五日辛未，故改。

〔二〕疏濬司依舊攪起沙泥　「攪」原作「攪」，據長編卷二九九元豐二年七月辛未條改。

八月十三日，上批：「導洛水入汴及治堤岸捍河，悉有成績，可令宋用臣、范子淵具總事效力官吏第賞。」

同日，御史何正臣言：「近彈奏安燾、張茂則驗覆導洛通汴利害不當，切聞詔候來年歲運了日取旨。以臣所聞，則自不須如此。燾等以爲盛夏洛水外溢，大河內漲，新淤沙堤，當二水腹背交攻之患，其勢未易支梧。今既秋矣，二水交攻之患固未嘗有。燾等又以爲洛水盛夏暴漲，甚於大河，雖盛夏亦有乾淺之時。今自夏秋以來〔一〕，蓋亦屢雨，而河未嘗漲，亦有經旬不雨，而水未嘗乾，舟行往來，晝夜不輟，安俟考察而後見乎？伏望重行誅罰。」詔燾、茂則各罰銅二十斤。

〔一〕今自夏秋以來　「今自」原倒，據長編卷二九九元豐二年八月戊申條乙正。

九月二日，知都水監丞、尚書主客郎中范子淵爲金部郎中，陞一任，同判都水監；入内東頭供奉官、寄禮賓使、遥郡刺史宋用臣爲寄六宅使、遥郡團練使，給寄資全俸；入内東頭供奉官董嘉言、右班殿直楊琰，各進兩官，琰兼閤門祗候；入内東頭供奉官王修己等三十七人，各進一官，優者減磨勘四年，或指射差遣，選人循兩資〔一〕。餘官減磨勘三年者九人，二年者五人；三司軍大將遷兩資者五十六人〔二〕，遷一資者八十一人。仍等第賜錢。上批以子淵、用臣首議導洛入汴及築堤捍河〔三〕，悉有成績，故優奬之，餘皆董役有勞也。

〔一〕選人循兩資　「選」字原缺，據長編卷三〇〇元豐二年九月丁卯條補。

〔二〕餘官減磨勘三年者九人二年者五人三司軍大將遷兩資者五十六人　「餘官減磨勘」至「遷兩資」原缺，據長編卷三〇〇元豐二年九月丁卯條補。

〔三〕用臣首議導洛入汴及築堤捍河　「捍」原作「桿」，據長編卷三〇〇元豐二年九月丁卯條改。

十月四日，都大提舉導洛通汴司言：「汴河綱船久例附載商貨入京，致重船留阻，兼私載物重四百斤以上，已抵重刑。今洛水入汴〔一〕，不至湍猛，欲自今商貨至泗州，官置場堆垛，不許諸綱附載，本司置船運載至京，令輸船腳錢。」從之。

〔一〕今洛水入汴　「洛水」原作「落水」，「入」字原缺，據長編卷三〇〇元豐二年十月己亥條改補。

十二月二十九日，詔范子淵減磨勘二年，餘推恩有差。以疏濬汴河有勞也。

三年正月一日，府界第六將言，差襄邑縣防河兵闕二百餘人，已添差訖。上批：「今汴流京岸止深八尺五寸，應接向東重綱，方得濟辦。若便差人防護，則無時可以放散。況今水流調緩，不須過爲支梧。」詔提點司相度，據彼處堤岸去水所餘尺寸更行增長，方聽上河。

二月十二日，都大提舉導洛通汴宋用臣言：「洛水入汴至淮，河道甚有闊處，水行散漫，故多淺澀。乞計功料修狹河。」從之。後用臣上狹河六百里，爲二十一萬六千步，當用梢椿。詔給坊場錢二十萬緡，仍伐並河林木。

四月十七日，都大提舉導洛通汴司言，所狹河道欲留水面闊八十尺以上，束水水面闊四十五尺〔一〕。詔狹河處留水面闊百尺。

〔一〕束水水面闊四十五尺　「束」原作「東」，據長編卷三〇三元豐三年四月庚戌條改。

二十八日，詔：「非導洛司船輒載商人私物入汴者，雖經場務投稅，並許人告，罪賞依私載法。即服食器用日費非販易者勿禁，官船附載薪箔〔一〕、柴草、竹木亦聽。仍責巡河催綱巡檢都監司覺察。」從宋用臣請也。

〔一〕官船附載薪箔　「薪」原作「發」，據長編卷三〇三元豐三年四月辛酉條改。

五月一日〔一〕，江淮等路發運司言，導洛通汴司已修狹河道，更不置草屯浮堰。從之。時以汴水淺澀，發運司請積爲堰，壅水通漕舟〔二〕。至是，復自請罷。

〔一〕五月一日　「五」上原衍「五」字，據長編卷三〇四元豐三年五月癸亥條删。

〔二〕壅水通漕舟　「壅」原作「雍」，據長編卷三〇四元豐三年五月癸亥條改。

二十一日，權江淮發運副使盧秉言：「黄河入汴，水勢湍激，綱船破人數多。今清汴安緩，理宜裁減。欲令六百料重船上水減一人〔一〕，下水減二人；空船上水減二人，下水減三人。餘以差減。」從之。

〔一〕欲令六百料重船上水減一人　「一人」，長編卷三〇四元豐三年五月癸未條作「二人」。

二十二日，改都大提舉導洛通汴司爲都提舉汴河堤岸司。

六月十三日，都提舉汴河堤岸司乞禁商人以竹木爲牌筏〔一〕，入汴販易。從之。

〔一〕都提舉汴河堤岸司乞禁商人以竹木爲牌筏　「汴河」原倒，據長編卷三〇五元豐三年六月甲辰條乙正。

十五日，權判都水監張唐民請復黄、汴諸河歲差修河客軍九千人額〔一〕。從之。

〔一〕權判都水監張唐民請復黄汴諸河歲差修河客軍九千人額　「張唐民」原作「張唐明」，「汴」原作「河」，「修」字原缺，據方域一五之五、長編卷三〇五元豐三年六月丙午條改補。

二十四日，參知政事章惇上導洛通汴記，詔以元豐導洛記爲名〔一〕，刻石於洛口廟。

〔一〕詔以元豐導洛記爲名　「名」字原缺，據長編卷三〇五元豐三年六月乙卯條補。

十月四日，都水監言，奉旨改導洛通汴司作都提舉汴河堤岸司，其應係汴河公事，乞令一面主管。從之。

五年三月十八日，提舉汴河堤岸宋用臣言，面奉旨，金水河透水槽阻礙上下汴舟，令臣相度措置，其舊透槽可廢撤。從之。詳見金水河。

十二月二日，詔發運司糶糴斛斗鄭佶減磨勘三年〔二〕，前西頭供奉官、除名勒停、黄州編管人張從惠減一赦敘。並以嘗幹當汴口，建議導洛入汴，續議賞也。

〔一〕詔發運司糴羅斛斗鄭佶減磨勘三年　「減」原作「滅」，據長編卷三三一元豐五年十二月戊申條改。下同。

二十日，都提舉汴河堤岸司言：「准朝旨，爲原武埽閉合水口，見增防堰，令本司權閉斷魏樓、孔固、滎澤斗門五七日。自閉合三斗門，汴水增長，今自開遠門浮橋以上，淩排查塞，水欲抹岸，望速降指揮開撥沿汴斗門，及乞於京西向上汴河兩岸，相度可潰水處〔一〕，即決堤分減水勢。」詔如實危急〔二〕，即依所奏。

〔一〕相度可潰水處　「潰」原作「櫝」，據長編卷三三一元豐五年十二月丙寅條改。

〔二〕詔如實危急　「如」原作「知」，據長編卷三三一元豐五年十二月丙寅條改。

六年閏六月十二日，步軍副都指揮使劉永年言：「汴水漲及一丈三尺〔一〕，法許追正防河兵二十八指揮，自西窯務列兩岸至東窯務。如漲及一丈三尺二寸〔二〕，更追准備一千人〔三〕。臣切以京闕防河，事體至重，乞自今遇水大漲，或淫雨不已，令都巡地分如救火法，於近便增發三兩指揮。不足，即指所轄軍分奏差。支賜、約束，並依防河兵。」從之。

〔一〕汴水漲及一丈三尺　「三尺」，長編卷三三六元豐六年閏六月丙戌條作「二尺」，按後文有「一丈三尺二寸」，長編或誤。

〔二〕如漲及一丈三尺二寸　「及」原作「水」，據前文及長編卷三三六元豐六年閏六月丙戌條改。

〔三〕更追准備一千人　「一千」，長編卷三三六元豐六年閏六月丙戌條作「二千」。

八月二十八日，都水使者范子淵言：「導洛通汴，將及五年。昨興役之初，大河北徙，距清汴遠，列爲堤埽，以障游波。臣今相視水勢，大河有可徙之理〔一〕。」及上塞河兵夫、物料數。詔子淵詳度，從南岸漸進鋸牙，約水勢入新河，具合行事以聞。已而子淵奏〔二〕：「於武濟山麓至河岸并嫩灘止〔三〕，修堤及壓埽堤，并新河南岸築新堤，計役兵六千人，限二百日成。開展直河長六十三里，廣一百尺，深一丈，計役兵四萬七千有奇，限三十日成。合費梢草、竹索爲錢一十七萬緡有奇〔四〕。」從之。

〔一〕大河有可徙之理　「徙」原作「從」，據長編卷三三八元豐六年八月庚子條改。

〔二〕已而子淵奏　「奏」字原缺，據長編卷三三八元豐六年八月庚子條補。

〔三〕於武濟山麓至河岸并嫩灘止　「於」上原衍「於」字，據長編卷三三八元豐六年八月庚子條删。

〔四〕合費梢草竹索爲錢一十七萬緡有奇　「梢」原作「稍」，「索」字原缺，據長編卷三三八元豐六年八月庚子條改補。

哲宗元祐元年正月十四日，中書省言，點磨得宋用臣導洛通汴并京城所出納違法等事〔一〕。詔：「宋用臣降授皇城使，添差監滁州酒税〔二〕。其根究錢物未明事，送户部結絶〔三〕。仍令本部具合措置事件聞奏。」

〔一〕點磨得宋用臣導洛通汴并京城所出納違法等事　「磨」原作「曆」，據長編卷三六四元祐元年正月癸卯條改。
〔二〕添差監滁州酒税　「差」字原缺，據長編卷三六四元祐元年正月癸卯條補。
〔三〕送户部結絶　「結」原作「給」，據長編卷三六四元祐元年正月癸卯條改。

紹聖四年五月二十二日〔一〕，都大提舉汴河堤岸賈種民言：「元豐年導洛通汴，改汴口爲洛口，止係通放洛河清水，名汴河爲清汴。水勢淺澀，即益以櫃内清水。自元祐年，於黄河撥口分引渾水，令自逹上通放洛水〔二〕，仍置洛斗門。」從之。

〔一〕紹聖四年五月二十二日　「年」原作「事」，據長編卷四八八紹聖四年五月乙亥條改。
〔二〕令自逹上通放洛水　按「逹上」下疑有脱文，請見長編卷四八八紹聖四年五月乙亥條及宋史卷九四河渠志四。

元符元年四月二十二日，工部言，請復置提舉汴河堤岸司，乞應緣河事經畫奏請等事，並須關報本部。從之。

徽宗政和年六月四日〔一〕，詔：「汴河水大段淺澀，有妨綱運。令藍從熙差人前去洛口調節水勢，須管常及一丈，不得有妨漕運。」

〔一〕徽宗政和年六月四日　按「政和」下脱年份。

宣和元年七月九日，中書省言：「都提舉汴河堤岸司言，近因野水衝抹沿汴堤岸及河道淤淺去處〔一〕，功料不少，若止役河清即功不勝。欲乞本司出備錢物，專委本路漕臣賈讜、李祐，候將來農隙，和雇人夫應副開修，遂具奏聞。」從之。以上國朝續會要。

〔一〕近因野水衝抹沿汴堤岸及河道淤淺去處　「水」原作「人」，「淤」原作「於」，據宋史卷九四河渠志四改。

光堯皇帝建炎元年五月二十三日，詔：「都水監官各降三官，都水使者陳求道降五官，須管修治汴水一切了畢，方許入城。令留守司覺察，及日具修閉次第申奏。差水部員外郎丁彬催促修補，如監官及都大巡河部役官吏等弛慢不職之人〔一〕，從彬一面牒送所屬取勘，具案申奏。仍令都水監限一日開具合降官職位、姓名，申尚書省。」先因河口決壞，汴水堙塞，綱運不通，於是差都水使者陳求道前去修治。求道申十五日已星夜前去，至十七日方始出門，臣寮論列，故有是詔命。

〔一〕監官及都大巡河部役官吏等弛慢不職之人　「職」原作「識」，按「弛慢不職」，亦見輯稿職官四三之一三〇、食貨二五之二三等，故改。

三年四月十日，詔：「訪聞東京軍民等久闕糧食，雖已降指揮撥發斛斗上京，緣汴水未通，有妨行運。仰杜充限指揮到日，立便差委諳曉河防官，及剗刷人兵，和雇人夫，限十日須管修治口岸，使汴水通流，無致礙滯。仍於在京不以是何官錢内支撥五萬貫，應副修閉支用。如限内修治了當，令杜充具名聞奏，當議優與推恩。」以上中興會要，乾道會要無此門。

廣濟河

【題解】本門見方域一六之二〇至二一，大典卷五六六〇「河」字韻河名事目收録。整理者於方域一六之二〇「宋會要」下楷書小字批「廣濟河」，是爲門名。本門起太祖建隆三年三月，迄哲宗元祐元年十二月二十二日。

自都城歷曹、濟及鄆，其廣五丈，舊云五丈河，開寶六年改今名。〔一〕

〔一〕按本條原注於門首「廣濟河」下，今移入正文。

太祖建隆三年三月，控鶴右廂都指揮使尹勳責爲許州教練使，殿直周令謙决杖，配隸鄭州。坐護役夫浚五丈河，有避役逃者，輒馘七十人，專殺十二人，有詣闕稱寃者，故責之。太祖素愛勳勇，欲貸之，會兵部尚書李濤抗疏極言，以國家法令可惜，遂特行之。

乾德三年〔二〕，京師引五丈河造西水磑，募諸軍子弟數千人，以八作使趙璲領其役。磑成，車駕臨視，賜役夫緡錢。

〔一〕乾德三年　「三年」，玉海卷二二宋朝四河、宋史卷九四河渠志四同，長編卷四繫於乾德元年九月戊寅，且注云：「本志稱乾德三年，誤也。」

仁宗天聖六年七月，駕部員外郎閻貽慶言：「五丈河下接濟州合蔡鎮，通梁山濼至鄆州〔一〕，久來舟運。自河決淤昧，合蔡而下漫散不勝舟，渰毁民田，請仍舊撥五丈河入夾黄河。」因詔貽慶與勾當溝河李守忠、京東轉運使規度檢計，具功料聞奏。

〔一〕通梁山濼至鄆州　「通」字原缺，據玉海卷二二宋朝四河補。

神宗熙寧九年三月二十四日，詔廣濟河元額歲漕京東斛斗，宜速委官修完壩閘〔一〕。

〔一〕宜速委官修完壩閘　「完」原作「元」，據長編卷二七三熙寧九年三月己卯條改。

元豐五年二月十一日，詔罷廣濟河輦運司及京北排岸司，移上供物於淮陽軍界計置入汴，以清河輦運司爲名，差朝奉郎張士澄都大提舉。先是，京東路轉運司言：「廣濟河用無源陂水〔一〕，常置清河以通漕運〔二〕，歲上供六十二萬石〔三〕。間一歲旱，底著不行，欲移人舡於淮陽軍界上吴鎮、下清河及南京穀熟、寧陵、會亭〔四〕，臨汴水共爲倉三百楹，從本司計置七十萬石上供。置輦運司，隸轉運司，歲減舡三百五十，兵工二千七百，綱官典三十三，使臣十一，爲錢八萬二千緡。」下提點刑獄司按實，以爲如轉運司言。京北排岸司沿廣濟河置，故並罷之。

〔一〕廣濟河用無源陂水　「源」上原衍「上」字，「陂」原作「防」，據輯稿食貨四三之三、四五之二、四七之二、長編卷三二三元豐五年二月癸亥條删改。

〔二〕常置清河以通漕運　「清河」當誤，輯稿食貨四五之二、長編卷三二三元豐五年二月癸亥條作「壩」，輯稿食貨四三之三、四七之二作「渠」。

〔三〕歲上供六十二萬石　「六十二」原作「六十三」，據輯稿食貨四三之三、四五之二、四七之二、長編卷三二三元豐五年二月癸亥條改。

〔四〕會亭　「亭」原作「寧」，據輯稿食貨四三之三、四五之二、四七之二、長編卷三二三元豐五年二月癸亥條改。

七月二十一日，御史王桓言：「昨發廣濟河輦運，自清河轉淮、汴入京。臣每見累官京東博知利害者詢之，皆以爲未便。如廣濟安流而上，與清河泝流入汴，遠近險易，較然有殊。望更體量。」詔令轉運、提點刑獄、提舉輦運司，以舊廣濟河並今清河行運，比較利害。

七年八月十九日，提舉汴河堤岸司言：「廣濟河下接逐處，但以水淺不能通舟。今欲於通津門裹汴河岸東城裹三十步内，開河一道，下通廣濟，應接行運〔一〕。」從之。先是，都大提舉清河輦運司乞以舊廣濟河並清河行運〔二〕，詔令工部相度可與不可應接廣濟河行運。至是乃從埽岸司之請。

〔一〕應接行運　「應」字原缺，據輯稿食貨四七之二、長編卷三四八元豐七年八月丙戌條補。

〔二〕都大提舉清河輦運司乞以舊廣濟河並清河行運　「廣濟河」原作「廣清河」，據前後文及長編卷三三九元豐六年九月丙午條改。

哲宗元祐元年三月十九日，三省言：「廣濟河輦運，昨因李察等言廢罷，改置清河輦運，顯是迂遠。」詔知棣州王諤措置興復〔一〕。

〔一〕詔知棣州王諤措置興復　「知」原作「和」，據長編卷三七三元祐元年三月乙卯條、宋史卷九四河渠志四改。

十二月二十二日，詔廣濟河都大管勾催遣輦運〔一〕，三十月爲任。

〔一〕詔廣濟河都大管勾催遣輦運　「遣」原作「造」，據長編卷三九一元祐元年十一月己巳條、卷三九三元祐元年十二月丙午條改。

惠民河

【題解】本門見方域一六之二二至二五，大典卷五六六一「河」字韻河名事目收録。整理者於方域一六之二二「宋會要」下小字楷書批「惠民河」，是爲門名。本門起太祖建隆元年四月，迄徽宗崇寧元年二月二十三日。

與蔡河一水，即閔河也。建隆元年〔一〕，始命右領軍衛將軍陳承昭督丁夫導閔水，自新鄭與蔡水合，貫京師，南歷陳、潁，達壽春，以通淮右，舟楫相繼，商賈畢至，都下利之。於是以西南爲閔河，東南爲蔡河。至開寶六年三月，始改閔河爲惠民河。

〔一〕建隆元年　按長編卷二、玉海卷二二宋朝四河均繫於建隆二年正月。

太祖建隆元年四月，命中使浚蔡河，設斗門節水，自京距通許鎮。

二年，發畿甸陳、許丁夫數萬浚蔡水，南入潁川。

乾德二年二月，令陳承昭率丁夫數千鑿渠，自長社引溴水至京師，合閔水。溴水本出密縣大騩山，歷許田，會春夏霖雨，則泛溢民田〔一〕。至是渠成，無水患，閔河益通漕焉。

〔一〕則泛溢民田　「溢」原作「隘」，據長編卷五乾德二年二月癸丑條、宋史卷九四河渠志四改。

淳化二年，詔以溴水泛溢，侵許州民田〔二〕，令自長葛縣開小河道〔三〕，分流二十里，合於惠民河。

〔二〕侵許州民田　「田」字原缺，據長編卷三四淳化四年四月戊申條、宋史卷九四河渠志四補。

〔三〕令自長葛縣開小河道　「道」，宋史卷九四河渠志四作「導」，且下有「溴水」二字，長編卷三四淳化四年四月戊申條亦言「自長葛縣開河導溴水分流」，輯稿當有脱誤。

真宗咸平五年七月，京師霖雨，溝洫壅，惠民河溢，泛道路，壞廬舍，自朱雀門抵宣化門尤甚。知開封府寇准治丁岡古河泄導之。

大中祥符元年正月，詔：「如聞浚蔡河召集丁夫，其未入役者不給稟食，暴露原野，朕甚憫焉。自今令主者餉之，寬其程約。」

六月，開封府言尉氏縣惠民河決〔一〕，遣使督視完塞。

〔一〕開封府言尉氏縣惠民河決 「府」字原缺，據長編卷六九大中祥符元年六月辛亥條、宋史卷九四河渠志四補。

二年四月，陳州言：「州地洿下，苦積潦，歲有水患。請自許州長葛縣浚減水河，及補棗村舊河以入蔡河〔一〕。」從之。

〔一〕及補棗村舊河以入蔡河 「補」，宋史卷九四河渠志四同，玉海卷二二宋朝四河作「治」。

八月，選使臣巡轄京、索、惠民河，其殿最如黃、汴河例。以每歲修防不精，主者多不經習，以致決溢害田故也。

十月，御史中丞王嗣宗言，許州積水害民田，蓋惠民河不謹隄防，每決壞。即詔遣閤門祗候錢昭厚經度之。昭厚請開小潁河分導水勢，帝曰：「是雖泄其上源，無乃移患於潁河下流乎？」昭厚等不能對。判陳州石保吉復言〔一〕，此河浸廣，則陳州爲水之衝，其害滋甚。遂詔白波發運判官史瑩與京西轉運使、逐州官吏按視畎導之。瑩請於頓固減水河口改修雙斗門，爲束水鹿巷以泄其流〔二〕，可減陳、潁每歲水患，從之。

〔一〕判陳州石保吉復言 「判」字原缺，據長編卷七二大中祥符二年十月庚寅條補。

〔二〕爲束水鹿巷以泄其流 「束」原作「東」，據長編卷七二大中祥符二年十月庚寅條改。

九年，知許州石普請於大流堰穿渠，置二斗門，引沙河以漕京師。遣使按視。又請廢段家鎮〔一〕，移長平領於建雄鎮〔二〕。詔問知陳州馮拯，言無害，乃許農隙興事。

〔一〕又請廢段家鎮　「鎮」原作「鏁」，據長編卷八七大中祥符九年六月丁亥條改。

〔二〕移長平領於建雄鎮　按輯稿食貨一五之八、九域志卷一陳州載，陳州西華縣有長平鎮，疑「長平領」當作「長平鎮」。

四月，詔遣中使至惠民河，規畫置堨子以通舟運。

天禧三年，新堤決壞，崇儀副使、巡護史瑩坐護治不謹，責爲供備庫副使。

仁宗天聖二年二月，崇儀副使、巡護惠民河田承説獻議，重修許州合流鎮大流堰斗門，創開減水河通漕，省迂路五百里。詔遣使與承説同規畫利害以聞〔一〕。

〔一〕詔遣使與承説同規畫利害以聞　「承説」原作「承悦」，據前文及宋史卷九四河渠志四改。

四年閏五月，都大巡護惠民河田承説言〔一〕：「昨緖河水，遂置堨子應接舟舡。近西華縣堨子南西匣口板，稱冀國長公主宅炭舡撞下，節級劉榮受錢不曾修補。按蔡河斗門上下鏁、咸下〔二〕、義聲、建雄屬開封府，西華、長平屬陳州〔三〕，大流三門及都使堰屬許州。請自今應有乞覓百錢及擅離地分者，所屬斷遣；再犯及邀滯損撞乞錢，禁錮奏裁；使臣不覺察，亦治其罪。在任三經罰，並與降等遠小差遣。仍令所在板榜曉諭。」從之。

〔一〕都大巡護惠民河田承説言　「田承説」原作「田承悦」，據上文及宋史卷九四河渠志四改。

〔二〕咸下　按後文義聲、建雄二鎮隸扶溝縣，開封府無地名「咸下」者。又按咸平縣，舊通許鎮，咸平五年陞，亦在蔡河上，或「咸下」乃「咸平」之誤。

〔三〕西華長平屬陳州　「西華」原在「長平」下，按輯稿食貨一五之八、九域志卷一陳州載西華縣有長平鎮。據乙正。

五年八月，都大巡護惠民河王克基言：「先准宣，惠民、京、索河水淺下，緣出源西京、鄭許州界，惠民河下合横溝、白雁溝，京、索河下合西河、湖河、雙河、欒霸河、丈八溝，各爲民間截水蒔稻灌園〔一〕，宜令州縣巡察，偷畎者捉搦勘罪。近巡欒霸河〔二〕，閻莊西有掘河一條，放水種稻田等，牒鄭州收捕治罪。又巡至谷口，復有七巡放水灌稻之人，即乞嚴斷。」從之。

〔一〕各爲民間截水蒔稻灌園　「各」原作「名」，據宋史卷九四河渠志四改。

〔二〕近巡欒霸河　「欒霸河」原作「灤霸河」，據前文及宋史卷九四河渠志四改。

七年，王克基言：「檢會條，蔡河斗門棧板須依時開閉，調停水勢，應接綱船，不令邀滯。其使臣如鈐轄齊整，不致搔擾，得替日批書，理爲勞績，與免短使。近巡蔡河〔一〕，見官綱並不計會斗門下棧擗水，卻於河内打軟堰欄河，踐踏堤岸，隔礙舟運，雖行止絶，未有條約。今請申明舊條外，更下逐處勻調水勢，躬親開閉板棧。鈐轄邀滯，如官中察探得知，依法斷遣，使臣乞行朝典。如無阻滯，鈐轄齊整，依先降宣命批書，理爲勞績，與免短使。其官私舟船須分兩岸牽駕，不得打軟堰。如遇水小，逐斗門計會放水，遺者送官勘逐。」從之。

〔一〕近巡蔡河　「蔡河」原作「察河」，據前文改。

嘉祐三年正月，開京城西葛家岡新河。以有司言，至和中，大水入京城，請自祥符縣界葛家岡開生河〔一〕，直城南好草陂，北入惠民河〔二〕，分於魯溝，以紓京城之患也〔三〕。以上國朝會要。

〔一〕請自祥符縣界葛家岡開生河　「葛家岡」原作「葛家綱」，「開」字原缺，據方域一七之四、宋史卷九四河渠志四改補。

〔二〕北入惠民河　「北」原作「不」，據方域一七之四、宋史卷九四河渠志四改。

〔三〕以紓京城之患也　「紓」原作「紆」，據方域一七之四、宋史卷九四河渠志四改。

神宗熙寧四年八月二十五日，以殿中丞欒渙提舉修置惠民河上下壩閘〔一〕，三班借職楊琰勾當修置。

〔一〕以殿中丞欒渙提舉修置惠民河上下壩閘　「欒渙」原作「樂換」，據輯稿職官四四之五一、長編卷二二六熙寧四年八月丁丑條改。

八年六月十六日，都水監言，汴、蔡兩河可就丁字河置牐通漕〔一〕，從之。詳見汴河門。

〔一〕蔡兩河可就丁字河置牐通漕　「牐」原作「插」，據方域一六之八改。

十月七日，詔都水監相度開展惠民河利害以聞，以宋用臣與巡護惠民河官乞開展河道以便修城也〔一〕。

〔一〕以宋用臣與巡護惠民河官乞開展河道以便修城也　「巡」字原缺，據長編卷二六九熙寧八年十月乙未條補。

九年七月二十日，都水監言：「看詳提舉修京城所乞引霧澤陂水至咸豐門〔一〕，合入京、索河，及京、索河簽入副堤河，下合惠民河。本監相度，於順天門外簽直河身，及於染院後簽入護龍河，至咸豐門南，卻及京〔二〕、索河，委是爲利。」從之。

〔一〕看詳提舉修京城所乞引霧澤陂水至咸豐門　「霧澤陂」原作「務澤陂」，據宋史卷九四河渠志四及長編卷二七一熙寧八年十二月癸丑條改。

〔二〕卻及京　「卻及」，宋史卷九四河渠志四作「復入」，玉海卷二二宋朝四河作「入」，輯稿當誤。

徽宗崇寧元年二月二十三日，都水監言：「惠民河都大提舉趙思復狀，惠民河地分見役人兵興修簽河次下硬堰，今已畢功，欲乞今後遇有盜決堤堰，許諸色人等告官，仍乞立定支賞錢一百貫文。如内有徒中告首之人，乞與免罪，亦支錢一百貫充賞。」從之。以上國朝會要〔一〕。中興、乾道會要無此門。

〔一〕以上國朝會要「國朝會要」誤，據會要版本及汴河門體例，疑當作「國朝續會要」或「續國朝會要」。

金水河

【題解】本門見方域一六之二一六至二七，大典卷五六五四「河」字韻河名事目收録。書手於方域一六之二六「全唐文」次行空三格題「宋史」，下有整理者楷書所批「金水河」，觀所載内容即金水河，且方域一六之一六「(元豐)五年三月十八日」條注云：「詳見金水河」，門名可確定。本門原以宋史河渠志爲正文，會要、續會要爲注文，且天頭批云：「此下兩頁小字改爲正文大字，以大字改爲小字，注各段河渠志下。」清本即依此處理。今次整理，删去原河渠志正文，僅保留小字注，且改爲大字，「會要」、「續會要」一律附入校注。

金水〔一〕，其後又令入潛龍園及公主第〔二〕，因幸其第賜宴，太宗作詩稱謝。〔三〕

〔一〕金水　按清本、上古本皆作「金水河渠」。

〔二〕其後又令入潛龍園及公主第　「潛龍園」原作「替龍園」，據玉海卷二一宋朝四河及長編卷七六大中祥符四年十二月辛亥條、宋史卷七真宗紀二改。

〔三〕本條原注「會要云」。按宋史卷九四河渠志四載：「開寶九年，帝步自左掖，按地勢，命水工引金水由承天門鑿渠，爲大輪激之，南注晉王第。」

大中祥符元年九月，真宗曰：「昨見八作司奏事，言及京城緣街渠水所置井，從來官收水錢。可降詔蠲除，任從公私汲取。」

天禧二年八月，命殿中丞史瑩相度金水、惠民河水勢。時以水淺少，命按視川源，瑩言：「周視之須五六十日，請止以近便相度，畫圖開浚，便舟船通濟之急。鄭州畎索水入金水，止役卒七千，望發鄭州丁夫，一月畢工。」詔止以軍士萬人給之，令右領軍衛大將軍魏榮爲總管〔一〕，御前忠佐馬軍副都軍頭張榮副之。元料底闊一丈，今減半。乞徙河清兵士九十六人置舍營，令巡防斗門河道，因檢計河隄工料〔二〕。詔役兵千，役六十日〔三〕。

二年五月〔四〕，崇儀副使史瑩言，民庶納課買金水河漕裏淺灘種蓮芡之類，踐污河水，望令傳廢。從之。〔五〕

〔一〕令右領軍衛大將軍魏榮爲總管　「領軍」原倒，據長編卷九二天禧二年八月庚申條乙正。

〔二〕因檢計河隄工料　「因」原作「固」，形近而訛，今改。

〔三〕役六十日　「役」原作「後」，形近而訛，今改。

〔四〕二年五月　按前言二年八月，此爲「二年五月」，疑誤，或「二年」當作「三年」。

〔五〕按以上三條原注「會要云」。

熙寧七年十二月二十三日，都水監言：「相度將金水河上自咸豐門裏下至街道司口子，並割與西水磨務管勾，今後不問河水大小，須管依元定尺寸應副。内并太廟、萬壽觀等處供使，稍有闕誤，責在本務。及乞撥與巡河鋪分剩員、河寨兵級，令在務管。」

元豐五年三月十八日，提舉汴河堤岸宋用臣言：「奉旨，金水河透水槽阻礙上下汴舟，今以相度措置〔一〕。已行按視，可以自汴河北岸超字坊開河一道，取水入内，徑至咸豐門合金水河，卻將金水河自板橋下石斗門東修斗門開河一道，引至金明池西北三家店灣，還入汴河〔二〕，其舊透槽可廢撤〔三〕。」從之，拆透槽回水入汴〔四〕。後有詔，自汴河北引洛水禁中，以「天源河」爲名。〔五〕

徽宗政和四年十一月十三日，詔創開天源河了當，優等張珪、孫嚴、路天民、韓拯、劉圭各轉一官，更減三年磨勘。〔六〕

〔一〕今以相度措置　「今以」，長編卷三二四元豐五年三月己亥條作「令臣」。

〔二〕還入汴河　「還」原作「環」，據長編卷三二四元豐五年三月己亥條改。

〔三〕其舊透槽可廢撤　「撤」原作「徹」，據長編卷三二四元豐五年三月己亥條改。

〔四〕拆透槽回水入汴　「槽」原作「糟」，據前文及長編卷三二七元豐五年六月戊寅條改。

〔五〕按宋史卷九四河渠志四載：「神宗元豐五年，金水河透水槽阻礙上下汴舟，遣宋用臣按視。請自板橋別爲一河，引水北入於汴，後卒不行，乃由副堤河入於蔡。以源流深遠，與永安青龍河相合，故賜名曰『天源』。」

〔六〕按以上三條原注「續會要云」。

白溝河

【題解】本門見方域一六之二八至三三，大典卷五六五四「河」字韻河名事目收録。整理者於方域一六之二八「宋會要」下楷書批「白溝河」，方域一七之七注云「詳見白溝河」，門名可確定。本門除前一條及後四條外，餘皆與白溝河無關，且大多記京畿開治溝洫事，部分内容亦見宋史卷九四河渠志四「京畿溝洫」。或會要原本有類似京畿溝洫門，被大典併於白溝河門下。本門起真宗咸平六年，迄徽宗政和三年八月十九日。

咸平六年秋，白渠溢〔一〕，害民田。邢用之時爲度支員外郎〔二〕，遂詔往度工役，乃自襄邑疏下流以導京城積水，即令董役，成之。

〔一〕白渠溢　「白」原作「自」，據長編卷五五咸平六年九月庚子條、玉海卷二二熙寧白溝河、宋史卷九四河渠志四改。按原眉批「『自』疑『白』」。

〔二〕邢用之時爲度支員外郎　「邢用之」原作「月之」，據長編卷五五咸平六年九月庚子條及玉海卷二二熙寧白溝河、宋史卷九四河渠志四改。

大中祥符二年八月，以京東積水，令轉運司分視諸州積水及理隄防。時使臣自東來，詢其事，云近河窪下處尚有水浸田，故詔督之。

是月，詔閤門祇候康宗元與中使、軍頭各一人，領水匠經度京城積水及補塞諸河。時秋雨，金水河防決，浸及瓊林苑墻。有言汴河南有三十六陂，古停水之地，必有下流以通諸河，遂令度地畫圖以聞。宗元初請廣修近隄，復多開斗門，設堤壘，遇河汎即自斗門泄之，至下流復還河道。真宗面諭利害〔一〕，曰：「大築隄防，擁東河水，下流隘狹〔二〕，爲患益深。今雖斗門減水，然而非遠卻復河道，即其下隘狹之患尚在。」又遣使尋源，果金水河新修隄津漏甚猛，即督元修官補塞。帝曰：「地西積水，皆民之腴田，昨令使臣徧視，皆無以疏導，獨有留麵河，俟汴水減，即由此導之。」麵河者，注水分之南流，蓋李繼源所開，以其分水作碾磑，故謂之「麵河」。

〔一〕真宗面諭利害　「諭」原作「論」，形近而訛，今改。

〔二〕下流隘狹　「隘」原作「溢」，據後文改。

三年六月，供備庫使謝德權言：「准詔於太一宮側疏導積水，今開河抵陳留縣界，入亳州渦河。望令逐處造橋以濟行者，仍約束緣河州軍，常令導治。」從之。

五年正月，帝謂近臣曰：「京城開河，自來役兵般泥填於街衢上，勢高人户不便，又低下地近水〔一〕，甚於橋梁損壞。所由司不時完葺，有妨事乘。可差皇城副使焦守節與所由司經度制置，具利害以聞。」

〔一〕又低下地近水　「低」原作「抵」，形近而訛，今改。

真宗天禧元年八月，入内押班周懷政言：「順天門遠門外汴河西積水，浸營舍、道路，欲望規度疏入汴。」詔内侍雷允恭督八作司治之。允恭等相度順天門遠門積水，欲開汴河西第三坐斗門，漸次通流入汴。及於宣城營西南金水河下〔一〕，直透槽透流雨水過河南，尋河開展舊流水小河，透流入新城濠，以入惠民河。又安上門外亦有積水，欲於橋河南開舊水口放入新城濠内，兼造小斗門子一。並從之。

〔一〕及於宣城營西南金水河下　「金水河」原作「京水河」，據方域一六之二六改。

三年五月，以大雨京城積水，遣清衛都虞候袁俊相度開畎河道，浚太一宫前河，及修移水窗以便水勢。

八月，巡護河岸史瑩言：「准詔於京西創減水河二，今已疏通，望令祥符縣常切提振，量留兵卒二百護守。」從之。

四年閏十二月，詔近京諸州有積水處，並遣官開治。

仁宗天聖二年三月，内殿崇班、閤門祗候張君平言，近京諸州古來溝河堙塞，望差官開濬。詔君平往諸州，同長吏規度，漸次開治，務爲悠久之利。因詔開封、應天府、陳許亳宿潁蔡州長吏縣令兼開治溝洫事。

四月，詔：「開封府應食祿官員等，今後更不得令人下罾網打魚，攔截河道，妨公私舟船往來。如違，隨處勘逐，仍具職位、姓名聞奏。地分巡河人如不止絶，亦當嚴斷。」

七月，同提點開封府界諸縣鎮公事張君平言〔一〕：「府界逐州甚有古溝洫可以疏決，望自今後逐縣界溝洫河道，如令佐能多方設法，勸諭部民開浚深快，值雨别無積潦，顯著勞績，替日委批曆具狀保明聞奏，令佐與免選，家便注官，京朝官家便優與差遣，知州、同判勸課催督，亦量勞績旌賞。」從之。

〔一〕同提點開封府界諸縣鎮公事張君平言　「點」原作「典」，「界」字原缺，據長編卷一〇二天聖二年三月己丑條改補。

十一月，張君平等言：「奉詔相度府界、南京、陳、許、潁、蔡、宿、亳等處積水渰潦民田，開畎溝河。竊見陳留等縣今歲雨澤調匀，尚有訴水潦數萬户，蓋溝河堙塞，可以畎治。竊慮縣有合該移川陝遠宦者〔一〕，交替之後，不知初檢溝河工料條約，致部役人夫開浚不能盡料〔二〕，枉勞民力，或致霖雨，依前渰傷田苗。乞下審官院，勘會府界縣已檢計溝河工料向去役夫處，有知縣合該移者，並留在任管勾開治。候將來別無壅塞、淹潦民田，即依七月敕命施行。」從之。

〔一〕竊慮縣有合該移川陝遠宦者　「陝」疑當作「峽」。

〔二〕致部役人夫開浚不能盡料　「浚」原作「淩」，據上文改。

四年五月，張君平言：「近自徐州相度公事，竊聞知單州高弁擘畫開治溝河，霖雨無淹田。其碭山一縣窊下，有古溝河例各堙填，壅積水勢，若令佐得人，勸誘興工，可以與民興利。其單州知州、同判、令佐等，欲依南京例，並帶開治溝河。有因循曠職者，望委長吏體量聞奏，選擇對换。」自今差單州知州〔一〕、同判、令佐管勾溝洫河道。

〔一〕自今差單州知州　按「自今」前疑脱「詔」字。

六月，應天府言：「本府諸縣有檢計未修溝河，伏見開封府界知縣爲修溝河，候三年滿日替移，乞依開封府例。」事下張君平等相度，君平言：「南京沃野，古溝尤多，堙填不治，乞依南京所奏。」詔應天府、亳州係溝河知縣處，許滿三年得替，於合入去處優便差移。

七月，開封府言：「點檢新舊城内東西八作司地分溝渠，有八字九口二百五十三所，多是居人穢惡填塞，阻滯水勢。乞委厢界巡檢人察視，不令填塞蓋閣。」從之。

六年正月，屯田員外郎、提點開封府界諸縣鎮事〔一〕、管勾溝洫河道張嵩言：「准詔，府界諸縣人夫除差開河及滑州役外，有陽武十縣人夫，將檢到溝河工料分擘開修。續准詔減下一半工役。緣府界溝洫河道並係緊急，合行開修，如只役本縣人夫，拖延歲月，慮恐百姓有願自辦工力開修者，逐縣令佐不能勸誘。欲令諸縣官屬設法勸誘，有願自辦工力開修者，聽元檢工料興修，替日批曆，理爲勞績。」從之。

〔一〕提點開封府界諸縣鎮事　「界」字原缺，據後文補。

慶曆五年二月，提舉在京諸司庫務宋祁等言：「近差東西八作司監官及開封府士曹參軍張谷等，同相度城濠溝河通流積水，看詳擘畫事理〔一〕，稍得利便。緣京畿闊遠，藉溝渠發泄水勢流通，方免積聚。乞特下開封府施行。」從之。

〔一〕看詳擘畫事理　「擘」原作「臂」，據上文（天聖）四年五月改。

皇祐三年十二月，詔：「開封府諸縣歲差人開濬溝洫，頗以爲擾。自今有堙塞之處，聽所在人户自開濬，而官爲檢視之。」

嘉祐二年五月十七日，詔：「京城内外溝河，令三司委當職官吏躬親巡覷，修整開畎，須隄岸堅固，雨水通快，無復阻滯，別致疏虞。」以上國朝會要。

神宗熙寧元年三月十三日，都水監言：「今年畿内諸縣溝河，各役人夫開淘，十分纔及二三。若次年只留本縣人夫，尚須二三年可以訖役。緣逐縣溝河至多，須預委官檢定緊慢、的確工料，以備興工。欲乞令府界提點司於三月初選官三員，與逐縣官同共檢定合開溝河緊慢次第、工料，據本縣合差夫數，以五分夫役十分工，依年分專委逐縣知縣都押開淘。仍令提點司遍行點檢。」從之。

二年閏十一月〔一〕，詔都水監差官溝畎開封府界積水，填塞道路，慮妨百姓輸納。

〔一〕二年閏十一月　「十一」原作「十」，據宋史卷九四河渠志四補。按熙寧二年有閏十一月而無閏十月。

六年八月十六日，詔劉璯同侯叔獻覆視所請開白溝河以聞〔一〕。後覆視河長八百里，工大，分爲三歲興修。從之。詳見水利門。

〔一〕詔劉璯同侯叔獻覆視所請開白溝河以聞　「請」在作「謂」，據輯稿食貨六一之一〇一改。又「覆視」原在「白溝河」下，據宋史卷九四河渠志四乙正。

七年正月二十七日，都水監請權停修白溝河〔一〕，移夫濬自盟河。從之。初，詔白溝河置牐行運〔二〕，分三年修。而同判都水監侯叔獻以爲差夫日逼，又見被命提舉汴河堤岸打淩，未可即往白溝。因言自盟河係疏泄汴河以南民田積水〔三〕，最爲大川，近歲失於濬導，水常爲患〔四〕，乞輟白溝夫修之。故有是詔。

〔一〕都水監請權停修白溝河　「請」下原衍「暫」字，據方域一七之七及長編卷二四九熙寧七年正月乙丑條删。

〔二〕詔白溝河置牐行運　「牐」原作「鍤」，據長編卷二四九熙寧七年正月乙丑條改。

〔三〕因言自盟河係疏泄汴河以南民田積水　「汴」下「河」字原缺，據長編卷二四九熙寧七年正月乙丑條補。

〔四〕水常爲患　「水」原作「小」，據長編卷二四九熙寧七年正月乙丑條改。

徽宗政和二年十月四日，朝請大夫、行都水監丞孟昌齡奏：「承朝旨開淘含暉門外白溝河，尋就用創修堤岸人兵開淘了當，開堰放水，依舊通流。除昌齡乞不推恩外，具到官吏諸色人職位〔一〕、姓名、功力等第。」詔官屬、人吏、役兵減半賜錢帛有差。

〔一〕具到官吏諸色人職位　「具」原作「其」，按輯稿食貨二七之三有「具到官吏職位、姓名」云云，故改。

三年八月十九日，尚書虞部員外高掞言：「提舉措置修治都城内外積水所申，城東景德寺街、牛行街一帶地勢最下〔一〕，瀦積尤甚。去都城内外，先求出水所歸之地，檢踏得自蓼堤橋東南創開導水新河一道，於渡口橋决上鑿透槽一道，其上係東白溝河新置透槽，專導都城積水，今已畢工。今於二十日開堰通放，深三尺，出泄淨盡，委是利便。」詔提舉措置官孟昌齡特轉一官，仍許轉行中散大夫、行將作少監。以上續國朝會要。

〔一〕牛行街一帶地勢最下 「牛行街」原作「午行街」，據慶湖遺老詩集卷四夏夜雨晴遣懷、東京夢華録卷二潘樓東街巷改。

東南諸水

【題解】本門見方域一六之三四至四二，大典卷五六五五至五六五九「河」字韻河名事目收録。門名原無，清本分爲「運河」、「東南諸水」二門。按方域一六之一整理者所批標目「諸河」下有小字注：「汴河、廣濟河、惠民河、金水河、白溝河、東南諸水。」「汴河」、「廣濟河」等門均已見前文，唯缺「東南諸水」。觀本門所記月河、運河、馬崗河等皆屬東南一帶，部分條文亦見宋史卷九七河渠志七「東南諸水下」，且方域一六之四〇「奔口河」前旁批「東南諸水」。故「東南諸水」實本門門名。又按本門有整理者所批「月河」、「運河」等標目，其中「崗河」，正文所記乃夾岡河。又「吕城河」，正文實記横林、小井、犇牛、吕城四河。故這些標目屬大典事目名，正文體例或如宋史河渠志「東南諸水」編年以記之，而非分類敘述諸河。今次整理，所有事目名一律附入校注，正文依時間先後重加編排。

治平四年七月二十一日，都水監言：「兩浙相度到潤州至常州界開淘運河，廢置堰閘，乞候今年住運〔一〕，開修夾岡河道〔二〕。」從之。〔三〕

〔一〕乞候今年住運　「住」原作「往」，據輯稿食貨八之三五及嘉定赤城志卷六水引會要改。

〔二〕開修夾岡河道　「開」字原缺，「夾岡河」原作「夾崗河」，據輯稿食貨八之三五及嘉定赤城志卷六水引會要補改。

〔三〕本條原在方域一六之三八，事目名「崗河」。按本條所記乃夾岡河，大典誤。

初，神宗長患長淮風濤之險，覆溺相繼，欲鑿龜山河以避之，前後臣僚議論不一。時同知樞密院事蔣之奇爲六路制置發運使，因獻議，請自龜山左肋開新河，上流取淮爲源，出龜山之下，接洪澤，其長六十里，面闊十五丈，深一丈五尺。起四州十五縣夫，日役千人，卒以成，大爲舟楫之利。從之。〔一〕

〔一〕本條原在方域一六之四一至四二，屬「新河」事目。按宋史卷九六河渠志六載，開龜山運河在元豐六年。又按宋史卷一九徽宗紀載，蔣之奇同知樞密院事在元符三年。本條疑有脱漏。

淳熙元年二月十三日，浚許浦河〔一〕。詔平江府守臣與許浦駐劄戚世明同措置開濬許浦港，限一月訖工。次年十月十六日，知平江府陳峴言：「奉旨宣諭開許浦河道，更切相度，隨宜增展深闊，庶可經久。今措置增展開掘，自地分雉浦至梅里道通橋一帶，浦港凡三十八里，面六丈五尺止八丈，底二丈五尺止三丈五尺。復自道通橋至許浦口一十六里，浦面闊二十餘丈。將南岸泥土增築通行大路，面一丈五尺止二丈，已皆平坦堅實。仍植楊柳一

萬株以固岸塍。」詔本路提刑司覈實以聞。〔二〕

〔一〕浚許浦河　「許浦河」，後文及宋史卷九七河渠志七均作「許浦港」。按許浦，浙西三十六浦之一，屬常熟縣，非河名，請見本書水利門。輯稿疑誤。

〔二〕本條原在方域一六之三七，事目名「許浦河」。

淳熙二年十一月二十二日，浚長安至許村一帶運河。兩浙運副趙磻老言：「臨安府長安閘至許村巡檢司一帶，漕河淺澀，未曾開浚。除兩岸人户自出力開濬外，勢須添人併工開濬。約用錢一萬五百餘貫，本司管認應副外，合支米二千三百六十二石五斗，乞於朝廷樁管米内給降。」從之。〔一〕

〔一〕本條原在方域一六之三四，屬「運河」事目。

淳熙五年二月十一日，淮東提舉司言：「禮部郎中鄭僑奏：『臣前任淮東提舉日，當久旱之後，鹽河淺涸，綱運不通，商旅不行〔一〕。奉旨開濬河道五百二十餘里，並皆深廣，比及得雨，客舟通行，下半年間收趁鹽課，比之遞年全數尚且過之。竊見當時所開之河〔二〕，水道既深，則土岸甚峻〔三〕，烈日所暴，淫雨所浸，歲久必復有堙塞之患。與其待堙塞而復開，不

若時察其淺涸之處，即爲濬治。』帖下本路監司，逐時檢照，措置修治施行。」從之。〔四〕

〔一〕商旅不行　「不」原作「承」。按輯稿食貨一八之一、二〇之三等皆有「商旅不行」云云，故改。

〔二〕竊見當時所開之河　「竊」原作「竊」，形近而訛，今改。

〔三〕則土岸甚峻　「峻」原作「浚」，形近而訛，今改。

〔四〕本條原在方域一六之三八，事目名「鹽河」。

淳熙五年九月二十四日，浚横林、小井、犇牛、吕城河。兩浙運副陳峴言：「常州無錫縣以西地名横林、小井及犇牛、吕城一帶，地高水淺，每至夏秋，雨澤稍愆，河流斷絶。今乞於十月末農隙之時，本司自備錢糧，差委官屬相度，募工開濬，庶漕運不致阻滯〔一〕。」從之。〔二〕

〔一〕庶漕運不致阻滯　「漕」原作「曹」，據宋史卷九七河渠志七改。

〔二〕本條原在方域一六之三八，事目名「吕城河」。

淳熙六年三月十九日，詔和州將開挑月河日下住罷，仍令郭剛同淮南轉運司填塞。〔一〕

〔一〕本條原在方域一六之三四，事目名「月河」。

七年八月十六日，濬沿邊一帶運河。詔臨安府至鎮江府淺涸去處，令守臣措置開濬。臨安府於見樁管朝廷會子内支撥二萬貫，平江府三萬貫，秀州、常州各二萬貫，仍於見管未起發户部并總領所綱運錢内支撥，卻具所支窠名申朝廷撥還。既而兩浙轉運司同臨安鎮江平江府、常秀州守臣言：「被旨開濬浙西自臨安府至鎮江府沿流一帶運河，計一百四十里，通計一十一萬五千四百四十一丈〔一〕。内二萬二千二百一十丈深濬，可以通行綱運，不須開治外，九萬三千二百三十三丈合行開濬，乞於朝廷樁管錢米内撥付逐州使臣。」故有是詔。〔二〕

〔一〕通計一十一萬五千四百四十一丈　按後文兩處長度合計爲一十一萬五千四百四十三丈，與此不合，當有一誤。

〔二〕本條原在方域一六之三四，屬「運河」事目。

淳熙十年三月二十三日，浙西提舉王尚之言：「秀州華亭縣有魚祈塘一道，上有西閘堰〔一〕，下通華亭縣界澱山湖、練湖、吴松江、太湖。亢旱之歲，諸湖並無水，唯魚祈塘向下深處，得吴松江〔二〕、太湖相接，一方民田賴以灌溉。其上淺處，須合開通湖泖。今乞令本州將魚祈塘開濬，使松江、太湖之水相接，遇旱即開西閘堰，放水入湖泖，爲一縣之利。及所開五河，雖已深濬，而民户田畝沿流去處不多，其間有深遠一二十里者，全得小港取水灌注。今大河既深，小港仍舊高淺，若遇旱歲，非唯大河水難取，苟或得雨則小港内水注入大河，存留不住。欲令本州候今冬農隙，勸諭食利人户，各行開小港，官司量給錢米以助其費，庶幾有田之家，相率協力易成。其所築堰閘合行開通置立斗門之處，仍添築堰者，乞降指揮，委本州更行措置，使上下皆得通濟。」從之。〔三〕

〔一〕上有西閘堰　「西」原作「四」，據後文及宋史卷九七河渠志七改。

〔二〕得吴松江　「吴」原作「吾」，據前文改。

〔三〕本條原在方域一六之四一，事目名「五河」。

淳熙十一年四月十八日，浚馬嵩河。臣僚言：「明州象山縣瀕海瘠鹵，後來開東西兩河，建立碶閘，獲豐稔。今尚有馬嵩舊河，堙塞日久，乞下浙東常平司〔一〕，撥本縣今年合發身丁錢，委清彊官招募飢民開濬。」詔令浙東提舉常平司相度聞奏。既而提舉勾昌泰相度〔二〕，委是本縣水利，合行開撅〔三〕。從之。〔四〕

〔一〕乞下浙東常平司　「常」原作「嘗」，據後文改。

〔二〕既而提舉勾昌泰相度　「勾」下原衍「當」字，「泰」下原衍「之」字。按紹定吴郡志卷七官宇、輯稿食貨八之四六等載，勾昌泰，淳熙十一年至十二年官浙東提舉。故删。

〔三〕合行開撅　「撅」原作「擨」，形近而訛，今改。

〔四〕本條原在方域一六之三八至三九，事目名「馬嵩河」。

十一年十二月二日，兩浙路轉運判官錢沖之言：「奉詔，爲臣僚奏請乞開瀋常、潤等縣運河淺澀去處〔一〕，令臣相視聞奏。今相度，自臨安至鎮江四郡，向來計料日用共六萬餘夫，委是大役。乞且令諸州將運河兩岸支港地勢卑下泄水去處，牢固捺成堰埧，仍申嚴請閘啟閉之法。淺澀去處，令逐州守臣措置，隨宜開撩，務要舟楫通行。」從之。〔二〕

〔一〕爲臣僚奏請乞開瀋常潤等縣運河淺澀去處　「縣」字疑衍。按兩朝聖政卷六一淳熙十一年十二月丁巳條、宋史全文卷二七淳熙十一年十二月丁巳條均無「縣」字。

〔二〕本條原在方域一六之三四至三五，屬「運河」事目。

淳熙十四年七月一日，浚奉口河至北新橋。臣僚言：「竊見奉口至北新橋三十六里，斷港絶潢〔一〕，莫此爲甚。臨安衆大之區，日用之粟不可億計，舟楫不通則須人力，計其腳乘之費，日應踴貴。照得淳熙七年亦以久旱，守臣吴淵曾被旨開浚奉口河一帶河道〔二〕，七日而役成。自奉口斗門通放客舡六百餘隻，相繼舳艫不絶，穀直遂平。竊謂區區目前之策，莫急於此。」從之。〔三〕

〔一〕斷港絶潢　「潢」原作「横」，據宋史卷九七河渠志七改。

〔二〕守臣吴淵曾被旨開浚奉口河一帶河道　「口」字原缺，據前文補。

〔三〕本條原在方域一六之四〇至四一，事目名「奉口河」。按本條前有旁批「東南諸水」

又淳熙十五年五月八日，浚新河口。户部言：「揚州申，泰興縣港新河下口，近年以來爲渾潮漲塞，漸次不通。民户乞自行出備人夫〔一〕、錢米，以各户田土頃畝遠近均備開浚。乞下淮東提舉司更切契勘，如委是有便於民，即從所申施行。」從之。〔二〕

〔一〕民户乞自行出備人夫　「夫」原作「未」，形近而訛，今改。

〔二〕本條原在方域一六之四二，屬「新河」事目。

嘉泰元年六月二十三日，臣僚言：「鎮江府運河，其所濟甚博，歲月寖久，不加開濬，目今河道淤塞淺澀，爲害不小。去歲朝廷嘗因淮東帥臣有請，得旨令淮東總領同鎮江守臣、淮東安撫并鎮江府都統制，先次條具寔用工料數目申尚書省。既而諸司委官檢視，條具甚悉，闊狹深淺，皆有丈尺，人工物料，悉有成數。是時偶朝廷多故，且使臣往來頻數，異於常時，所以未蒙施行。今乞檢照淮東帥臣元奏請及諸司條具項目〔一〕，行下淮東總領所、鎮江都統制司，令同心協力，豫期措置合用工料錢米，遇有幾會，可以開濬，即行興工，一面申奏。如此，則免至往反待報，遷延月日，復起噬臍之歎。」從之。

〔一〕今乞檢照淮東帥臣元奏請及諸司條具項目　「淮」原作「准」，據前後文改。

嘉定六年十一月二十九日，臣僚言：「國家駐蹕錢塘，綱運糧餉，仰給諸道，所繫不輕。水運之程，自大江而下，至鎮江則入閘，經行運河，如履平地，川、廣巨艦直抵都城，蓋甚便也。比年以來，鎮江閘口河道淺塞，不復通舟。凡有綱運，悉自江陰宛轉由五鴻堰以入運河〔一〕，不惟地里迂回，程數增多，緣自鎮江而下，經由地名諫壁、包港等處，江面渺闊，與海接連，既無梢泊之所〔二〕，當時水勢洶湧，一遇風濤，鮮有不遭損壞者。夫大江之與運河，餽餉糧道，舟楫相通，其來久矣。今一旦隔絶，儻不早爲之計，則土脈日堅，工力愈費〔三〕，其勢必至於因循。緣所淤河岸類爲居民侵占，一時守臣重於復取，廢置不講。乞令漕臣同淮東總領及本府守臣公共相度，計約日用錢米數目，措置開浚，誠爲利便。」從之。〔四〕

〔一〕悉自江陰宛轉由五鴻堰以入運河　「宛」原作「寬」，形近而訛，今改。
〔二〕既無梢泊之所　「之」下原衍「之」字，按輯稿食貨八之四一有「艤泊之所」，故刪。
〔三〕工力愈費　「工」原作「二」。按輯稿禮三七之二四有「工力倍增」，職官四三之三三有「工力之費」。故改。
〔四〕以上兩條原在方域一六之三五至三六，屬「運河」事目。

附録：參考文獻

（以引用先後爲序）

元脱脱等：宋史，中華書局點校本，一九八五年。

宋王存：元豐九域志，王文楚、魏嵩山點校，中華書局，一九八四年。

宋陳振孫：直齋書録解題，徐小蠻、顧美華點校，上海古籍出版社，一九八七年。

宋李燾：續資治通鑑長編，中華書局點校本，二〇〇四年。

宋王溥：五代會要，上海古籍出版社點校本，一九七八年。

宋薛居正：舊五代史，中華書局點校本，一九七六年。

宋晁載之：續談助，十萬卷樓叢書本，光緒歸安陸氏刊本，一八七九年。

宋王應麟：玉海，中文出版社影印本，一九七七年。

宋佚名：宋大詔令集，中華書局排印本，一九六二年。

宋錢若水：宋太宗皇帝實録，范學輝校注，中華書局，二〇一二年。
宋高承：事物紀原，金圓、許沛藻點校，中華書局，一九八九年。
宋范祖禹：帝學，影印文淵閣四庫全書本，中國臺灣商務印書館，一九八三年。
陳智超：解開宋會要之謎，社會科學文獻出版社，一九九五年。
宋李綱：梁溪集，影印文淵閣四庫全書本。
宋陳均：皇朝編年綱目備要，許沛藻、金圓等點校，中華書局，二〇〇六年。
宋李𡌴：皇宋十朝綱要，燕永成校正，中華書局，二〇一三年。
元 佚名：河南志，宋元方志叢刊影印本，中華書局，一九九〇年。
宋李昉等：太平廣記，中華書局排印本，一九六一年。
宋錢易：南部新書，黄壽成點校，中華書局，二〇〇二年。
後晋劉昫等：舊唐書，中華書局點校本，一九七五年。
宋張方平：樂全集，中國基本古籍庫影印宋刻本。
宋李心傳：建炎以來繫年要録，上海古籍出版社影印本，一九九二年。
宋熊克：皇朝中興紀事本末，北京圖書館出版社影印本，二〇〇五年。
宋留正：皇宋中興兩朝聖政，文海出版社影印宛委别藏本，一九六七年。
宋徐夢莘：三朝北盟會編，上海古籍出版社影印本，一九八七年。

宋王明清：揮麈録，中華書局點校本，一九六四年。
宋周應合：景定建康志，宋元方志叢刊影印本。
宋李心傳：建炎以來朝野雜記，徐規點校，中華書局，二〇〇〇年。
清徐松輯：中興禮書，中國基本古籍庫影印清蔣氏寶彝堂鈔本。
宋潛説友：咸淳臨安志，宋元方志叢刊影印本。
元馬端臨：文獻通考，中華書局點校本，二〇一一年。
宋王象之：輿地紀勝，續修四庫全書影印本，上海古籍出版社，二〇〇二年。
宋晁説之：嵩山文集，四部叢刊續編本，上海商務印書館，一九三四年。
明鄭真：滎陽外史集，影印文淵閣四庫全書本。
宋陳騤：南宋館閣録，張富祥點校，中華書局，一九九八年。
宋吴自牧：夢粱録，古典文學出版社標點本，一九五七年。
宋李攸：宋朝事實，宋史資料萃編第一輯影印本，文海出版社，一九六七年。
宋張君房：雲笈七籤，四部叢刊初編本，上海商務印書館，一九二二年。
宋佚名：兩朝綱目備要，影印文淵閣四庫全書本。
漢班固：漢書，中華書局點校本，一九六二年。
宋范曄：後漢書，中華書局點校本，一九六五年。

宋樂史：太平寰宇記，王文楚等點校，中華書局，二〇〇七年。
宋歐陽忞：輿地廣記，李勇先、王小紅點校，四川大學出版社，二〇〇三年。
唐令狐德棻：周書，中華書局點校本，一九七一年。
唐杜佑：通典，王文錦等點校，中華書局，一九八八年。
唐李吉甫：元和郡縣圖志，賀次君點校，中華書局，一九八三年。
宋司馬光：資治通鑑，中華書局點校本，一九五六年。
宋楊仲良：皇宋通鑑長編紀事本末，續修四庫全書影印本。
漢司馬遷：史記，中華書局點校本，一九五九年。
宋施宿：嘉泰會稽志，宋元方志叢刊影印本。
宋 李俊甫：莆陽比事，文海出版社影印宛委別藏本。
宋王欽若：册府元龜，中華書局影印本，一九六〇年。
清王昶：金石萃編，上海古籍出版社影印本，二〇二〇年。
宋周必大：文忠集，影印文淵閣四庫全書本。
宋路振：九國志，文海出版社影印宛委別藏本。
唐房玄齡：晉書，中華書局點校本，一九七四年。
北魏酈道元：水經注，陳橋驛校證，中華書局，二〇〇七年。

晉陳壽：三國志，中華書局點校本，一九五九年。
宋佚名：宋史全文，汪聖鐸點校，中華書局，二〇一六年。
清黄以周等輯：續資治通鑑長編拾補，顧吉辰點校，中華書局，二〇〇四年。
元於欽：齊乘，宋元方志叢刊影印本。
宋曾鞏：隆平集，王瑞來校證，中華書局，二〇一二年。
明唐錦等：正德大名府志，天一閣藏明代方志選刊影印本，上海古籍書店，一九八二年。
唐魏徵等：隋書，中華書局點校本，一九七三年。
元脱脱等：遼史，中華書局點校本，一九七四年。
宋曾公亮：武經總要，中國基本古籍庫影印明唐富春刻本。
宋周淙：乾道臨安志，宋元方志叢刊影印本。
宋范坰、林禹：吴越備史，四部叢刊續編本。
宋歐陽修：新五代史，中華書局點校本，一九七四年。
宋劉文富：淳熙嚴州圖經，宋元方志叢刊影印本。
楊伯峻：春秋左傳注，中華書局，一九九〇年。
晉杜預、唐孔穎達：春秋左傳注疏，四部備要本，中華書局，一九八九年。
明蔡邦俊等：崇禎撫州府志，中國方志叢書影印本，成文出版社，一九六七年。

明劉基：大明清類天文分野之書，中國基本古籍庫影印明刻本。

清劉玉瓚：康熙撫州府志，清康熙四年刻本。

宋佚名：紹興十八年同年小録，宋代傳記資料叢刊影印本，國家圖書館出版社，二〇〇六年。

宋王稱：東都事略，宋史資料萃編第一輯影印本。

宋岳珂：鄂國金佗稡編續編，王曾瑜校注，中華書局，一九八九年。

宋陸游：入蜀記，影印知不足齋叢書本，中華書局，一九九〇年。

宋范致明：岳陽風土記，影印百川學海本，中國書店，二〇一一年。

宋魏了翁：鶴山先生大全文集，四部叢刊初編本。

宋王應麟：困學紀聞，欒保群等點校，上海古籍出版社，二〇〇八年。

宋梁克家：淳熙三山志，宋元方志叢刊影印本。

明曹學佺：廣西名勝志，續修四庫全書影印本。

宋孫逢吉：職官分紀，中華書局影印本，一九八八年。

宋彭百川：太平治跡統類，影印文淵閣四庫全書本。

明樊深：嘉靖河間府志，天一閣藏明代方志選刊影印本。

明李賢：明一統志，中國基本古籍庫影印明萬曆刻本。

宋施諤：淳祐臨安志，宋元方志叢刊影印本。

明盛儀：嘉靖惟揚志，廣陵書社影印本，二〇一三年。

宋胡宿：文恭集，武英殿聚珍版叢書本，江西書局刊本，一八七四年。

宋歐陽修、宋祁：新唐書，中華書局點校本，一九七五年。

清顧祖禹：讀史方輿紀要，賀次君、施和金點校，中華書局，二〇〇五年。

宋方萬里、羅濬：寶慶四明志，宋元方志叢刊影印本。

清穆彰阿：大清一統志，四部叢刊續編本。

明栗祁等：萬曆湖州府志，中國基本古籍庫影印明萬曆刻本。

宋張津等：乾道四明圖經，宋元方志叢刊影印本。

明唐順之：荆川稗編，中國基本古籍庫影印明萬曆九年刻本。

宋杜大珪：名臣碑傳琬琰集，宋代傳記資料叢刊影印本。

宋徐自明：宋宰輔編年録，王瑞來校補，中華書局，一九八六年。

宋周去非：嶺外代答，楊武泉校注，中華書局，一九九九年。

宋岳珂：桯史，吴企明點校，中華書局，一九八一年。

明董天錫等：嘉靖贛州府志，天一閣藏明代方志選刊影印本。

宋謝維新：古今合璧事類備要，影印文淵閣四庫全書本。

清屠英等：道光肇慶府志，清光緒二年刻本。

宋祝穆：方輿勝覽，施和金點校，中華書局，二〇〇三年。
宋陸游：老學庵筆記，李劍雄、劉德權點校，中華書局，一九七九年。
明王鏊等：正德姑蘇志，中國地方志集成善本方志輯影印本，鳳凰出版社，二〇一四年。
李超元：民國長清縣志，鉛印本，一九三五年。
清王贈芳等：道光濟南府志，中國地方志集成山東府縣志輯影印本，鳳凰出版社，二〇〇八年。
明朱衣等：嘉靖漢陽府志，天一閣藏明代方志選刊影印本。
元俞希魯等：至順鎮江志，宋元方志叢刊影印本。
明楊士奇：歷代名臣奏議，上海古籍出版影印本，二〇一二年。
清張嘉謀等：光緒南陽縣志，清光緒三十年刻本。
明蔡懋昭等：隆慶趙州志，天一閣藏明代方志選刊影印本。
宋蘇軾：蘇軾文集，孔凡禮點校，中華書局，二〇〇四年。
明姚文灝：浙西水利書，中國基本古籍庫影印民國豫章叢書本。
宋范成大、汪泰亨：紹定吴郡志，宋元方志叢刊影印本。
宋鄭虎臣：吴都文粹，影印文淵閣四庫全書本。
宋單鍔：吴中水利書，中國基本古籍庫影印清嘉慶墨海金壺本。

明張國維：吴中水利全書，影印文淵閣四庫全書本。
清黎翔鳳：管子校注，梁運華整理，中華書局，二〇〇四年。
唐李林甫等：唐六典，陳仲夫點校，中華書局，一九九二年。
元徐碩等：至元嘉禾志，宋元方志叢刊影印本。
宋齊碩等：嘉定赤城志，宋元方志叢刊影印本。
清郝玉麟等：雍正福建通志，影印文淵閣四庫全書本。
明陳道等：弘治八閩通志，中國基本古籍庫影印明弘治刻本。
宋吕祖謙：宋文鑒，齊治平點校，中華書局，二〇一八年。
宋蘇轍：龍川略志，俞宗憲點校，中華書局，一九八二年。
宋許翰：襄陵集，影印文淵閣四庫全書本。
宋張邦基：墨莊漫録，孔凡禮點校，中華書局，二〇〇二年。
宋趙汝愚：宋朝諸臣奏議，上海古籍出版點校本，一九九九年。
宋賀鑄：慶湖遺老詩集，宋集珍本叢刊影印本，線裝書局，二〇〇四年。
宋孟元老：東京夢華録，鄧之誠注，中華書局，一九八二年。